Jacob Sigismund Bed., Jacob Sigismund Beck

Erläuternder Auszug aus den kritischen Schriften des Herrn Prof. Kant

Erster Band.: Welcher die Kritik der speculativen und praktischen Vernunft enthält

Jacob Sigismund Bed., Jacob Sigismund Beck

Erläuternder Auszug aus den kritischen Schriften des Herrn Prof. Kant
Erster Band.: Welcher die Kritik der speculativen und praktischen Vernunft enthält

ISBN/EAN: 9783743489004

Hergestellt in Europa, USA, Kanada, Australien, Japan

Cover: Foto ©Thomas Meinert / pixelio.de

Manufactured and distributed by brebook publishing software (www.brebook.com)

Jacob Sigismund Bed., Jacob Sigismund Beck

Erläuternder Auszug aus den kritischen Schriften des Herrn Prof. Kant

Erläuternder
Auszug

aus

den critischen Schriften

des

Herrn Prof. Kant

auf Anrathen desselben

von

M. Jacob Sigismund Beck.

Erster Band,

welcher

die Critik der speculativen und practischen Vernunft
enthält.

Riga,

bey Johann Friedrich Hartknoch,
1793.

Vorrede.

Wenn man bedenkt, daß seit der Zeit der Erscheinung der critischen Philosophie mehrere, und zwar geschätzte, Schriftsteller dieselbe nach ihrer Art dargestellt, und durch Auszüge das Verständniß derselben zu erleichtern gesucht haben; so möchte die Arbeit, die ich dem Publicum vorlege, ein unnützes Unternehmen zu seyn scheinen. Mit einem Buche, das man aus andern Büchern macht, bloß um eine mercantilische Absicht zu erreichen, kann freylich niemanden gedient seyn. Ich bin es mir aber schuldig, zu gestehen, daß ich in diesem Geiste nicht geschrieben habe. Männer, welchen die Philosophie am Herzen liegt, werden, glaube ich, die Erscheinung dieser Schrift, der sie es ansehen, daß ihr Verfasser die Philosophie um ihrer selbst willen liebt, und der sich bemühet hat, seinen Beytrag in dieser die Menschheit selbst interessirenden Angelegenheit zu geben, nicht übel aufnehmen, daher, weil man vermuthen kann, daß durch wechselseitige und aufrichtige Mittheilung der Resultate des Nachdenkens, als Früchte einer wahren Beherzigung der Philosophie, man doch wohl sich dem Ziele eines allgemeinen Ein-

ver-

verständnisses nähern werde. Diese Betrachtung, und das Bewußtseyn, daß ich mir kein
Nachdenken in diesem Geschäffte erspart habe,
giebt mir einiges Zutrauen, indem ich jetzt als
Schriftsteller auftrete. Vor etwa zwey Jahren
erhielt ich von meinem Verleger den Auftrag,
einen Auszug aus allen Kantischen Schriften in
lateinischer Sprache zu schreiben. Ich fühlte
meine Untauglichkeit dazu, und lehnte ihn von
mir ab. Da ich aber nachher ersucht wurde,
lediglich aus den critischen Schriften einen erläu-
ternden Auszug Deutsch zu schreiben, und da
Herr Professor Kant selbst die Güte hatte, mir
seine Belehrungen bey vorkommenden Schwierigkeiten anzubiethen; so faßte ich zu dieser Arbeit
Muth. Der ehrwürdige Greis erlaube es mir,
zu gestehen, daß ich diese Belehrungen auch
mehrmahls genossen habe, und daß ich es überhaupt für mein größtes Glück halte, in derjenigen Periode zu leben, in welcher er der critischen
Methode der reinen Vernunft die Bahn gebro-
chen hat, wornach vor allem Urtheile über Gegenstände aus reiner Vernunft, sie selbst zum
Gegenstande der Untersuchung gemacht und im
Verhältnisse zu den Objecten betrachtet wird.

Was nun die Art meiner Ausarbeitung
betrifft, so habe ich meinen Zweck dadurch zu erreichen gesucht, daß ich zuvörderst mich in den

Geist

Vorrede.

Geist der critischen Philosophie zu denken bemühet habe. Dieses ist eine Sache mehrerer Jahre, indem ich sie in Verbindung mit Mathematik als die beste Gefährtinn meines Lebens befunden habe. Auf diese Weise habe ich den Gang der Critik gleichsam zu meiner eigenen Gedankenstimmung gemacht, und die Gedanken eines Andern, gleichsam als wären sie meine eigenen, ausdrucken gelernt. Wörtlich ist der Auszug nur da geworden, wo ich sonst auf andere Worte hätte sinnen müssen, das heißt: da, wo alle Erläuterung überflüssig ist, z. B. in der Architectonik der reinen Vernunft, dem dritten Abschnitte der Methoden-lehre. Meine Manier des Ausdrucks, in Ansehung der Sprache, ist aber, wie ich es zu spät bemerke, sehr oft fehlerhaft, und deßhalb ersuche ich den Leser um Nachsicht. Die incorrecte Sprache eines Schriftstellers ist immer tadelhaft. Was ich auf diesen Fall vorzubringen hätte, würde wohl keine gründliche Entschuldigung abgeben, aber doch zur Nachsicht geneigt machen. Ich meine nämlich die Vorschützung meines Studiums, das seiner Natur nach die Aufmerksamkeit mehr auf die Sache als auf die Sprache lenkt. Was aber eben die Sache und die logische Richtigkeit betrifft, da erbitte ich mir nicht Schonung. Ich habe hierauf allen Fleiß angewandt, und wünsche nichts so sehr, als von

Män-

Männern beurtheilt zu werden, welchen es um Philosophie Ernst ist und längst Ernst gewesen ist. Es kommt hier alles auf die Beurtheilung des critischen Idealismus an, nämlich derjenigen Vorstellungsart, wornach die Idealität des Raumes und der Zeit behauptet wird, kurz, des formalen Idealismus, der von dem materialen gar sehr verschieden ist. Denn dieser behauptet die Idealität der Materie der Vorstellungen, nämlich der Gegenstände selbst, deren Existenz er läugnet: jener dagegen beweiset die Existenz der Gegenstände im Raume, dessen Idealität allein und die der Zeit er darthut. Die Folge dieses letztern ist nicht, daß die Gegenstände im Raume Nichts seyen, daß also unsern Vorstellungen von ihnen nichts correspondire; sondern nur, daß man bey ihnen, als angeschaueten und gegebenen Objecten, von der Bedingung, unter der sie gegeben seyn können, nicht abstrahiren könne, auf welchen Fall man lediglich den problematischen Gedanken der objectiven Einheit übrig behalten, und sonach von seiner Vorstellung gar nicht mehr sagen könne, ob ihr noch ein Gegenstand correspondire oder nicht. Daß wir aber Vorstellungen haben, die wir auf Objecte beziehen, und die von Empfindungen, als lediglich subjectiven Vorstellungen, verschieden sind: das ist ein Factum des Bewußtseyns, das keines Beweises

weiſes bedarf. Kein Verſtändiger wird dieſes
läugnen, weil das läugnen ſelbſt eine Widerlegung ſeiner Behauptung ſeyn würde, die auch in
der That nichts anderes wäre, als die Behauptung, daß wir nicht vernünftige Weſen ſind,
und daß Vorſtellungen nicht Vorſtellungen ſind.
Die mögliche vernünftige Frage iſt nur die, ob
unſern Vorſtellungen von den Gegenſtänden im
Raume auch Gegenſtände correſpondiren; und
dieſe iſt es, die der Berkleyſche Idealismus verneinend, der critiſche dagegen bejahend behauptet.
Ich habe mir alle mögliche Mühe gegeben, dieſen wahren Geſichtspunct der Sache meinem leſer
immer vorzuhalten, den ich mir gern als einen
Mann vorſtellte, der ſich meines Buches als leitung in die critiſche Philoſophie bedienen wollte.
Zu dem Ende bin ich in der tranſcendentalen
Aeſthetik ſo kurz als möglich geweſen, um nur
jenen Geſichtspunct überhaupt faßlich zu machen, wozu ich Kürze für nothwendig halte. Die
Auseinanderſetzung deſſelben geſchieht in der Ausführung der Schrift ſelbſt. Wiſſentlich habe ich
gewiß keine lücke gelaſſen, und nichts nieder-
geſchrieben, als wovon ich überzeugt war, und
wovon ich bis zu dieſer Stunde glaube, mir klare
Einſichten verſchafft zu haben. Für Männer
aber, die ſchon lange die critiſche Philoſophie aus
ihrer Quelle geſchöpft haben, habe ich nicht ge-

schrie-

schrieben. Ich habe keine neuen Aufschlüsse ge=
geben, sondern mich nur bestrebt, etwas für die
faßliche Darstellung des Systems zu thun. Der
folgende Band wird die Critik der Urtheilskräft
und eine erläuternde Darstellung der Anfangs=
gründe der Metaphysik der Natur enthalten.

Es gehörte anfänglich in meinen Plan,
Rücksicht auf dasjenige zu nehmen, was einige
achtungswürdige Männer, die sich als Gegner
der critischen Philosophie zeigen, gegen dieselbe
zeither vorgebracht haben, und hierzu einen be=
sondern Band zu bestimmen. Ich habe von Zeit
zu Zeit die Schriften dieser Philosophen in die=
ser Absicht studirt. Aber der Gedanke, daß das
Buch vielleicht nicht unbrauchbar gefunden wer=
den dürfte, als Grundlage für akademische Vor=
lesungen zu dienen, hat mich für den Entschluß
bestimmt, dasselbe mit dem zweyten Bande zu
endigen, und einige, zum Theile schon fertige
Aufsätze, welche Begegnungen einiger Einwürfe
gegen die Critik ausmachen, für eine besondere
Schrift aufzubewahren. Vorläufig will ich nur
noch versichern, daß ich für diese Männer dieje=
nige Achtung hege, die ich ihnen schuldig bin,
nicht allein, weil sie eben das wissenschaftliche
Interesse besorgen, welches ich zu dem meinigen
mache, sondern auch, weil sie an Jahren, und
wahrscheinlich daher auch an Kenntnissen, mir
über=

überlegen sind, und weil ich wohl weiß, daß der Fortschritt zur apodictischen Gewißheit in der Philosophie von anderer und schwierigerer Art ist, als in der Mathematik; daß es daher schon tadelhaft ist, wenn Männer von gegründetem Ansehen, welche die Critik befriebigt, die Ursache der nicht allgemeinen Annahme derselben dem Mangel an Stärke des Geistes zuschreiben; daß es aber gar verachtungswerth seyn würde, wenn Schriftsteller von geringerer Bedeutung ihnen darin nachahmen wollten.

Ich bitte noch um die Erlaubniß, die Erklärung, die ich von derjenigen Vorstellung, welche die Critik Anschauung nennt, gegeben habe, genauer zu bestimmen. Hierzu giebt mir eine Bemerkung Gelegenheit, die mir darüber ein vortrefflicher Mann machte, den das Publicum als einen gründlichen Prüfer und Vertheidiger der critischen Philosophie schätzt. Ich hatte ihm das Manuscript vor dem Abdrucke zugeschickt, und ihn gebethen, mir seine Bemerkungen darüber mitzutheilen. Er war so gütig, meine Bitte zu erfüllen; aber ich erhielt seine Urtheile zu spät, um noch in der Schrift Gebrauch davon machen zu können. In Ansehung der Erklärung eines Begriffs, daß derselbe eine Vorstellung sey, die ihrem Inhalte nach nicht durchgängig bestimmt ist, schrieb er mir, daß die-

dieselbe nur auf allgemeine, und nicht auf individuelle Begriffe gehe, und man z. B. von dem Verfasser der Iliade doch immer sagen müsse, man habe einen Begriff von ihm, und keine Anschauung, ungeachtet diese Vorstellung durchgängig bestimmt ist. Durch folgende Bestimmung glaube ich einem sonst möglichen Mißverstande zuvor zu kommen. Wenn ich sage, daß die Anschauung eine Vorstellung ist, die in Ansehung eines gegebenen Mannigfaltigen durchgängig bestimmt ist; so versteht es sich, daß diese durchgängige Bestimmtheit ohne alle Einschränkung nur objectiv zu nehmen sey, (weil wir alle Bestimmungen eines uns empirisch gegebenen Objects unmöglich wissen können;) subjectiv gilt aber dieselbe nur so weit, als das Bewußtseyn des Gegebenen reicht. Individuelle Begriffe von empirischen Objecten sind nun zwar objectiv durchgängig bestimmt: da aber die Vorstellungen von ihnen zwar Vorstellungen von etwas Gegebenem sind, (worauf die empirische Synthesis möglicher Weise kommen könnte,) so sind diese Objecte selbst doch nicht gegeben; und es kann daher keine subjective durchgängige Bestimmtheit dieser Begriffe, so wie bey Anschauungen, Statt finden.

Halle, den 7ten April 1793.

———

Critik

Critik

der

reinen Vernunf

•

Einleitung

in

die Critik der reinen Vernunft.

Wir haben mancherley Erkenntnisse, unter welchen man diejenigen, die durch Erfahrung erhalten
werden, empirische, oder Erkenntnisse *a posteriori*
nennt. Um die Wahrheit derselben ist niemand verlegen. Denn was man erfahren hat, davon ist man
unmittelbar gewiß. Aber diese unmittelbare Gewißheit schließt sich immer genau an die eigene Erfahrung,
und diese an die eigene Empfindung, oder an die Wirkung der Gegenstände auf unser Gemüth, an, so daß,
wo diese aufhört, auch jene nicht mehr Statt findet.
Empirische Sätze können daher nie den Charakter der
Allgemeinheit erhalten. Man sieht gleich, daß man
nicht mit dem Bewußtseyn der unmittelbaren Gewißheit sagen kann: alle Rosen riechen angenehm; sondern
nur: so viel Rosen, als ich gerochen habe, hatten einen angenehmen Geruch. Da es nun gleichwohl Erkenntnisse giebt, die in allgemeine Urtheile gefaßt, unmittelbare Gewißheit nach sich ziehen, so müssen diese
einen andern Ursprung, als den von der Erfahrung
haben.

haben. Erkenntnisse von dieser Art werden Erkenntnisse *a priori* genannt.

Wenn man ein Merkmahl aus einem Begriffe
nimmt, und ein allgemeines Urtheil, in welchem dieser
Begriff das Subject, und das Merkmahl das Prädicat ist, aufstellt, so führt dasselbe unmittelbare Gewißheit bey sich. Von dieser Art ist das Urtheil: Alle
Körper sind ausgedehnt. Wir nennen diese Urtheile
a n a l y t i s c h e   U r t h e i l e, weil die Analysis oder
Entwickelung des Subjects das Prädicat dazu gegeben
hat. Ueber ihre Möglichkeit, oder darüber, woher
es komme, daß sie unmittelbar und allgemein gewiß,
mithin a priori sind, kann keine Frage entstehen.

Wenn dagegen das Prädicat eines Urtheils nicht
im Subjecte desselben gedacht wird, dann heißt das Urtheil ein s y n t h e t i s c h e s. Man kann es auch ein
Erweiterungsurtheil nennen, weil der Begriff des
Subjects dadurch erweitert wird. Alle Erfahrungs-
urtheile sind von dieser Art. Mit jeder neuen Erfahrung treten zu dem Begriffe des Subjects neue Merkmahle. Nun fragt es sich, ob es auch synthetische Urtheile a priori, allgemeine Sätze dieser Art, denen
das Bewußtseyn der unmittelbaren Gewißheit anhängt,
gebe? Um davon versichert zu seyn, erinnere man sich
an die reine Mathematik, in der kein anderer Satz,
als von dieser Art, vorkommen kann. Heißt es hier
z. B.: daß die Summe der Winkel eines geradlinigen
Dreyecks zwey rechten Winkeln gleich sey, so mag man
noch so deutlich sich das Dreyeck denken, und sich bewußt werden, was man bey dem Worte Winkel denkt,
man wird gleichwohl nie auf diesem Wege zu dem Prädicate

dicate dieses Satzes kommen. Man erinnere sich an den Satz: daß alles, was geschieht, eine Ursache habe, und man wird finden, daß der Begriff des Geschehenen nichts mehr enthalte, als daß etwas zu existiren anfange, was vorher nicht war; aber den Begriff der Ursache wird man vergeblich darin suchen. Woher es komme, daß ein Erfahrungsurtheil jederzeit synthetisch sey, kann nicht befremden; denn dasselbe stützt sich auf die Wahrnehmung, durch welchen Weg der Begriff eines Objects immer erweitert wird. Worauf aber stützt sich das synthetische Urtheil a priori, da dieses kein Erfahrungsurtheil ist?

Ob man gleich noch um die Antwort auf diese Frage verlegen bleibt, so kann man es doch nicht um die Kennzeichen seyn, woran synthetische Urtheile a priori von eben! solchen a posteriori zu unterscheiden sind. Sind wir durch Erfahrung von etwas gewiß, so sind wir es nur um derselben willen, nur in so weit als wir es erfahren haben, dem der Gedanke anhängt, daß man auch wohl das Gegentheil hätte erfahren, und von demselben gewiß werden können; das heißt: das Erfahrungsurtheil ist nie von dem Bewußtseyn der Nothwendigkeit begleitet. Und eben darum, weil die Wahrheit eines solchen Satzes sich auf Wahrnehmung gründet, ist derselbe auch nie allgemein, sondern nur so weit wahr, so weit diese gereicht hat. Beyde Eigenschaften, das Bewußtseyn der nothwendigen Gewißheit und der Allgemeinheit, müssen die von der Erfahrung unabhängigen Urtheile haben. Vielleicht fällt aber dem Leser ein, daß wenn die Bedingung eines Urtheils zum Subjecte desselben gefügt

A 2   wird,

wird, daſſelbe allgemein lautet, und ſo z. B. das Ur‑
theil: Alle von mir wahrgenommene Körper ſind ſchwer,
als Erfahrungsurtheil doch allgemein ſey. Er be‑
merkt aber wohl, daß auf die Weiſe alle particuläre Ur‑
theile zu allgemeinen können gemacht werden, und
zwar dadurch, daß man ſie zu analytiſchen macht.
Denn das Prädicat ſchwer wird wirklich im Sub‑
jecte (wahrgenommener Körper) gedacht, wenn es
gleich nicht ausgedrückt wird. Das Urtheil von der
Art iſt aber kein Erfahrungsurtheil mehr, ſondern ein
Urtheil a priori; allein kein ſynthetiſches, ſondern ein
analytiſches, von der Form: Alle A ſind A.

Nun laßt uns an unſere Frage wieder denken:
wie ſind ſynthetiſche Urtheile a priori möglich? Dieſe
Frage iſt mit der einerley: worauf ſtützen ſich dieſe Ur‑
theile, oder was iſt das dritte, das als das Vermit‑
telnde zwiſchen dem Subjecte und Prädicate angeſehen
werden kann, welches die Empfindung bey den Erfah‑
rungsurtheilen iſt?

In dem Begriffe der Erfahrung mag immerhin
mehr liegen, als Vorſtellung des Gegenſtandes, die
dadurch wirklich iſt, daß das Gemüth afficirt wird; ſo
ſieht man doch, ungeachtet dadurch in die Natur der
Erfahrung noch wenig gedrungen wird, daß dieſe Er‑
klärung richtig ſey. Nun kann man, ohne ſonſt was
voraus zu ſetzen, von dem Leſer erwarten, daß er zuge‑
ben werde, daß es gewiſſe, dem Gemüthe anhängende
Bedingungen geben müſſe, unter denen es Erfahrung
haben könne. Dieſer Satz iſt im Grunde analytiſch,
und kann daher auf Beyſtimmung rechnen, weil er
das ausdrückt, daß wenn Erfahrung geſetzt wird, dieſe

als

als möglich in einem Gemüthe, das dieselbe hat, an,
gesehen werden müsse.   Diese Bedingungen aber, da
sie aller Erfahrung vorher gehen, müssen von derselben
unabhängig gedacht werden.   Die Philosophie, die
den Zweck hat, diese Bedingungen aufzusuchen, heißt
die Transcendental,Philosophie. Ueberhaupt
soll ein Erkenntniß transcendental heißen, das als Be,
dingung der Erfahrung gedacht werden muß.   So viel
vernimmt man schon zum voraus aus der freylich noch
unbestimmten Vorstellung jener Bedingungen, daß in
Absicht dieser, synthetische Urtheile a priori es wohl
geben könne, indem, wie auch diese Bedingungen seyn
mögen, sie doch von aller Erfahrung unabhängig seyn
müssen. Die Transcendental,Philosophie hat es ledig,
lich mit unsrer Erkenntnißart von Gegenständen zu
thun, indem sie diejenigen Bedingungen anzugeben
sucht, ohne welche Erfahrung gar nicht möglich ist,
und die um deswillen a priori sind.   Vielleicht aber
giebt es noch andere Erkenntnisse a priori, ungeach,
tet ihre Möglichkeit nicht aus dem Begriffe der Bedin,
gungen der Erfahrung hergehohlt werden kann.   Gott,
Freyheit und Unsterblichkeit sind Gegenstände, von
welchen niemand eine Erfahrung haben kann.   Gäbe
es von diesen Gegenständen Erkenntnisse, so müßten
diese freylich a priori seyn, da sie weder erfahren wer,
den können, noch irgend eine Erfahrung möglich ma,
chen.   Nun kann man die Idee einer Wissenschaft fas,
sen, welche das gesammte Erkenntnißvermögen in der
Absicht zum Gegenstande hat, um die Möglichkeit und
den Umfang der Erkenntnisse a priori zu bestimmen.
Diese Wissenschaft soll Critik der reinen Ver,
nunft

nunft heißen. Sie wird weiter gehen als die Transcendental-Philosophie, aber dieselbe in sich begreifen.

Ohne diese Critik sich auf das Feld zu begeben,
wo wir an keine Erfahrung uns mehr halten können,
muß gefährlich seyn. Bey dem der menschlichen Natur
unwiderstehlichen Triebe, über jene Gegenstände (Gott,
Freyheit und Unsterblichkeit) belehrt zu werden, ist
man ausgesetzt, von einem jeden, dem wir ein schär-
feres Auge als uns zutrauen, getäuscht zu werden.
Ohne diese Critik kann man uns ohne Ende Erkenntnisse a priori rühmen, die wir anzunehmen oder zu
verwerfen bereit sind, je nachdem unsre Laune gestimmt, oder unsre Meinung von unserm Lehrer beschaffen ist.

Eintheilung
der Critik der reinen Vernunft.

Das System selbst dieser Wissenschaft wird die
Elementar-Lehre der reinen Vernunft ausmachen.
Nun kann man noch über dies eine Ueberlegung anstellen, über den vollständigen Besitz und das systematische Ganze aller Erkenntnisse a priori. Der Theil
der Critik, der diese beabsichtigt, soll die Methoden-
Lehre der reinen Vernunft heißen. Die Elementar-
Lehre aber wird in die transcendentale Aesthetik und in die transcendentale Logik zerfallen.
Den Grund zu dieser letzten Eintheilung giebt folgende Betrachtung. Wenn wir bey dem, was Erfahrung
heißt, stehen bleiben, so bemerken wir, daß wenn wir
eine Erfahrung haben, dieselbe von der Affection anfange.

fange. Unser Gemüth fühlt sich verändert, wenn wir einen Gegenstand wahrnehmen. Dessen ungeachtet ist diese Affection noch so wenig die Erfahrung, daß dadurch noch keinesweges ein Gegenstand erkannt wird. Die Sinnlichkeit ist aber das Vermögen, sich afficirt zu fühlen, dagegen ist der Verstand das Vermögen, jene Gemüthsveränderung auf einen Gegenstand zu beziehen. Die transcendentale Aesthetik wird nun die Bedingungen der Sinnlichkeit angeben, welche aller Affection derselben zum Grunde liegen; die transcendentale Logik dagegen die Bedingungen, welche die Beziehung der Vorstellungen auf Gegenstände möglich machen. So weit wird die Critik Transcendental-Philosophie seyn. Um Critik der reinen Vernunft zu seyn, muß sie nicht nur diejenigen Erkenntnisse a priori, die als Bedingungen der Erfahrung zum Grunde liegen, angeben, sondern auch diejenigen, die nicht als solche Bedingungen angesehen werden können, durchgehen. Die Critik wird zu zeigen haben, ob diese letzten Erkenntnisse nur vermeintlich und auf einen Schein gegründet seyen, folglich das Verfahren der Vernunft, welche ihnen objective Gültigkeit zuschreibt, eigentlich eine Dialectik sey, oder nicht. Da es sich nun zeigen wird, daß diese Erkenntnisse sich auf einen Mißbrauch gründen, den die Vernunft von den Bedingungen der Erfahrung macht, so wird endlich der Theil der Critik, der denselben aufdeckt, die transcendentale Dialectik heißen.

Der

Der
transcendentalen Elementar-lehre
erster Theil.
Die transcendentale Aesthetik.
Einleitung
in die transcendentale Aesthetik.

Wenn wir uns bewußt zu werden suchen, was wir unter einem Begriffe verstehen, so finden wir, daß dadurch eine Vorstellung, die ihrem Inhalte nach nicht durchgängig bestimmt ist, gemeint werde. Nehme ich z. B. den Begriff des Menschen, so ist dadurch noch nicht bestimmt, ob er Mann oder Weib, groß oder klein, gelehrt oder ungelehrt sey. Je weniger der Begriff unter sich enthält, desto bestimmter ist er. Der Begriff des Mannes ist bestimmter als der des Menschen, und der des gelehrten Mannes bestimmter als der des Mannes. So lange jedoch die Vorstellung noch nicht durchgängig bestimmt ist, bleibt sie noch immer Begriff. Die in Ansehung eines gegebenen Inhalts durchgängig bestimmte objective Vorstellung nennen wir eine Anschauung. Unter einer objectiven Vorstellung wird diejenige verstanden, durch welche ein Object gedacht wird, und die das Bewußtseyn von einer bloß subjectiven Vorstellung, welche Empfindung heißt, unterscheidet. Der Inhalt der Anschauung ist aber gegeben, und nicht selbst hervor gebracht. Anschauungen sind z. B. die Vorstellungen von äußern Objecten, die wir erhalten, indem wir afficirt werden,

und

und der Inhalt derselben ist gegeben. Dagegen ist die
Vorstellung von Gott, ob sie gleich auch durchgängig
bestimmt zu seyn scheint, keine Anschauung, da ihr Inhalt nicht gegeben, sondern gemacht ist.

Alle Erfahrung fängt von der Anschauung an.
Ob nun gleich diese eine objective Vorstellung ist, so setzen wir doch in der transcendentalen Aesthetik, in welcher die Bedingungen dieser Anschauung aufgesucht werden sollen, die objective Beziehung, oder die Handlung, durch welche ein Object gedacht wird, bey Seite.
Wenn man ein Haus sieht, so ist die Vorstellung desselben eine Anschauung. Die Handlung des Gemüths,
vermittelst welcher das Haus als ein Gegenstand vorgestellt wird, soll die transcendentale Logik erwägen. In
der transcendentalen Aesthetik wende man die Aufmerksamkeit davon ab, da dann nichts mehr als ein durchgängig bestimmtes gegebenes Mannigfaltiges bleibt,
dessen Bedingungen a priori zuerst müssen gesucht werden, wenn die Möglichkeit der Erfahrung soll eingesehen werden.

Von dem Raume.

Laßt uns nun die Anschauung setzen, durch welche
ein außer uns gegebener Gegenstand vorgestellt wird,
und welche daher die äußere Anschauung heißen
soll. Um die reinen Bedingungen derselben zu erhalten, wollen wir in ihr alles, was der Empfindung gehört, und die Materie der Anschauung ausmacht,
aufheben. Dann bleibt uns dasjenige übrig, was
nicht mehr aufgehoben werden kann, welches, da es
nicht mehr von der Empfindung abhängt, rein, und

die

die Bedingung dieser Anschauung ist, die wir die
Form derselben nennen wollen. Der Raum, den
der Gegenstand einnimmt, ist dasjenige, was wir
durch die Aufhebung alles empirischen Mannigfaltigen
erhalten. Die Vorstellung des Raums hat also keinen
empirischen Ursprung; dagegen ist sie die Bedingung
jener durch Affection entstandenen Anschauung. Eben
diese Vorstellung des Raums ist eine Anschauung,
weil sie in Ansehung eines gegebenen Mannigfaltigen
durchgängig bestimmt ist. Dieses gilt so wohl von der
Vorstellung desjenigen Raums, den ein Körper einnimmt, als auch von der Vorstellung des allgemeinen
Raums, der alle Räume als Theile befaßt. Sprechen
wir von Räumen, z. B. von Dreyecken, so haben wir
dadurch, daß wir das Mannigfaltige derselben auf irgend eine Art unbestimmt setzten, einen Begriff entstehen lassen, auf die nämliche Art, als wir aus den empirischen Anschauungen Begriffe erschaffen. Da aber
in der Vorstellung des Raums nichts, das der Empfindung entspricht, vorkommt, so nennen wir sie
eine reine Anschauung, zum Unterschiede von derjenigen, welcher Affection des Gemüths zum Grunde liegt, und welche die empirische Anschauung
heißt.

Wie synthetische Sätze a priori, die den Raum
betreffen, kurz, wie die Geometrie möglich sey, läßt
sich nun begreifen. Denn wenn man einem Begriffe
eine correspondirende Anschauung setzt, so enthält dieselbe als eine durchgängig bestimmte Vorstellung viel
mehr als der Begriff. Der Begriff eines geradlinigen
Dreyecks ist der eines von drey geraden Linien einge-

schlos-

schlossenen Raums. Der Begriff läßt die Länge der Linien und die Lage derselben gegen einander unbestimmt, und da nichts weiter als der angegebene Inhalt in denselben gelegt worden ist, so kann man auch kein anderes Merkmahl aus ihm entwickeln. Setze ich dagegen ein Dreyeck in der Anschauung, so ist dieselbe eine in Ansehung ihres Mannigfaltigen durchgängig bestimmte Vorstellung. Alle hinzu gekommene Bestimmungen gehören zu ihrem Inhalte. Auf diese Art ist es klar, wie es zugehe, daß man in der Geometrie aus dem Begriffe eines Subjects hinaus gehe; aber daß nun der in der Anschauung gefundene Inhalt dem Subjecte selbst, das doch nur durch einen Begriff vorgestellt wird, beygelegt, und folglich vom Subjecte mehr als in dem Begriffe liegt, prädicirt wird, und man so von Dreyecken überhaupt, und nicht von einem einzelnen Dreyecke sagt: daß die Summe der Winkel eines jeden zwey rechten gleich sey, wird klar, wenn man bedenkt, daß jene Anschauung eine reine Anschauung ist. Hierdurch ist es möglich, daß man die übrigen Bestimmungen der Anschauung bey Seite setze, und dagegen diejenigen vorstellen könne, die einer ganzen Sphäre gemein sind.

Von der Zeit.

Wir haben diejenige Vorstellung, die uns entsteht, wenn wir einen Gegenstand im Raume wahrnehmen, eine äußere empirische Anschauung genannt. Aber um den Leser nicht zu verwirren, haben wir unterlassen, ihn auf die eigene Thätigkeit des Gemüths bey dieser Anschauung aufmerksam zu machen. Diese besteht nun im Durchgehen und Verbinden des Mannigfaltigen.

Das

Dadurch, daß das Bewußtseyn alle Theile des Mannigfaltigen begleitet, und so das gesammte Mannigfaltige in ein Ich denke zusammen gefaßt wird,
entspringt die Anschauung.

Aber indem das Gemüth auf diese Art das Mannigfaltige verbindet, entspringt ihm eine durchgängig
bestimmte Vorstellung seines eigenen Zustandes, welche
die innere Anschauung genannt werden muß, die
ebenfalls empirisch ist, weil das Mannigfaltige derselben eben so wohl als das der äußern empirischen Anschauung durch Affection gegeben ist. Die reine Bedingung der innern Anschauung ist die Zeit. Die Vorstellung derselben ist in Ansehung eines a priori gegebenen Mannigfaltigen durchgängig bestimmt, und daher reine Anschauung. Reine Anschauung ist so wohl
die Vorstellung der unendlichen Zeit, als auch eines
jeden in derselben abgeschnittenen Theils. Wird diese
Vorstellung in einigen Stücken unbestimmt gesetzt, so
entstehen Begriffe. Wenn die Dauer bestimmt gesetzt wird, dagegen die Stelle in der unendlichen Zeit
unbestimmt gelassen wird, so entstehen die Begriffe
der Jahre, Monathe u. s. w.

Wie synthetische Sätze a priori in Ansehung der
Zeit möglich sind, läßt sich hieraus, so wie in Ansehung
des Raums, leicht begreifen. Daß z. B. zwischen zwey
Zeitpuncten es nur Eine Zeit geben könne, ist daher
klar, weil, wenn man dem Begriffe (zwischen zwey
Zeitpuncten) eine bestimmte Anschauung unterlegt,
man auf diese Art aus dem Begriffe geht, und da diese
Anschauung a priori ist, man an derselben zugleich
die ganze Sphäre dieses Begriffs übersehen, und so dem
Be-

Begriffe selbst etwas beylegen kann, was doch nur die Anschauung gelehrt hat.

Da das empirische Mannigfaltige auch der Gegenstände im Raume nur successive apprehendirt werden kann, so ist die Zeit überhaupt die Bedingung a priori der Anschauung aller Gegenstände, nämlich die unmittelbare Bedingung der Anschauung unsers eigenen innern Zustandes, und dadurch auch die mittelbare Bedingung der Anschauung der Gegenstände im Raume. Die Anschauung dieser letztern entsteht nicht anders als successive. In Ansehung der Gegenstände selbst muß aber bestimmt gedacht werden, ob dieselben auch auf einander folgen, oder zugleich sind.

Beschluß
der transcendentalen Aesthetik.

Raum und Zeit sind also nach dieser Theorie nichts als die Bedingungen a priori der Anschauung aller Gegenstände. Sie sind selbst Objecte, aber sie sind es nur, so fern die Vorstellung davon die Vorstellung aller gegebenen Objecte möglich macht. An sich selbst sind sie gar nichts. Sie haben lediglich diese objective Bedeutung, so fern nur vermittelst derselben Objecte der Erfahrung angeschauet werden können. Hieraus aber folgt, daß die im Raume und in der Zeit gegebenen Gegenstände nicht Dinge an sich selbst sind; denn hebt man die reine Bedingung ihrer Anschauung auf, so werden diese Gegenstände selbst aufgehoben. Hiermit wird nicht geleugnet, daß diesen Gegenständen wirkliche Dinge an sich correspondiren. Aber daß wir irgend

gend eine Erkenntniß derselben haben, kann nicht zugestanden werden, weil man sonst auch zugestehen müßte, daß unsre Vorstellungen mit den Dingen selbst einerley seyen, indem wir sodann ohne a priori bestimmte Bedingungen der Vorstellungen der Gegenstände dieselben
doch vorstellen könnten, womit aber kein Sinn zu verbinden ist.   Es wird hiermit nur die Unterscheidung
der Gegenstände der empirischen Anschauung von den
Dingen an sich eingeschärft.   Jene Gegenstände der
empirischen Anschauung nennen wir Erscheinungen, und ihr Inbegriff macht die Sphäre der Erfahrung aus.   Auch wird die Realität der Erfahrung
dadurch gar nicht angetastet, selbst in dem Falle nicht,
wenn die Wirklichkeit der Dinge an sich geleugnet würde.   Denn die Erscheinungen sind genau diejenigen Gegenstände, die jedermann im Sinne hat, wenn er Gegenstände der Erfahrung meint, und die er auch ganz
richtig von den Vorstellungen davon unterscheidet. Mithin ist der gegenwärtige Lehrbegriff gar sehr von dem
(materialen) Idealismus verschieden.   Dieser ist der
objectiven Wahrheit der Erfahrung selbst entgegen,
indem er behauptet: daß unsern Vorstellungen von Gegenständen im Raume keine Gegenstände correspondiren; und auf die Art die Erfahrung für bloßen Schein
ausgiebt. Dagegen sind nach unserm Lehrbegriffe die Gegenstände der empirischen Anschauung wirkliche Gegenstände, und als solche verschieden von der Vorstellung von
ihnen; aber da diese Vorstellungen derselben nur unter
der Bedingung der Vorstellung des Raums und der Zeit
möglich sind, und Raum und Zeit, ob sie gleich als Objecte vorgestellt werden, doch gar nichts sind, so fern bey

ihnen

ihnen von der subjectiven Bedingung der Vorstellung empirischer Gegenstände abstrahirt wird, so soll hierdurch
nur verhüthet werden, daß man diese Gegenstände nicht
für etwas halte, wovon man noch ein Erkenntniß haben
könnte, wenn gleich die subjective Bedingung ihrer Anschauung bey Seite gesetzt wird. Mit der Aufhebung derselben ist die Aufhebung jener Objecte selbst verknüpft.

Um sich in diese Vorstellungsart gut zu finden, bemerke man, daß hier gar nicht gesagt worden ist, daß
die Vorstellungen der empirischen Gegenstände mit denselben selbst einerley seyen; denn diese Behauptung würde dem materialen Idealismus ganz gemäß seyn, weil
dieser die Existenz besonderer, von den Vorstellungen
verschiedener, Gegenstände für eingebildet und auf einen
Schein gegründet, wenigstens für zweifelhaft, hält.
Die Existenz dieser Gegenstände und die Verschiedenheit derselben von den Vorstellungen wird hier behauptet, und künftig auch gegen den Idealism bewiesen werden. Aber daß eben diese Gegenstände gar nichts sind,
wenn man vom Raume und von der Zeit, in denen sie uns
gegeben werden, abstrahirt, folgt nothwendig, weil
sodann alle Vorstellung derselben aufhören muß. Wenn
ich ein Haus sehe, so unterscheide ich allerdings meine
Vorstellung vom Gegenstande selbst. Dieser Gegenstand ist das Vorgestellte, das doch nur unter der reinen Bedingung der Vorstellung des Raums und der
Zeit vorgestellt werden kann, und das mithin selbst
aufgehoben wird, wenn man diese Bedingung aufhebt.

Man macht einen Unterschied zwischen den qualitates primariae und secundariae der Objecte, und
hält die erstern für wahre Eigenschaften der Objecte
selbst,

selbst, und dagegen die letztern für Modificationen des
Subjects bey der Anschauung der Gegenstände. So
ist z. B. die Flüssigkeit eines Körpers eine Eigenschaft
des Körpers selbst, dagegen ist seine Farbe und sein Ge-
schmack keine Eigenschaft desselben, sondern nur eine
Modification des Subjects, die in verschiedenen Subjecten auch sehr verschieden seyn kann. Diese Unterscheidung ist sehr wohlgegründet, so fern sie das empirische Object angeht, welches auch in der That jedermann im Sinne hat, der dieselbe macht. Bemerkt
man aber, daß dieses Object doch nichts anders als ein
Vorgestelltes sey, dem die subjectiven Bedingungen des
Raums und der Zeit zum Grunde liegen, so sieht man
auch ein, daß eben jene qualitates primariae nicht
Eigenschaften eines Objects, unangesehen der Vorstellung desselben, sind, sondern daß sie es nur in Beziehung auf die a priori bestimmte Art der Vorstellung,
obgleich von der Vorstellung selbst doch immer verschieden, sind.

Diesen Lehrbegriff, wornach Raum und Zeit die
Bedingungen a priori der Erscheinungen sind, und diese Erscheinungen nicht die Dinge an sich, sondern die jenen Bedingungen gemäß vorgestellten Gegenstände sind,
nennen wir den transcendentalen oder critischen Idealism. Derselbe behauptet nämlich die
Idealität des Raums und der Zeit, in Ansehung der Dinge an sich, und dagegen die objective Realität derselben
in Ansehung der Erscheinungen, welches das sagen will,
daß Raum und Zeit gar nichts bedeuten, wenn von
Dingen an sich (von Objecten, so fern sie nichts Vorgestelltes sind) die Rede ist, daß sie also in Ansehung
der-

derselben keine objectiven Bestimmungen sind; sondern daß sie allerdings objective Bestimmungen, aber nur der vorgestellten Objecte, der Erscheinungen, sind.

Diese Theorie, deren Richtigkeit jedem Nachdenkenden nothwendig einleuchten muß, läßt sich in folgenden Sätzen kurz darstellen.

Erstens: Die Vorstellungen der Objecte sind von den vorgestellten Objecten verschieden. Diese Unterscheidung ist ein Factum des Bewußtseyns, da kein möglicher Sinn damit zu verbinden ist, daß das Buch, das ich anschaue, mit der Vorstellung davon einerley sey. Auch ist der Raum so wohl als die Zeit von den Vorstellungen davon verschieden. Beyde sind ein Vorgestelltes, und sind die reinen Bedingungen aller von uns vorgestellten empirisch gegebenen Objecte. Sie haben auch nur lediglich in dieser Beziehung selbst eine objective Bedeutung.

Zweytens: Die Existenz dieser empirischen Gegenstände aber kann uns das bloße Bewußtseyn der Unterscheidung der Vorstellung vom vorgestellten Objecte noch nicht versichern. Der Idealist giebt diese zu; aber er hebt den Unterschied zwischen Traum und Wahrheit auf, und behauptet: es sey leere Einbildung, zu glauben, daß die vorgestellten Gegenstände etwas wirkliches seyen. Er hält dafür, daß die Vorstellungen vom Raume und von der Zeit empirischen Ursprungs sind, und da er einsieht, daß Raum und Zeit, für sich und ohne in Beziehung auf die Vorstellung betrachtet, eigentlich wahre Undinge und gar nichts wirkliches sind, so hindert ihn nichts, auch die im Raume vorgestellten Gegenstände in dieselbe Classe zu setzen.

Die

Die Existenz derselben, die er leugnet, wird die Critik gegen ihn in der Folge darthun, woraus sich dann zur Genüge ergeben wird, daß der hier vorgestellte critische Idealismus ein ganz anderer, ja gerade das Gegentheil des materialen Idealismus sey.

Drittens: Aber diese hier behaupteten wirklich existirenden, im Raume und in der Zeit vorgestellten, Gegenstände sind doch nicht Dinge an sich, das heißt: Gegenstände, die auch ohne Beziehung auf die Vorstellung derselben etwas wären, denn sonst müßte folgen, daß Raum und Zeit nicht Bedingungen der vorgestellten Gegenstände, sondern eben dieser Dinge an sich wären, welches doch nicht seyn kann. Ob den Erscheinungen Dinge an sich entsprechen, wird hier weder behauptet noch geleugnet. Aber wenn dieselben auch zugelassen werden, so sind sie doch keine vorgestellten Gegenstände, und die Frage des Cartesius: ob die Gegenstände, auf die sich unsre Vorstellungen in der Erfahrung beziehen, wirklich existiren? ist daher gänzlich von der: ob den vorgestellten Gegenständen Dinge an sich correspondiren? verschieden.

Der transcendentalen Elementar = lehre
zweyter Theil.
Die transcendentale Logik.
Einleitung.
Idee einer transcendentalen Logik.

Wir haben in der Aufsuchung der Bedingungen der Erfahrung diejenigen der Anschauung, unter welchen

ein

ein Gegenstand uns gegeben werden kann, gefun=
den. Noch bleiben uns die Bedingungen zu suchen
übrig, unter welchen er gedacht werden kann. Der
Gegenstand muß den Bedingungen der Vorstellungsfä=
higkeit gemäß, das ist: im Raume und in der Zeit, gege=
ben seyn, und das Gemüth äußert sich so fern als ein bloß
leidendes Vermögen, als Receptivität, welches Ver=
mögen, die Eindrücke der Gegenstände aufzunehmen,
die Sinnlichkeit heißt. Nun haben wir zwar
schon bey der Anschauung den besondern Actus des Ge=
müths bemerkt, wornach dasselbe das gegebene Man=
nigfaltige durchgeht, dasselbe von einem Ich den=
ke begleitet, und so überhaupt die durchgängig be=
stimmte Vorstellung hervor bringt. Aber diese Ge=
müthshandlung ist doch noch nicht diejenige, welche
das Mannigfaltige als im Gegenstande ver=
bunden vorstellt. Da sehen wir wohl, daß noch
ein besonderer Actus erwogen werden muß, der näm=
lich, durch welchen das gegebene empirische Mannigfal=
tige als im Gegenstande verbunden vorgestellt wird,
und in welchem sich das Gemüth als Spontaneität
zeigt.

Die Wissenschaft von den Regeln des Denkens ist
die Logik. Dieselbe kann zwiefach seyn, indem sie
entweder die Regeln des allgemeinen, oder des beson=
dern Verstandesgebrauchs anzugeben zum Zwecke hat.
Die allgemeine Logik setzt allen Unterschied der Gegen=
stände bey Seite, und entwickelt aus dem Begriffe des
Denkens die Regeln des Denkens überhaupt. Die
Logik des besondern Verstandesgebrauchs hat dagegen
ihr Augenmerk auf eine besondere Classe der Gegenstän=

de,

de, und enthält daher die Regeln, dieselben richtig zu denken.

Die allgemeine Logik ist aber entweder die r e i n e oder die a n g e w a n d t e Logik. Die erste betrachtet das Denken überhaupt, ohne darauf zu sehen, wie es eine Eigenschaft gewisser Subjecte ist, welche die Erfahrung kennen lehrt. Sie ist daher gänzlich eine Wissenschaft a priori, und ist ein Kanon des Verstandes und der Vernunft. Dagegen wird in der angewandten Logik das Denken unter den empirischen Bedingungen des Menschen erwogen. In derselben wird der Einfluß der Einbildung, des Gedächtnisses, der Gewohnheit und Leidenschaften auf das Denken betrachtet. Der Eintheilungsgrund ist hier derselbe, wornach andere Wissenschaften, die dieser Eintheilung fähig sind, in einen reinen und angewandten Theil, z. B. die Mathematik in die reine und angewandte, eingetheilt werden. Die erste betrachtet die Größe an sich, die angewandte dagegen betrachtet die Größe an empirischen Gegenständen. Eben so betrachtet die reine Moral die allgemeinen sittlichen Gesetze eines freyen Willens, die angewandte dagegen, oder die eigentliche Tugendlehre, betrachtet diese Principien, wie sie Gesetze des menschlichen, eines von Neigungen afficirten, Willens sind.

Die transcendentale Logik, die hier erwogen werden soll, wird dieses mit der allgemeinen reinen Logik gemein haben, daß sie eben so wenig wie diese auf eine Classe von Gegenständen sich einschränken wird. Sie wird wie diese von Gegenständen abstrahiren. Auch wird sie nicht die Gesetze des Denkens unter empiri-

pirischen Bedingungen darstellen, und folglich wird sie
reine Logik seyn. Allein etwas, womit die reine allgemeine Logik sich nicht befassen durfte, wird sie beabsichtigen, nämlich diejenigen Gesetze anzugeben, wodurch
das Denken eines Gegenstandes, das heißt: diejenige
Vorstellung, welche das Mannigfaltige als im Gegenstande verbunden vorstellt, möglich ist. In dieser Untersuchung werden sich Begriffe und Grundsätze
hervor thun, welche eine Beziehung a priori auf Gegenstände haben, indem durch sie das Denken der Gegenstände allererst möglich wird.

Der transcendentalen Logik erster Theil.

Die Analytik der Begriffe.

Wenn wir einen Begriff mit einem Urtheile vergleichen, so sehen wir, daß beyde in Ansehung der Vorstellungen, die sie verbunden enthalten, ganz gleich
seyn können. So enthält z. B. der zusammen gesetzte
Begriff: die weiße Wand, die nämlichen Vorstellungen, welche das Urtheil: die Wand ist weiß, enthält.
Wir sehen leicht, daß die Verbindung der Vorstellungen
im Begriffe schon als geschehen, dagegen im Urtheile
die Art der Verbindung selbst vorgestellt wird.

Wir haben schon die besondere Handlung des Gemüths bemerkt, durch welche aus mehrern Vorstellungen Eine entsteht, welche Handlung eben jene Verbindung ist, und darin besteht, daß das Mannigfaltige von
dem Bewußtseyn (dem bey allen Theilen des Mannig-

fal-

fältigen identischen Ich denke) begleitet wird. Auf
diese Weise nur kann Einheit des Bewußtseyns, das
heißt: ein Inbegriff mehrerer Vorstellungen, entspringen.

Nun sagen wir: im Begriffe sind die Vorstellungen zur subjectiven Einheit des Bewußtseyns verbunden; das Urtheil dagegen ist die Handlung, Vorstellungen zur objectiven Einheit des Bewußtseyns zu bringen. Denke ich den Begriff: die weiße Wand, so
wird hier die Verknüpfung der Vorstellungen (weiß
und Wand) bloß problematisch, mithin subjectiv, gedacht, ohne daß damit ein Object angedeutet wird, das
dieser Verknüpfung entspricht. Dagegen wird in einem Urtheile die Verbindung der Vorstellungen auf
ein Object bezogen. Sage ich: die Wand ist weiß,
so zeige ich damit an, daß ein jeder es so finden muß,
indem diese Verbindung nicht beliebig geschieht, sondern durch das Object bestimmt worden ist.

Wir sehen also wohl, daß, um die Handlung des
Gemüths, wornach dasselbe einen Inbegriff von Vorstellungen auf einen Gegenstand bezieht, und so einen
Gegenstand denkt, zu erforschen, wir uns an das Urtheil halten müssen; und daß, um vollständig jede Art
dieser objectiven Verknüpfung zu kennen, nichts mehr
nöthig seyn wird, als eine vollständige Darstellung aller Functionen der Urtheile. Jedes Urtheil ist aber
bestimmt, wenn es der Quantität, Qualität, Relation und Modalität nach bestimmt worden ist. Dasselbe ist

1.

Der Quantität nach:
entweder ein allgemeines
oder   besonderes
oder   einzelnes.

2.

Der Qualität nach:
entweder ein bejahendes
oder   verneinendes
oder   unendliches.

3.

Der Relation nach:
entweder ein kategorisches
oder   hypothetisches
oder   disjunctives.

4.

Der Modalität nach:
entweder ein problematisches
oder   assertorisches
oder   apodictisches.

In Ansehung dieser Tafel müssen noch folgende Bemerkungen gemacht werden.

Erstens: In einem allgemeinen Urtheile hat das Subject eine Sphäre, von welcher überhaupt, und folglich von jedem Gliede derselben, etwas prädicirt wird. Im einzelnen Urtheile hat das Subject keine Sphäre. Mithin ist, in so fern in beyden Urtheilen vom Subjecte überhaupt ohne alle Ausnahme etwas prädicirt wird, das allgemeine Urtheil dem einzelnen

zelnen gleich zu achten. Da unsere Absicht aber ist,
die Handlung der objectiven Beziehung darzustellen,
und diese in beyden Urtheilen verschieden seyn kann,
so kann die Unterscheidung derselben hier nicht über-
gangen werden.

Zweytens: Ein unendliches Urtheil ist der
Form nach jederzeit ein bejahendes, und wird daher in
der allgemeinen Logik mit Recht den bejahenden beyge-
zählt, das Subject eines unendlichen Urtheils wird
durch dasselbe in eine unendliche Sphäre gesetzt. Denke ich das Urtheil: die Seele ist nicht sterblich, so habe ich die Sphäre aller möglichen Dinge in die der
Sterblichen und der Nichtsterblichen getheilt, und die
Seele in die zweyte gesetzt, ohne dadurch bestimmt zu
haben, was sie denn eigentlich sey. Mithin ist das
unendliche Urtheil, ob es gleich der Form nach dem bejahenden gleich ist, doch darin von ihm verschieden,
daß durch dasselbe das Subject keine positive Bestimmung erhält, und muß zu unserer Absicht von ihm
unterschieden werden.

Drittens: Alle Verhältnisse des Denkens in
Urtheilen sind die des Prädicats zum Subjecte, des
Grundes zur Folge, und der gesammten Glieder eines
Erkenntnisses zum eingetheilten Erkenntnisse. Im hypothetischen Urtheile ist die Bestimmung des Verhältnisses nur einseitig. Wenn der Grund gesetzt wird,
so wird damit auch die Folge gesetzt; aber nicht umgekehrt bestimmt die Folge den Grund. Wechselseitig
ist diese Bestimmung im disjunctiven Urtheile. Denn
die gesammten Glieder schließen sich einander aus, so
daß, wenn das eine gesetzt wird, alle andere nicht

gesetzt

gesetzt werden; und umgekehrt. Jedes Dreyeck ist
entweder recht, oder schiefwinklig. Wird von einem
Dreyecke gesagt: es sey rechtwinklig, so ist es nicht
schiefwinklig; und umgekehrt. Die Glieder stehen
also in einer Gemeinschaft, und zwar dadurch, daß sie
zusammen genommen die Sphäre eines Erkenntnisses
ausmachen.

Viertens: Jedes Urtheil ist seinem Inhalte
nach vollkommen bestimmt, wenn es der Quantität,
Qualität und Relation nach bestimmt worden ist. Der
Modalität nach wird nur noch sein Verhältniß zum
Erkenntnißvermögen bestimmt, ob es nämlich (problematisch) gesetzt werden kann, oder (assertorisch) gesetzt ist, oder ob es (apodictisch) gesetzt werden muß.
Im problematischen Urtheile wird zwar geurtheilt, das
heißt: der Inbegriff der Vorstellungen wird auf ein
Object bezogen, aber es geschieht dieses doch mit dem
Bewußtseyn einer beliebigen Wahl. Dagegen geht
diese objective Beziehung im assertorischen Urtheile
wirklich vor, und im apodictischen Urtheile ist sie gar
vom Bewußtseyn der Nothwendigkeit begleitet.

Von den reinen Verstandesbegriffen oder den Kategorien.

Alle Erkenntniß fängt von der Anschauung an, in
der das Mannigfaltige eines Gegenstandes uns gegeben ist. Raum und Zeit sind aber die Bedingungen
a priori, unter denen es uns gegeben werden kann.
Das zweyte zu einem Erkenntnisse erforderliche ist die
Synthesis. Diese besteht in der Handlung, verschiedene

ne Vorstellungen zu einander hinzu zu thun, wodurch es möglich wird, sie alle in ein Bewußtseyn zu begreifen. Diese ist schon ein Eigenthum der Spontaneität, und also des Verstandes, vollendet aber doch noch nicht ein Erkenntniß. Das dritte, das endlich das Erkenntniß zu Stande bringt, ist die Function des Urtheils, wodurch der vorgestellte Inbegriff des der Sinnlichkeit gegebenen Mannigfaltigen auf ein Object bezogen, und ein Gegenstand vorgestellt wird.

Demnach wird es gerade so viel Begriffe geben, als es logische Functionen zu urtheilen giebt, deren Wesen darin bestehen wird, daß sie die objective Beziehung der Vorstellungen, oder die Handlung, ein Object vorzustellen, überhaupt ausdrücken werden.

Also ist es noch nicht die Synthesis, sondern eine Synthesis nach Begriffen, die uns allererst Erkenntniß verschafft. So ist es mit unserm Zählen beschaffen. Dasselbe besteht im Hinzuthun des einen Gleichartigen zum andern, und ist folglich eine Synthesis. Aber dieselbe kann auch nach einem Begriffe fortgehen, z. B. dem der Dekadik, wo der Begriff, wornach zehn Einheiten eine neue Einheit ausmachen, die Synthesis immerfort begleitet. Dieses Beyspiel hat zur Absicht, vorläufig anzudeuten, wie eine Synthesis nach Begriffen möglich sey.

Diejenigen Begriffe, welche die Synthesis begleiten, um eine objective Beziehung eines vorgestellten Mannigfaltigen, kurz, um Erkenntniß hervor zu bringen, nennen wir Kategorien, oder reine Verstandesbegriffe. Ihre Tafel muß derjenigen der logischen Functionen der Urtheile parallel gehen.

Tafel

Tafel der Kategorien:

1.

Der Quantität:

Einheit

Vielheit

Allheit.

2.

Der Qualität:

Realität

Negation

Limitation.

3.

Der Relation:

Der Inhärenz und Subsistenz (substantia et accidens)

Der Causalität und Dependenz (Ursache und Wirkung)

Der Gemeinschaft (Wechselwirkung zwischen dem Handelnden und Leidenden).

4.

Der Modalität:

Möglichkeit   — Unmöglichkeit

Daseyn   — Nichtseyn

Nothwendigkeit   — Zufälligkeit.

Dies ist nun das Verzeichniß aller nach einem Princip aufgefundenen Begriffe, die alle Synthesis begleiten müssen, wenn dadurch Erkenntniß zu Stande kommen soll. Wir haben sie Kategorien genannt, eine Benennung, die ihnen Aristoteles gab, der aber weder genau ihre Anzahl noch ihre Bestimmung kannte.

Die-

Diese Tafel zerfällt in zwey Abtheilungen. Die erste enthält die Kategorien der Quantität und Qualität, die bloß auf die Anschauung des Gegenstandes gehen, und zwar so wohl die reine, im Raume und in der Zeit, als auch die empirische, in Ansehung dessen, was in der Vorstellung des Gegenstandes zur Empfindung gehört. Wir nennen sie die mathematischen Kategorien. Die zweyte Abtheilung enthält die Kategorien der Relation und Modalität. Dieselben gehen auf die Existenz des Gegenstandes, und zwar entweder auf die Existenz des Gegenstandes im Verhältnisse zu andern Gegenständen, oder im Verhältnisse zum bloßen Erkenntnißvermögen. Sie sollen die dynamischen Kategorien heißen.

Eine jede Classe enthält drey Kategorien. Dagegen ist doch jede auf einem logischen Grunde beruhende Eintheilung Dichotomie. Der Grund dieser Trichotomie ist folgender: Wenn die Eintheilung analytisch ist, so beruht sie auf dem Satze des Widerspruchs. Da heißt es dann: jedes Ding ist entweder A oder nicht A; mithin ist die Eintheilung in diesem Falle jederzeit zweytheilig. Ist sie aber, obgleich auch a priori, jedoch synthetisch, und zwar nach Begriffen *), so muß sie noth-

---

*) Wenn die Eintheilung durch Construction der Begriffe geschieht, so ist sie zwar auch synthetisch und a priori; sie kann aber mehr als dreitheilig seyn, z. B. die der regulären Polyedra in fünferley Körper. Diese entspringt aber dadurch, daß der Begriff des Polyedri in der Anschauung dargelegt wird. Aus dem bloßen Begriffe desselben aber würde man nicht einmahl die Möglichkeit solcher Körper, viel weniger die mögliche Mannigfaltigkeit derselben ersehen.

nothwendig Trichotomie seyn, weil durch die Synthesis zweyer Begriffe ein dritter von den vorigen verschiedener entstehen muß.   Auch hier entspringt jederzeit durch Vereinigung zweyer Kategorien die dritte
der nämlichen Classe.   Die Vielheit als Einheit betrachtet ist die Allheit; Realität mit Negation verbunden ist die Limitation.   Denke ich das Verhältniß der
Substanz zum Accidenz durch das Verhältniß der Ursache zur Wirkung, so entsteht der Begriff der Wechselwirkung.   So z. B. wenn man einen Körper setzt,
kann der Zusammenhang seiner Theile nicht anders
als durch den Begriff der Berührung gedacht werden.
Es findet also ein Verhältniß der Substanz zum Accidenz Statt, und weil zugleich ein Verhältniß der Ursache zur Wirkung da ist, so müssen die Theile in Wechselwirkung gegen einander gedacht werden.   Der Theil
A berührt den Theil B, und bringt in ihm ein Accidenz hervor.   Aber eben dadurch berührt auch B den
Theil A, und erzeugt in ihm ebenfalls ein Accidenz.
Endlich entsteht der Begriff der Nothwendigkeit, wenn
die Wirklichkeit schon aus der bloßen Möglichkeit erhellet.   Dessen ungeachtet ist die dritte Kategorie kein von
den vorher gehenden abgeleiteter Begriff, sondern für
sich ein besonderer Verstandesbegriff, weil der Actus
des Verstandes, durch ihn einen Gegenstand zu denken, von dem in den zwey vorher gehenden Kategorien
verschieden ist.

Die Uebereinstimmung aller Kategorien mit den
logischen Functionen der Urtheile, woraus sie hergeleitet worden sind, ist überall einleuchtend, vielleicht aber
in Ansehung der Kategorie der Wechselwirkung nicht so

leicht

leicht einzusehen. Um sich derselben auch in diesem
Falle zu versichern, möge folgendes dienen. Wenn
man den Zusammenhang der Theile eines Körpers sich
vorstellt, so geschieht dieses durch eben denselben Actus
des Verstandes, der sich in jedem disjunctiven Urtheile
offenbart. Jene machen ein Ganzes aus, mit Aus-
schließung mehrerer Theile außer demselben, dadurch,
daß sie einander wechselseitig berühren; im disjunctiven Urtheile faßt das Bewußtseyn die Glieder desselben so, daß es das eine ausschließt, wenn es das andere setzt; und so umgekehrt.

Von der Deduction der reinen Ver-
standesbegriffe überhaupt.

Unter der Deduction eines Begriffs soll die Herleitung der Befugniß, denselben auf Gegenstände anzuwenden, verstanden werden. Wenn wir auf die
Sphäre unsrer Erkenntnisse einen Blick werfen, so
finden wir darin eine Menge empirischer Vorstellungen.
Von diesen wird niemand eine Deduction verlangen.
Denn da sie empirischen Ursprungs sind, so darf in Ansehung derselben nur eben das gezeigt werden, da dann
die Befugniß, sie auf Gegenstände der Erfahrung anzuwenden, in dem Satze liegt: sie sind durch Erfahrung entstanden. So ist z. B. die Flüssigkeit gewisser
Körper eine durch die Erfahrung erlernte Eigenschaft
derselben, welche Erfahrung also in der That mit
der Anwendung des Begriffs schon einerley ist, daher
die Frage nach der Befugniß, diesen Begriff auf Gegenstände anzuwenden, gleichsam zu spät geschieht.

Wenn

Wenn es aber Vorstellungen giebt, die gar nicht
durch die Erfahrung entstanden sind, und die doch immer
auf Gegenstände angewandt werden, so erfordern diese jederzeit eine Deduction. Man muß doch sagen können, wie man dazu komme, diese Vorstellungen auf
Gegenstände zu beziehen, da die Erfahrung selbst dazu
kein Recht giebt. Nun haben wir schon von den Vorstellungen des Raums und der Zeit, und ebenfalls von
den Kategorien dargethan, daß dieselben keinen empirischen Ursprung haben. In Ansehung derselben liegt
also der Critik ob, den Grund und die Befugniß anzugeben, auf welche sich der Verstand stützt, wenn er
Gebrauch von diesen Begriffen macht.

Wenn man in der Erfahrung den ersten Fällen
nachforscht, wo wir zu dem Bewußtseyn dieser Vorstellungen gelangten, so schlägt man den Weg der Untersuchung ein, den der große Locke betrat. Auf diese
Weise kann man die ersten Gelegenheitsursachen, die
das Bewußtseyn dieser Vorstellungen in uns rege mach-
ten, entdecken. Wenn man aber dieses wirklich leistet, so muß man sich nicht mit Locke überreden, den
empirischen Ursprung dieser Vorstellungen gefunden zu
haben. Erfahrung kann uns wohl von dem Besitze derselben versichern, (wozu aber freylich kein Aufsuchen jener ersten Gelegenheitsursachen, sondern nur Aufmerksamkeit auf irgend eine und jede Erfahrung
gehört), aber aus ihr entspringen können diese Begriffe nicht, weil in Ansehung des Raums und der Zeit
die Vorstellungen davon ganz unabhängig von allen
empirischen Vorstellungen sind, indem der Raum und
die Zeit selbst von allen Gegenständen der Erfahrung
ganz

ganz unabhängige Gegenstände sind; was aber die
Kategorien betrifft, dieselben Begriffe sind, die ihren
Ursprung in den logischen Functionen zu urtheilen
finden.

Man sieht aber wohl, daß die Wissenschaften, die
sich mit der Größe des Raums und der Zeit beschäfftigen, (die Geometrie und reine Mechanik), von ihrer
Evidenz nichts verlieren würden, auch auf den Fall,
wenn die Deduction dieser Vorstellungen nicht geschehen
könnte. Denn so lange sie nur in ihrem eigenen Bezirke bleiben, ist nichts da, was ihre anschauliche Gewißheit vermindern kann. Aber ohne diese Deduction
kann der Fall eintreten, da man die Befugniß, sie auf
Gegenstände der Erfahrung anzuwenden, in Zweifel
nimmt; ja daß dieser Fall wirklich sich eräugnet, davon
giebt die Geschichte der Philosophie ein merkwürdiges
Beyspiel.

Von den Vorstellungen des Raums und der Zeit
ist in der transcendentalen Aesthetik die Deduction be-
reits geschehen. Denn es ist gezeigt worden, daß dieselben nothwendige Bedingungen der Anschauung der
empirischen Gegenstände sind. Folglich sind Raum und
Zeit untrennbar von jedem von uns angeschaueten Gegenstande. Diese Deduction wurde also auf dem transcendentalen Wege geführt, der auch in der That der
einzig mögliche ist, wenn die Frage nicht den Gebrauch, sondern die Rechtmäßigkeit des Gebrauchs dieser Vorstellungen betrifft.

Also wird auch unsere Absicht in Ansehung der Kategorien erreicht werden, wenn deutlich gezeigt werden
kann, daß nur vermittelst dieser Vorstellungen ein Ge-

gen-

genstand in der Anschauung gedacht werden kann, kurz,
wenn gewiesen werden kann, daß diese Begriffe Objectivität überhaupt unsern Vorstellungen geben. Nun
wird man schon von der transcendentalen Deduction
auch dieser Begriffe versichert seyn, wenn man sich von
der Richtigkeit der obigen Exposition eines Urtheils
überzeugt. Eine deutliche Auseinandersetzung wird
uns nur noch obliegen.

Die transcendentale Deduction der reinen Verstandesbegriffe.

Der erste Actus des Verstandes, wovon aller Verstandesgebrauch anfängt, ist die Verbindung. Die
Sinne liefern uns ein Mannigfaltiges, aber Verbindung kann nie durch die Sinne zu uns kommen. Da
sie also ein Actus der Spontaneität ist, so muß sie dem
Verstande zugeschrieben werden. In der Vorstellung
eines Gegenstandes wird das Mannigfaltige desselben
als in ihm verbunden vorgestellt. Aber die Vorstellung dieser objectiven Verbindung ist doch nur möglich, so fern der Verstand die Vorstellungen selbst verbindet.

Verbindung setzt ein Mannigfaltiges voraus, welches verbunden wird, und führt auf den Begriff der
Einheit, zu welcher es verbunden wird. Diese Einheit
ist aber nicht die Kategorie der Einheit; denn alle Kategorien setzen schon Verbindung, und folglich auch (qua-
litative) Einheit voraus, und ihre Bestimmung ist
nicht zu verbinden, sondern Verbindung als objectiv
vorzustellen.

Nun laßt uns diese Handlung des Gemüths, die in der Verbindung besteht, näher erwägen. Dadurch, daß wir uns verschiedener Vorstellungen bewußt sind, entsteht dieselbe noch nicht; aber sie entsteht, wenn das Bewußtseyn, das jede dieser Vorstellungen begleitet, in der Synthesis derselben selbst als identisch vorgestellt wird. Also werden Vorstellungen mit einander verbunden, wenn das Gemüth eine zur andern hinzu fügt und dieser Synthesis selbst sich bewußt wird. Diese Synthesis ist daher von der Verbindung zu unterscheiden; denn jene besteht im Uebergange von dem Bewußtseyn der einen Vorstellung zu dem der andern. Sie wird Verbindung, wenn man sich dieser Synthesis selbst bewußt wird, folglich das Bewußtseyn, das in beyden Vorstellungen gleichsam zerstreut war, in ein einziges übergeht. Dasselbe besteht nun in dem Actus, der sich in dem Ich denke offenbart, und einer weitern Erläuterung vielleicht unfähig ist. Der oberste Grundsatz des Verstandes ist also der: das Ich denke muß alle meine Vorstellungen begleiten; ein analytischer Satz, weil meine Vorstellungen diejenigen sind, in welchen das Bewußtseyn als identisch vorgestellt wird. Eine unmittelbare Folge desselben ist der Satz, auf dem zunächst alle Verbindung beruht, und folgender ist: das Ich denke muß alle meine Vorstellungen in der Synthesis derselben begleiten.

Dieses Ich denke, das alle Vorstellungen begleitet, und folglich von keiner begleitet wird, muß die ursprüngliche Apperception heißen. Es muß von dem empirischen Bewußtseyn, nämlich demjenigen an einzelnen Vorstellungen, unterschieden werden, da

es

es dasjenige Selbstbewußtseyn ist, das in jedem empirischen Bewußtseyn als identisch vorgestellt wird, und
muß in dieser Rücksicht die reine Apperception
heißen. Der durch die Verbindung bewirkte Inbegriff
der Vorstellungen ist die Einheit des Bewußtseyns. Die transcendentale Einheit des
Bewußtseyns ist der durch Verbindung überhaupt, und
nicht in einzelnen Fällen, bewirkte Inbegriff der Vorstellungen. Sie heißt transcendental, um ihren Charakter als einer Bedingung der Erkenntniß anzudeuten.

So viel ist nun klar, daß die Vorstellung dieser
Einheit jederzeit eine Synthesis voraus setzt. Denn
nur dadurch, daß ich eine Vorstellung zur andern hinzu setze, und dieser Synthesis mir bewußt bin, werde
ich mir des Inbegriffs dieser Vorstellungen selbst bewußt. In dieser Rücksicht muß sie die synthetische
Einheit des Bewußtseyns heißen. Ist nun diese synthetische Einheit da, dann allererst ist es möglich, auch
umgekehrt das ursprüngliche Bewußtseyn in jeder
Theilvorstellung des Inbegriffs anzutreffen. In dieser
Beziehung wird die Einheit des Bewußtseyns die
analytische heißen. Die analytische Einheit ist also nur unter Voraussetzung der synthetischen möglich.

Aber obgleich das ursprüngliche Bewußtseyn eine
jede Verbindung möglich macht, so ist doch in ihm selbst
kein Mannigfaltiges enthalten. Dieses ist bemerkens-
werth und in Ansehung des Folgenden wichtig. Ein
Verstand, dessen reines Ich bin das Mannigfaltige schon enthält, würde anschauen. Der unsrige
kann nur denken, weil er das Mannigfaltige durch die
Sinne erhalten muß, und das Ich denke bey ihm

C 2   nur

nur eine Handlung ausdrückt, die an einem gegebenen
Mannigfaltigen ausgeübt wird, und folglich für sich
eine leere Vorstellung ist.

So wie nun Raum und Zeit die nothwendigen
Bedingungen sind, unter welchen das Mannigfaltige der
empirischen Anschauung uns gegeben werden kann, so
ist die transcendentale Einheit der Apperception die nothwendige Bedingung, unter welcher es verbunden, und
der Inbegriff desselben vorgestellt werden kann. In
der Beleuchtung derjenigen Gemüthshandlung, durch
welche wir uns einen Gegenstand vorstellen, ist die
Erwägung dieser ursprünglich synthetischen Einheit
der Apperception das Erste, worauf wir zu achten haben. Denn da kein Object uns anders als in der Anschauung gegeben werden kann, diese aber ein Mannigfaltiges enthält, so ist nur vermittelst der ursprünglichen Apperception die Vorstellung des Inbegriffs dieses Mannigfaltigen möglich, und sie geht noch aller
Beziehung der Vorstellungen auf ein Object voraus.
Aber der zweyte Actus des Verstandes, worauf zu merken ist, ist nun eben diese Beziehung der Einheit des
Bewußtseyns auf ein Object, durch welche zweyte
Handlung allererst der vorgestellte Gegenstand erhalten
wird. Erkenntniß ist die bestimmte Beziehung gegebener Vorstellungen auf ein Object. Das Mannigfaltige so wohl des reinen als des empirischen Raums ist
noch kein Erkenntniß. Um ein Object im Raume,
z. B. eine Linie, zu erkennen, muß ich sie ziehen, wodurch ein Mannigfaltiges gegeben wird, das aber noch
nicht Object ist. Vermittelst des ursprünglichen Bewußtseyns muß dieses Mannigfaltige in einen Inbegriff

griff gefaßt und verbunden werden. Das dritte, von
beyden verschiedene, ist noch ein besonderer Actus, durch
welchen die zur Einheit des Bewußtseyns verbundenen
Vorstellungen als nothwendig verbunden vorgestellt werden, wodurch in diesem Falle die Linie als ein Object
im Raume vorgestellt wird, und welche Handlung die
objective Beziehung der Vorstellungen ist, wie gleich
deutlicher gezeigt werden soll.

Die transcendentale Einheit der Apperception war
der durch Verbindung entstandene Inbegriff der Vorstellungen. Diese Bestimmung derselben läßt es noch
unentschieden, ob die Verbindung der Vorstellungen
als nothwendig oder nur als zufällig gedacht werden
soll. Sie soll aber die objective Einheit des Selbstbewußtseyns heißen, wenn die Vorstellungen als nothwendig zu einander gehörend angesehen werden. Diese
objective Einheit der Apperception ist also von der bloß
subjectiven sehr wohl zu unterscheiden. Wenn
ich mehrere Vorstellungen zu einem Begriffe verknüpfe,
(wenn ich z. B. sage: der heiße Ofen), so kann diese
Verbindung doch nur als problematisch vorgestellt
werden.

Nun besteht das Wesen eines Urtheils darin, daß
durch dasselbe Vorstellungen zur objectiven Einheit
des Bewußtseyns verbunden werden. Sage ich: der
Ofen ist heiß, so fordere ich, daß jedermann es eben
so finden, und daß diese Verbindung der Vorstellungen
nicht mehr als beliebig, sondern als nothwendig vorgestellt werden müsse. Also wird auch die Verbindung
des Mannigfaltigen einer Anschauung vermittelst der
logischen Functionen des Urtheils als objectiv vorgestellt

stellt werden. Nun sind die Kategorien nichts weiter
als eben diese logischen Functionen, so fern durch sie
das Mannigfaltige der Anschauung als nothwendig
verbunden vorgestellt wird, welches daraus erhellet,
daß sie für sich ganz leere Begriffe sind, und als solche
nur den Actus einer nothwendigen Verknüpfung bezeichnen. Sie beziehen sich also jederzeit auf Anschauung, von welcher sie das Mannigfaltige erhalten.
Mithin wird es klar, wie diese reinen Verstandesbegriffe sich auf Gegenstände beziehen können. Sie beziehen sich darauf, indem sie die Verknüpfung des Mannigfaltigen einer Anschauung als nothwendig vorstellen,
und dadurch ein vorgestelltes Object selbst hervor
bringen.

Man muß aber wohl bemerken, daß hier gar nicht
gesagt worden ist, daß vermittelst der logischen Functionen der Urtheile Verbindung als nothwendig v o r aller Wahrnehmung, und überhaupt, ehe das Mannigfaltige in irgend einer Anschauung gegeben sey, folglich ganz a priori, vorgestellt werde; denn das ist unmöglich. Das Urtheil: der Stein ist schwer, stellt
die Verbindung dieser Vorstellungen als nothwendig
und für jedermann gültig vor, aber doch nicht ohne
Beziehung auf Wahrnehmung; denn a priori ist diese
Verknüpfung nicht einzusehen. Ob es sich aber gleich
auf Wahrnehmung stützt, so ist es doch ein Erfahrungsurtheil, das heißt: ein solches, in welchem
die durch Wahrnehmung erhaltenen Vorstellungen als
nothwendig verbunden vorgestellt werden, und unterscheidet sich hierin von einem bloßen Wahrneh-
mungsurtheile, in welchem eine bloß subjective

Ver-

Verknüpfung, die in verschiedenen Subjecten sehr verschieden seyn kann, gedacht wird, und in welchem die
Verknüpfung eben derselben Vorstellungen so ausgedrückt werden müßte: wenn ich einen Stein trage,
dann fühle ich einen Druck der Schwere.

Durch die Kategorien wird also das Mannigfaltige einer Anschauung als zur nothwendigen Einheit des Bewußtseyns verbunden vorgestellt. Diese
Anschauung aber muß nothwendig sinnlich seyn, das
ist: eine solche, deren Mannigfaltiges gegeben, und
nicht in dem reinen Ich denke selbst schon enthalten
ist, welche eine intellectuelle Anschauung wäre, und
in Ansehung welcher die Kategorie von keinem Gebrauche seyn kann. Von der besondern Art dieser sinnlichen Anschauung ist nun noch abstrahirt worden. In
der Folge aber, wenn von den Kategorien wird gezeigt
werden, wie vermittelst derselben das Mannigfaltige
der empirischen Anschauung zur objectiven Einheit verknüpft wird, und durch dieselben empirische Gegenstände erkannt werden, wird die Absicht dieser Deduction
völlig erreicht werden.

Nunmehr kann eingesehen werden, was das heiße, etwas erkennen, und daß das Erkenntniß
eines Gegenstandes mehr sey, als das bloße Denken
desselben. Zum Denken eines Gegenstandes wird bloß
das erfordert, daß ein Mannigfaltiges als nothwendig
verbunden vorgestellt werde. Dieses Mannigfaltige
ist aber in keiner andern als einer sinnlichen Anschauung enthalten. Ist nun der Gegenstand in keiner
Anschauung gegeben, so wird er zwar der Form nach
gedacht, aber es wird kein Gegenstand erkannt.

Nun

Nun ist alle uns mögliche Anschauung entweder rein oder empirisch. Durch Anwendung der Kategorien auf die erste gelangen wir zu Erkenntnissen von Gegenständen der Mathematik. Aber auch diese sind doch nur noch formale Gegenstände. Raum und Zeit sind die Bedingungen aller empirischen Gegenstände, und diese werden vorgestellt, wenn das Mannigfaltige der empirischen Anschauung zur objectiven Einheit des Bewußtseyns verbunden wird, welches nur durch die Kategorie geschieht, und auf diese Art Erkenntniß hervor gebracht wird. Unsre sinnliche und empirische Anschauung ist es also allein, welche den Kategorien Sinn und Bedeutung verschafft.

Es ist nun gezeigt worden, daß einer jeden objectiven Verknüpfung die Kategorien zum Grunde liegen, weil sie aus der bloßen Form eines Urtheils, als derjenigen Handlung, durch welche Vorstellungen zur objectiven Einheit des Bewußtseyns verknüpft werden, entwickelte Begriffe sind, und daß auch nur vermittelst derselben die nothwendige Verbindung des Mannigfaltigen einer sinnlichen Anschauung vorgestellt werden kann; daß sie folglich Bedingungen a priori aller vorgestellten Objecte sind, indem in der Vorstellung derselben das Mannigfaltige der Anschauung als nothwendig zu einander gehörend gedacht werden muß, und also in dieser Hinsicht eingesehen werden kann, wie sie a priori auf Gegenstände der Erfahrung gehen können, ohne doch durch den Weg der Erfahrung entstanden zu seyn. Aber von dem allen ist doch noch die Frage nach der objectiven Realität dieser Begriffe unabhängig, welche noch zu beantworten ist. Denn zugestanden, ständen, daß auch das Mannigfaltige der empirischen Anschauung nur vermittelst dieser Begriffe zur nothwendigen Einheit des Bewußtseyns verbunden werden kann, so läßt sich doch noch fragen: wie ich dazu komme, eine solche Verknüpfung in die Anschauung zu setzen.

Der Synthesis des Mannigfaltigen so wohl des reinen Raums, als desjenigen, das den Raum erfüllt, liegt in uns eine Bedingung a priori zum Grunde, die zur Sinnlichkeit gehört, und die Zeit ist. Hierdurch wird es möglich, daß synthetisch-objective Einheit der Apperception a priori gedacht werden kann, als die Bedingung, unter welcher die objective Einheit einer jeden uns möglichen Anschauung stehen muß. Indem der Verstand einen Theil des Mannigfaltigen zum andern hinzu fügt, afficirt er den innern Sinn, wodurch ein von dem vorigen verschiedenes Mannigfaltiges entsteht, und die Zeit ausmacht. Da also eine jede uns mögliche Anschauung unter dieser Form, als ihrer Bedingung, stehen muß, so ist klar, daß auch die als nothwendig gedachte Verknüpfung des Mannigfaltigen derselben nur vermittelst derjenigen nothwendigen Einheit des Bewußtseyns geschehen könne, die eine Zeitbestimmung a priori ist. Da nun nur durch die Kategorien diese objective Einheit vorgestellt werden kann, so werden dieselben objective Realität haben, nur so fern sie die Verknüpfung des Mannigfaltigen als nothwendig in Beziehung auf die Zeit vorstellen. Wenn ich z. B. eine empirische Anschauung durch das Verhältniß der Substanz zum Accidenz bestimme, und auf diese Art einen Gegenstand erkenne; so frage ich

ich mich: wie ich zu dieser Gedankenbestimmung kom,
me, da ich doch keine Aehnlichkeit zwischen derselben
und dem gegebenen Mannigfaltigen finde. Aber ich
sehe ein, daß dieselbe dadurch nur Anwendbarkeit er,
halte, daß ich die Substanz für das Beharrliche in
der Zeit ansehe, an welchem, als einem Substrate,
das Wandelbare die Accidenzen ausmachen. Hieraus
muß sich ergeben, daß die Kategorien, doch nur so fern
sie die Verknüpfung des Mannigfaltigen in Beziehung
auf die Zeit als nothwendig vorstellen, Bedeutung und
objective Realität haben.

Die vermittelst der Kategorien als nothwendig
vorgestellte Synthesis des Mannigfaltigen in Bezie,
hung auf die Form des innern Sinnes, soll figür,
lich (synthesis speciosa) heißen. Wir unterscheiden
sie von derjenigen, durch die Kategorien schlechthin
(nicht als Zeitbestimmung) vorgestellten, nothwendigen
Verknüpfung, welche Verstandesverbindung
(synthesis intellectualis) heißt. Sie sind beyde tran,
scendental, da sie die Vorstellung eines Gegenstandes,
und also Erkenntniß möglich machen. Eben diese figür,
liche Synthesis wird auch die transcendentale
Synthesis der Einbildungskraft heißen,
durch welche Benennung ihre Eigenthümlichkeit näher
bezeichnet wird. Einbildungskraft ist nämlich das Ver,
mögen, einen Gegenstand auch ohne dessen Ge,
genwart in der Anschauung vorzustellen. Nun kann
ein Gegenstand nur durch diese figürliche Synthesis
von uns vorgestellt werden, wozu aber doch eine gege,
bene Anschauung nothwendig ist, mithin ohne dieselbe
ein Gegenstand nur seiner Form nach, und gleichsam in

Abwe,

Abwesenheit desselben, vorgestellt wird. Diese Einbil,
dungskraft gehört in so fern zur Sinnlichkeit, als sie
ein Vermögen ist, an der Form des innern Sinnes die
Verknüpfung eines gegebenen Mannigfaltigen als noth,
wendig vorzustellen. Dagegen ist sie auch als Sponta,
neität kein anderes Vermögen als der Verstand selbst.
Sie ist aber ein transcendentales Vermögen, und daher
von der reproductiven Einbildungskraft, von welcher
die Psychologie handelt, sehr wohl zu unterscheiden,
um welcher Unterscheidung willen sie auch die pro,
ductive Einbildungskraft heißen soll.

Nunmehr kann auch klar eingesehen werden, daß
wir uns selbst erkennen, nur wie wir uns erscheinen,
und nicht wie wir an uns selbst sind. Das letzte wür,
de wahr seyn, wenn die Vorstellung Ich denke selbst
ein Mannigfaltiges enthielte. Aber wir werden uns
unser selbst nur an der Synthesis eines gegebenen Man,
nigfaltigen bewußt, und ohne dieselbe würde gar kein
Bewußtseyn Statt finden. Dadurch nun, daß der
Verstand das Mannigfaltige verbindet, afficirt er den
innern Sinn, und erzeugt eine Anschauung, in welcher
das Gemüth sich selbst anschauet. Dieselbe ist ebenfalls
eine sinnliche Anschauung; denn das Mannigfaltige
derselben ist eben so wohl als dasjenige der äußern An,
schauung gegeben. Also gelange ich zu Vorstellungen
von mir, so fern ich mir gegeben bin, das ist: so fern
ich mir erscheine. Um an einem Falle diesen Satz ein,
zusehen, so ziehe man in Gedanken eine Linie. Man
muß also einen Theil zum andern hinzu fügen, durch
welche Handlung aber das Gemüth sich selbst, das
heißt: der Verstand den innern Sinn, afficirt, und so

das

das Gemüth ein Mannigfaltiges zu seinem eigenen Erkenntnisse erhält. Durch die Vorstellung Ich denke erkenne ich weder wie ich an mir selbst bin, noch wie ich mir erscheine, sondern bin mir nur durch dieselbe meines Verbindungsvermögens bewußt. Es gehört ein Mannigfaltiges dazu, um Verbindung zu realisiren, und so Erkenntniß meiner selbst zu Stande zu bringen.

Jetzt wird es leicht seyn, zu zeigen, wie durch die Kategorien Erfahrung überhaupt, das heißt: Erkenntniß empirischer Gegenstände, zu Stande komme. In dieser Absicht soll die Synthesis eines empirisch gegebenen Mannigfaltigen die Synthesis der Apprehension heißen. Aus dieser entsteht Wahrnehmung, das ist: Verbindung des empirischen Mannigfaltigen, die jedoch nicht als nothwendig vorgestellt wird. Wahrnehmung ist eine bloß subjective Verknüpfung des Mannigfaltigen einer empirischen Anschauung, und daher von Erfahrung verschieden, in welcher diese Verknüpfung als nothwendig gedacht wird. Soll nun aus Wahrnehmung Erfahrung werden, so muß der Verstandesbegriff dazu kommen, durch welchen die Verbindung dieses Mannigfaltigen in Beziehung auf die Zeit als nothwendig vorgestellt wird. Alle empirische Anschauung ist unter der Bedingung einer reinen möglich. Mithin setzt auch die als nothwendig vorgestellte Verknüpfung eines empirischen Mannigfaltigen eine solche Verknüpfung des Mannigfaltigen des Raums und der Zeit voraus, die als nothwendig nur durch die Kategorien gedacht werden kann, und auf diese Art stehen alle Gegenstände der Erfahrung nothwendig unter den Kategorien.

Wenn

Wenn ich einen Gegenstand im Raume, z. B. ein Haus, sehe, so liegt der Synthesis der Apprehension, wodurch ich das empirische Mannigfaltige zusammen setze, die Synthesis des Mannigfaltigen im Raume zum Grunde, und die Vorstellung der nothwendigen Verknüpfung des empirischen Mannigfaltigen gründet sich auf die nothwendige Einheit des Raums selbst, so wie diese sich auf die nothwendige Einheit in Ansehung der Zeit gründet. Abstrahire ich hierbey vom Raume und von der Zeit, so bleibt bloß die Vorstellung einer nothwendigen Verknüpfung eines gleichartigen Mannigfaltigen, das ist: die Kategorie der Größe.

Wenn ich das Gefrieren des Wassers und nachher seine Flüssigkeit wahrnehme, so geschieht dieses vermöge der Synthesis der Apprehension. Aber in der Apprehension gehören diese Vorstellungen nur zufällig zu einander. Damit nun ihre Verknüpfung als nothwendig vorgestellt werde, so muß dieselbe durch die Kategorie gedacht werden, welche in Beziehung auf die Zeit beyde Zustände so verknüpft vorstellt, daß dadurch bestimmt ist, welcher von beyden vorher geht, und welcher nachfolgt; und diese ist keine andere als die Kategorie der Ursache. Abstrahire ich auch in diesem Falle von der Zeit, so bleibt bloß das Verhältniß des Grundes zur Folge, dessen Anwendbarkeit aber auf empirische Anschauung sodann nicht eingesehen werden kann.

Summarische Darstellung dieser Deduction der Kategorien.

Die logischen Functionen der Urtheile sind Handlungen, durch welche die Verbindung der Vorstellungen

gen

gen als nothwendig vorgestellt wird. Die Handlung, durch welche das Mannigfaltige einer sinnlichen
Anschauung als nothwendig verknüpft vorgestellt wird,
ist eben diejenige, durch welche man einen Gegenstand
denkt. Dieses geschieht also vermittelst derjenigen Begriffe, die der durch das Urtheil als nothwendig vorgestellten Verbindung zum Grunde liegen, und welche
in Ansehung eines gegebenen Mannigfaltigen der sinnlichen Anschauung Kategorien heißen. Da aber in
uns eine Form der sinnlichen Anschauung, so wohl derjenigen des Raums, als auch der empirischen Gegenstände im Raume, zum Grunde liegt, so wird die Verknüpfung des Mannigfaltigen dieser Anschauung als
nothwendig in Beziehung auf diese Form, d. i. die
Zeit, durch die Kategorien vorgestellt werden müssen.
Auf diese Art kann eingesehen werden, wie diese reinen Verstandesbegriffe sich auf Gegenstände der Erfahrung beziehen. Denn nach dieser Deduction beziehen
sie sich auf dieselben, weil nur durch sie Gegenstände
überhaupt vorgestellt werden können.

Nach dieser Deduction ist nun auch allererst die
Antwort auf die Frage: was ein gegebener Gegenstand ist? möglich. Ein Gegenstand ist der durch
die Kategorien vorgestellte Inbegriff des Mannigfaltigen einer empirischen Anschauung.

———————

Der transcendentalen Logik
zweyter Theil.

Die Analytik der Grundsätze.

Einleitung.

Die allgemeine Logik beschäfftigt sich bloß mit dem Begriffe Denken, und da dasselbe sich in dem Begriffe, Urtheile und Schlusse vorfindet, so entwickelt sie diese drey Arten zu denken, und ist auf diese Art fähig, eine von allen übrigen Theilen der Philosophie abgesonderte, und gänzlich vollendete analytische Wissenschaft zu seyn. Sie setzt aber allen Inhalt des Denkens bey Seite, und ob sie gleich die entwickelten Regeln durch Beyspiele erläutern darf, so nimmt sie doch keine Rücksicht auf die besondere Handlung, durch die wir einen Gegenstand denken. Dagegen hat die transcendentale Logik die Darstellung eben dieser Handlung zum Zwecke.

Wie wir gesehen haben, nimmt diese Wissenschaft einen Anfang, der demjenigen der allgemeinen Logik ähnlich ist; denn beyde fangen von Begriffen an. Aber freylich kann diese Aehnlichkeit nur im allgemeinen die Methode betreffen, weil die allgemeine Logik nur den Begriff eines Begriffs zu exponiren, die transcendentale dagegen besondere Begriffe anzugeben hatte, durch welche die nothwendige Einheit des Mannigfaltigen einer Anschauung, und auf diese Art ein Gegenstand, vorzustellen sey. Was nun die Aehnlichkeit beyder Wissenschaften im Fortgange betrifft, so wird, wie sich sogleich ergeben soll, auch eine Lehre der Urtheile

theile in transcendentaler Absicht die transcendentale
Logik aufzuweisen haben. In Ansehung der Schlüsse
aber wird sich späterhin offenbaren, daß die Vernunft
(als das Vermögen derselben) nicht transcendental seyn
könne, und daß das Verfahren derselben, wenn sie ge=
gen die Warnungen der Critik etwas a priori von Ge=
genständen zu wissen vermeint, Dialectik sey.

Was nun die transcendentale Urtheilskraft betrifft,
so wird sich hier offenbaren, daß, so wie der erste Theil
dieser Wissenschaft, als ein Eigenthum des transcen=
dentalen Verstandes, gewisse Begriffe enthielt, auch
diese Urtheilskraft besondere Urtheile enthalten werde,
die, so wie jene, Erfahrung möglich zu machen ab=
zwecken. Mit der allgemeinen Logik verhält es sich
hierin ganz anders. Diese hat nur den Begriff eines
Urtheils zu entwickeln; Regeln aber, zu urtheilen,
kann sie nicht lehren, darum, weil Urtheilskraft ein
Talent ist, Regeln anzuwenden, und man also voraus
setzen muß, daß derjenige, dem die Vorschrift zu ur=
theilen dienen soll, ohne dieselbe urtheilen kann. Die
Transcendental=Philosophie hat aber den Vortheil,
daß sie außer den reinen Verstandesbegriffen auch zu=
gleich a priori den Fall ihrer Anwendung anzeigen
kann, und dieses kommt daher, weil dieselben sich gänz=
lich a priori auf Gegenstände beziehen. Hat man
durch den Weg der Analogie Regeln aus der Erfahrung
abgenommen, (z. B. daß es nicht klug sey, einem je=
den zu glauben), so muß eine durch Beyspiele geschärf=
te und durch Umgang gewitzigte Urtheilskraft die
Anwendung derselben bey vorkommenden Fällen selbst
treffen. Die Regel ist nicht a priori, und kann mit=

hin

hin mancherley Ausnahmen leiden, die keine Vorschriften befassen können. Eben daher, weil Mathematik
eine reine Vernunftwissenschaft ist, mithin ihre Sätze
allgemeine Regeln sind, so sind durch dieselben zugleich
alle mögliche Fälle ihrer Anwendung bestimmt. So
ist es auch mit der Transcendental-Philosophie. Die
Kategorien stellen die allgemeinen Bedingungen der
Erkenntniß aller Gegenstände der Anschauung vor.
Es müssen mithin auch die Fälle ihrer Anwendung a
priori bestimmt seyn.

Es wird nun diese Doctrin der transcendentalen
Urtheilskraft zwey Hauptstücke enthalten. Das erste
wird von der sinnlichen Bedingung handeln, unter welcher die reinen Verstandesbegriffe allein gebraucht werden können, das ist: von dem Schematismus derselben; das zweyte aber von den synthetischen Urtheilen,
welche diesen Bedingungen gemäß den Fall der Anwendung der Kategorien a priori bestimmen.

Der Analytik der Grundsätze
erstes Hauptstück.

Von dem Schematismus der rei-
nen Verstandesbegriffe.

Wenn eine Vorstellung unter eine andere subsumirt
wird, so wird die letzte in der ersten als enthalten, mithin als identisch mit einem Theile der ersten, vorgestellt.
So wird der Begriff Mensch unter den des Sterblichen subsumirt, wenn man den letzten als eine Theilvorstellung des ersten ansieht. Man sagt dann: daß

der eine Begriff durch den andern gedacht, oder dieser auf jenen angewandt werde.

Wenn wir uns nun die Anwendung des reinen Verstandesbegriffs auf Anschauung und die Subsumtion derselben unter den ersten vorstellen wollen, so scheint dieses etwas unmögliches zu seyn, da doch auch nicht die mindeste Aehnlichkeit zwischen beyden gefunden werden, und keine Theilvorstellungen der Anschauung mit dem Verstandesbegriffe identisch seyn kann. Man würde z. B. gar nichts dabey denken, wenn man sagen wollte: der Begriff Ursache werde angeschauet. Nun aber hat doch die Deduction der Kategorien es erwiesen, daß, um nothwendige Einheit der Anschauung, also um einen Gegenstand sich vorzustellen, die Verknüpfung des Mannigfaltigen durch die Kategorie gedacht, und folglich der Verstandesbegriff auf Anschauung angewandt werden müsse. Wie ist denn diese Anwendung und die Subsumtion der Anschauung unter den reinen Verstandesbegriff möglich?

Um jene Deduction zur Vollständigkeit zu bringen, haben wir schon einen Schritt gethan, der dem nachdenkenden Leser über diese Schwierigkeit hinweg helfen wird. Denn wir haben gezeigt, daß, da aller sinnlichen Anschauung eine allgemeine Form zum Grunde liegt, die in der Receptivität unsers Vorstellungsvermögens selbst gegründet ist, der Verstandesbegriff die Verknüpfung des Mannigfaltigen der Anschauung in Beziehung auf diese Form vorstellen könne, und dadurch Anwendung der Kategorie auf Anschauung möglich sey. Dieses nun deutlich vor Augen zu stellen ist eigentlich die Absicht dieses Hauptstücks.

Wenn

Wenn eine Vorstellung auf eine andere soll ange=
wandt, oder, deutlicher zu sprechen, wenn ein Ver=
hältniß zweyer Vorstellungen, die doch einander gänz=
lich heterogen sind, soll gedacht werden, so ist klar,
daß dieses nur vermittelst einer dritten, von beyden
verschiedenen, Vorstellung geschehen könne, die mit
beyden in Verbindung stehe. Welche wird denn diese
dritte vermittelnde Vorstellung zwischen dem Verstan=
desbegriffe und der sinnlichen Anschauung seyn?

Diese ist keine andere als die Zeit, denn dieselbe
ist einerseits die allgemeine Form einer jeden An=
schauung, auch derjenigen des Raums, indem sie die
Bedingung ist, unter der das Gemüth, wenn es das
Mannigfaltige der Anschauung zusammen setzt, sich
selbst afficirt; andererseits steht sie mit dem Verstan=
desbegriffe in Verbindung, weil die allgemeine Bestim=
mung desselben ist, Verknüpfung des Mannigfaltigen
als nothwendig vorzustellen, und auch dieser Vorstellung
die Form des innern Sinnes zum Grunde liegt. Auf
diese Art wird es klar, wie die Kategorie nur unter Be=
dingung der Zeit auf Anschauung angewandt werden
könne. Die Kategorie unter dieser Bedingung soll das
t r a n s c e n d e n t a l e S c h e m a des Verstandesbegriffs,
und das Verfahren des Verstandes mit diesen Sche=
maten der S c h e m a t i s m u s des reinen Verstandes
heißen.

Das Schema ist überhaupt die Methode, einem
Begriffe sein Bild zu verschaffen. So sagt man: man
habe ein Schema eines Tempels, einer Pagode, wenn
man im Stande ist, ein Bild zu entwerfen, das die=
sem Begriffe correspondirt. Das Bild selbst ist eine

durch=

durchgängig bestimmte Vorstellung, und enthält daher jederzeit mehr als der Begriff, dem es nie adäquat seyn kann. In der That aber können den reinen Verstandesbegriffen keine Bilder correspondiren, folglich kann auch das Schema des Verstandesbegriffs nicht das allgemeine Verfahren bezeichnen, demselben ein Bild zu geben; dagegen wird es die Methode andeuten, der Kategorie diejenige sinnliche Bedingung unterzulegen, wodurch sie allererst geschickt wird, auf Anschauungen angewandt zu werden. Wir wollen diese Schemate nach der Ordnung der Kategorien sofort vorstellen.

Das Schema der Größe ist die Zahl. Sie ist die nothwendige Einheit der Synthesis des gleichartigen Mannigfaltigen einer Anschauung, dadurch, daß ich die Zeit selbst hervor bringe.

Realität ist dasjenige, dem in der Anschauung Empfindung correspondirt; Negation in der Anschauung bezeichnet den Mangel der Empfindung. Nun giebt es von einer jeden Empfindung bis zu ihrem gänzlichen Mangel unendlich viele Grade. Diese continuirliche Erzeugung der Empfindung, da man von der Negation bis zu einem bestimmten Grade derselben gelangt, und umgekehrt durch unendlich viele Grade von der Negation zu einer bestimmten Empfindung gelangt, ist nun das Schema der Realität, wodurch dieselbe als eine erfüllte Zeit, Negation dagegen als eine leere Zeit vorgestellt wird.

Das Schema der Substanz ist die Beharrlichkeit des Realen in der Zeit, welches bleibt, indem seine Accidenzen wechseln.

Das

Das Schema der Ursache ist diejenige Zeitbestimmung eines Realen, worauf, wenn es gesetzt wird, nothwendig etwas anderes folgt.

Das Schema der Gemeinschaft oder der wechselseitigen Causalität der Substanzen in Ansehung ihrer Accidenzen ist das Zugleichseyn derselben.

Das Schema der Möglichkeit ist die Zusammenstimmung der Synthesis verschiedener Vorstellungen mit den Bedingungen der Zeit überhaupt.

Das Schema der Wirklichkeit ist das Daseyn in einer bestimmten Zeit.

Das Schema der Nothwendigkeit ist das Daseyn zu aller Zeit.

Aus dieser Darstellung der Schemate des reinen Verstandes wird es nun klar, wie die Vorstellung einer nothwendigen Vereinigung des Mannigfaltigen, und mithin Vorstellung eines Objects, möglich sey. Die Kategorie, bloß als reiner intellectueller Begriff, macht dieselbe noch nicht möglich; sondern dieses verrichtet das Schema der Kategorie, durch dasselbe wird die nothwendige Einheit eines gegebenen Mannigfaltigen vorgestellt. Das Schema der Quantität druckt diese nothwendige Einheit in Ansehung dessen, was zur Form der Anschauung gehört, aus, indem durch dasselbe bestimmt (und mithin objectiv und für jedermann gültig) gedacht wird, wie oft die Anschauung Eins enthalte; das heißt: die Größe des Objects durch Vermittelung der Zeitbedingung vorgestellt wird. Auf gleiche Weise kommt Objectivität in die Anschauung, in Ansehung der Materie derselben, durch das Schema der Realität, da durch dasselbe der Grad der

Em-

Empfindung in Beziehung auf Zeit bestimmt vorgestellt wird. Die Kategorie der Substantialität ist der Anschauung so lange fremd, bis die Zeitbedingung hinzu tritt, und sie erhält nur dadurch auf dieselbe Anwendung, daß in dieser ein Verhältniß des Beharrlichen zum Wandelbaren vorgestellt wird. Ursache, Wirkung und Commercium sind Begriffe, zwischen welchen und der Anschauung man keine Aehnlichkeit findet. Dagegen sieht man deutlich, wie die Anschauung in Vorstellung eines Objects, und die in der Wahrnehmung vorhandene bloß subjective Verknüpfung in eine objective der Erfahrung übergehe, dadurch, daß man ihnen die Zeitbedingung unterlegt, da dann beyde Verstandesbegriffe das Verhältniß des einen Realen zu einem andern in Beziehung auf Zeit als nothwendig darstellen. Die Begriffe der Möglichkeit, Wirklichkeit und Nothwendigkeit in logischer Bedeutung sind leicht exponirt; reale Bedeutung erhalten sie ebenfalls nur, so fern sie als durch Zeit versinnlichte Begriffe vorgestellt werden. Logisch möglich ist dasjenige, das sich nicht widerspricht; realiter möglich dagegen ist dasjenige, das mit den Bedingungen der Zeit überhaupt überein stimmt, z. B. entgegen gesetzte Bestimmungen eines Dinges können nicht in einem Begriffe vereinigt werden, und widersprechen sich; realiter ist dieser Widerstreit doch allererst dann, wenn diese Bestimmungen zu einerley Zeit gesetzt werden, dagegen derselbe nicht Statt findet, wenn die entgegen gesetzten Accidenzen einander folgen.

Die Schemate sind also die durch die Zeit versinnlichten Kategorien, und es erhellet nunmehr auf die deutlichste

lichste Weise, daß jeder uns gegebene Gegenstand nothwendig unter diesen Schematen stehen müsse. Zwar
hat es seine Richtigkeit, daß die Kategorien diejenigen
Begriffe sind, die eine jede als nothwendig vorgestellte,
folglich objective, Verknüpfung möglich machen. Aber
da ein Gegenstand doch nie anders als in der Anschauung uns gegeben seyn kann, folglich jene Verknüpfung nur in Ansehung des Mannigfaltigen derselben
vorgestellt werden, dieses aber doch nur durch das
Schema, und nicht durch den bloß intellectuellen Verstandesbegriff bewirkt werden kann, so hilft uns dieser
reine Ursprung der Kategorie zu nichts, indem gar
nicht eingesehen werden kann, ob sie auch in ihrer un-
versinnlichten Form sich auf irgend ein Object beziehen.
Aus ihrer Ableitung aus den logischen Functionen der
Urtheile folgt so viel, daß wenn wir problematisch ein
Object denken wollen, das n i c h t Object unsrer sinnlichen Anschauung ist, (ein Noumenon), wir dasselbe
durch die Kategorien denken können; aber wir sind doch
so wenig vermögend, etwas von demselben zu prädiciren, (denn dadurch, daß wir es durch Kategorien denken, prädiciren wir gar nichts von demselben, und sie
sind nicht Erkenntnißstücke, sondern nur modi, ein Object überhaupt zu denken), daß wir das ganze Object
doch nur für einen problematischen Gedanken, wie es
denn das auch ist, halten müssen.

Aus dem allen ergiebt sich nun, daß zwar die Schemate der Sinnlichkeit die Kategorien allererst realisiren, daß sie aber auch dieselben zugleich restringiren,
indem sie solche auf die Bedingungen der Sinnlichkeit
einschränken. Auch wird nun das Resultat der tran-

scen-

scendentalen Aesthetik, welches an seinem Orte schon
klar vorgestellt worden ist, doch eigentlich hier sehr deutlich einleuchten, daß wir nämlich die Dinge erkennen,
nicht wie sie an sich sind, sondern wie sie uns erscheinen.
Denn die Einheit der Anschauung kann doch nur in
Beziehung auf die Form des innern Sinnes als nothwendig, und also nur in dieser Beziehung als ein Gegenstand vorgestellt werden; für sich selbst aber, ohne
diese sinnliche Bedingung, kann diese Verknüpfung gar
nicht vorgestellt werden.   Das letzte aber ist es, das
zur Erkenntniß der Dinge, wie sie an sich sind, erfordert wird, in welchem Falle das vorgestellte Object (die
Erscheinung) mit dem Dinge an sich selbst ganz einerley seyn würde, von welcher Erkenntnißart wir nur
eine Idee haben, die aber keinesweges die unsrige ist,
noch jemahls werden kann.

Der Analytik der Grundsätze zweytes Hauptstück.

System aller Grundsätze des reinen Verstandes.

Einleitung.

Das vorige Hauptstück hat die Bedingungen angegeben, unter welchen die Anwendung der Kategorien auf
Anschauung möglich ist.   Diesen Bedingungen gemäß
werden nun a priori die Fälle der Anwendung bestimmt werden können, das heißt: es werden sich Regeln ergeben, unter welchen die Gegenstände der Erfah-

rung

rung stehen müssen, und welche Gesetze a priori derselben seyn werden. Denn ob man gleich nun einsehen wird, daß vermittelst der Zeitbedingung die Kategorie, z. B. die der Ursache, Realität, das ist: Anwendung auf Anschauung, erhalte, und dadurch Erkenntniß bewirke, indem auf diese Art eine nothwendige Verknüpfung der Anschauungen (da, wenn die eine
gesetzt ist, die andere dadurch ihre bestimmte Stelle in
der Zeit ebenfalls hat) zu Stande kommt, so würde
doch bey aller Möglichkeit dieser Anwendung dieselbe
nicht Statt finden, wenn es nicht bestimmte Regeln gäbe, welche den Fall dieser Anwendung selbst anzeigten.
Dieselben werden Grundsätze seyn, darum, weil
sie allen Erfahrungssätzen zum Grunde liegen   Dessen
ungeachtet werden sie doch eines Beweises bedürfen,
der aber nur aus eben dem Princip, daß sie nämlich
die Erfahrung möglich machen, wird hergeleitet werden müssen. Um der Eigenschaft derselben willen, daß
sie den Kategorien die Fälle der Anwendung bestimmen,
werden sie selbst nach der Ordnung der Kategorien vorgetragen werden können. Die Grundsätze der Mathematik, deren Evidenz und apodictische Gewißheit für
sich besteht, gehören nicht in die gegenwärtige Untersuchung, weil diese schon ein Princip voraus setzen, welches den Fall der Anwendung der Kategorie (nah-
mentlich die der Größe) angiebt, welches hierher gehört, und aus welchem die Möglichkeit der unmittelbaren und apodictischen Gewißheit dieser synthetischen
Sätze, auch in Beziehung auf die Gegenstände der
Erfahrung, wird begriffen werden können.

Diese Grundsätze werden auch keine analytischen Urtheile seyn, wie man dieses im voraus schon merken kann, und folglich wird ihr Princip nicht das des Widerspruchs seyn. Dieser Satz, da er die Function des Denkens selbst ausdruckt, ist allerdings der oberste Grundsatz alles Denkens. Aber es fehlt viel daran, daß er auch der oberste Grundsatz alles Erkennens wäre. Ihm muß zwar alles Erkennen gemäß seyn, weil sonst auch nicht einmahl etwas gedacht wäre. Aber da erkennen, Vorstellungen zur nothwendigen Einheit des Bewußtseyns verbinden, heißt, wodurch die Vorstellung eines Gegenstandes (des Inbegriffs eines nothwendig verknüpften Mannigfaltigen) entspringt, so bleibt noch immer die Frage, wenn gleich die Vorstellungen dem Satze des Widerspruchs gemäß verbunden werden können, ob auch ihre Verbindung als nothwendig verknüpft gedacht werden kann. Mithin begreift man wohl, daß für synthetische Urtheile a priori ein ganz anderes Princip, um ihre Möglichkeit einzusehen, gesucht werden müsse. Daß aber die Grundsätze, von welchen hier die Rede ist, synthetisch seyn werden, sieht man daher ein, weil die Regel den Fall der Anwendung der Kategorie angeben soll; sie wird mithin eine Verknüpfung eines Gegebenen mit dem Verstandesbegriffe, der in jenem nicht gedacht wird, enthalten. Welches wird nun das Princip derselben seyn?

Wenn das Mannigfaltige der empirischen Anschauung zur nothwendigen Einheit des Bewußtseyns verbunden gedacht wird, so kommt Erfahrung zu Stande, und dies geschieht durch das Schema der Kategorie. Wenn also ein Erfahrungserkenntniß gesetzt wird,

so ist damit Anwendung des Schema auf die empirische
Anschauung zugleich gesetzt. Folglich muß der Grundsatz, wornach diese Anwendung möglich ist, a priori
sich auf die Erfahrung beziehen, da sie im entgegen gesetzten Falle nicht möglich wäre, und keine Erfahrung wäre
gesetzt worden. Das Princip also aller dieser synthetischen Grundsätze a priori, oder derjenige Satz, auf
welchem die Gewißheit a priori dieser Grundsätze in
Ansehung aller möglichen Gegenstände der Erfahrung
beruhet, ist daher folgender: Ein jeder Gegenstand
steht unter den nothwendigen Bedingungen, nach welchen synthetische Einheit des Mannigfaltigen der Anschauung, und folglich Erfahrung, möglich ist.

Auf diese Weise ergiebt sich nun wohl die Möglichkeit synthetischer Grundsätze a priori, aber auch nur
lediglich in Beziehung auf eine mögliche Erfahrung.
Ueber diese hinaus können dieselben keine Bedeutung haben, weil sie doch nur Bedingungen der Anwendung der Schemate der Kategorien auf empirische
Anschauungen, nicht aber Regeln sind, einen Gegenstand schlechthin, ohne Beziehung auf gegebene Anschauung und auf die Form des innern Sinnes, als Bedingung der synthetischen Einheit derselben, vorzustellen.

Was selbst die Wahrheiten der Geometrie betrifft,
ob sie gleich a priori gewiß sind, auch diese Gewißheit
sich keinesweges auf das Princip der Möglichkeit der
Erfahrung gründet; so haben sie objective Gültigkeit
doch auch nur in so fern, als sie sich auf mögliche Gegenstände der Erfahrung beziehen, und ohne diese Beziehung würde die Erkenntniß derselben nichts weiter als
bloßes Hirngespinst seyn.

Syste-

Systematische Vorstellung aller syn=
thetischen Grundsätze des reinen
Verstandes.

Noch vor der Darstellung dieser Grundsätze läßt
sich begreifen, daß es doch nothwendig dergleichen ge=
ben müsse. Denn wenn Erfahrung gesetzt wird, und
diese in Vorstellung einer nothwendigen, für jedermann
gültigen Verknüpfung des Mannigfaltigen der empi=
rischen Anschauung besteht, welche aber nicht anders
als durch Anwendung der Kategorie auf Anschauung
möglich ist; so muß der Verstand nothwendiger Weise
Regeln enthalten, welche die Fälle dieser Anwendung
bestimmen.

Die Verbindung des Mannigfaltigen der empiri=
schen Anschauung, den Kategorien gemäß, ist doch aber
von zwiefacher Art. Denn sie ist entweder Verbindung
des Gleichartigen (compositio), und diese wiederum
Verbindung des Gleichartigen der Form der Anschauung
(aggregatio), oder des Gleichartigen der Materie der
Anschauung (coalitio); oder sie ist Verbindung des Un=
gleichartigen (nexus). Composition ist die Verbin=
dung den Kategorien der Quantität und Qualität ge=
mäß; nexus dagegen ist diejenige den Kategorien der
Relation und Modalität gemäß. Ueber dies offen=
bart sich in Ansehung dieser Arten der Verbindung noch
eine Verschiedenheit. Denn obwohl die durch die Ka=
tegorien der Quantität und Qualität vorgestellte Ver=
bindung als nothwendig gedacht wird, so erfolgt doch
die Vorstellung dieser nothwendigen Verknüpfung aller=
erst auf die Wahrnehmung, (z. B. wenn ich ein Thier

anschaue,

anschaue, so ist seine Gestalt bestimmt, und jedermann muß sie so finden als ich sie finde; gleichwohl gehören die Theile derselben nicht vor der Wahrnehmung noth-wendig zu einander, und man kann das Thier auch anders gestaltet sich denken). Dagegen gehört das Mannigfaltige, so fern die Verbindung desselben durch die Kategorien der Relation gedacht wird, nothwendig noch vor der Wahrnehmung zu einander, (z. B. das Accidenz zu irgend einer Substanz, die Wirkung zu ir-gend einer Ursache). Hieraus wird sich eine merkwür-dige Verschiedenheit auch der synthetischen Grundsätze des reinen Verstandes ergeben. Diejenigen, welche die Anwendung der mathematischen Kategorien bestim-men, werden selbst mathematische Grundsätze heißen, und da sie bloß auf die Anschauung (so wohl formale als materiale) der Gegenstände gehen, so werden sie evident seyn. Die Grundsätze aber, wel-che die Anwendung der Kategorien der Relation und Modalität auf Anschauungen bestimmen, werden, so wie diese Kategorien, dynamische heißen. Sie ge-hen auf das Daseyn der Gegenstände, deren An-schauung gegeben ist; folglich wird ihnen zwar die Evi-denz abgehen, aber apodictisch gewiß werden sie nicht minder als die mathematischen, seyn. Alle Grundsätze des reinen Verstandes werden demnach, der Tafel der Kategorien gemäß, folgende seyn:

1.

Axiomen der Anschauung.

2.

Anticipationen der Wahrnehmung.

3.

3.
Analogien der Erfahrung.

4.
Postulate des empirischen Denkens überhaupt.

Der Grund zu dieser Benennung wird sich im Verfolge am besten bemerken lassen.

1.
Axiomen der Anschauung.

Das Princip derselben ist: Alle Anschauungen sind extensive Größen.

Beweis.

Aller empirischen Anschauung liegt die reine des Raums und der Zeit zum Grunde, so daß dieselbe nur vermittelst eben derjenigen Synthesis ins Bewußtseyn kommt, durch welche die Vorstellung eines bestimmten Raums und einer bestimmten Zeit erzeugt wird. Diese Synthesis ist aber die eines mannigfaltigen Gleichartigen, und die Vorstellung dieser Synthesis ist der Begriff der Größe. Also sind alle Anschauungen Größen. Da aber die Vorstellung eines bestimmten Raums oder einer bestimmten Zeit nur nach der Vorstellung der Theile derselben möglich wird, und eine Größe von dieser Art eine extensive ist, so sind alle Anschauungen extensive Größen.

Dieser Grundsatz weiset dem Begriffe Größe Anwendung an, und berechtigt zur Anwendung aller Axiomen der Geometrie und aller auf dieselben sich gründenden Sätze dieser Wissenschaft auf Erscheinungen, welches ohne denselben nicht von selbst klar ist.

Denn

Denn da diese Axiomen insgesammt Säße a priori
sind, und ihre Wahrheit sich auf kein empirisches Datum stüßet, so entsteht ganz natürlich die Frage: wie
kommt man dazu, diese reinen Säße auf gegebene Gegenstände anzuwenden? Unserm Princip gemäß liegt
nun die Antwort in der Frage; denn ein Gegenstand
kann uns nicht anders als im Raume und in der Zeit
gegeben seyn, und mithin ist die Synthesis, durch welche
die bestimmte Anschauung desselben entsteht, eben dieselbe, durch welche die Vorstellung des bestimmten Raums
und der bestimmten Zeit erzeugt wird. Werden dagegen
die Erscheinungen für Dinge an sich gehalten, dann ist
es freylich unmöglich, zu erklären, wie wir in den Sä-
ßen der Geometrie so vieles von ihnen a priori wissen
können. Eben diese Verwechselung der Erscheinungen
mit Dingen an sich hat die Bedenklichkeit hervor gebracht: ob auch wohl die Forderung der Geometrie,
daß der Raum ins unendliche theilbar sey, auf die Gegenstände der Erfahrung angewandt werden könne.

2.

Anticipationen der Wahrnehmung.

Das Princip derselben ist: In allen Erscheinungen hat das Reale, das ein Gegenstand der Empfindung ist, intensive
Größe, d. i. einen Grad.

Beweis.

Die Vorstellung der Realität ist ebenfalls die der
Synthesis eines mannigfaltigen Gleichartigen, welche
aber nicht successive entstanden ist, sondern eine solche,
der

der man sich auf einmahl bewußt ist, d. i. sie ist mit
der Vorstellung der Größe, jedoch nicht der extensiven,
sondern der intensiven, einerley. Nun ist alles
dasjenige in der empirischen Anschauung, was zur Empfindung gehört und die Materie der Anschauung ausmacht, von der Art, daß das Bewußtseyn desselben
dasjenige eines mannigfaltigen Gleichartigen ist, indem von einer bestimmten Empfindung bis zum gänzlichen Mangel derselben, durch die Vorstellung der bloßen Verminderung, unendlich viele kleinere Empfindungen gedacht werden können. Folglich wird die Empfindung, oder das Materiale an der Anschauung, jederzeit als eine Größe vorgestellt. Da aber eben diese
Materie der Anschauung auf einmahl und nicht succeß-
sive apprehendirt wird, so wird sie nicht als extensive,
sondern als intensive Größe, (als ein Grad), d. i. als
Realität, vorgestellt.

　Dieser Grundsatz bestimmt die Anwendung des
Begriffs der Realität auf empirische Anschauung, welches auch nicht unmittelbar von selbst erhellet, sondern
nur dadurch klar wird, daß die Vorstellung der Realität diejenige einer intensiven Größe, und das empirische Bewußtseyn oder die Empfindung in einer Anschauung ebenfalls intensive Größe hat. Eine jede
Erscheinung hat demnach eine bestimmte Realität, von
welcher bis zum gänzlichen Mangel es unendlich viele
kleinere Grade derselben giebt. Auch sind zwischen der
Realität einer Erscheinung und einer andern kleinern
oder größern unendlich viele Grade enthalten. Nun
aber ist diejenige Größe, in welcher kein Theil der
kleinst-mögliche ist, eine continuirliche Größe. Mit-

hin

hin sind alle Erscheinungen, so wohl in Ansehung des Formalen (des Raums und der Zeit) als des Materialen (der Empfindung) ihrer Anschauung, continuirliche Größen.

Giebt es nun zwischen einer Realität in der Erscheinung und der Negation derselben unendlich viele kleinere Grade, so kann es auch keinen Beweis geben, der den gänzlichen Mangel der Realität irgend eines bestimmten Raums oder einer bestimmten Zeit darthun könnte, d: h. es kann keinen Beweis vom leeren Raume oder von der leeren Zeit geben: denn einmahl kann der leere Raum nicht selbst apprehendirt, folglich derselbe nicht erfahren werden; und zum andern kann die Realität, welche einen bestimmten Raum erfüllt, durch unendlich viele Stufen abnehmend gedacht werden, ohne daß daraus eine gänzliche Leerheit dieser Stellen erfolgen sollte, weil die Verminderung der intensiven Größe, die damit gesetzt wird, keinesweges auch die der extensiven nach sich ziehen darf.

In Ansehung desjenigen, was das Empirische an einer Erscheinung ausmacht, kann keine Anticipation Statt finden, das heißt: man kann a priori nie wissen, welche und wie große Realität ein Gegenstand der Erfahrung habe. Das alles muß die Erfahrung selbst lehren. Aber daß derselbe überhaupt eine Realität haben müsse, das können wir a priori wissen, und auf die Art die Erfahrung anticipiren, welches daher kommt, weil durch diese Anticipation die Bestimmung der besondern Realitäten der Gegenstände, welche die Erfahrung lehrt, allererst möglich ist.

3.

Analogien der Erfahrung.

Das Princip derselben ist: Erfahrung ist nur durch die Vorstellung einer nothwen= digen Verknüpfung der Wahrnehmungen möglich.

Beweis.

Wahrnehmung ist bloß das empirische Be= wußtseyn, und enthält als ein solches zwar die Vor= stellung einer Synthesis, die aber nicht mit dem Be= wußtseyn einer nothwendigen und für jedermann gülti= gen, folglich objectiven, Verbindung einerley ist. Nun gehören zwar in der Erfahrung die Vorstellungen auch nur in so fern zufällig zu einander, als ihre Ver= knüpfung a priori und vor der Wahrnehmung nicht eingesehen werden kann; aber nachdem die Erfahrung geschehen ist, so werden in der Erfahrung die Vorstel= lungen als nothwendig zu einander gehörend betrachtet. Da nun die Synthesis der Wahrnehmungen nicht an= ders als successiv geschieht, so muß, wenn die Ver= knüpfung der Wahrnehmungen in einer Erfahrung ge= dacht werden soll, das Mannigfaltige an der Zeit be= stimmt vorgestellt werden, ob es nämlich beharret, oder ob es auch, so wie die Wahrnehmungen, auf einander folgt, oder zugleich ist. Mithin muß es Grundsätze a priori geben, wornach eine solche objective Verknü= pfung der Wahrnehmungen, d. h. Erfahrung, mög= lich ist.

Da es nun drey modi der Zeit giebt: Beharr= lichkeit, Folge und Zugleichseyn, wornach ein Man= nig=

nigfaltiges dieser objectiven Bestimmung fähig ist, so
wird es auch drey Regeln geben, nach welchen dieselbe
möglich ist.

Wie entsteht Erfahrung aus Wahrnehmung in
Ansehung des Daseyns der Gegenstände? Das ist die
Frage, die jetzt soll beantwortet, und wodurch die Fälle
der Anwendung der Kategorien der Relation bestimmt
werden. Wenn ein Stein vom Dache fällt, so ist die
Vorstellung davon anfänglich bloß Wahrnehmung, das
heißt: bloß subjectiv gültig. Objectiv und für jedermann gültig, d. i. Erfahrung, ist sie in dem Urtheile:
der Stein fällt vom Hause.

Die vorigen beyden Grundsätze zeigten die Anwendung der Kategorien der Größe und Realität auf
die Gegenstände der empirischen Anschauung unmittelbar an der Synthesis des Gleichartigen in derselben,
so wohl in Ansehung der Form als der Materie der
Anschauung. Sie wurden mathematische genannt,
weil sie die Anwendung der Mathematik auf Erscheinungen berechtigten. Was nun die Analogien der Erfahrung betrifft, so ist hier gar nicht mehr die Frage
nach der Größe und Realität der Erscheinung, sondern
nach dem Daseyn derselben, also nach der Bestimmung des Gegenstandes in der Zeit. Jene Grundsätze
waren eben daher, weil sie unmittelbar an der synthetischen Einheit der Anschauung die Anwendung der Kategorien zeigten, evident; die Analogien der Erfahrung
dagegen (und auch die Postulate des empirischen Denkens) werden zwar nicht minder apodictisch gewiß seyn,
aber da das Daseyn nicht unmittelbar an der synthetischen Einheit der Anschauung gezeigt, folglich nicht

E 2   con-

construirt werden kann, so wird ihnen Evidenz man-
geln, und sie werden nur regulative Principien
seyn, das Daseyn überhaupt zu bestimmen, nicht aber
constitutive, d. i. solche, die unmittelbar an der
Anschauung ihre Wahrheit darthun.   In der Mathematik heißt eine Analogie (Proportion) die Gleichheit
zweyer quantitativen Verhältnisse, in welcher das dritte Glied bestimmt ist, wenn zwey Glieder gegeben sind.
In der Philosophie aber ist die Analogie die Gleichheit
zweyer qualitativen Verhältnisse, durch welche nicht
das dritte Glied, sondern nur das Verhältniß zu diesem dritten, wenn zwey Glieder gegeben sind, bestimmt
gedacht wird.   Von dieser Art werden die Analogien
der Erfahrung seyn, indem sie keinen besondern Gegenstand, sondern nur das Verhältniß von etwas Gegebenem zu diesem Gegenstande bestimmen.

Diese Analogien der Erfahrung werden die Fälle
der Anwendung der drey Verstandesbegriffe: der Substantialität, der Causalität und des Commercium auf
empirische Anschauung bestimmen, so wie die vorigen
die Anwendung der Begriffe der Größe und der Realität zeigten.   In den Grundsätzen selbst wird nun
hier so wie vorher der reine Verstandesbegriff gesetzt;
dagegen wird demselben in dem Beweise das Schema
substituirt, folglich nicht die Kategorie, (welches nach
der Deduction der Kategorien unmöglich ist), sondern
ihr Schema auf die Anschauung bezogen.   Hieraus
folgt von selbst, daß diese Grundsätze keinesweges die
Dinge an sich, sondern nur die Erscheinungen betreffen werden.

A.

A.

Erste Analogie.

Grundsatz der Beharrlichkeit der Substanz.

Bey allem Wechsel der Erscheinungen beharret die Substanz, und das Quantum derselben wird in der Natur weder vermehrt noch vermindert.

Beweis.

Die Bestimmung des Daseyns der Gegenstände ist diejenige Bestimmung, wornach wir uns entweder das Seyn und Nichtseyn, oder das Zugleichseyn der Gegenstände vorstellen. Diese Bestimmung geschieht nun an der Zeit. Aber die leere Zeit ist gar nichts, und die Zeit kann nur als ein Gegenstand vorgestellt werden, so fern sie erfüllt ist. Mithin ist auch die Bestimmung des Daseyns der Gegenstände in der leeren Zeit unmöglich. Dieselbe muß folglich als eine erfüllte Zeit gedacht werden, wenn der Wechsel oder das Zugleichseyn der Gegenstände an derselben soll bestimmt werden. Dasjenige, welches die Zeit erfüllt, und woran der Wechsel geheftet wird, ist die Substanz in der Erscheinung. Da diese also im Daseyn nicht wechseln kann, so kann ihr Quantum in der Natur auch weder vermehrt noch vermindert werden.

Dieser Grundsatz bestimmt die Anwendung der Kategorie der Substantialität auf empirische Anschauung. Der Satz: die Substanz ist beharrlich, ist freylich tautologisch, und man könnte sich überreden,

leich-

leichter mit dem Beweise fertig zu werden, dadurch,
daß man den Satz für analytisch ausgiebt. Die Beharrlichkeit eines Realen, dessen Bestimmungen wechseln, ist es allein, welche zur Anwendung des Begriffs
der Substanz (desjenigen Subjects, welches in der Anschauung nur als Subject betrachtet werden kann) auf
empirische Anschauung berechtigt. Daß also das Beharrliche das Schema der Substanz sey, wird hier
voraus gesetzt, und nun soll der Fall der Anwendung
nicht des reinen Verstandesbegriffs, sondern seines Schema, auf empirische Anschauung bestimmt werden, welches durch diesen Grundsatz der Beharrlichkeit der
Substanz geschieht. Dieser sagt nicht, daß das Beharrliche beharrlich sey, sondern daß allen Erscheinungen etwas Beharrliches zum Grunde liege; ein Satz, der
niemahls aus Begriffen bewiesen werden kann, weil er
synthetisch ist. Ihn aber durch eine transcendentale
Deduction zu beweisen ist gar wohl möglich, da dieselbe nur darzuthun braucht, daß die Bestimmung des
Daseyns eines Gegenstandes unter Voraussetzung eines beharrlichen Realen überhaupt möglich sey, da er
sodann von Gegenständen der Erfahrung gilt, weil er
sie möglich macht.

Man nehme nun an, es sey in dem jetzigen Augenblicke etwas, das in dem vorher gehenden nicht war,
oder es höre etwas auf zu seyn, das vorhin war; so
muß man diesen Wechsel doch überhaupt an die Zeit
knüpfen, und diese für das Bleibende ansehen. An
die leere Zeit denselben zu heften ist aber unmöglich,
weil diese für sich betrachtet gar nichts ist. Um also
den Wechsel der Erscheinungen sich vorzustellen, ist es
noth-

nothwendig, ihn an die empirische oder erfüllte Zeit, d. i. an etwas Reales, woran die Zeit selbst vorgestellt wird, zu knüpfen.

Dasjenige, welches nur als Prädicat in der Anschauung betrachtet werden kann, ist das Accidenz. So wie nun das Beharrliche an der Erscheinung die Substanz ist, so ist das Wandelbare an derselben (die verschiedene Art derselben zu existiren) dasjenige, worauf der Begriff des Accidenz (desjenigen, was nur als Bestimmung eines andern betrachtet werden kann) Anwendung findet. Die Existenz der Accidenz ist daher nur Inhärenz, dagegen die Existenz der Substanz Subsistenz ist. Die Accidenzen der Substanz entstehen und vergehen, die Substanz selbst bleibt, und kann weder entstehen noch vergehen. Dasjenige, welches entsteht oder vergeht, verändert sich nicht, sondern es wechselt; dagegen verändert sich das Beharrliche, so fern es mit verschiedenen Bestimmungen erscheint.

B.

Zweyte Analogie.

Grundsatz der Zeitfolge nach dem Gesetze der Causalität.

Alle Veränderungen geschehen nach dem Gesetze der Verknüpfung der Ursache und Wirkung.

Beweis.

Die Synthesis der Wahrnehmungen ist jederzeit successiv, und ich bin mir in der Verknüpfung der

Wahr-

Wahrnehmungen nur bewußt, in dem einen Augenblicke etwas wahrgenommen zu haben, dessen Gegentheil ich in dem andern wahrnehme, nicht aber, daß
die Wahrnehmungen, die in meinem Bewußtseyn in
einer gewissen Ordnung auf einander folgen, in eben
derselben Ordnung in einem jeden andern folgen müssen.
Wenn nun eine Veränderung gesetzt wird, folglich eine
Substanz in zwey verschiedenen Zuständen erscheint,
so ist die Folge der Wahrnehmungen für jedes Bewußtseyn bestimmt.   Diese objective Verknüpfung kann nur
durch einen Grund a priori möglich seyn, durch welchen die Ordnung der Zustände einer Substanz bestimmt gedacht wird., und ohne welchen die Folge der
Wahrnehmungen lediglich ein subjectives Spiel, und
niemahls Erfahrung wäre.   Dieser Grund a priori
ist der Begriff der Causalität, wornach jeder neue Zustand einer Substanz, als durch eine Ursache hervor
gebracht, seine bestimmte Stelle in der Zeit erhält.

Nach diesem Grundsatze ist die Veränderung dasjenige in der Anschauung, worauf der Begriff der Causalität Anwendung findet.   Die Succession der Wahrnehmungen, die durch Veränderung entsteht, ist eine
objective und für jedermann gültig.   Jede andere
gilt bloß für das wahrnehmende Subject.   Sehe ich
ein Haus, so können die Wahrnehmungen von dem
Boden desselben anfangen und sich bey der Spitze endigen, aber auch von der Spitze anfangen und sich
bey dem Boden endigen.   Dagegen ist die Folge der
Wahrnehmungen bey einer Veränderung bestimmt.
Wenn auf die Wahrnehmung des heitern Himmels
die des bewölkten folgt, so ist diese Succession für je-

dermann gültig. Diese Gültigkeit ist nun keine andere als die objective, durch welche die Verknüpfung des
Mannigfaltigen der Anschauung als nothwendig vorgestellt wird, und die mit der Beziehung der Vorstellungen auf einen Gegenstand einerley ist. Da nun
die Kategorien die Begriffe sind, durch welche überhaupt die Verknüpfung der Vorstellungen als nothwendig vorgestellt wird, so muß unter ihnen auch derjenige
Begriff gefunden werden, durch welchen eine Succeß-
sion der Wahrnehmungen als bestimmt und für jedermann gültig betrachtet wird. Dieser ist nun kein anderer als der Begriff der Ursache und Wirkung. Denn
wenn der zweyte Zustand der Substanz durch den Begriff der Wirkung gedacht wird, so giebt es irgend eine
Ursache, welche seine Stelle in der Zeit bestimmt, und
die Ordnung der Wahrnehmungen nothwendig macht.
Ohne diese Anwendung des Begriffs der Causalität
würde die Folge der Wahrnehmungen sich auf gar kein
Object beziehen, darum, weil sie nicht als nothwendig
vorgestellt würde, und wir würden sonach wohl sagen,
daß die eine Wahrnehmung auf die andere folgt, aber
nicht, daß sie nothwendig in dieser Ordnung folgen muß.

Nun aber werden doch die bestimmten Ursachen
der Veränderungen auf keine andere Art als durch
Vergleichung der Veränderungen von einerley Art mit
Erscheinungen in der vorher gehenden Zeit, und so
durch Analogien, erkannt. Fragen wir uns, wie wir
zu dem Satze: daß im Feuer Holz in Asche übergehe, gekommen sind, so scheint es gewiß zu seyn, daß,
indem mehrmahls auf die Wahrnehmung des Holzes
im Feuer diejenige der Asche erfolgt ist, hieraus endlich
das

das Bewußtseyn der Nothwendigkeit entstanden sey,
welches die Verknüpfung dieser Vorstellungen begleitet,
welche folglich, eine bloß subjective Nothwendigkeit
(Gewohnheit) sey, die wir fälschlich für eine objective
halten, indem wir sie durch das Verhältniß der Ursache zur Wirkung denken, mithin auch die Anwendung
des Begriffs der Causalität auf Veränderung durch
nichts gerechtfertigt werden könne.   Wir antworten,
daß zu der Vorstellung einer gewissen bestimmten Ursache einer gegebenen Veränderung (als die des Feuers
als Ursache der Asche) wir allerdings durch Analogie
gelangen, und daß daher, wie es am Tage liegt, wir
uns auch oft in diesem Verfahren irren.   Der gegenwärtige Grundsatz behauptet aber auch nicht, daß wir
die bestimmte Ursache einer jeglichen Veränderung a
priori wissen, sondern daß jede Veränderung ihre Ursache haben müsse, weil sonst Erfahrung einer Veränderung, das ist: Verknüpfung zweyer auf einander
folgenden Wahrnehmungen, als für jedermann gültig
gar nicht möglich wäre, würde sie nicht durch einen
Verstandesbegriff gedacht, welcher diese Dignität der objectiven Beziehung der Verknüpfung der Wahrnehmungen beylegt.   Wenn wir endlich meinen, daß der Begriff der Ursache ein empirisch erworbener Begriff sey,
so hat das eben denselben Grund, woher man sich zuweilen überreden kann, daß auch die Vorstellungen
des Raums und der Zeit empirischen Ursprungs seyen.
Wir haben sie zuvor in die Erfahrung legen müssen,
weil Erfahrung nur durch dieselbe möglich war, daher
war es leicht, sie wieder aus derselben hervor zu finden.
Uebrigens ist wohl nicht zu besorgen, daß man die All-

gemein-

gemeinheit des Gesetzes der Causalität: Alles, was geschieht, (jede Veränderung), hat eine Ursache, jemahls
im Ernste und anhaltend für angedichtet, und gar nicht
objectiv gültig erkläre: denn dieser Satz dringt mit
einer unwiderstehbaren und apodictischen Gewißheit
sich dem Gemüthe auf, und um der Nothwendigkeit
desselben sich bewußt zu werden darf man nur einen
Satz, dessen Allgemeinheit auf Analogie sich gründet,
wovon die Erfahrung noch keine Ausnahme gelehrt hat,
(z. B. daß alle Menschen sterblich sind), ihm an die
Seite setzen, daher auch der Beweis von ihm mehr eine Deduction genannt zu werden verdient, ob diese
gleich doch immer nöthig war, weil es Maxime seyn muß,
selbst gegen die unmittelbare Gewißheit, mit welcher
ein Satz aus Begriffen sich uns ankündigt, das Auge
zu verschließen, bevor seine Deduction geschehen ist, da,
wie die Erfahrung es lehrt, uns viele Sätze als von
dieser Art angepriesen werden. Man würde aber
seinen Zweck gänzlich verfehlen, wenn man ihn durch
Entwickelung der Begriffe führen zu können vermeinte:
denn Veränderung ist die Folge zweyer Zustände einer
Substanz. In diesem Begriffe kann nun selbst die ge-
waltsamste Auslegung niemahls den Begriff der Ursache finden. Der Satz ist also synthetisch, und unsre Deduction mußte daher einen ganz andern Weg nehmen.
Nach derselben wird der Begriff der Ursache auf den
der Veränderung angewandt, nicht daher, weil er
schon in ihm angetroffen wird, sondern weil nur dadurch Erfahrung einer Veränderung (Vorstellung einer
bestimmten Folge der Wahrnehmungen) überhaupt möglich ist. Wenn zwey Wahrnehmungen auf einander

fol-

folgen, so ist dieses doch nichts anders als die Folge
zweyer Vorstellungen. Wie geht es nun zu, daß wir
dieser doch bloß subjectiven Folge eine Beziehung auf
ein Object zuschreiben? Die Deduction der Kategorien hat dargethan, daß diese Begriffe diejenige Bestimmung der Verknüpfung unsrer Vorstellungen geben, die mit der objectiven Beziehung einerley ist,
und darin besteht, daß sie diese Verknüpfung als nothwendig vorstellen. Wenn nun zwey Wahrnehmungen
auf einander folgen, so würde ohne diese objective
Beziehung vermittelst der Kategorien diese Folge bloß
ein subjectives Spiel seyn, und wir würden wohl sagen
können, daß eine Wahrnehmung auf die andere in einem Subjecte folgt, aber nicht, daß sie nothwendig
in einer gewissen Ordnung folgen müsse. Indem aber
diese Verknüpfung durch den Verstandesbegriff gedacht
wird, so erhält sie jene Nothwendigkeit, die in der Wahrnehmung nicht liegt, und wodurch nun bestimmt und
für jeden gültig gedacht wird, was der Zeit nach vorher geht, und was folgt.

Wenn man unter Handlung das Verhältniß eines
Subjects als Ursache zur Wirkung versteht, und in den
Begriff dieses Subjects schon den der Substanz (des
Beharrlichen in der Erscheinung) legt, so ist der Schluß
von der Handlung auf die Beharrlichkeit des handelnden Subjects ganz leicht. Wie aber will man denselben rechtfertigen, wenn man doch bemerken muß, daß
der Schluß nicht von der Handlung, (einem Begriffe, in
welchem schon das beharrliche Subject gedacht wird),
sondern von der Wirkung auf die Substanz gehen sollte?
Nach dem Vorigen ist die Auflösung dieser Frage leicht;

denn

denn alle Wirkung setzt schon ein Beharrliches voraus, an welchem die Wirkung als Wechsel seines Zustandes allein wahrgenommen werden kann. Nun aber ist die Caußalität einer Ursache selbst etwas, was da geschieht, und führt folglich nothwendig auf ein beharrliches Substrat, das ihr zum Grunde liegen muß. Auf diese Weise wird allererst die Anwendung der Begriffe Handlung und Kraft (der als Substanz gedachten Ursache) auf Erscheinungen gerechtfertigt, und der wahre Grund angegeben, woher wir in der Erfahrung die Handlung jederzeit als ein Kriterion der Substantialität des handelnden Subjects ansehen.

Das Entstehen und Vergehen geht (nach der ersten Analogie) nur die Accidenzen an; die Substanzen verändern sich nur. Das Entstehen und Vergehen der Substanzen selbst, als Wirkung einer intelligibeln Ursache, heißt die Schöpfung, welche unter den Erscheinungen nicht zugelassen werden kann. Wird dieselbe auf Dinge an sich bezogen, so denken wir sie zwar durch den Begriff der Abhängigkeit, können denselben aber auf keine Weise weiter bestimmen.

Die Möglichkeit der Veränderung selbst aber a priori einzusehen, übersteigt alles Vermögen. Erfahrung belehrt uns nur von wirklichen Veränderungen, und ihr liegt das Gesetz der Caußalität zum Grunde. Durch Vergleichung der Data derselben können die Ursachen bestimmter Veränderungen abgenommen werden, von welchen wir also wohl überhaupt wissen, daß sie Wirkungen sind, die bestimmten Ursachen derselben aber nie a priori wissen können.

Wenn

Wenn eine Subſtanz aus einem Zuſtande in einen andern übergeht, ſo entſteht dieſer zweyte Zuſtand
nicht auf einmahl. Zwiſchen dem Augenblicke des erſten
Zuſtandes und dem des zweyten giebt es eine Zeit,
in welcher der Uebergang nur continuirlich geſchieht.
Worauf gründet ſich dieſer ſynthetiſche und doch a priori
gewiſſe Satz? Der neue Zuſtand der Subſtanz wird
durch die Empfindung als Realität, und folglich als in-
tenſive Größe, vorgeſtellt. Mithin iſt ſie wie alle in-
tenſive Größen continuirlich, und kann daher nicht als
auf einmahl, ſondern muß als durch unendlich viele
Zwiſchengrade erwachſen vorgeſtellt werden.

C.

Dritte Analogie.

Grundſatz des Zugleichſeyns nach dem Geſetze der Wechſelwirkung oder Gemeinſchaft.

Alle Subſtanzen, ſo fern ſie im Raume als zugleich wahrgenommen werden
können, ſind in durchgängiger Wechſel-
wirkung.

Beweis.

Die Wahrnehmungen folgen im Subjecte jederzeit
auf einander, und ich bin mir in der bloßen Verknüpfung derſelben nur bewußt, daß ich die eine habe,
wenn ich die andere nicht habe. Erfahrung aber beſteht in der Vorſtellung der nothwendigen Verknüpfung
der Wahrnehmungen. Damit nun die Verbindung
der Wahrnehmungen als nothwendig vorgeſtellt werde,

muß

muß bestimmt gedacht werden, ob dieselben in einer
jeden beliebigen Ordnung auf einander folgen können,
oder ob die Ordnung derselben bestimmt und nicht willkührlich sey. Jede dieser objectiv und für jedermann
gültigen Verknüpfungen ist nur durch einen Verstandesbegriff möglich. So wie nun die Kategorie der
Causalität die Ordnung der Wahrnehmungen als einseitig bestimmte, und dadurch Erfahrung der Veränderung möglich machte, so ist es der Begriff der Wechselwirkung, durch welchen die willkührliche Ordnung
der Wahrnehmungen als bestimmt vorgestellt, und wodurch die Erfahrung des Zugleichseyns der Gegenstände möglich wird. Zwey Gegenstände wirken auf
einander wechselsweise, wenn ein jeder den Grund
der Bestimmungen des andern in sich enthält, wodurch
sie einander ihre Stelle in der Zeit bestimmen, und
folglich als zugleich seyend vorgestellt werden. Auf diese
Art wird die willkührliche Ordnung der Wahrnehmungen als für jeden gültig gedacht.

Das Zugleichseyn der Substanzen im Raume ist
also der bestimmte Fall der Anwendung der Kategorie
der Wechselwirkung auf empirische Anschauung. Ich
erblicke den Mond, und wende mein Auge von ihm zur
Erde. Da nun die Wahrnehmungen in dem empirischen Bewußtseyn auf einander folgen, so frage ich:
wie kommt es, daß ich nicht Succession den Gegenständen selbst beylege? Das kommt daher, weil die Wahrnehmungen selbst sich gegen einander als Gründe und
Folgen verhalten, und so eine Wahrnehmung als
Grund die andere möglich macht. In jenem Beyspiele
leitet das Licht mein Auge von dem einen Weltkörper

zum

zum andern, und von diesem zum ersten. Gesetzt, die
Körper wären durch einen gänzlich leeren Raum ge-
trennt, so würde ich wohl sagen können, daß ich die eine
Wahrnehmung hätte, wenn ich die andere nicht hätte,
aber nicht, daß die Gegenstände zugleich sind. Um also
Gegenstände als zugleich seyend zu erkennen, ist es
nothwendig, sie als wechselsweise auf einander einflies-
send, vermittelst des wahrnehmenden Subjects, zu
denken, wodurch die willkührliche Ordnung der Wahrnehmungen als objectiv und für jedermann gültig vorgestellt wird.

* * *

Durch diese drey Analogien werden also den Kategorien der Relation die Fälle der Anwendung auf
empirische Anschauung bestimmt. Der Wechsel der
Erscheinungen ist nur unter der Voraussetzung eines
beharrlichen Realen ein Gegenstand der Erfahrung.
Folglich ist aller Wechsel (Seyn und Nichtseyn) nichts
als Veränderung der Substanzen. Erfahrung der
Veränderung aber ist Vorstellung einer bestimmten
Folge der Wahrnehmung, und ist nur durch den Begriff
der Ursache möglich. Endlich ist das Zugleichseyn der
Gegenstände im Raume nur dadurch Gegenstand einer
möglichen Erfahrung, wenn sie in Wechselwirkung gegen einander gedacht werden. Diese Analogien sind
daher Grundsätze der Bestimmung des Daseyns der
Gegenstände, und sie gelten von denselben, weil sie Regeln sind, die Kategorien (durch welche Begriffe überhaupt das Mannigfaltige der Anschauung als nothwendig verbunden, und also ein Gegenstand, vorgestellt
wer-

werden kann,) auf empirische Anschauung anzuwenden.
Wird unter Natur das dynamische Ganze der Gegenstände, oder der Inbegriff aller Erscheinungen, so fern
sie ihrem Daseyn nach bestimmt sind, verstanden, so
sind unsre Analogien diejenigen Gesetze, welche der
Natur a priori zum Grunde liegen. Man kann daher ganz richtig sagen, daß der Verstand selbst der Natur Gesetze vorschreibe, wenn man unter denselben
diese Analogien, und unter dem ganzen Ausdrucke das
versteht, daß, da diese Grundsätze überhaupt Regeln
der Zeitbestimmung sind, die ihrem Daseyn nach bestimmten Erscheinungen diesen Gesetzen nothwendig gemäß müssen gedacht werden.

4.
Die Postulate des empirischen
Denkens überhaupt.

1. Was mit den formalen Bedingungen der Erfahrung, (der Anschauung und den Begriffen nach,)
überein kommt, ist möglich.

2. Was mit den materialen Bedingungen der
Erfahrung, (der Empfindung,) zusammen hängt, ist
wirklich.

3. Dasjenige, dessen Zusammenhang mit dem
Wirklichen nach allgemeinen Bedingungen der Erfahrung bestimmt ist, ist, (existirt,) nothwendig.

Erläuterung.

Die Kategorien stellen die Verknüpfung der Vorstellungen als nothwendig und für jedermann gültig vor,
und verschaffen hierdurch dasjenige, was man Bezie

hung der Vorstellungen auf einen Gegenstand nennt.
Wenn der Quantität, Qualität und Relation nach
diese Verknüpfung bestimmt wird, so erhält man dadurch die Vorstellung von einem Gegenstande. Ist nun
dieselbe auch gänzlich ausgebildet, so kann man doch
noch fragen, ob dieser Gegenstand auch möglich, oder
auch wirklich, oder ob er gar nothwendig sey. Diese
letzten Bestimmungen vermehren keinesweges den Begriff vom Gegenstande, sondern drucken nur die Verhältnisse desselben zum Erkenntnißvermögen aus. Um
deß willen sind dann auch die Grundsätze, welche die
Anwendung dieser Begriffe auf empirische Anschauungen bestimmen, nur Erklärungen, welche die reinen Kategorien in Beziehung auf das empirische Denken überhaupt exponiren. In der Geometrie heißen Postula-
re diejenigen practischen Sätze, die einer Auflösung
weder bedürfen noch fähig sind, daher, weil die Synthesis, die sie fordern, um einen Gegenstand hervor zu
bringen, eben dieselbe ist, die schon in der Vorstellung
des Gegenstandes vorgeht. Der Satz: eine gerade
Linie ziehen, ist ein Postulat, weil die Vorstellung der
geraden Linie durch eben die Synthesis erzeugt wird,
die derselbe postulirt. Von ähnlicher Art sind nun die
Grundsätze der Modalität. Denn etwas den Bedingungen der Anschauung und der Verstandesbegriffe,
wodurch ein vorgestellter Gegenstand überhaupt erhalten wird, gemäß finden, ist unmittelbar so viel, als
dasselbe durch den Begriff der Möglichkeit denken.
Eben so verhält es sich mit den beyden letzten Postula-
ten. Auf diese Art werden die Fälle der Anwendung
dieser Kategorien bestimmt, ohne daß es möglich, noch

nöthig

nöthig ist, von den Regeln dieser Bestimmungen Beweise zu geben.   Objectiv-synthetisch sind daher diese Sätze nicht, darum, weil die Prädicate derselben schon wirklich in den Subjecten liegen, so fern unter dem Möglichen, Wirklichen und Nothwendigen schon der gegebene und gedachte Gegenstand verstanden wird.   Sie sind nur subjectiv-synthetisch, so fern ich nämlich aus dem allgemeinen Begriffe eines Gegenstandes, (der objectiven Einheit,) zu den Bestimmungen eines Gegebenen und Gedachten übergehe.

Durch die Kategorien der Modalität wird die Verknüpfung des Mannigfaltigen einer sinnlichen Anschauung überhaupt in Beziehung auf ein Erkenntnißvermögen als nothwendig vorgestellt.   In so fern nun diese sinnliche Anschauung noch nicht die bestimmte, unsre empirische Anschauung, ist, in so fern sind auch diese reinen Verstandesbegriffe, (und überhaupt jede Kategorie,) nichts mehr als die logischen Functionen der Urtheile. Die Kategorie der Möglichkeit, in ihrer urspünglichen Bedeutung, wird daher nur das ausdrucken, daß (logisch) möglich dasjenige sey, was sich nicht widerspricht, folglich dasjenige, was mit den Bedingungen des Denkens überhaupt überein stimmt.   Ganz anders aber muß es sich verhalten mit der objectiven Möglichkeit, die das Postulat ausdruckt.   Da uns ein Gegenstand im Raume und in der Zeit muß gegeben seyn, und da die Kategorien das Mannigfaltige desselben zum Begriffe von einem Gegenstande verbunden darstellen, so ist objectiv nur dasjenige möglich, was mit eben diesen Bedingungen des empirischen Denkens überein stimmt.   Denke ich den Begriff einer zweyseitigen

geradlinigen Figur, so ist derselbe ein möglicher Ge
danke, weil die Theilvorstellungen desselben sich nicht
einander aufheben. Dagegen kann demselben kein Ge
genstand in der Anschauung entsprechen, und der Be
griff hat daher zwar die zu einem Gedanken erforderli
che logische, aber doch keine objective Möglichkeit.

Und nun behaupten wir, daß die objective Mög
lichkeit aller Begriffe a priori nur in Beziehung auf
mögliche Erfahrung Statt finden kann. Was erstlich
die Begriffe der Geometrie betrifft, so ist es freylich
wahr, daß ihnen a priori Gegenstände gegeben, das
heißt: daß sie construirt werden können. Aber zur ob
jectiven Möglichkeit derselben ist dieses noch nicht ge
nug, indem sie in so fern doch immer noch gänzlich sub
jective Gedankenbestimmungen, mithin nichts besseres
als bloße Hirngespinste wären. Daß ihnen nun objec
tive Möglichkeit zugeschrieben wird, kommt daher,
weil die Synthesis, durch welche diese reinen Gegen
stände erzeugt werden, eben dieselbe ist, durch welche
die Anschauung des empirischen Gegenstandes, der diese
Räume erfüllt, erzeugt wird. In der Erfahrung al
lein ist die objective Realität der Vorstellungen, oder
diejenige Bestimmung derselben, nach welcher ihre Ver
bindung als nothwendig und für jeden gültig vorgestellt
wird, zu suchen. Daß ich in Gedanken eine Kreisli
nie ziehen kann, darf noch nicht die objective Mög
lichkeit dieses Begriffs heißen; sondern diese wird ihm
beygelegt, vermöge des Bewußtseyns, daß man diese
reine Anschauung an irgend eine empirische heften kann,
wodurch diese Gedankenbestimmung bloß willkührlich
zu seyn aufhört, und objectiv möglich wird. Aber eben

so

so verhält es sich auch mit den Kategorien. Ich kann mir freylich etwas vorstellen, das da beharret und dessen Zustand wechselt; aber aus der Möglichkeit dieses Gedankens folgt doch noch keinesweges, daß es Gegenstände geben könne, die ihm entsprechen. Diese objective Möglichkeit desselben erhellet allererst in der Einsicht, daß dieser Begriff der Verknüpfung der Wahrnehmungen zur nothwendigen Einheit des Bewußtseyns zum Grunde liege. Eben so kann man ohne Widerspruch sich etwas vorstellen, das so beschaffen ist, daß, wenn es gesetzt wird, jederzeit etwas anderes darauf erfolgt; oder man kann sich verschiedene Dinge von der Beschaffenheit denken, daß ihre Zustände auf einander wechselsweise einfließen. Diese Gedankenbestimmung ist doch nur bloß willkührlich. Objective Möglichkeit erhält dieselbe lediglich dadurch, daß sie die Vorstellung einer nothwendigen Verknüpfung der Wahrnehmungen, und dadurch Erfahrung möglich macht.

Was aber diejenigen Begriffe betrifft, deren objective Möglichkeit nicht auf eben demselben transcendentalen Grunde der Möglichkeit der Erfahrung beruhet; so muß dieselbe entweder aus der Erfahrung selbst, oder sie kann gar nicht erkannt werden. Wenn man sich von dem Stoffe, den uns die Wahrnehmung hergiebt, andere Verknüpfungen als die Erfahrung lehrt, denken wollte, so würden dieselben doch nichts als Erdichtungen seyn, deren objective Möglichkeit wir mit nichts beweisen könnten. Eine Substanz, die im Raume gegenwärtig wäre, doch ohne ihn zu erfüllen; oder eine besondere Grundkraft des Gemüths, das Künftige zum voraus anzuschauen; oder ein Vermögen,

mögen, mit andern Menschen in unmittelbarer Gemeinschaft der Gedanken zu stehen, (so entfernt sie auch seyn
mögen:) das sind Begriffe, welchen die objective Möglichkeit gänzlich mangelt, weil die Erfahrung von ihnen kein Beyspiel geben kann, und sie auch aus den bekannten Gesetzen derselben nicht erklärt werden können.
Da die Empfindung dasjenige ist, wodurch die Realität der Gegenstände allein vorgestellt werden kann,
so verbiethet es sich von selbst, neue Realitäten zu erdichten. In der Zusammensetzung derselben, und in
der Art, das Daseyn derselben zu bestimmen, ist allein
die Fiction der Möglichkeit selbst möglich.

Wirklich ist dasjenige, daß da ist, wodurch aber
noch keinesweges die objective Wirklichkeit erklärt, sondern nur die Handlung des Verstandes, wodurch etwas gesetzt wird, in Beziehung auf eine sinnliche Anschauung ausgedruckt wird. Objectiv wirklich ist nun
dasjenige, dessen Realität in der Empfindung gegeben ist.

Wenn nun gleich die Vorstellung eines Dinges vollständig bestimmt ist, so liegt das Daseyn desselben doch
gänzlich außer diesen Bestimmungen. Um dasselbe als
wirklich, (existirend,) zu denken, dazu wird Wahrnehmung, und folglich Empfindung, erfordert, und dieselbe
kann dem Begriffe des Dinges gar voraus gehen. Ge-
het dieser der Wahrnehmung voraus, so beweiset dieses höchstens nur die objective Möglichkeit des Gegenstandes. Nun ist es zwar nicht nothwendig, daß unmittelbare Empfindung uns von dem Daseyn der
Gegenstände versichere, aber dasselbe muß doch zum
wenigsten im Verhältnisse mit gegebenen Empfindungen
stehen.

stehen. Wir schließen auf das Daseyn einer alle Körper durchdringenden magnetischen Materie, ohne dieselbe wahrnehmen zu können. Aber Wahrnehmung, wenn gleich nicht die des Gegenstandes selbst, jedoch die der Anziehung des Eisenfeils, mußte uns doch auf die Voraussetzung des Daseyns dieser Materie führen.

Nun aber verwirft der Idealism den Schluß von der Empfindung auf das Daseyn der Gegenstände, die durch dieselbe als wirklich vorgestellt werden. Seine Widerlegung wird daher hier an der rechten Stelle stehen.

Der Idealism ist entweder der dogmatische des Berkley, der das Daseyn der äußern Gegenstände schlechthin leugnete, oder der problematische des Cartesius, der es für zweifelhaft ausgab. Beyde Männer hielten die einzige Behauptung des Ich bin für unbezweifelt gewiß. Die Widerlegung wird am besten geschehen, wenn gezeigt werden kann, daß eben dieses Bewußtseyn meines eigenen in der Zeit bestimmten Daseyns nur unter der Voraussetzung des Daseyns äußerer Gegenstände möglich ist.

Lehrsatz.

Das bloße, aber empirisch bestimmte, Bewußtseyn meines eigenen Daseyns beweiset das Daseyn der Gegenstände im Raume außer mir.

Beweis.

Ich bin mir meines Daseyns als in der Zeit bestimmt bewußt. Diese Bestimmung desselben geschieht

das

dadurch, daß ich meine Existenz in Verbindung mit der
Existenz äußerer von mir vorgestellten Gegenstände
betrachte.   Nun fragt es sich, ob diese letzte bloß eingebildet sey, oder ob wirklich Gegenstände im Raume außer mir existiren.   Wäre das erste, so würden die vorgestellten äußern Gegenstände nichts als Vorstellungen
selbst seyn.   Alle Zeitbestimmung setzt aber ein beharrliches Substrat voraus.   Wenn nun dasselbe nicht in
den vorgestellten äußern Gegenständen enthalten wäre,
so müßten die Vorstellungen selbst dieses Beharrliche
enthalten.   Aber alle Vorstellungen sind wechselnd,
und die Bestimmung des Daseyns derselben in der Zeit
ist in der Bestimmung meines eigenen Daseyns eingeschlossen.   Folglich sind die vorgestellten äußern Gegenstände nicht selbst Vorstellungen, sondern wirkliche
außer mir existirende Dinge, die das beharrliche Substrat in sich enthalten, an welchem ich mir meines eigenen Daseyns in der Zeit bestimmt bewußt bin.

   Der Beweis hebt von einem Factum an, nämlich vom Bewußtseyn meines in der Zeit bestimmten Daseyns.   Dieses ist nicht mit dem reinen
Ich bin einerley.   Denn das Ich bin oder Ich
denke ist nichts weiter als die transcendentale Apperception, das Bewußtseyn meines Verbindungsvermögens, wodurch ich der Synthesis der Vorstellungen
selbst mir bewußt bin, und verschiedene Vorstellungen
zur Einheit des Bewußtseyns bringe.   Aber das Ich
bin, wodurch ich mein Daseyn in der Zeit bestimme,
erfordert äußere Gegenstände, mit deren Existenz ich
die meinige in Verbindung setze.   Ich bestimme mein
Daseyn in der Zeit, indem ich mich zu der Zeit als

exi-

existirend betrachte, in welcher diese oder jene Veränderung in der Welt vorgeht, oder indem ich an meine
Existenz an dem Laufe der Weltkörper bestimme, u. s. w.
Nun frage ich: ist jene vorgestellte Veränderung oder
der Lauf der Weltkörper Einbildung, oder sind es existirende Gegenstände? Alle Zeitbestimmung geschieht
an Veränderung in Beziehung auf ein Beharrliches,
das sich verändert. An meinen Vorstellungen kann ich
nun mein Daseyn in der Zeit nicht bestimmen; denn
diese gehören insgesammt mir zu, deren Daseyn also
ich in dem meinigen bestimme. Mithin sind die vorgestellten Gegenstände nicht Vorstellungen, sondern
außer mir existirende Dinge, in welchen das beharrliche Substrat, an welchem ich mein Daseyn in der
Zeit bestimme, angetroffen wird. Es ist aber zu merken, daß nicht aus dem bloßen Wechsel der Vorstellungen auf existirende Gegenstände im Raume, die ihnen
correspondiren, geschlossen werden kann. Denn es ist
zwar klar, daß den Vorstellungen, weil sie wechseln,
etwas Beharrliches zum Grunde liegen müsse, aber
davon ist noch immer die Frage unabhängig, ob diese
Vorstellungen bloße Einbildungen sind, oder ob ihnen
auch existirende Gegenstände correspondiren. Das empirische Bewußtseyn meines Daseyns in der Zeit, welches das Daseyn in der Zeit meiner Vorstellungen in
sich schließt, macht die letzte Voraussetzung nothwendig.
Was aber die Unterscheidung der Einbildungen von
wirklichen Dingen in besondern Fällen betrifft, so muß
dieselbe nach besondern Regeln für jeden einzelnen Fall
getroffen werden.

Der

Der Idealism nahm an, daß die innere Erfahrung unmittelbar sey, und daß man daraus auf äußere Gegenstände schließe; aber daß dieser Schluß unzuverlässig sey, weil die Wirkungen, die wir den äußern Dingen zuschreiben, (die Vorstellungen,) vielleicht in uns selbst ihre Ursachen haben. In unserm Lehrsatze ist dagegen gezeigt worden, daß nicht die innere, sondern die äußere Erfahrung unmittelbar sey, und daß die Bestimmung unsrer eigenen Existenz nur durch äußere Erfahrung möglich sey. Würde dem reinen Bewußtseyn Ich bin eine Anschauung zum Grunde liegen, so wäre zur Bestimmung meines Daseyns in der Zeit nicht nothwendig, dasselbe in Verbindung mit der Existenz äußerer Gegenstände zu betrachten, sondern ich würde unmittelbar an dieser innern Anschauung mein Daseyn bestimmen. Da aber im Gegentheile die Vorstellung Ich bin gänzlich leer ist, und nur durch vorgestellte Gegenstände Bedeutung erhält; so ist die innere Erfahrung, d. i. das Bewußtseyn meines Daseyns, nur durch äußere Erfahrung möglich.

Das dritte Postulat geht auf die objective Nothwendigkeit. Sie bedeutet also nicht die Nothwendigkeit in der Verknüpfung der Begriffe, sondern diejenige des Daseyns. Nun giebt es kein Daseyn, das schlechthin a priori erkannt werden kann, als das Daseyn der Wirkungen, deren Ursachen gegeben worden sind. Also kann wohl ein Daseyn, so fern es mit einem andern gegebenen im Verhältnisse steht, aber nicht für sich allein, als nothwendig erkannt werden. Folglich giebt es keine einzige Substanz, deren Daseyn schlechthin nothwendig wäre; sondern es sind nur die Wirkungen, denen

nen diese Nothwendigkeit, im Verhältnisse zu ihren Ursachen betrachtet, zugeschrieben werden kann.

* * *

Allgemeine Anmerkung zum Systeme
der Grundsätze.

Die Deduction der Kategorien hatte dargethan,
daß diese reinen Begriffe die Verbindung des Mannigfaltigen einer Anschauung auf gewisse Art als nothwendig vorstellen, und eben dadurch Beziehung der Vorstellungen auf ein Object hervor bringen. Da nun
diese Begriffe a priori sich auf Gegenstände beziehen,
so mußte der Verstand noch über dieselben auch die Regeln ihrer Anwendung auf empirische Anschauung enthalten, welche die jetzt vorgetragenen Grundsätze waren. Kein Wunder daher, wenn diese Begriffe von
der Art sind, daß man von ihrer objectiven Realität,
ohne in Beziehung auf Anschauung betrachtet, gar
nicht versichert seyn kann. Denn in diesem Falle befindet sich die Urtheilskraft ohne Regeln ihrer Anwendung,
und wir können daher gar nicht wissen, ob sie auch
wirklich auf Objecte gehen. Daß es ein Object von
der Art gebe, daß vieles in demselben einerley sey, d. i.
daß es eine Größe habe; daß an ihm etwas seyn müsse,
daß, obgleich die Vorstellung davon ebenfalls die einer
Synthesis des Gleichartigen ist, dieselbe gleichwohl von
der Art ist, daß sie auf Ein Mahl entsteht; oder wie etwas bloß als Subject, niemahls als bloße Bestimmung
anderer Dinge existiren könne; oder daß ein Object so
beschaffen ist, daß wenn dasselbe existirt, etwas anderes

noth-

nothwendig auch existiren müsse; oder daß mehrere Dinge einen wechselseitigen Einfluß auf einander haben können; endlich daß etwas existiren könne, existire oder
gar nothwendig existire: alles dieses müßte uns als so
viele ganz willkührliche Bestimmungen vorkommen, die
wir mit keiner Befugniß Objecten zuschreiben könnten,
wenn nicht die Grundsätze der transcendentalen Urtheilskraft den Fall der Anwendung dieser Begriffe auf empirische Anschauung bestimmten.

Diese Grundsätze wären insgesammt synthetisch,
und konnten nur in Beziehung auf mögliche Erfahrung,
bewiesen werden, folglich nur in so fern, als Gegenstände in der Anschauung vorgestellt werden sollen. Wird
nun von der Anschauung abstrahirt, so ist es unmöglich, diese Synthesis weiter einzusehen. Sodann kann
man zwar noch die reinen Verstandesbegriffe mit einander verknüpfen, aber da die nothwendige Einheit der
Anschauung durch diese Synthesis nicht mehr begriffen
wird, so geschieht sie ganz willkührlich, und kann durch
nichts bewiesen werden. Werden sie nicht aus dem
Princip der Möglichkeit der Erfahrung bewiesen, so
bleibt nichts übrig, als sie für analytische Sätze zu halten, und in der Entwickelung der Begriffe ihren Beweis zu suchen. Gewöhnlich überredet man sich dann,
in dem Subjecte eines solchen Satzes schon das Prädicat zu finden. Der Satz der Causalität giebt hiervon ein merkwürdiges Beyspiel. Man druckt ihn so
aus: Alles zufällig-existirende muß eine Ursache haben.
Versteht man nun unter dem Zufälligen dasjenige,
was nicht die Kategorie der Modalität, (als etwas, dessen Nichtseyn sich denken läßt,) sondern die der Relation,

(als

(als etwas, das nur als Folge eines andern existiren
kann,) enthält, dann hat man den identischen Satz:
Dasjenige, was nur als Folge existiren kann, hat seine
Ursache. Zufällig ist dasjenige, was zu der Zeit auch
nicht seyn konnte, in welcher es da ist. Dieser Begriff des Zufälligen ist aber mit dem der Veränderung
nicht einerley. Daraus, daß ein Zustand eines Dinges in der einen Zeit auf einen andern in der vorher
gehenden Zeit folgt, kann die Zufälligkeit des letztern,
das ist: es kann daher nicht geschlossen werden, daß in
eben der Zeit, da der erste Zustand des Dinges existirte,
auch der zweyte hätte existiren können. Es folgt also,
daß wenn der Schluß vom Zufällig-existirenden auf einen Grund auch ganz richtig ist, derselbe doch nicht
den Satz der Causalität, daß alle Veränderung eine
Ursache habe, beweise.

Vorzüglich merkwürdig ist es, daß, um Objecte
durch die Kategorien zu denken, wir nicht bloß Anschauungen, sondern jederzeit äußere Anschauungen bedürfen. Um etwas als beharrlich in der Anschauung zu denken, bedürfen wir eine Anschauung im
Raume, (die Materie,) welches daher kommt, daß der
Raum selbst als beharrend, die Zeit aber als fließend
vorgestellt wird. Um Veränderung sich vorzustellen,
müssen wir jederzeit an Veränderung im Raume denken. Dieses gilt selbst von den Veränderungen des
Gemüths. Denn um diese sich vorzustellen, denken
wir die Zeit unter dem Bilde einer Linie, um an dieser als etwas Beharrlichem unsre eigene Existenz an-
schaulich vorzustellen, wovon der Grund dieser ist, daß
aller Veränderung etwas Beharrliches zum Grunde
liegt,

liegt, im innern Sinne aber gar keine beharrliche
Form angetroffen wird. Eben so ist es nur möglich,
die objective Realität der Kategorie der Wechselwirkung sich vorzustellen, nur so fern die Substanzen im
Raume gesetzt werden. Denn in diesem Falle ist es die
Berührung, die diesen wechselseitigen Einfluß vorstellt.
Um etwas als extensive Größe sich vorzustellen, bedürfen wir jederzeit der Vorstellung des Raums: denn
auch die Zeit als Größe kann nur in dem Bilde einer
Linie vorgestellt werden. Intensive Größen, (Realitäten,) können nur durch das Wirksame im Raume gedacht
werden. Hieraus fließt von selbst, daß, um etwas als
möglich, wirklich oder nothwendig uns vorzustellen,
wir jederzeit äußere Anschauung bey der Hand haben
müssen.

Durch diese Betrachtung bestätigt sich unsre Widerlegung des Idealismus. Derselbe hält die innere
Erfahrung für die allein zuverlässige, und erklärt alle
äußere Erfahrung für bloße Einbildung. Dagegen
hat sich hier ergeben, daß wir immer der äußern Anschauung bedürfen, um von der objectiven Realität
irgend einer Kategorie, wodurch doch überhaupt Erfahrung möglich ist, versichert zu seyn, woraus folgt,
daß die innere Erfahrung gar nicht möglich wäre,
wenn nicht äußere dieselbe möglich machte.

Mit diesen Grundsätzen stimmen nun die vier
Formeln überein: in mundo non datur saltus, —
non datur hiatus, — non datur casus, — non datur fatum. Nach der ersten giebt es keine Anschauung,
die schlechthin begrenzt wäre, so daß man dieselbe nicht
noch erweitern könnte, das ist: alle Anschauungen sind

exten-

extensive Größen. Die zweyte sagt: in der Welt giebt es keine Kluft, (keine gänzliche Leere,) das ist: kein leerer Raum und keine leere Zeit kann wahrgenommen und Gegenstand der Erfahrung werden, und kommt damit überein, daß jede empirische Anschauung als ein Reales vorgestellt wird. Der Satz: Nichts geschieht durch ein Ungefähr, ist mit dem einerley: Jede Begebenheit hat eine Ursache. Endlich druckt die vierte Formel aus, daß jede Nothwendigkeit in der Welt eine verständliche und nicht blinde Nothwendigkeit sey, und ist mit dem Satze einerley, daß lediglich das Daseyn der Wirkungen, deren Ursachen gegeben sind, als nothwendig gedacht werden könne.

Der Analytik der Grundsätze drittes Hauptstück.

Von

dem Grunde der Unterscheidung aller Gegenstände in Phäno= mena und Noumena.

Wir haben die Bedingungen erwogen, die alle Erfahrung möglich machen. Ob es nicht für uns Erkenntnisse giebt, die sich weiter erstrecken als Erfahrung reicht, das ist eine Frage, die sich zwar leicht aus dem Vorhergehenden beantworten läßt, deren ausführliche Beantwortung aber der folgenden Abtheilung der transcendentalen Logik aufbehalten ist. Hier wollen wir noch eine Ueberlegung über jene transcendentalen Bedingungen anstellen, die uns versichern soll, daß wenig=

wenigstens mit denselben wir aber die Sphäre der Erfahrung nie hinaus kommen, und zu Kenntnissen von Gegenständen, so fern sie nicht angeschauet werden, nie damit gelangen können.

Von den Grundsätzen des reinen Verstandes ist erwiesen, daß sie so viele Regeln sind, die empirische Anschauung unter das Schema der Kategorie zu subsumiren. Die Kategorien geben die nothwendige Einheit der Anschauung her, und bringen dadurch dasjenige in dieselbe, was objective Beziehung genannt wird. Aber die objective Realität eben dieser Begriffe, das ist eben diese objective Beziehung in Ansehung der empirischen Anschauung, wodurch Gegenstände der Erfahrung vorgestellt werden, ist damit noch nicht eingesehen. Da nun alle Verstandeshandlung in der Verbindung besteht, dieser aber die Form des innern Sinnes zum Grunde liegt; so ist es möglich, daß der Verstand, als transcendentale Einbildungskraft, synthetische Einheit des Bewußtseyns den Kategorien gemäß in Beziehung auf diese Form des innern Sinnes a priori denken kann. Die Kategorien werden auf diese Weise Schemate des reinen Verstandes, und diese sind es allein, unter welchen jede empirische Anschauung stehen muß, wenn die Verknüpfung des Mannigfaltigen derselben als nothwendig, und folglich ein Gegenstand, vorgestellt werden soll, und in den Grundsätzen des reinen Verstandes bestimmt die transcendentale Urtheilskraft den Fall der Anwendung der Schemate auf empirische Anschauung. Das Resultat dieser ganzen Untersuchung war demnach; daß diese Grundsätze so wohl als die reinen Verstandesbegriffe auf Gegenstände der Erfahfahrung gehen, indem sie das Erkenntniß derselben möglich machen. Dieses aber ist ein Satz, den man wohl von selbst gewußt hat, und es scheinen daher die tiefen Untersuchungen, die uns zu einem ganz bekannten Resultate geführt haben, gänzlich überflüssig gewesen zu seyn. Bedenkt man aber, daß ohne diese Nachforschungen wir von der Rechtmäßigkeit dieses Besitzes nie gründlich überzeugt seyn, und daß, was hieraus folgt, wir auch die Schranken desselben nicht kennen können, und folglich Gefahr laufen, von den Grundsätzen des reinen Verstandes jeden Augenblick einen falschen Gebrauch zu machen, so muß uns das sogar von der Nothwendigkeit der geschehenen Untersuchung überzeugen.

Der transcendentale Gebrauch eines Begriffs in irgend einem Grundsatze ist der, daß er auf Dinge überhaupt und an sich selbst; der empirische dagegen, wenn er bloß auf Erscheinungen, das ist: auf angeschauete Gegenstände, (Gegenstände der Erfahrung,) bezogen wird. Nun muß unsre Untersuchung jeden überführen, daß wir so wohl von allen Grundsätzen des Verstandes als von seinen Begriffen zu keinem andern als empirischen Gebrauche berechtigt sind. Daß ein Begriff überhaupt ein Begriff ist, das ist: daß die Theilvorstellungen desselben zu einem Bewußtseyn überein stimmen, macht zwar seine logische, aber noch bey weiten nicht die objective Realität desselben aus. Hierzu wird erfordert, daß er sich auf einen Gegenstand beziehe, da ohne dies er gänzlich leer wäre. Der Gegenstand eines Begriffs kann aber nicht anders als in der Anschauung gegeben werden. Ist diese Anschauung

schauung rein, so beweiset die mögliche Darstellung des
Begriffs in einer reinen Anschauung doch auch noch
nicht seine objective Gültigkeit, das ist: diejenige Eigenschaft desselben, wornach ein Mannigfaltiges als im
Objecte, und daher für jedermann gültig, verbunden
vorgestellt wird. Daß der Raum drey Abmessungen
habe, oder daß zwischen zwey Puncten nur Eine gerade Linie möglich sey, ist freylich a priori und vor aller
empirischen Anschauung gewiß. Aber diese als nothwendig vorgestellte Verbindung ist doch nicht mit derjenigen, die in der objectiven Beziehung unsrer Vorstellungen gedacht wird, einerley. Jene hat ihren
Grund darin, daß die Vorstellung des Raums eine reine Anschauung, diese dagegen darin, daß der Raum
die Bedingung der Anschauung des in ihm Gegebenen
ist. Die objective Realität aller Sätze der reinen Mathematik besteht nicht darin, daß sie a priori gewiß
sind; sondern darin, daß ihnen an Erscheinungen Bedeutung gegeben werden kann, ohne welches sie, so wahr
sie auch sind, bloße Spiele der Einbildungskraft wären.

Mit den Kategorien verhält es sich nun nicht anders. Nicht allein, daß wir gar nicht wissen können,
ob diese Begriffe auf irgend ein Object bezogen werden können, wenn die objective Bedeutung derselben
nicht an den Gegenständen der empirischen Anschauung
gezeigt werden könnte, so sind wir auch nicht einmahl
fähig, sie ihrer objectiven Beziehung nach zu erklären,
ohne die Bedingungen der Sinnlichkeit, welchen gemäß
ihnen Objecte allein gegeben werden können, in die Erklärung zu bringen. Will ich mir etwas als eine Größe vorstellen, so muß ich denken, wie vielmahl Eins

in

in ihm gesetzt sey. Aber diese Vorstellung des Wie
viel Mahl ist die einer successiven Synthesis, und ihr
liegt die Vorstellung der Zeit zum Grunde. Sich etwas als ein Reales denken ist nur möglich, wenn man
eine erfüllte Zeit sich vorstellt. Etwas sich denken, das
nur als Subject und gar nicht als Prädicat gedacht
werden kann, ist zwar meinem Belieben überlassen; aber
ich finde auch, daß ich von dieser willkührlichen Gedankenbestimmung gar keinen Gebrauch machen kann,
als nur so fern ich etwas mir als beharrlich und seinen
Zustand als wechselnd vorstelle. Abstrahire ich bey dem
Verhältnisse der Ursache zur Wirkung von der Zeit, so
bleibt mir nichts mehr als das Logische des Grundes
zur Folge, wodurch aber gar nichts als Object gedacht
wird. Kann der Begriff der Ursache und der der Substanz nicht anders real erklärt werden, als nur in Beziehung auf Zeit, so ist von selbst klar, daß es sich mit
dem Begriffe des Commercium nicht anders verhalte;
und ist die Erklärung aller dieser Kategorien, so fern
sie auf ein Object bezogen werden, nur unter jener
Bedingung möglich, so versteht es sich, daß auch die
Begriffe der Modalität nur unter eben der Bedingung real definirt werden können. Hieraus folgt nun,
daß die Kategorien niemahls von transcendentalem,
sondern nur von empirischem Gebrauche seyn können.

Hieraus aber folgt auch, daß die Urtheilskraft
keine Grundsätze enthalten könne, nach welchen der
transcendentale Gebrauch der Kategorien möglich wäre.
Denn soll ein Grundsatz den Gebrauch irgend einer Kategorie bestimmen, so muß er den Fall anzeigen, in welchem durch die Kategorie etwas als Object vorgestellt

G 2   wird.

wird. Die Regeln der transcendentalen Urtheilskraft
thun dieses, indem sie die Anwendung der Kategorien auf
die empirische Anschauung, und folglich das zeigen, daß
das für jedermann Gültige in der empirischen Anschauung, welches die Erfahrung ausmacht, nur durch
die Kategorien vorgestellt wird. Fehlt nun diese Anschauung, so kann auch die Urtheilskraft keine Regel
zur Anwendung der Kategorie geben. Der Verstandesbegriff in dieser reinen Bedeutung druckt dann nichts
mehr aus, als eine ihm gemäße bestimmte Verknüpfung
des Mannigfaltigen einer möglichen Anschauung; aber
objective Realität hat er so lange nicht, als dieselbe
an keiner wirklichen Anschauung gezeigt werden kann.
Es ist freylich wahr, daß die Kategorien aus einer andern Quelle als aus der Sinnlichkeit entspringen, aber
daher muß man sich nicht verleiten lassen, die objective
Gültigkeit derselben weiter auszudehnen als auf die
Gegenstände der Sinne, an welchen dieselbe lediglich
gezeigt werden kann.

Wenn wir aber an Gegenstände, so fern sie angeschauet werden, (an Erscheinungen,) denken, so scheint
es doch nothwendig, dieselben von einem Etwas, so fern
es nicht angeschauet wird, (Noumenon,) zu unterscheiden; und da der Verstand keine andern Begriffe als die
Kategorien liefert, so scheint es, daß man diese Dinge
an sich wenigstens doch durch die Kategorien denken
dürfe. Die Täuschung, die uns zu diesem transcendentalen Gebrauche der Kategorien verleitet, beruhet
darauf, daß wir den ganz unbestimmten Begriff von
einem Verstandeswesen, als einem Etwas, das nicht
angeschauet wird, für einen bestimmten halten, und

da

da wir ihn an der Anschauung nicht bestimmen können, dieses durch die Kategorien zu leisten vermeinen.

Wird unter Noumenon ein Ding verstanden, so fern es nicht Object unsrer sinnlichen Anschauung ist, indem wir von unsrer Anschauungsart desselben abstrahiren, so ist das ein Noumenon im negativen Verstande; wird aber darunter ein Object einer nicht-sinnlichen Anschauung verstanden, so nimmt man eine besondere Anschauungsart an, nämlich die intellectuelle, die aber nicht die unsrige ist, deren Möglichkeit wir auch nicht einsehen können, und das wäre das Noumenon in positiver Bedeutung.

Nun ist es der Natur unsers Erkenntnißvermögens angemessen, uns eine Vorstellung von einem Etwas zu machen, so fern es nicht angeschauet wird, und welches dem angeschaueten Gegenstande zum Grunde liegt. Aber wir begreifen doch auch, daß ein solches Verstandeswesen auch nicht einmahl durch die Kategorien gedacht werden kann, weil die objective Beziehung derselben doch nur bloß an Anschauungen, und zwar auch nur so fern sie Schemate sind, als solche aber das Mannigfaltige zur nothwendigen Einheit in Beziehung auf Zeit vorstellen, gezeigt werden kann. Sollten demnach die Kategorien auf Noumena angewandt werden können, so müßten ihnen Anschauungen, und zwar intellectuelle, zum Grunde liegen, wodurch sie aber als Noumena in positiver Bedeutung vorgestellt werden. Ein Verstand aber, der in den Kategorien die Gegenstände selbst anschauete, und nicht nöthig hätte, daß ihm das Mannigfaltige vorher gegeben würde, der würde selbst anschauen. Von einem solchen Verstande haben wir

allen-

allenfalls einen problematiſchen Gedanken, aber die
reale Möglichkeit deſſelben können wir nicht einſehen.
Der unſrige iſt hur discurſiv, das heißt: er kann nicht
anders als vermittelſt der Anwendung der Kategorien
auf ſinnliche Anſchauungen ſich Gegenſtände vorſtellen.
Die Sinnlichkeit liefert uns Anſchauungen, und durch
dieſe wird noch kein Gegenſtand vorgeſtellt; der Verſtand liefert Begriffe, und auch durch dieſe wird kein
Gegenſtand vorgeſtellt. Nur durch Vereinigung beyder
Vermögen kann Erkenntniß, das iſt: objective Beziehung unſrer Vorſtellungen, entſpringen.   Da durch
die Kategorien die nothwendige und für jedermann gültige Einheit des Bewußtſeyns an einem gegebenen
Mannigfaltigen überhaupt vorgeſtellt wird, ſo er-
ſtrecken ſich die Kategorien in ſo fern weiter als die
ſinnlichen Anſchauungen, als durch ſie überhaupt Verknüpfung als nothwendig, auch nach Abſonderung der
ſinnlichen Anſchauung, gedacht wird.   Aber in dieſer
reinen Bedeutung ſind ſie doch nur Gedankenformen,
und ſtellen kein Object vor, da ſelbſt die beſtimmte Verknüpfung eines möglichen Mannigfaltigen in ihnen
ganz willkührlich gedacht wird, welche nur an empiriſchen Anſchauungen, um Erfahrung hervor zu bringen,
gezeigt werden kann.

Der Begriff eines Noumenon in negativer Bedeutung iſt alſo nicht allein zuläſſig, ſondern auch nothwendig, aber nur als Grenzbegriff, um damit anzudeuten, daß die ſinnliche Anſchauung ſich nicht bis über
die Dinge an ſich ſelbſt ausdehnen darf. Und da wir
von der Sinnlichkeit nicht behaupten können, daß ſie die
einzig mögliche Anſchauungsart ſey, ſo iſt er immer
ein

ein problematischer Begriff. Aber gleichwohl ist doch
die reale Möglichkeit dieser Noumena gar nicht einzusehen, da wir auch nicht einmahl einen Begriff von
einer Anschauung derselben haben.

Die Eintheilung der Begriffe in sinnliche und intellectuelle ist in so fern richtig, als von der objectiven
Beziehung derselben gänzlich abstrahirt wird. Der Begriff eines Noumenon würde demnach ein intellectueller
Begriff seyn, der aber nichts mehr ausdruckt, als daß
unsre Vorstellungsart der Gegenstände auf Dinge an
sich keinesweges passe. Er ist demnach ein gänzlich un-
bestimmter Begriff von einem Gegenstande überhaupt,
den wir auf keine Weise positiv bestimmen, folglich
durch ihn auch gar kein Object erkennen können. Aus
diesem Grunde ist aber die Eintheilung der Welt selbst
in eine Sinnen- und Verstandeswelt gar nicht zulässig,
weil dadurch Objecte selbst, und nicht bloß Begriffe,
eingetheilt werden, mithin eine objective Beziehung
voraus gesetzt wird, welche doch in Ansehung der Noumena gar nicht möglich ist.

Anhang.

Von der Amphibolie der Reflexions-Begriffe durch die Verwechselung des empirischen Verstandesgebrauchs mit dem transcendentalen.

Wenn wir auf die Gründe der Verbindung der
Vorstellungen in einem Urtheile aufmerksam sind, dann
untersuchen wir dasselbe. Vor dieser Untersuchung
kann noch eine Ueberlegung (reflexio) angestellt
werden,

werden, und diese würde eine Aufmerksamkeit auf die Er-
kenntnißkraft selbst seyn, in welcher die Verbindung der
Vorstellungen geschieht. Ist nämlich von einem objectiven Urtheile die Rede, so läßt sich fragen, ob nicht
Neigung oder Gewohnheit, auf eine gewisse Art über
ein Object zu urtheilen, verleitet, oder ob es der von
allen subjectiven Gründen freye Verstand ist, welcher
urtheilt. Transcendental aber wird die Ueberlegung seyn, wenn sie eine Aufmerksamkeit auf die Er-
kenntnißkraft in transcendentaler Absicht ist, das heißt:
wenn durch sie unterschieden wird, ob der Verstand
ohne alle Beziehung auf sinnliche Anschauung Objecte
denkt, oder ob er nur in dieser Beziehung dieselben
denkt.

Alle Verbindung der Vorstellungen zu einem objectiven Urtheile geschieht den Kategorien gemäß, deren
Tafel alle Arten allgemein-gültiger Verknüpfung vollständig enthält. Sie gründet sich mithin auf Vergleichung, die dem Urtheile selbst vorher gehen muß, und
das Geschäfft derselben muß daher auch vollständig
angegeben werden können. Diese fragt nun, ob die
Vorstellungen einerley oder verschieden sind, daher allgemeine und besondere Urtheile entspringen; ob sie
mit einander überein stimmen oder sich widerstreiten,
woher im ersten Falle bejahende, im letzten verneinende
Urtheile werden; nach dem Innern und Aeußern derselben, wodurch kategorische und hypothetische Urtheile werden; endlich was an ihnen die Materie, (das
Bestimmbare,) ist, und was zur bloßen Form, (Bestimmung,) gehört, woraus problematische und assertori-
sche Urtheile entstehen. So fern nun nicht auf die

Erkennt-

Erkenntmißkraft, der die Vorstellungen angehören, ge=
sehen wird, werden diese Begriffe: der Einerley=
heit und Verschiedenheit, der Einstimmung
und des Widerstreits, des Innern und des
Aeußern, der Materie und Form, Verglei=
chungsbegriffe, (logische Reflexions=Begriffe,) hei=
ßen müssen: da sich aber eine sehr große Verschieden=
heit ergeben wird, wenn in dieser Vergleichung Vor=
stellungen als der Sinnlichkeit, oder als bloß dem rei=
nen Verstande angehörend, betrachtet werden; so
werden eben diese Begriffe, wenn die Vergleichung
mit transcendentaler Reflexion verknüpft ist, tran=
scendentale Reflexions=Begriffe genannt
werden müssen. Diese transcendentale Reflexion soll
jetzt unternommen werden.

1. Einerleyheit und Verschiedenheit.
Wenn dem reinen Verstande ein Gegenstand dargestellt
und derselbe durch die Kategorien der Quantität und
Qualität gedacht werden könnte, ohne daß er in einer
sinnlichen Anschauung gegeben wäre; so würde derselbe,
wenn er mehrmahls vorgestellt würde, nicht viele Dinge,
sondern nur Ein Ding seyn. Ist derselbe dagegen Er=
scheinung, so wird nicht Ein Ding, sondern es werden
viele vorgestellt, wenn an verschiedenen Oertern zu
gleicher Zeit, obgleich durch einerley Quantität und
Qualität, dasselbe bestimmt ist. So können zwey Trop=
fen Wasser gleich groß und gänzlich gleichartig seyn,
und gleichwohl sind sie numerisch verschieden, wenn
sie an zwey Stellen zugleich angeschauet werden. Weil
Leibnitz die Erscheinungen für Dinge an sich selbst
hielt, in deren Vorstellung aber die Sinnlichkeit eine
gewisse

gewiſſe Verworrenheit verurſachte, die der Verſtand
davon wieder abſondern müßte, ſo entſtand ſein Satz
des Nichtzuunterſcheidenden (principium
identitatis indiscernibilium), nach welchem es in der
Natur nicht zwey völlig gleiche und ähnliche Dinge
geben kann, obgleich die Sinnlichkeit dieſes zu glau=
ben uns verleitet. Wenn der Verſtand von ſeinen Ka=
tegorien einen andern als lediglich empiriſchen Ge=
brauch, (Anwendung auf ſinnliche Anſchauung,) ma=
chen könnte; ſo würde auch in der That dieſer Satz
gewiß ſeyn. Da aber die objective Gültigkeit keiner
einzigen Kategorie irgend wo anders als an der empi=
riſchen Anſchauung gezeigt werden kann, wir folglich
nicht einmahl wiſſen, ob die Begriffe der Quantität
und Qualität in Anſehung der Dinge an ſich ſelbſt
noch eine Bedeutung haben: ſo bleibt von dieſem Prin=
cip nur noch ein möglicher logiſcher Sinn übrig, der
nämlich, daß wenn man von den Verſchiedenheiten
zweyer Vorſtellungen abſtrahirt, man dadurch eine
einzige allgemeine erhalte, die ſie beyde unter ſich
enthält.

2. Einſtimmung und Widerſtreit. Wenn
etwas als Gegenſtand des reinen Verſtandes durch den
Begriff der Realität gedacht werden könnte, ohne daß
derſelbe in einer ſinnlichen Anſchauung gegeben ſeyn
darf, ſo kann kein Widerſtreit unter ſeinen Realitäten
gefunden werden. Wenn dagegen ein Gegenſtand
in der Anſchauung durch den Begriff der Realität be=
ſtimmt gedacht, und folglich eine Erſcheinung geſetzt
wird, ſo giebt es allerdings einen Widerſtreit unter
ſeinen Realitäten, in welchem die eine von der andern

ent=

entweder ganz oder zum Theile aufgehoben wird. So
heben sich z. B. zwey Kräfte, die nach entgegen gesetzten
Richtungen einen Körper ziehen, oder auch Realitäten bloß vor dem innern Sinne, einander auf. Aus
dem angezeigten Grunde, daß Leibnitz die Dinge, wie
sie an sich sind, durch den Verstand zu kennen glaubte,
entstand bey ihm dieser Satz, daß zwischen Realitäten
kein Widerstreit Statt finden könne, und daß der be-
ständig in der Natur vor Augen liegende Widerstreit
nur scheinbar sey, welchen Schein bloß die Sinne erzeugen. Uebel waren ihm die nothwendigen Schranken der Geschöpfe, folglich bloße Negationen, und
nicht Realitäten, die andern entgegen wirken. Dagegen haben wir überzeugend dargethan, daß wir von
der objectiven Beziehung des Begriffs der Realität
nur bloß auf Erscheinungen versichert seyn können, indem derselbe lediglich an der empirischen Anschauung
Anwendung findet, in welcher es etwas, (die Empfindung,) giebt, die als intensive Größe, folglich als
Realität, vorgestellt werden kann. Ob dieser Begriff
auf Dinge, so fern sie nicht angeschauet werden, Anwendung habe, muß uns unbekannt seyn. Abstrahiren wir aber von der nothwendigen Bedingung, unter
welcher dieser Begriff auf Gegenstände bezogen werden
kann, folglich von aller objectiven Beziehung desselben; so bleibt noch der wahre, aber identische, Satz
übrig, daß ein Begriff, der lauter Bejahungen enthält, nichts Verneinendes enthalte.

3. **Das Innere und Aeußere.** Wird et-
was, bloß als Gegenstand des reinen Verstandes, durch
den Begriff der Substanz gedacht, so sind alle Bestim-

mungen

mungen derselben innerlich, das ist: sie haben dem
Daseyn nach keine Beziehung auf irgend etwas von
ihm verschiedenes. Dagegen sind die Bestimmungen
einer substantia phaenomenon nichts als Verhältnisse, indem das Daseyn derselben nur unter Voraussetzung von etwas von ihr verschiedenem gedacht werden
kann. Nach dem Intellectual-Systeme des Leibniß war
jede Substanz substantia noumenon, und er gab es
für eine Folge des verwirrenden Geschäftes der Sinnlichkeit aus, daß die Bestimmungen der Substanz uns
nur als Verhältnisse vorkommen. Nachdem der Verstand diesen Einfluß derselben abgesondert hat, so erkennt er nichts als innere Bestimmungen der Substanz. Da die Zusammensetzung zu den äußern Ver-
hältnissen der Substanzen gehört, so mußten die Substanzen, als Gegenstände des reinen Verstandes, einfache Wesen seyn. Und da er ein Beyspiel von innerer
Bestimmung im innern Sinne zu finden glaubte, nämlich die Vorstellungskraft, so legte er dieselbe seinen
einfachen Substanzen bey, und so entstanden ihm Monaden. Dagegen ist von uns gezeigt worden, daß
der Begriff der Substanz nur auf empirische Anschauung, und zwar vermittelst seines Schema, (der Beharrlichkeit,) angewandt werden könne, wodurch Verknüpfung des Mannigfaltigen als für jedermann gültig, das ist: in diesem Falle, etwas in der Zeit bestimmt, gedacht werden kann. Ob bey einem Gegenstande des reinen Verstandes dieser Begriff noch eine
Bedeutung habe, können wir nicht wissen. Abstrahiren wir von der Anschauung eines Gegenstandes, so
wird dadurch zugleich auch von der objectiven Bezie-

hung

hung des Begriffs der Substantialität abstrahirt. Sonach bleibt uns dann nur noch ein logisches Subject,
(ein Begriff,) übrig, und folglich der identische Satz,
daß die Theilvorstellungen desselben in ihm gedacht
werden.

4. Materie und Form. Wenn ein Gegen-
stand des reinen Verstandes als wirklich gedacht wird,
so geht die Materie desselben, (die essentialia, und,
nach Leibnitz, die Monaden,) seiner Form, (der Art ihrer
Zusammensetzung,) vor. Ganz anders verhält es sich
mit den Gegenständen der Anschauung. Hier muß
die formale Anschauung, (Raum und Zeit,) der materialen, wodurch etwas Wirkliches vorgestellt wird,
schon als etwas für sich Gegebenes vorher gehen. Indem Leibnitz die Erscheinungen für Dinge an sich an-
sah, so waren ihm der Raum und die Zeit die Formen
eben dieser Dinge, jener die Ordnung der zugleich seyenden, diese die der nach einander seyenden Dinge, und
er schrieb es auf die Rechnung der verwirrenden Sinnlichkeit, daß uns Raum und Zeit als etwas für sich
selbst Gegebenes und von den Gegenständen Abge-
sondertes vorkommen. Dagegen hat die Critik gezeigt,
daß die objective Beziehung des Begriffs der Wirklichkeit nur bloß an der empirischen Anschauung gezeigt
werden, und man gar nicht wissen kann, ob in den Gegenständen des reinen Verstandes auch überhaupt so
etwas sey, das diesem Begriffe correspondirt. Wenn
aber von aller objectiven Beziehung desselben abstrahirt wird, so bleibt von der Behauptung des Herrn
von Leibnitz der gewisse, aber freylich identische, Satz
übrig, daß die Begriffe eines Urtheils erst müssen
gege-

gegeben seyn, und als problematisch verknüpft gedacht werden können, ehe assertorisch geurtheilt werden kann.

Die Stelle, welche wir einem Begriffe entweder
in der Sinnlichkeit oder in dem reinen Verstande geben,
wollen wir den transcendentalen Ort desselben
nennen. Demnach würde die Anweisung, den transcendentalen Ort eines Begriffs zu bestimmen, die transcendentale Topik seyn. Dieselbe kann nicht
mehr als die obigen vier Titel haben. Dadurch nun,
daß die transcendentale Ueberlegung beyde Oerter unterscheidet, entsteht die Bemerkung, daß es ganz etwas
verschiedenes sey; ob etwas durch die reinen Verstandesbegriffe als Object gedacht werde, so fern es in der
Anschauung gegeben ist, oder ohne alle Beziehung auf
mögliche Anschauung. In der Vergleichung der bloßen Begriffe wird lediglich gefragt, ob sie einerley oder
verschieden sind, ob sie mit einänder überein stimmen
oder sich widerstreiten, ob der eine in dem andern schon
gedacht werde, oder demselben fremd sey, und endlich
ob sie problematisch oder assertorisch verbunden werden.
Sollen aber durch diese Begriffe Objecte gedacht werden, so ist zuvor transcendentale Ueberlegung nöthig,
um auszumitteln, ob das Object bloß durch den reinen
Verstand gedacht, oder auch durch die Sinne angeschauet werden soll. Der große Leibnitz unterließ diese
transcendentale Ueberlegung, indem er keinen Unterschied erkannte zwischen Phänomenis und Noumenis,
ob er gleich sich dieser Worte bediente. Denn der Gegenstand der Anschauung war ihm nichts anderes als
das Verstandeswesen, wenn nämlich, seiner Meinung
nach,

nach, der Verstand nur erst die irrigen Urtheile abgesondert hätte, zu welchen die Sinnlichkeit uns verleitet.
Raum und Zeit waren ihm nicht Formen der Erscheinungen, sondern der Dinge an sich selbst. Mithin
tonnte er auch keine Grenze des Gebrauchs der Kategorien anerkennen, sondern vermischte unbesorgt den
transcendentalen Gebrauch derselben mit dem empirischen. So wie Locke die reinen Verstandesbegriffe
gleichsam sensificirte, das ist: sie für empirische und
durch Reflexion aus der Erfahrung gezogene Begriffe
hielt, so intellectuellirte Leibnitz dieselben, und mit ihnen
die Erscheinungen, indem er dafür hielt, durch dieselben die Dinge an sich selbst zu erkennen, nachdem der
Verstand das Fremde und Irrige, das die Sinnlichkeit in ihrer Vorstellung verursachte, abgesondert
hatte.

Was einem Begriffe allgemein zukommt oder widerspricht, das kommt auch zu oder widerspricht jedem Besondern, was unter jenem Begriffe enthalten ist. Wollte man diese Regel umkehren, und sagen: Was in einem
allgemeinen Begriffe nicht enthalten ist, das ist auch in
den besondern nicht enthalten, die unter demselben stehen; so würde dieses etwas ungereimtes seyn, weil ein
besonderer Begriff eben darum ein besonderer ist, daß er
mehr in sich enthält, als der allgemeine. Gleichwohl
ist es dem großen Leibnitz unbemerkt geblieben, daß sein
intellectuelles System wirklich eine Anwendung eben
dieses falschen Satzes sey.

Der Satz des Nichtzuunterscheidenden, so fern
von der objectiven Beziehung des Begriffs abstrahirt
wird, ist sehr richtig. Denn da ist es immer eben
der-

derselbe Begriff, wenn er durch einerley Merkmahle ge=
dacht wird. Sollen aber durch denselben Objecte vor=
gestellt werden, so ist zuvörderst transcendentale Ueber=
legung nöthig, wohin sie nämlich zu setzen sind, ob die=
selben Gegenstände der Anschauung oder bloß des rei=
nen Verstandes seyn sollen. Dann aber ergiebt sich,
daß die Begriffe der Quantität und Qualität bloß an
Gegenständen der Anschauung Bedeutung haben.
Wenn also gleich in jenem Begriffe von der Anschauung
ist abstrahirt worden, so kann doch nicht von ihr ab=
strahirt werden, wenn er auf einen Gegenstand bezo=
gen werden soll. Folglich sind es mehrere Gegen=
stände, wenn sie gleich durch einerley Quantität und
Qualität gedacht werden, wenn der Gegenstand an
mehrern Orten zugleich angeschauet wird. Wird ein
Begriff durch lauter Bejahungen gedacht, so kann er
nichts Verneinendes enthalten. Anders aber verhält
es sich, wenn man bejahende Vorstellungen auf Ob=
jecte bezieht. Da der Begriff der Realität doch nur
auf Gegenstände der Anschauung bezogen werden kann,
so können dieselben im Gegenstande im Widerstreite seyn,
ungeachtet sie freylich im bloßen Begriffe einander
nicht widersprechen. Auch gehören die Merkmahle eines
Begriffs demselben selbst zu, und hängen in so fern von
keiner vom Begriffe verschiedenen Vorstellung ab. Wird
aber derselbe unter der Vorstellung eines Subjects,
das nur als Subject gedacht werden kann, auf Ge=
genstände bezogen; so offenbart sich hier sofort, daß
diese Beziehung nur auf empirische Anschauungen mög=
lich sey, auf welche der Begriff des beharrlichen Rea=
len, und hierdurch der Begriff der Substanz selbst, an=

gewandt

gewandt werden kann, daß aber diese Substanz in der
Erscheinung gar nichts schlechthin-inneres hat. Endlich müssen die Begriffe selbst erst gegeben seyn, und
im problematischen Urtheile zusammen gefaßt werden
können, ehe assertorisch geurtheilt wird. Ganz anders
verhält es sich, wenn der Begriff der Materie, (des Gegebenen,) und der Form, (der Art, wie etwas als Object
gegeben ist,) auf Objecte bezogen wird. Denn da uns
Objecte nur im Raume und in der Zeit gegeben seyn
können, so geht die formale Anschauung der empirischen nothwendig vor. Kurz, das ganze intellectuelle
System Leibnizens hat darin seinen Grund, daß er
dafür hielt, daß das, was von Begriffen gilt, so fern
von aller objectiven Beziehung derselben abstrahirt
wird, auch noch gelten müsse, wenn dieselben Objecte
vorstellen.

Wird unter einem Noumenon derjenige Gegenstand verstanden, der durch die reinen Kategorien ohne alles Schema der Sinnlichkeit gedacht wird, so ist
derselbe unmöglich. Die Grundsätze der transcendentalen Urtheilskraft haben die Anwendung der Kategorien auf empirische Anschauung, um dadurch Vorstellung
einer für jedermann gültigen Verknüpfung eines empirischen Mannigfaltigen, das ist: Vorstellung eines
Objects, möglich zu machen, dargethan. Aber weiter
ist auch die Rechtfertigung, Gegenstände durch die Kategorien denken zu können, nicht gegangen. Ein Gegenstand von dieser Art ist ein Noumenon im positiven
Verstande, welches nach einer Critik der reinen Vernunft nicht zugelassen werden kann. In dem Begriffe
eines Noumenon im negativen Verstande liegt nichts

mehr als die eines Objects, das ist: Vorstellung einer allgemein gültigen Verknüpfung. Aber auf welche Art diese Verknüpfung gedacht werden kann, das liegt nicht darin. In empirischen Gegenständen, (Erscheinungen,) wird sie durch die Kategorien gedacht. Da derselben Anwendung aber auch nur lediglich an empirischen Anschauungen gezeigt werden kann, so ist es auch nicht möglich, von diesem Noumenon irgend etwas mehr als den allgemeinen Titel auszusagen, daß sie nämlich Objecte sind. Der Begriff davon ist also ein bloß problematischer und Grenzbegriff, und als solcher zuläßig, um anzuzeigen, daß es auch wohl Objecte geben könne, auf welche unsre sinnliche Anschauung gar nicht gehen kann. Aber ob es solche giebt, ob dieselben möglich oder unmöglich sind, das ist eine Frage, welche die speculative Vernunft gar nicht beantwortet. Es mag daher immerhin Noumena geben, welche den Erscheinungen correspondiren. Aber da dieselben durch nichts positiv bestimmt werden können, so bleibt es auch völlig unausgemacht, wohin sie zu setzen sind, ob sie in uns oder auch außer uns sind; sogar, daß wir nicht einmahl sagen können, ob dieselben mit der Sinnlichkeit zugleich aufgehoben werden, oder noch bleiben, wenn diese aufgehoben wird, ja, ob selbst diese Fragen noch irgend eine Bedeutung haben, wenn vom Noumenon die Rede ist.

Die transcendentale Analytik hat die Bedingungen der objectiven Beziehung der Vorstellungen erwogen. Die Vorstellung eines Objects ist die der nothwendigen oder für jedermann gültigen Verknüpfung eines

eines Mannigfaltigen. Daſſelbe kann nun als gegeben oder als nicht gegeben vorgeſtellt werden. Im
erſten Falle iſt es ein wirkliches Object, (ein Etwas;)
im zweyten wird es nur problematiſch als Object gedacht,
und iſt eigentlich Nichts. Da ein Object von uns
nur durch die Kategorien vorgeſtellt werden kann, ſo
wird eine Eintheilung des Nichts den Kategorien gemäß möglich ſeyn, und dieſe wollen wir noch zum Be-
ſchluſſe der tranſcendentalen Analytik vorlegen. Die
Eintheilung des Etwas wird von ſelbſt daraus
folgen.

1. Ein Object, das weder Eins, noch Vieles,
noch Alles iſt, iſt Keines, d. i. Nichts. So iſt
das Object eines Begriffs, dem keine Anſchauung cor-
reſpondirt, ein Begriff ohne (gegebenen) Gegenſtand,
wie die Noumena, die nicht zu den Möglichkeiten gezählt werden können, aber darum auch nicht für unmöglich auszugeben ſind, (ens rationis,) oder wie gewiſſe neue Grundkräfte, die man ohne Widerſpruch
zwar denken kann, die aber, da ihnen keine Anſchauung correſpondiren kann, weder für möglich noch
für unmöglich zu halten ſind.

2. Ein Object ohne Realität iſt Nichts, kein
(gegebener) Gegenſtand, (nihil privativum,) wie der
Schatten, die Kälte.

3. Die bloß formale Anſchauung ohne Subſtanz
iſt Nichts, wie der reine Raum oder die reine Zeit,
die keine (gegebenen) Objecte ſind, (entia imaginaria.)

4. Das Object eines Begriffs, der den formalen
Bedingungen der Anſchauung und des Denkens wider-
ſpricht, iſt Nichts, und kein (gegebener) Gegen-

H 2   ſtand,

stand, (nihil negativum,) wie die geradlinige Figur von
zwey Seiten.

In der Vorstellung des **Nichts** als eines Objects
wird zwar überhaupt und problematisch nothwendige
Einheit des Bewußtseyns gedacht; aber so fern doch
nichts gegeben ist, worin diese Einheit als gegründet
vorgestellt werden kann, so ist dieses Object überall
Nichts. Das Gedankending (n. 1.) unterscheidet sich
von dem Undinge (n. 2.) darin, daß das erste nicht
zu den Möglichkeiten gezählt werden kann, das zweyte aber etwas Unmögliches ist. In beyden Fällen findet keine objective Beziehung der Vorstellungen Statt,
weil kein Datum ist, worauf sie bezogen werden. Was
das nihil privativum und ens imaginarium betrifft,
so kann auf sie als Objecte auch keine Vorstellung bezogen werden, weil sie leere Data sind.

Der transcendentalen Logik
dritter Theil.
Die transcendentale Dialectik.
Einleitung.
I.
Vom transcendentalen Scheine.

Die Bedingungen der Erfahrung sind nun vollständig
vor Augen gestellt, und die Möglichkeit gewisser Erkenntnisse, die sich a priori auf Gegenstände beziehen, dadurch
begreiflich gemacht worden, daß man gezeigt hat, wie
dieselben Verbindung des Mannigfaltigen der empirischen

schen Anschauung zur nothwendigen Einheit des Bewußtseyns, das ist: Erfahrung, möglich machen. Nun
entsteht die Frage, ob es nicht auch Erkenntnisse gebe,
die gar nicht aus dem Princip einer möglichen Erfahrung können hergeleitet werden, und die gleichwohl
sich a priori auf ihre Gegenstände beziehen. Wir haben zwar schon im Anhange der vorigen Abtheilung
von einem ganzen Systeme intellectueller Erkenntnisse
gesprochen, welches daher entsprungen war, daß der
Stifter desselben dafür hielt, daß die Kategorien sich
auf Gegenstände der Anschauung, unabhängig von
aller Anschauung, beziehen, und der Verstand durch
diesen transcendentalen Gebrauch seiner Kategorien
die Gegenstände erkenne, wie sie an sich selbst sind.
Transcendentale Ueberlegung, oder Unterscheidung des
Orts, wohin ein Gegenstand gesetzt wird, ob er nämlich bloß durch den reinen Verstand gedacht werde,
oder in der Anschauung gegeben sey, mußte uns vor
diesem Irrthume bewahren. In dieser offenbart sich,
daß wenn wir durch die Kategorien unabhängig von
aller Anschauung Objecte denken, dieses eine ganz willkührliche Gedankenbestimmung sey, und daß im Gegentheile die objective Realität dieser Begriffe lediglich an
Gegenständen der Anschauung gezeigt werden kann.
Die vermeinten Erkenntnisse jenes Systems gründen
sich auf den transcendentalen Gebrauch der Kategorien, der, wie gezeigt worden ist, eigentlich ein Mißbrauch derselben ist. Sie sind aber von der Art, daß
auch der Schein, den sie bey sich führen, doch nur erkünstelt ist, ja die transcendentale Ueberlegung denselben auch gänzlich vernichtet. Ihre Gegenstände sollten

die

die der Erfahrung seyn, von denen sie etwas aussagen, was der empirische und allein gültige Gebrauch
der Kategorien nicht verstattet.

Aber es giebt noch andere Erkenntnisse, die als a
priori auf Gegenstände gehend gerühmt werden, und
die von der besondern Art sind, daß ihre Gegenstände
in keiner möglichen Erfahrung angetroffen, und folglich
auch aus dem Princip der Möglichkeit der Erfahrung
nicht hergeleitet werden können, deren Schein aber
keinesweges erkünstelt ist. Der Verstand hat keine andern reinen Begriffe als die Kategorien, und der
Gebrauch derselben in diesen Erkenntnissen ist nicht allein transcendental, in welchem Falle dieselben doch noch
auf Gegenstände der Erfahrung gerichtet seyn könnten,
die sie, so wie sie an sich selbst sind, vorzustellen vorgeben; sondern er ist auch alle mögliche Erfahrung
übersteigend, und sie beziehen sich ihrer Natur nach auf
Gegenstände, die in keiner möglichen Erfahrung gegeben werden können. So ist der Gebrauch der Kategorien z. B. in dem Satze: die Welt hat einen Anfang, dessen Gegenstand in keiner Erfahrung gegeben
werden kann. Erkenntnisse von dieser Art müssen sich
auf Grundsätze stützen, die diesen erweiterten Gebrauch
der Kategorien rechtfertigen. Diese Grundsätze werden wir transcendente nennen, im Gegensatze solcher Grundsätze, die keinen andern als den empirischen
Gebrauch der Kategorien erlauben, und welche immanente heißen müssen. Daher sind die Ausdrücke
transcendent und transcendental von einander zu unterscheiden. Das Erkenntniß, daß eine gewisse Anschauung, Begriff oder Grundsatz sich a priori

auf

auf Gegenstände der Erfahrung beziehr, so fern dadurch
Erfahrung möglich wird, haben wir transcendental
genannt. Die Axiome der Geometrie, oder der Satz:
alles, was geschieht, hat eine Ursache, sind zwar a priori
gewiß, aber transcendental heißen sie nicht; sondern
das Erkenntniß, daß diese Sätze a priori auf Erfahrung gehen; indem sie dieselbe möglich machen, heißt
transcendental. Von den Kategorien und den Grundsätzen des reinen Verstandes ist erwiesen worden, daß
sie niemahls von transcendentalem, d. i. die empirische
Anschauung überschreitendem, sondern nur von empirischem Gebrauche seyn können. Ein Grundsatz nun,
der diese Grenze zu überschreiten gebiethet, heißt transcendent.

Wenn der Verstand über das, was ihm gegeben worden ist, niemahls hinaus ginge, so würde kein Irrthum
entstehen. Daß wir die entfernter Theile einer Ebene durch höhere Lichtstrahlen sehen, ist ein Factum, und
dieses Urtheil daher nicht irrig. Urtheilen wir aber,
daß das Meer in der Ferne erhaben sey, dann ist dieses Urtheil mit dem vorigen nicht mehr einerley, und
kann daher falsch seyn, wie es denn in diesem Falle
auch wirklich ist; gleichwohl scheint es uns richtig zu
seyn, auch selbst nachdem wir von seiner Falschheit
versichert sind. Wir finden aber diesen Schein darin
gegründet, daß viele Gegenstände, die wir durch erha-
benere Lichtstrahlen sehen, auch wirklich erhabener sind
als andere, die durch niedrigere gesehen werden, und
wir unvermerkt dieses particuläre Urtheil in ein allgemeines umschaffen.

So

So wird es sich mit dem transcendentalen Scheine, der jene vorgegebenen Erkenntnisse begleitet, verhalten. Derselbe wird nicht aufhören, auch selbst wenn wir von der Falschheit derselben werden belehrt seyn, und das daher, weil sie auf Grundsätze gegründet sind, die subjectiv verstanden so gewiß sind, als das auch bloß subjective und Wahrnehmungsurtheil, daß wir die entfernteren Theile des Meeres durch höhere Licht= strahlen sehen, die aber fälschlich für objectiv gehalten werden. Können wir dahin gelangen, den Schein dieser Grundsätze aufzudecken, so werden sie nur im= manent seyn, dagegen sie transcendent sind, wenn wir uns durch diesen Schein hintergehen lassen, und sie wirklich für objective Urtheile aufnehmen.

II.

Von der reinen Vernunft als dem Size des transcendentalen Scheins.

Die allgemeine Logik betrachtet den bloß formalen Gebrauch des Verstandes, der Urtheilskraft und der Ver= nunft, indem sie die Begriffe eines Begriffs, Urtheils und Schlusses entwickelt. Die besondere Handlung, die in der Beziehung der Vorstellungen auf einen Ge= genstand besteht, setzt sie bey Seite, und überläßt diese Untersuchung der transcendentalen Logik. Dieselbe hat nun gewisse Begriffe und Urtheile als ein Eigenthum der transcendentalen Vermögen des Verstandes und der Ur= theilskraft aufgefunden, deren Bestimmung ist, noth=

wen=

wendige Einheit in das Mannigfaltige der empirischen
Anschauung, und so Erfahrung selbst hervor zu bringen.
Ob nun die reine Vernunft als transcendentales Ver=
mögen nicht auch eine Quelle besonderer Erkenntniſſe
sey, die a priori sich auf Objecte beziehen, das wird
die transcendentale Dialectik unterſuchen.

Die Vernunft in ihrem logiſchen Gebrauche iſt das
Vermögen, mittelbar zu ſchließen, das iſt: ein Vermö=
gen, die Wahrheit eines Urtheils aus einem andern ver=
mittelſt eines Zwiſchenurtheils abzuleiten. Ein ſolcher
Schluß heißt ein Vernunftſchluß, zum Unterſchie=
de von den unmittelbaren oder Verſtandesſchlüſſen, in
welchen die Wahrheit des einen Urtheils unmittelbar
aus einem andern, ohne daß es eines dritten Urtheils
bedarf, erkannt wird. Sage ich: alle Menſchen ſind
ſterblich, so ſehe ich hieraus die Wahrheit der Sätze:
einige Menſchen ſind ſterblich; einige Sterbliche ſind
Menſchen; nichts, was unſterblich iſt, iſt ein Menſch,
unmittelbar ein. Dagegen liegt der Satz: alle Ge=
lehrte ſind ſterblich, nicht in dem Urtheile: alle Men=
ſchen ſind ſterblich, und kann nur vermittelſt eines Zwi=
ſchenurtheils aus demſelben gefolgert werden. In je=
dem Vernunftſchluſſe giebt es alſo eine Regel (maior).
Dieſe ſtellt das Verhältniß einer Erkenntniß zu ihrer
Bedingung vor, und wird durch den Verſtand ge=
dacht. Zweytens ſubſumirt die Urtheilskraft ein
Erkenntniß unter die Bedingung der Regel. Endlich
beſtimmt die Vernunft das Erkenntniß durch das
Prädicat der Regel a priori. Es muß daher ſo viele
verſchiedene Arten der Vernunftſchlüſſe geben, als es
Arten giebt, das Verhältniß eines Erkenntniſſes im

Ver=

Verstande auszudrucken, nämlich kategorische, hypo=
thetische und disjunctive Vernunftschlüsse.

Wenn man untersuchen will, ob ein Urtheil nicht
aus andern schon gegebenen Urtheilen folge, so denkt
man es als den Schlußsatz eines Vernunftschlusses, und
sucht einen Mittelbegriff auf, dessen Sphäre das Sub=
ject des Urtheils enthält, und der selbst in der Sphäre
des Prädicats des Urtheils enthalten ist. Findet man
denselben, so hat man ein anderes Urtheil, (den maior
dieses Schlusses,) erhalten, welches man wieder als
aufgegeben ansehen, und seine Bedingung durch einen
neuen Versuch aufsuchen kann. Jedes neue auf diese
Art gefundene Urtheil ist nun so wohl die Bedingung
des aufgegebenen Urtheils, als auch vieler andern Ur=
theile, um deren willen es nicht aufgesucht worden ist.
Durch dieses Verfahren sucht die Vernunft die große
Mannigfaltigkeit der Erkenntnisse auf die kleinste Zahl
der Principien, (allgemeiner Bedingungen,) zu brin=
gen, und dadurch die höchste Einheit derselben zu be=
wirken.

Hieraus folgt, daß der Satz: wenn das Beding=
te gegeben ist, so ist auch die ganze Reihe seiner einan=
der untergeordneten Bedingungen gegeben, wenn er
bloß subjectiv verstanden wird, eine sehr richtige Re=
gel sey, indem in diesem Sinne er nichts mehr ist als
die subjective Maxime der Vernunft, zu dem Unbe=
dingten als der höchsten Einheit aller Erkenntnisse zu
streben, und richtiger so lauten müßte: wenn das Be=
dingte gegeben ist, so ist die ganze Reihe aller seiner
einander untergeordneten Bedingungen, mithin das
Schlechthin=unbedingte zu suchen, aufgegeben. Wird

er

er aber objectiv verstanden, folglich das Schlechthin-
unbedingte als gegeben und in einem Objecte gegründet,
mithin die Reihe der Bedingungen als vollendet angesehen; so ist er ein synthetischer Satz, zu welcher synthetischen Verknüpfung wir uns gar nicht berechtigt
halten können. Wenn das Bedingte gegeben ist, so
liegt es freylich schon in dem Begriffe desselben, daß
auch seine Bedingung gegeben sey; daß aber die ganze
Reihe der Bedingungen als vollendet gegeben sey, das
liegt nicht darin, und würde ganz grundlos damit verknüpft werden.

Es ist von selbst klar, daß das Bedingte als ein
gegebenes Erkenntniß jederzeit ein Object der Erfahrung betreffe, und daß die Bedingung, so lange sie noch
wieder bedingt ist, ebenfalls etwas in der Anschauung
Gegebenes sey, das der Verstand durch seine Kategorien als Object denkt. Aber diejenige Bedingung,
die nicht weiter bedingt ist, kann kein Gegenstand der
Erfahrung seyn; denn der Verstand, der denselben
denkt, denkt nur die Verknüpfung des Mannigfaltigen
der Anschauung als nothwendig, und zwar seinen Gesetzen gemäß, die dieser nothwendigen Einheit der Anschauung zum Grunde liegen. Aber nach diesen Gesetzen kann er den Begriff des Schlechthin-unbedingten
auf keinen Gegenstand beziehen. So ist z. B. die Erfahrung einer Veränderung nur dadurch möglich, daß
das in der empirischen Anschauung Gegebene durch den
Begriff der Wirkung gedacht wird. Aber die Causalität der Ursache, worauf die gegebene Veränderung
nothwendig folgen mußte, ist ebenfalls eine Veränderung, und weiset auf eine höhere Ursache. Dasjenige,
was

was schlechthin Ursache ist, dessen Causalität unter keiner höhern Ursache steht, kann kein gegebenes Object seyn. Hieraus ist klar, daß diejenige nothwendige Einheit, die in dem Schlechthin-unbedingten gedacht wird, kurz, die Vernunfteinheit, von der Verstandeseinheit, durch welche ein gegebener Gegenstand gedacht wird, wesentlich verschieden sey.

Die Vernunft als transcendentales Vermögen ist demnach das Vermögen der Erkenntnisse aus Principien. Nun ist sie zwar auch in ihrem bloß logischen Gebrauche ebenfalls ein Vermögen der Erkenntnisse aus Principien, wenn man unter einem Princip überhaupt jeden allgemeinen Satz, der auch ein durch Induction allgemein gemachter Erfahrungssatz seyn kann, versteht. Die geometrischen Axiomen würden in diesem Sinne vorzüglich Principien genannt werden müssen, weil sie aus keinen andern Sätzen abgeleitet werden können. Aber ob sie gleich Principien sind, so sind sie doch nicht Principien schlechthin, wenn darunter Sätze gemeint werden, die nicht allein allgemein, sondern die auch bloß aus Begriffen ohne alle correspondirende Anschauung erkennbar sind, d. i. sich auf Objecte beziehen. Nach dem Obigen ist das Schlechthin-unbedingte kein Gegenstand einer möglichen Erfahrung. Soll nun gleichwohl die Vorstellung desselben Erkenntniß seyn, so muß das bloße Vernunftvermögen in sich selbst den Grund dieser objectiven Beziehung enthalten, und die Vernunfteinheit, ohne der Verstandeseinheit zu bedürfen, ein Object vorstellen. In dieser Bedeutung wird der Ausdruck P r i n c i p genommen, wenn die Vernunft als transcendentales

Ver-

Vermögen durch ein Vermögen der Principien erklärt wird.

Die Frage, die wir zu untersuchen haben, ist
demnach diese: Ist die Vernunft, isolirt betrachtet,
noch eine eigene Quelle von Begriffen und Urtheilen, die
sich auf Objecte beziehen, oder ist sie gleichsam nur ein
subalternes Vermögen, um die große Mannigfaltigkeit
der Erkenntnisse auf eine kleine Zahl Principien zu
führen, und dadurch bloß der Verstandeseinheit beförderlich zu seyn?

Der Grundsatz, worauf der ganze transcendentale
Vernunftgebrauch beruhet, ist der schon angeführte
Satz: Wenn das Bedingte gegeben ist, so ist auch die
ganze Reihe aller einander untergeordneten Bedingungen desselben, folglich das Schlechthin-unbedingte, gegeben. Wird derselbe objectiv genommen, so kann es
nicht fehlen, daß nicht aus ihm viele andere synthetische Sätze entstehen sollten, welche insgesammt ein
Schlechthin-unbedingtes als Object angeben. Da nun
das Schlechthin-unbedingte von der Verstandeseinheit
gar nicht gefaßt werden kann, so werden alle diese
Sätze transcendent seyn. Der Zweck dieser transcendentalen Dialectik wird demnach der seyn, jenen obersten
Grundsatz selbst zu untersuchen, und zu erforschen, ob
derselbe objective Gültigkeit habe, so wie dasjenige,
was aus ihm folgt, systematisch darzustellen; oder ob
es ein bloßer Mißverstand sey, der einem Satze eine
objective Gültigkeit beylegt, die er doch nicht hat, und
der im Gegentheile bloß eine subjective Regel ist, nach
höhern Principien zu streben, um ein Ganzes in die
Erfahrungserkenntniß zu bringen, das aber als ein

Schlecht-

126 Critik der reinen Vernunft.

Schlechthin, unbedingtes gar kein Object ist. Diese
transcendentale Dialectik wird in zwey Hauptstücke
zerfallen. Das erste wird von den transcendenten Begriffen der reinen Vernunft, das zweyte
von den transcendenten und dialectischen
Vernunftschlüssen derselben handeln.

Der transcendentalen Dialectik
erstes Buch.

Von den Begriffen der reinen Vernunft.

Ohne diese Vernunftbegriffe näher zu kennen, kann
doch schon vorläufig ihre von den Verstandesbegriffen
ganz verschiedene Natur bemerkt werden. Durch die
letzten wird Verbindung des Mannigfaltigen einer empirischen Anschauung als für jedermann gültig, d. i.
ein Gegenstand, gedacht. Sie werden folglich nicht
etwa durch Schlüsse erhalten, und setzen keine andern
Begriffe von Gegenständen voraus, aus denen sie bloß
gefolgert werden könnten. Mithin dienen sie zum Verstehen der Erscheinungen, indem sie allererst das Objective und für jedermann Gültige in die empirische Anschauung hinein bringen. Von ihnen muß jeder Schluß,
der zum Unbedingten aufsteigt, anheben, weil nur
durch sie das als bedingt Gegebene als Object gedacht werden kann. Diejenigen Begriffe nun, durch
welche das Unbedingte gedacht wird, sind die Vernunftbegriffe. Sie dienen nicht wie die vorigen zum Verstehen der Erscheinungen, sondern zum Begreifen
der-

derselben, indem sie die gesammte Erfahrung in sich
fassen, und von ihnen jeder Gegenstand derselben abgeleitet werden soll, ohne daß doch selbst ihr Gegenstand,
(das Unbedingte,) einen Theil der Erfahrung ausmachen kann. Auf ihren Gegenstand soll die Vernunft
durch Schlüsse, die von der Erfahrung anheben, führen; er selbst aber soll kein Glied dieser empirischen
Synthesis ausmachen. Wofern sie objective Gültigkeit haben, werden sie richtig geschlossene Begriffe
(conceptus ratiocinati), im entgegen gesetzten Falle
aber, wenn der ihnen beygelegten objectiven Gültigkeit
bloß ein Schein des Schließens zum Grunde liegt, vernünftelnde Begriffe (conceptus ratiocinantes) heißen
müssen. Da aber die eine oder die andere Benennung
doch nur erst nach der Untersuchung ihnen gegeben werden kann, so werden wir sie t r a n s c e n d e n t a l e
J d e e n nennen. Plato bediente sich des Ausdrucks
J d e e n, um dadurch übersinnliche Gegenstände zu
bezeichnen, und sie waren ihm ganz andere Begriffe
als die Kategorien dem Aristoteles. Er war der Meinung, daß die Seele vor der Geburt des Menschen
mit diesen übersinnlichen Gegenständen in unmittelbarem Umgange gewesen wäre, daß die Ideen, wiewohl
sehr verdunkelt, von jenem Umgange her noch übrig geblieben wären, und daß durch Erinnerung, (die Philosophie,) dieselben aus ihrem Dunkel wieder hervor gezogen werden müßten. Wenn sie nun gleich im gegenwärtigen Leben, (dem Zustande der Erfahrung,) zuweilen ohne objective Realität zu seyn scheinen; so beziehen sie sich doch auf Objecte, in deren unmittelbarem
Anschauen die Seele ehedem ursprünglich gewesen ist,

welche

welche Anschauung sie aber in ihrer zweyten Existenz
verloren, und in diesen Ideen nur noch matte Eindrücke
davon behalten hat. Alle Begriffe und Wahrheiten,
so fern er nur ihres nicht empirischen Ursprungs versichert war, daher auch die Mathematik, zählte er zu
diesen Ideen. Vorzüglich aber rechnete er die Begriffe
der Moral dahin.

Ob wir gleich in Ansehung der mystischen Herleitung der Ideen, so wie auch der Vermengung derjenigen Begriffe, deren Gegenstand gar nicht im Sinnlichen angetroffen werden kann, mit denen, die sich a
priori auf angeschauete Gegenstände beziehen, indem
sie die Erkenntniß derselben möglich machen, der Meinung dieses großen Mannes nicht beypflichten können:
so ist doch die denselben von ihm beygelegte Wichtigkeit
gar nicht in Zweifel zu ziehen. Was die practischen
Ideen betrifft, so kann der Begriff der Tugend, so
fern sie über alle Anreitze zur Uebertretung des moralischen Gesetzes so weit erhaben ist, daß sie auch nicht
einmahl mehr versucht werden kann, folglich die Heiligkeit selbst ist, kein Beyspiel der Erfahrung finden;
und dessen ungeachtet liegt diese Idee so fest in der
menschlichen Seele, daß wir jederzeit nach diesem Urbilde jedes uns vorkommende Beyspiel in der Erfahrung beurtheilen und seinen sittlichen Werth darnach
schätzen. Um den sittlichen Werth unsrer eigenen
Handlungen zu bestimmen, halten wir sie jederzeit an
dieses reine Urbild, und man sieht daher wohl, daß es
eine Obliegenheit des Philosophen ist, diese Idee in
ihrer Lauterkeit darzustellen und von allem fremdartigen, zufällig hinzu getretenen, Beysatze zu befreyen,

das

das ist: sie aus ihrem Dunkel hervor zu ziehen, so wie
es der erhabene Weise verlangte. Er behauptete, daß
ein Fürst niemahls wohl regieren könne, wenn er nicht
der Ideen theilhaftig ist. Dieser Gedanke verdient
nicht verlacht, sondern beherzigt zu werden; denn
allerdings würde es um eine Regierungsverfassung
wohl stehen, wenn der Regent das Urbild einer voll-
kommenen sich zu entwerfen, und die seinige darnach
einzurichten suchte. Antwortet man hierauf, daß die
Idee doch nur ein Hirngespinst sey, indem ihr nie ein
Fall in der Erfahrung entsprechen könne, so vergißt
man, daß sie auch nur ein Muster seyn soll, um die Begebenheiten in der Erfahrung, so fern sie von freyen
Entschlüssen abhängen, darnach zu bestimmen, und
daß die große Unähnlichkeit zwischen der Idee und dem
Falle in concreto eben dem Mangel derselben zuzu-
schreiben ist. Was die bloß speculativen Ideen betrifft,
so wird der Verfolg zeigen, daß, ob man ihnen gleich
objective Realität zwar nicht zugestehen kann, die speculative Vernunft ihnen doch ebenfalls eine große
Wichtigkeit beylegen muß, nämlich in so fern dadurch,
daß die Vernunft sie als ein Maximum dem Verstande
vorhält, derselbe zur Vollständigkeit seiner eigenen Erkenntnisse zu streben geleitet wird, welches künftig wird
gezeigt werden.

Des ersten Buchs
der transcendentalen Dialectik
erster Abschnitt.

Von den transcendentalen Ideen.

In der transcendentalen Analytik haben wir aus den Formen der Urtheile die reinen Verstandesbegriffe hergeleitet. Denn da wir bemerkten, daß ein Urtheil die Handlung ist, wodurch die Verbindung der Vorstellungen als für jedermann gültig gedacht wird, der allgemeinste Begriff eines Objects aber der Begriff eines nothwendig zu einander Gehörigen ist: so gab uns das eine Anleitung, aus der vollständigen Darstellung der Functionen der Urtheile diejenigen Begriffe hervor zu suchen, welche der objectiven Einheit des Bewußtseyns überhaupt zum Grunde liegen, wiewohl die objective Realität derselben doch noch ins besondere gezeigt werden mußte, und an den Gegenständen der empirischen Anschauung auch gezeigt worden ist. Daher können wir erwarten, daß auch die bloße Form der Vernunftschlüsse uns zu Begriffen führen werde, welche auf empirische Anschauung angewandt zwar nicht objective Einheit derselben hervor bringen, (denn dies geschieht schon durch die Kategorien,) die aber gleichwohl eine Einheit derselben geben, die der Verstand durch seine Begriffe gar nicht erreichen kann, von welcher die Verstandeserkenntnisse selbst abgeleitet werden können. Diese Begriffe werden wir transcendentale Ideen nennen.

Durch

Durch einen Vernunftschluß wird die Assertion eines Urtheils von einem andern Urtheile abgeleitet, und zwar dadurch, daß dieses zweyte Urtheil dasjenige von einer ganzen Sphäre behauptet, was das aufgegebene Urtheil nur von einem Theile derselben aussagt. Diese Sphäre ist daher die Bedingung, unter welcher die Assertion des Schlußsatzes, (des gegebenen Urtheils,) eingesehen wird. Sage ich: Cajus ist sterblich, so ist der Begriff Mensch die Bedingung, unter welcher ich die Assertion dieses Urtheils einsehen kann, so fern nämlich der Begriff Mensch den des Cajus unter sich faßt, und das Prädicat sterblich von der ganzen Sphäre dieses Begriffs gilt. Demnach setzt ein jeder Vernunftschluß zwey Handlungen voraus: die eine betrachtet das Subject eines Urtheils als einen Theil einer größern Sphäre, und ist folglich die Subsumtion eines Begriffs unter einen andern, welche der minor ausdruckt; durch die andere aber wird die Assertion gedacht, welche das Prädicat des Urtheils der ganzen Sphäre beylegt, und dieses geschieht in dem maior. Wird dieser Satz als bedingt angesehen, so muß seine Bedingung ein Begriff von einer noch größern Sphäre seyn, welche das Subject desselben unter sich begreift. Die als vollendet gedachte Größe des Umfangs eines Begriffs, der als die höchste Bedingung der Assertion eines Urtheils gedacht wird, ist die Allgemeinheit. In Ansehung der Synthesis der Anschauungen, so fern dieselbe von einem Gegenstande der Anschauung zu seiner Bedingung, von dieser als einem Gegenstande der Anschauung zu einer höhern Bedingung u. s. w. geht, entspricht jener logischen Allgemeinheit die

All-

Allheit. Man kann daher die transcendentale Idee durch einen Begriff erklären, der die Allheit der Bedingungen eines gegebenen Bedingten ausdruckt.

Nun giebt es drey Arten Vernunftschlüsse als so viele Methoden, die Bedingung eines als bedingt angesehenen Urtheils zu denken. Folglich wird die Vernunft auch eben so viele Methoden enthalten, zum Unbedingten der als bedingt gegebenen Gegenstände der Anschauung aufzusteigen, und dieses Unbedingte selbst wird von dreyerley Art seyn, nämlich erstlich: ein Unbedingtes der kategorischen Synthesis in einem Subjecte; zweytens: der hypothetischen Synthesis der Glieder einer Reihe; drittens: der disjunctiven Synthesis der Theile in einem Systeme.

Wenn wir diese drey Arten, durch Prosyllogismen zum Unbedingten zu steigen, näher betrachten, so finden wir, daß der Prosyllogismus eines kategorischen Vernunftschlusses zu einem Subjecte führt, das kein anderes Subject voraus setzt. Die Bedingung des Urtheils: Cajus ist sterblich, finde ich in dem Begriffe Mensch, so wie die Bedingung des Urtheils: alle Menschen sind sterblich, das jene Bedingung enthält, in dem Begriffe Thier, als Subject des Urtheils: alle Thiere sind sterblich. Der Begriff des Unbedingten in diesem Falle ist daher der Begriff von einem letzten Subjecte, über welches es kein höheres als Bedingung des aufgegebenen Urtheils giebt. Der Prosyllogismus des hypothetischen Vernunftschlusses führt zu einer Voraussetzung, die nichts weiter voraus setzt. Die Bedingung des Urtheils: beharrlich böse Menschen werden bestraft, finde ich in der Voraussetzung: wenn Gott gerecht ist, so wie die

Wahr-

Wahrheit dieses voraus gesetzten Urtheils: Gott ist ge=
recht, in einer abermahligen Voraussetzung: wenn
ein Gott ist. Um die Verschiedenheit der hypotheti=
schen Synthesis von der kategorischen bemerklich zu
machen, erinnern wir, daß die erste jederzeit an einer
Reihe fortgeht, so daß man zur obersten Bedingung nie
anders gelangen kann, als daß man alle Zwischenbedin=
gungen durchgeht. Das Urtheil: es ist ein Gott, ist
nicht anders eine Bedingung des gegebenen Urtheils:
beharrlich böse Menschen werden bestraft, als vermit=
telst der mittlern Voraussetzung: Gott ist gerecht.
Dagegen gelange ich von dem letzten Subjecte, (dem Un=
bedingten,) der kategorischen Synthesis unmittelbar zu
dem bedingten gegebenen Urtheile, und bedarf keiner
Zwischenbedingung, um das Gegebene als bedingt von
einer obersten Bedingung zu denken. In dem vorigen
Beyspiele ist der Begriff Thier die unmittelbare
Bedingung des gegebenen Urtheils, so fern das Sub=
ject desselben in der Sphäre dieses Begriffs enthalten
ist, ohne daß es nöthig wäre, dasselbe vorher unter
dem Begriffe Mensch enthalten zu denken. Der Pro=
syllogismus des disjunctiven Vernunftschlusses führt
zu der vollständigen Eintheilung eines Begriffs, durch
welchen etwas gedacht wird, um dasselbe durchgän=
gig bestimmt zu denken. Will ich etwas, das ich
durch den Begriff Dreyeck denke, in Ansehung des=
selben durchgängig bestimmt denken, so muß ich dasselbe
in Beziehung auf alle Vorstellungen, die unter jenem
Begriffe enthalten sind, bestimmen, welches nur unter
der Idee einer vollständigen Eintheilung dieses Be=
griffs möglich ist; z. B. alle Dreyecke sind entweder
gerad=

gerablinig oder nicht gerablinig. Beſtimme ich meinen Gegenſtand durch den Begriff eines gerabliniges
Dreyecks, ſo gehe ich durch die Eintheilung der gerabli-
nigen Dreyecke in recht- und ſchiefwinklige zu einer abermahligen Beſtimmung meines Gegenſtandes, und ſo fort.
Wir ſehen hieraus, daß die tranſcendentalen Ideen,
welche, wie bald deutlich wird gezeigt werden, durch ein
dem beſchriebenen ganz gleiches proſyllogiſtiſches Verfahren erzeugt werden, keine erdichteten Begriffe ſeyn
können. Denn die Vernunft, indem ſie zu ihnen hin-
auf ſteigt, hebt von einem Gegebenen und von der Ver-
ſtandeseinheit an, kann aber ihren Fortſchritt vom Bedingten zur Bedingung nirgends anders als bey dem
Unbedingten für beendigt halten. Ob aber nicht die
objective Realität, die man ihnen zuſchreibt, Erdich-
tung ſey, das iſt eine andere Frage.

Wir werden uns im Fortgange des Worts abſolut bedienen, und der ſonſt zweydeutige Gebrauch
deſſelben macht es nothwendig, die Bedeutung zu beſtimmen, die wir ihm geben werden. Man bedient ſich
dieſes Worts öfters, um bloß anzuzeigen, daß etwas
von einer Sache an ſich ſelbſt betrachtet, und alſo
innerlich, gelte. In dieſem Sinne würden diejenigen
Eigenſchaften eines Dinges, die ihm zukommen, um
gerade das Ding zu ſeyn, welches es iſt, ihm abſolut zukommen. Man ſieht wohl, daß man auf dieſe Weiſe das
geringſte von einem Dinge ſagt, was man nur ſagen
kann. Gerade die entgegen geſetzte Bedeutung hat dieſes Wort, wenn man mit dem Ausdrucke: etwas komme einem Dinge abſolut zu, ſo viel ſagen will, daß es
demſelben in aller möglichen Beziehung zukomme, wel-

ches

ches das allermeiste ist, was man nur von einem Dinge
sagen könnte. Daß der Thurm, den ich vor mir sehe,
die Festigkeit, Höhe und andere Eigenschaften, die er
hat, auch haben müsse, um das zu seyn, was er ist,
versteht sich von selbst, weil dieser Satz identisch ist;
aber unendlich mehr würde gesagt werden, wenn man
sagen könnte, daß auf dieser Stelle ein solcher Thurm
nothwendiger Weise in aller möglichen Rücksicht steht.
Beyde Bedeutungen fallen zuweilen zusammen, sind
aber öfters auch sehr weit aus einander. Was in der
ersten Bedeutung absolut unmöglich ist, (das sich selbst
widerspricht,) ist auch freylich in aller möglichen Beziehung unmöglich. Aber ganz etwas ungereimtes wäre
es, zu sagen, daß dasjenige, welches im erstern Sinne
absolut möglich wäre, dasselbe auch in aller möglichen
Beziehung möglich seyn sollte. Die Bedeutung, die
wir diesem Worte geben werden, ist die letztere, wornach es das in aller möglichen Beziehung Gültige anzeigen soll.

Der transcendentale Vernunftbegriff geht jederzeit auf die absolute Totalität in der Synthesis der
Bedingungen. Derselbe bezieht sich also nicht auf ein
Unbedingtes, das in einer Rücksicht so genannt werden könnte, sondern auf dasjenige, was in aller möglichen Beziehung unbedingt ist. Die Erfahrung aber
kann nur auf ein Comparativ-unbedingtes führen, das
ist: auf Gegenstände der Anschauung, die zwar Bedingungen anderer Gegenstände der Anschauung sind, niemahls aber auf ein Absolut-unbedingtes. Daher ist
der Gebrauch dieser Begriffe, so fern man sie auf Objecte bezieht, jederzeit transcendent, indem diese

Gegen-

Gegenſtände in keiner Erfahrung gegeben werden können, dagegen der objective Gebrauch der Kategorien
ſeiner Natur nach immanent iſt.

Man ſagt von einem Begriffe, deſſen Gegenſtand in
keiner Ausführung erreicht werden kann: er iſt nur
eine Idee. Von den transcendentalen Vernunftbegriffen würde man mit demſelben Rechte ſagen können: ſie ſind nur Ideen, weil ihre Gegenſtände niemahls Gegenſtände einer möglichen Erfahrung
werden können. Wenn aber dieſem Ausdrucke eine
gewiſſe Geringſchätzung anhängt, ſo fern er die Be-
ſchäfftigung mit einem bloßen Hirngeſpinſte andeutet,
ſo müſſen wir uns doch gegen dieſelbe in Anſehung
der transcendentalen Ideen verwahren. Denn wenn
gleich die ihnen zugeſchriebene objective Realität durch
nichts erweislich ſeyn dürfte, und das zum wenigſten
gewiß iſt, daß ihre Gegenſtände in keiner möglichen
Erfahrung gegeben werden können; ſo ſind ſie doch
keine erdichteten Begriffe, ſondern enthalten eine Anleitung für den Verſtand, ſeinen Erkenntniſſen einen
immer feſtern Zuſammenhang zu geben. Von den practiſchen Ideen kann noch mit minderem Grunde gleichſam geringſchätzig geſagt werden: ſie ſind nur Ideen.
Ob es gleich von denſelben ebenfalls gilt, daß ihnen in
der Erfahrung niemahls ein gänzlich adäquater Gegenſtand entſprechen kann, ſo iſt die reine Vernunft gleichwohl in Anſehung derſelben ſelbſt practiſch, indem ſie
das Maximum, das die Idee vorhält, auszuführen
gebiethet.

Dieſer Abſchnitt hat die Quelle entdeckt, aus der
die Vernunft die Begriffe des Schlechthin-unbeding-

ten

ten schöpft, und dieselbe in ihrem eigenen Vermögen, so fern dasselbe im logischen Gebrauche sich äußert, aufgefunden. Die Entwickelung dieser reinen Vernunftbegriffe selbst wird erst im Verfolge geschehen. Da wir aber den Gang der Vernunft, zu transcendentalen Ideen zu gelangen, in dem Prosyllogismus der Vernunftschlüsse finden, dieser aber vom Bedingten zur Bedingung aufsteigt; so entsteht noch die Frage, ob nicht auf der Seite des Bedingten dadurch, daß die Vernunft von der Bedingung zum Bedingten durch Episyllogismen herab steigt, Ideen von einem letzten Bedingten ebenfalls so natürlich entstehen, wie die von einem ersten Unbedingten. Wir bemerken aber bald, daß die Vernunft zwar absolute Totalität der Bedingungen fordere, um ein gegebenes Bedingtes als ein solches bestimmt denken zu können, daß aber Totalität auf der Seite des Bedingten, um eine Bedingung als Bedingung bestimmt zu denken, gar nicht nöthig ist.

Des ersten Buchs
der transcendentalen Dialectik
zweyter Abschnitt.

System der transcendentalen Ideen.

Wenn nun gleich das Schlechthin-unbedingte kein Gegenstand einer möglichen Erfahrung seyn kann, gesetzt auch, daß dem Begriffe davon objective Realität zugestanden werden sollte; so ist doch das gewiß, daß die Vernunft, wenn sie zu diesem Unbedingten aufsteigt,

ihren

ihren Gang nicht anders als von einer bedingten Synthesis, die der Verstand denkt, anheben müsse. Sie
muß nämlich irgend wo anfangen, um durch ein pro-
syllogistisches Verfahren vom Bedingten zur Bedingung
aufzusteigen, und ohne etwas Gegebenes könnte sie
nirgends anfangen.

Nun ist alle Beziehung unsrer Vorstellungen
1. die Beziehung aufs Subject, 2. die Beziehung auf
Gegenstände, und zwar entweder als Gegenstände der
Anschauung, oder als Gegenstände des Denkens überhaupt. Alle meine Vorstellungen gehören nämlich insgesammt mir zu, und ich beziehe sie auf mein denkendes
Subject; zweytens werden durch sie Gegenstände vorgestellt, wobey ich aufmerksam bin, einmahl auf die
nothwendige Einheit des Bewußtseyns selbst in der Vorstellung eines Gegenstandes, und dann auf das Mannigfaltige der Gegenstände, so fern in Ansehung desselben ein jeder besonderer Gegenstand durchgängig bestimmt ist.

Nun gehen die transcendentalen Ideen auf die
absolute Totalität aller Bedingungen in Ansehung der
als bedingt gegebenen Gegenstände der Anschauung,
und da alle Beziehung der Vorstellungen dreyfach ist;
so läßt sich der Gedanke der Totalität der Bedingungen
des als bedingt Gegebenen fassen, erstens in Beziehung auf das denkende Subject; zweytens in Beziehung auf die nothwendige Einheit in der Vorstellung
der Gegenstände, und drittens in Beziehung auf die
durchgängige Bestimmtheit eines jeden Gegenstandes.
Die Idee des Absolut-unbedingten als die höchste Bedingung der Beziehung der Vorstellungen auf das den-

kende

kende Subject, ist der Gegenstand der Psychologie;
die Idee des Absolut-unbedingten als die höchste Bedingung der nothwendigen Einheit der Anschauung der
Gegenstände, der Gegenstand der Kosmologie;
und die Idee des Absolut-unbedingten, worauf die
durchgängige Bestimmtheit eines jeden Gegenstandes
beruhet, der Gegenstand der Theologie. Mehr
transcendentale Ideen kann es nicht geben; die modi
derselben werden aber im Verfolge entdeckt werden.
Da die Vernunft, um zu ihnen zu gelangen, von der
bedingten synthetischen Einheit, das ist: von den Gegenständen der Anschauung, zu steigen anfängt, so werden sie am Faden der Kategorien fortgehen. Auch
wird man erst im Verfolge deutlich einsehen können,
daß das Verfahren der Vernunft, wodurch sie die absolute Einheit des denkenden Subjects erreicht, kein anderes ist als der Prosyllogismus des kategorischen Vernunftschlusses; daß der Prosyllogismus des hypothetischen Vernunftschlusses gerade das Verfahren der Vernunft ist, unbedingte Einheit in Ansehung der bedingten nothwendigen Einheit des Bewußtseyns in der
Vorstellung der Gegenstände der Anschauung zu denken;
und daß endlich der Prosyllogismus des disjunctiven
Vernunftschlusses einerley ist mit dem Verfahren der
Vernunft, die absolute Bedingung der durchgängigen
Bestimmtheit eines jeden Gegenstandes zu denken.

Eine objective Deduction dieser Begriffe
kann nicht unternommen werden, so wie dieselbe von
den Kategorien geschehen ist, und das daher, weil sie
entweder auf gar keine Gegenstände sich beziehen, oder
doch ihre objective Gültigkeit an keinen gegebenen Ge-
gen-

genſtänden gezeigt werden kann, welches in der Folge deutlich wird dargethan werden. Aber eine ſubjective Herleitung derſelben aus der Natur der Vernunft iſt möglich, und iſt daher auch geleiſtet worden. Die Abſicht des gegenwärtigen Abſchnitts iſt nun erreicht worden, indem wir dadurch, daß wir ſie aus ihrer wahren Quelle geſchöpft haben, ſo wohl ihre Anzahl genau haben angeben, als auch ihre von den reinen Verſtandesbegriffen unterſcheidende Natur haben zeigen können.

Der transcendentalen Dialectik zweytes Buch.

Von den dialectiſchen Schlüſſen der reinen Vernunft.

Von einem Gegenſtande, deſſen reale Möglichkeit man ſich nicht vorſtellen kann, pflegt man zu ſagen: man habe von ihm keinen Begriff. In dieſem Sinne würde man auch ganz richtig von den Gegenſtänden der transcendentalen Ideen ſagen, daß man von ihnen keinen Begriff habe, weil dieſen Ideen kein Gegenſtand der Anſchauung entſprechen kann. Mit weniger Gefahr des Mißverſtändniſſes würde man ſich doch ausdrucken, wenn man ſagte, daß wir von dem Gegenſtande, worauf wir eine Idee beziehen, keine Kenntniß, wenn gleich einen problematiſchen Begriff, haben; denn dieſer Begriff iſt der der nothwendigen Einheit des Bewußtſeyns, der allererſt eine Kenntniß kann genannt

nannt werden, wenn diese Einheit die Einheit der
empirischen Anschauung ist.

Die Vernunftschlüsse, die uns zu den transcendentalen Ideen als transcendenter und sich auf Gegenstände beziehender Begriffe führen, werden nun von der
besondern Art seyn, daß sie keine empirischen Prämissen enthalten werden. Dieselben werden transcendente
Sätze seyn, vermittelst welcher wir von etwas, das
wir kennen, auf etwas anderes schließen, wovon wir
keinen Begriff, (nur einen problematischen,) haben, und
dem wir gleichwohl durch einen natürlichen Schein
objective Realität geben. Diese Schlüsse würden
ganz richtig vernünftelnde Schlüsse heißen, wiewohl
wir sie darum, weil sie nicht erkünstelt sind, sondern
aus der Natur der Vernunft selbst entspringen, Vernunftschlüsse nennen. Dessen ungeachtet sind sie dialectische Vernunftschlüsse, deren Schein aber so natürlich ist, daß auch derjenige, der ihre Falschheit einsieht,
doch ihren Schein nicht loswerden kann.

Es kann nur drey Arten dieser dialectischen Vernunftschlüsse geben, nämlich so viel als es Vernunftschlüsse, und daher auch so viel als es transcendentale
Ideen giebt. In dem Vernunftschlusse der ersten Claf-
se schließe ich von dem Begriffe eines Subjects, das
nur als Subject gedacht werden kann, auf die absolute Einheit dieses Subjects, wovon ich keinen Begriff habe. Diesen dialectischen Schluß werden wir den
transcendentalen Paralogism nennen. In
der zweyten Art dieser Schlüsse schließe ich von der
nothwendigen Einheit der Anschauung in der Vorstellung der Gegenstände auf die absolute Einheit als

die

die höchste Bedingung derselben, wovon ich keinen Begriff habe. Diese unbedingte Einheit wird aber in diesen Fällen von zweyerley Art seyn, und ich schließe jederzeit auf die eine aus dem widersprechenden Begriffe, den ich von der andern habe. Daher wird dieser dialectische Schluß die Antinomie der reinen Vernunft heißen. Endlich schließe ich nach der dritten Art dieser vernünftelnden Schlüsse von der durchgängigen Bestimmtheit eines jeden Gegenstandes auf die absolute Einheit der Möglichkeit aller Gegenstände überhaupt, das ist: auf ein Wesen aller Wesen, wovon ich mir keinen Begriff machen kann. Dieser dialectische Vernunftschluß soll das Ideal der reinen Vernunft heißen.

Des zweyten Buchs
der transcendentalen Dialectik
erstes Hauptstück.

Von den Paralogismen der reinen Vernunft.

Der transcendentale Paralogismus unterscheidet sich von einem bloß logischen darin, daß er auf einem transcendenten Grundsatze errichtet ist, welches er mit allen übrigen dialectischen Schlüssen der reinen Vernunft gemein hat. Dieser transcendente Grundsatz ist kein anderer als der schon angegebene: Wenn das Bedingte gegeben ist, so ist auch das Schlechthin-unbedingte selbst gegeben. Die Schlußart aber des Paralogismus ist eben

die

die des Prosyllogismus der kategorischen Vernunftschlüsse.

Das gegebene Bedingte, wovon der Schluß anhebt, ist das Ich denke, das alle meine Vorstellungen begleitet. Eben daher, weil dasselbe die oberste
Bedingung des Denkens der Gegenstände ist, indem
es die Vorstellung des Inbegriffs der Vorstellungen
möglich macht, ist es das transcendentale Bewußtseyn,
und unterschieden von jedem empirischen, als dem Bewußtseyn eines gegebenen empirischen Mannigfaltigen.
Dieses reine, von allem Empirischen gänzlich befreyete,
Ich denke ist nun das Fundament, worauf die ganze
rationale Psychologie erbauet ist, und worauf sie auch
nur lediglich erbauet seyn kann, um rationale Wissenschaft zu seyn, da der geringste Beysatz eines empirisch Gegebenen, als des Gefühls der Lust und Unlust,
sie sofort in eine empirische Wissenschaft umschaffen
müßte. In dem Ich denke bin ich mir meiner
selbst als eines Gegenstandes des innern Sinnes, als
Seele, bewußt, und unterscheide mich von allen Gegenständen des äußern Sinnes, die ich Körper nenne.

Der Prosyllogismus des kategorischen Vernunftschlusses schließt von einem als Subject Gedachten
auf ein höheres Subject als die Bedingungen desselben, und bis zum Unbedingten erweitert schließt derselbe auf ein letztes Subject als die höchste Bedingung
des als Subject zu denken aufgegebenen Begriffs. Unser Paralogism schließt von dem nur als Subject zu
denken gegebenen Begriffe Ich der transcendentalen
Vorstellung Ich denke auf ein absolut letztes Subject, nämlich auf die Substanz der Seele. Dasselbe
nun

nun weiter zu bestimmen ist, nur durch eine ganz gleiche
Schlußart den Kategorien gemäß möglich. Da in
dem als Subject gedachten Ich nichts unterschieden
wird, so ist die Seele als Substanz ihrer Qualität
nach einfach; da das Ich, das alle meine Vorstel=
lungen begleitet, immer als identisch vorgestellt wird,
so ist in Ansehung der Quantität die Substanz der
Seele Einheit, nicht Vielheit; und da endlich in dem
Ich bin oder Ich denke ich mir meines Daseyns
bewußt bin, so existirt die Seele als Substanz der
Modalität nach unabhängig von allen Gegenständen
im Raume, und im Verhältnisse zu denselben.

Der Hauptinhalt der rationalen Psychologie, wor=
aus alles übrige abzuleiten ist, besteht also in diesen
vier Sätzen:

1.

Die Seele ist Substanz;

2.

Ihrer Qualität nach einfach;

3.

Den verschiedenen Zeiten nach, in welchen sie da ist, nu=
merisch=identisch, d. i. Einheit, (nicht Vielheit;)

4.

Im Verhältnisse zu möglichen Gegenständen im Raume.

Aus diesen Elementen entspringen durch bloße Zu=
sammensetzung alle Begriffe der rationalen Psychologie.
Diese Substanz, bloß als Gegenstand des innern Sin=
nes, giebt den Begriff der Immaterialität; als
einfache Substanz den der Incorruptibilität;
die Identität derselben als intellectueller Substanz
giebt

giebt die Personalität; alle diese drey Stücke zusammen die Spiritualität; das Verhältniß zu den Gegenständen im Raume giebt das Commercium mit Körpern: mithin stellet sie die denkende Substanz als das Principium des Lebens in der Materie, d. i. als Seele (anima), und als den Grund der Animalität vor; diese, durch die Spiritualität eingeschränkt, ist die Immortalität.

Die ganze rationale Seelenlehre ist also auf dem einzigen Gedanken Ich erbauet. Von diesem Ich haben wir aber abgesondert von aller Vorstellung niemahls den geringsten Begriff, indem wir uns nur desselben in dem Ich denke, und dieses nur so fern wirklich etwas gedacht wird, bewußt sind, und es zeigt sich über dies noch die Unbequemlichkeit, daß wir uns schon seiner Vorstellung in der Vorstellung desselben bedienen müssen.

Das Ich denke muß alle meine Vorstellungen in der Synthesis derselben begleiten, wenn ein Inbegriff der Vorstellungen entstehen soll. Selbst die Verstandeshandlung, wodurch dieser Inbegriff auf ein Object bezogen, und die Verknüpfung der Vorstellungen als nothwendig durch die Kategorien gedacht wird, ist nur durch die Begleitung eben des Ich denke möglich. Hieraus folgt, daß alles, was man von dieser transcendentalen Vorstellung würde sagen können, dasselbe doch nichts anders seyn kann, als eine Einsicht, wie dadurch Erkenntniß überhaupt zu Stande komme, niemahls aber eine Erkenntniß eines besondern durch den Gedanken Ich vorgestellten Gegenstandes. Die Vorstellung eines Gegenstandes ist immer die der noth-

wendigen Einheit des Bewußtseyns, die auch problematisch gedacht werden kann, wie in dem Begriffe eines Noumenon; aber Erkenntniß eines Gegenstandes
ist die Vorstellung eben der nothwendigen Einheit als
Einheit der empirischen Anschauung. Dieser Gedanke
wird uns in der Prüfung jener Hauptsätze der rationalen Psychologie leiten.

1. Daß das Ich in allem Denken jederzeit nur
als Subject, niemahls als Prädicat vorkommen kann,
ist ein apodictischer Satz, darum, weil er identisch ist,
indem er eine bloße Exposition des Begriffs Denken
ist; daß aber Ich auch als existirendes Object nur als
Subject existire, das ist: Substanz bin, ist weit mehr,
als in dem Begriffe des Denkens gefunden werden kann.
Die Deduction der Grundsätze der transcendentalen
Urtheilskraft hat die objective Realität der Kategorie der Substanz an den Gegenständen der empirischen
Anschauung darthun können. Der Vorstellung Ich
correspondirt aber keine Anschauung, indem sie nur
den Actus des Bewußtseyns ausdruckt, ja selbst lediglich in der Verbindung der Vorstelluugen Bedeutung
erhält.

2. Eben so liegt es schon im Begriffe des Denkens,
daß das Ich, welches alle meine Vorstellungen begleitet,
nichts Mannigfaltiges enthalten könne. Daß aber
dieses denkende Ich eine einfache Substanz sey, ist
ein synthetischer Satz, und mit dem vorigen nicht einerley.

3. Auch ist es analytisch, daß das Ich bey allen
meinen Vorstellungen immer als einerley und identisch
vorgestellt wird, welches ebenfalls den Begriff des

Den-

Denkens erklärt. Ganz etwas anderes ist es, daß das
Ich als Substanz jederzeit eben dieselbe sey, wozu An-
schauung erfordert wird, um daran den Begriff der
Substanz zu zeigen.

4. Endlich ist es ein analytischer Satz, daß ich
mich selbst als denkendes Wesen von allen Gegenständen
außer mir unterscheide. Daß aber auch Ich als Substanz von äußern Dingen verschieden existire, ist davon
sehr verschieden, und ein synthetischer Satz; und ich sehe
nicht einmahl ein, ob dieses Bewußtseyn nur überhaupt
ohne äußere Gegenstände gar möglich sey.

Mithin hilft uns die Analysis des Bewußtseyns
im Begriffe des Denkens zu nichts, wenn wir über den
bloßen Begriff des Ich hinaus zur Bestimmung
desselben als Object gelangen wollen, weil dazu nothwendig Anschauung nöthig ist, ohne welche kein synthetischer Satz möglich ist.

In dem Verfahren der rationalen Psychologie
herrscht ein Paralogism, der durch folgenden Vernunftschluß dargestellt wird:

Was nicht anders als Subject gedacht
werden kann, existirt auch nicht anders als Subject, und ist also Substanz. Nun kann ein denkendes Wesen, bloß als ein solches betrachtet,
nicht anders als Subject gedacht werden. Also existirt es auch nur als ein
solches, d. i. als Substanz.

Der Obersatz verschweigt die Bedingung, unter der
dasjenige, was nur als Subject gedacht werden kann,
als Substanz existirt, nämlich die Anschauung, indem

es

ir so heißen müßte: Dasjenige, was in der Anschauung
nur als Subject gedacht werden kann, existirt nur als
Subject, und ist Substanz. Da nun der Untersatz unter dieser einschränkenden Bedingung nicht wahr ist,
und ein denkendes Wesen, bloß als ein solches, das ist:
in der bloßen Vorstellung Ich, sich selbst in keiner Anschauung gegeben ist; so kann es nicht als ein Theil
der Sphäre derjenigen Dinge, die, in der Anschauung
gegeben, nur als Subjecte gedacht werden, gesetzt werden. Mithin ist die Conclusion durch einen Trug-
schluß, nämlich per sophisma figurae dictionis, gefolgert.

Wir erinnern hier nur noch an dasjenige, was
in den Grundsätzen der transcendentalen Urtheilskraft
ausgeführt worden ist. Die Deduction der Kategorien
zeigte dadurch, daß sie diese reinen Verstandesbegriffe
aus der Form des Urtheils entwickelte, daß durch dieselben Verknüpfung des Mannigfaltigen als nothwendig, folglich die nothwendige Einheit des Bewußtseyns,
vorgestellt wird, und daß mithin die Function des Denkens durch die Kategorien eben dieselbe Handlung ist,
die in der Beziehung der Vorstellungen auf einen Gegenstand besteht. Die Deduction jener Grundsätze
aber zeigte doch erst den Fall der Anwendung der Kategorien an. Nun ist zwar, wenn ich auch von aller
Anschauung abstrahire, dasjenige Ding Substanz,
das nur als Subject im Denken bestimmt ist; aber ein
solches Object ist doch nur immer ein Gedankending, so
lange der Fall der Anwendung des Begriffs nicht wirklich gegeben ist. Der als Object, (folglich als für jedermann gültig,) vorgestellte Wechsel, (das Seyn und

Nicht-

Nichtseyn in der Zeit,) giebt mir den Fall der Anwendung dieser Kategorie auf die empirische Anschauung,
indem ich einsehe, daß nur dadurch, daß etwas in der
Zeit beharret, der Wechsel daran vorgestellt werden
kann. Dagegen druckt das Ich nichts weiter als eine bloße Vorstellung aus, und würde selbst als solche
nicht einmahl möglich seyn, wenn keine Verbindung
eines gegebenen Mannigfaltigen Statt fände. Alle Vorstellungen wechseln, und es muß freylich ein Beharrliches geben, woran das Seyn und Nichtseyn derselben
geheftet werden muß. Dasselbe muß aber ein Gegebenes seyn, und kann nur im Raume, als einer beharrlichen Form der Dinge, gegeben seyn. Es ist dasselbe meine äußere Erscheinung. Im innern Sinne, dessen Form
selbst fließend ist, wird gar nichts Beharrliches angetroffen, sondern alle Gegenstände desselben, das ist:
alle Vorstellungen, wozu die des Ich mit gehört,
sind einem beständigen Wechsel unterworfen.

In der einfachen Natur der Seele als Substanz
hat man auch ihre Unsterblichkeit zu finden geglaubt.
Denn wenn sie gleich als Substanz beharrlich ist, so
würde doch noch eine Theilung derselben möglich seyn,
wenn sie zusammen gesetzt wäre, und diese würde einer
wirklichen Vernichtung gleich zu achten seyn. Men-
delssohn aber glaubte durch das Argument: die
Seele ist einfache Substanz, in Ansehung ihrer Beharrlichkeit doch noch nicht gesichert zu seyn, und sahe
den Einwurf dagegen noch für möglich an, daß, wenn
gleich die Seele ihrer Einfachheit wegen durch Theilung zu seyn nicht aufhören, sie gleichwohl noch verschwinden, das heißt: schlechthin zu seyn aufhören könne.

ne. Denselben zu heben, antwortete er, daß, wenn
man setzen wollte, daß die Seele als ein bestehendes
Wesen in dem einen Augenblicke wäre und in dem andern nicht wäre, zwischen beyden Augenblicken eine
Zeit verflossen seyn müßte. Gleichwohl aber würde
auch keine verflossen seyn, weil derselbe Augenblick,
welcher dem Seyn zukäme, auch dem Nichtseyn zukommen müßte. Aus diesem Widerspruche, der aus
der Annahme des Verschwindens der Seele folgt,
schloß dieser scharfsinnige Mann auf die entgegen ste-
hende Beharrlichkeit der Seele. Aber er bedachte
nicht, daß, wenn man auch die einfache Natur der Seele, mithin das, daß sie keine extensive Größe habe,
zugesteht, sie doch wie jedes Existirende eine intensive
Größe haben müsse, und daß dieselbe, wenn gleich
nicht auf die vorige Art verschwinden, doch gleichwohl
elanguesciren, das ist: durch unendlich viele Grade,
ohne das Zero jemahls völlig zu erreichen, in allen
ihren Vermögen abnehmen könne, welches aber so
gut als eine wahre Vernichtung seyn würde. Hier
darf nur die Elanguescenz des Bewußtseyns als möglich gesetzt werden, indem in derselben die der Seele
selbst mit eingeschlossen ist.

Wird nun, wie oben gezeigt worden ist, aus der
transcendentalen Vorstellung Ich bin die von äußern
Gegenständen unabhängige Existenz der Seele als
Substanz gefolgert, so ist der Idealismus, wenigstens
der problematische, durch ein solches System unwiderleglich. Denn nach demselben wird dem empirisch bestimmten Bewußtseyn des Daseyns seiner selbst gerade
entgegen, das Bewußtseyn seiner selbst als einer exi-
stiren-

firenden Subſtanz in dem bloßen Ich bin gefunden.
Wenn man dagegen ſieht, daß die Beſtimmung des
Daſeyns in der Zeit nur an Veränderungen in Beziehung auf ein Beharrliches, das ſich verändert, möglich
iſt, alles in mir aber zu den Vorſtellungen gehört, deren Daſeyn in dem meinigen ich mir in der Zeit beſtimmt bewußt bin, ſo muß es ein Beharrliches außer
mir geben, an deſſen Veränderung ich mein eigenes
Daſeyn in der Zeit beſtimme. Hiernach bin ich mir
der objectiven Realität meiner Vorſtellungen unmittelbar bewußt, dagegen nach dem Spiritualism ich
mir nur der Realität derſelben bewußt ſeyn kann, ohne gewiß zu ſeyn, daß ihnen auch Gegenſtände correſpondiren.

In jener Theorie, die das Abſolut-unbedingte
als gefolgert aus dem gegebenen Bedingten, (der Vorſtellung Ich denke,) ſyſtematiſch darſtellt, mußte der
Anfang von dem Satze: die Seele iſt Subſtanz, gemacht, folglich das Unbedingte der Relation nach
zuerſt beſtimmt, ſo wie es auch nur zuletzt der Modalität nach als von allen äußern Gegenſtänden unabhängig exiſtirend konnte gedacht werden. Bleiben wir
dagegen beym Bedingten, und ſtellen daſſelbe im ſyſtematiſchen Zuſammenhange den Kategorien gemäß vor,
ſo wird die Ordnung umgekehrt, indem dann die Exiſtenz ſelbſt, (als das gegebene Ich denke,) zuerſt
auftreten muß. Das Syſtem des Gegebenen wird
demnach folgendes ſeyn:

1. Ich

1.

Ich denke,

2.

als Subject,

3.

als einfaches Subject,

4.

als identisches Subject in jedem Zustande
meines Denkens.

Das Ich denke ist diejenige Vorstellung, in der
ich mir selbst gegeben bin, und schließt den Satz: ich
bin mir meines Daseyns in der Zeit bestimmt bewußt,
in sich, der ein empirischer Satz ist. Denn obgleich
die Vorstellung Ich transcendental ist, so ist doch das
empirische Bewußtseyn meines Daseyns nicht anders
als dadurch möglich, daß mir Gegenstände empirisch
gegeben sind, indem das Ich denke, wodurch ich meiner Existenz als eines in der Zeit existirenden Wesens
mir bewußt bin, überhaupt nur Statt finden kann, so
fern ich gegebene Gegenstände denke. Der zweyte
Satz, der meine Existenz als eines denkenden Subjects
aussagt, ist doch nicht mit dem einerley: ich existire als
Substanz. Denn er druckt nur das Gegebene aus,
daß ich nämlich in allem Denken mich immer als Subject, und niemahls als Prädicat denken kann. Da
aber dem von allem Gedachten ganz abgesonderten
Ich keine beharrliche Anschauung zum Grunde liegt,
so ist der Satz: ich denke jederzeit als Subject, nicht
mit dem einerley: ich existire als Substanz. Der dritte Satz: ich denke als einfaches Subject, ist für sich
wich-

wichtig, wenn er gleich auch nur bey dem Gegebenen
bleibt. Denn man sieht ein, daß, da das Denken nicht
als Handlung vieler Subjecte gedacht werden kann,
daßelbe auch gar nicht aus der Materie, durch deren
Composition jederzeit eine Vielheit der Subjecte ent=
springt, erklärt werden kann, und daß mithin der
Materialism so wenig wie der Spiritualism zu dem
Unbedingten des Gegebenen Ich denke uns zu füh=
ren vermag.

Der Schluß hiervon ist der, daß es keine ratio=
nale Psychologie als Doctrin geben kann, sondern
nur als Disciplin, das ist: nur eine Wissenschaft,
welche die Schranken unsers Vermögens, das heißt
aber: unser Unvermögen, uns vorhält, von dem gegebe=
nen Bedingten zu dem Absolut=unbedingten aufzu=
steigen, und daß es daher auch unmöglich sey, auf spe=
culativem Wege zu der Einsicht: die Seele ist unsterb=
lich, zu gelangen. Die Vernunft im practischen Ge=
brauche enthält dagegen Forderungen, die, da sie in
diesem Leben niemahls vollständig zu erfüllen sind, eine
Aussicht auf eine Fortdauer des denkenden Subjects
auch nach dem Tode geben. Die Critik hat den Spi=
ritualism auch nur so fern er als ein dogmatisches
System auftritt, widerlegt. Der Satz der Unsterb=
lichkeit der Seele, den derselbe in Schutz nimmt, und
an welchen die Menschheit ihr Interesse knüpft, bleibt
dabey in seinem Ansehen. Ja, der Beweis von po=
pulärer Art, der auf Analogie beruhet, gewinnt
an Eindruck auf das Gemüth, wenn man einsieht, daß
auf dem speculativen Wege zu keiner apodictischen
Ueberzeugung, die doch daburch erreicht werden soll,

zu

zu gelangen möglich ist. Findet man aber in der Natur, wohin man auch sieht, überall Uebereinstimmung
der Mittel zu gewissen Zwecken, so würde der Mensch
die einzige Ausnahme von dieser Regel seyn, wenn er,
mit Vermögen versehen, die eines unaufhörlichen
Wachsthums fähig sind, und, was das meiste ist, dessen
Vernunft ihm ein Gesetz vorhält, das ohne alle Rücksicht auf beliebige Zwecke ihm einen Zweck vorschreibt,
den er erreichen soll, und der doch in diesem Leben
nie ganz erreicht werden kann, wenn dieses Wesen nur
bloß zu diesem irdischen Leben bestimmt seyn sollte.

Was die Auflösung der Schwierigkeit in der Erklärung der Gemeinschaft der Seele mit dem Körper
betrifft, von der wir zum Beschlusse der Critik der rationalen Psychologie noch zu sprechen haben; so besteht
die Forderung bekanntlich darin, daß man erklären
soll, wie ein Gegenstand des innern Sinnes mit Gegenständen des äußern in Gemeinschaft stehen könne.
Bedenken wir aber, daß, ob wir gleich eingesehen haben, daß der Satz der Gemeinschaft die Erfahrung
des Zugleichseyns der Gegenstände im Raume möglich
mache, und daher eine Regel a priori sey, welcher
die Gegenstände der Erfahrung unterworfen sind, wir
gleichwohl in der That doch dadurch keinesweges eingesehen haben, wie Substanzen im Raume wechselseitig auf einander wirken können: so sehen wir wohl,
daß, um jene Schwierigkeit zu heben, die Aufgabe,
wie Gegenstände überhaupt wechselseitigen Einfluß auf
einander haben können, müßte aufgelöset werden, welche Auflösung ohne Zweifel außer dem Felde aller
menschlichen Erkenntniß liegt.

Schluß-

Schlußanmerkung.

Die Vorstellung Ich denke entsteht allererst in der Verbindung eines gegebenen Mannigfaltigen, und ungeachtet sie a priori und eine transcendentale Vorstellung ist, so würde doch diese reine, transcendentale Apperception gar nicht Statt finden, wenn kein empirisches Bewußtseyn wäre, dessen Bedingung dieselbe gleichwohl a priori ist. Indem der Verstand das Mannigfaltige der Anschauung durchgeht, und von dem ursprünglichen Ich denke begleitet, afficirt er den innern Sinn, in welcher Affection dasjenige Mannigfaltige entspringt, worin das Gemüth sich selbst anschauet und zu dem empirischen Bewußtseyn seiner selbst gelangt. Das Ursprüngliche ist keine Erkenntniß meiner selbst, sondern ich bin mir nur in demselben meines Verbindungsvermögens bewußt; aber in dem empirischen Selbstbewußtseyn erkenne ich mich, wie ich mir selbst in der Anschauung gegeben bin, das ist: als Erscheinung.

Nun wird nach unsrer Theorie nicht geleugnet, daß der Art, wie ich mir selbst im innern Sinne gegeben bin, etwas zum Grunde liege, das nicht angeschauet wird; aber Erkenntniß meiner selbst als eines Noumenon ist doch nicht möglich, weil sonst in dem ursprünglichen Ich denke ich mich selbst anschauen müßte, welches doch so nicht ist. Wenn nun aber die Vernunft in dem Sittengesetze, welches, ohne Rücksicht auf sinnliche Bestimmungsgründe des Willens, eine Forderung an denselben ausübt, sich als reine practische Vernunft offenbart, nämlich als ein Vermögen, dessen Causalität kein Object der Sinnenwelt seyn kann, das ist:

als

als Freyheit: so giebt uns das eine Aussicht in eine
intelligible Welt, in welche wir das Object, das als
Ding an sich selbst der Erscheinung, die wir Seele
nennen, zum Grunde liegt, versetzen müssen. Indeß
können wir doch dieses Noumenon durch kein einziges
Prädicat bestimmen, und eine Erkenntniß desselben ist
dessen ungeachtet doch immer unmöglich.

Des zweyten Buchs
der transcendentalen Dialectik
zweytes Hauptstück.

Die Antinomie der reinen Vernunft.

In dem vorigen Hauptstücke ist das Verfahren der Vernunft, wodurch sie in der kategorischen Synthesis vom
Bedingten zum Absolut-unbedingten aufsteigt, beleuch-
tet worden. Das gegenwärtige hat zur Absicht, den
Schluß vom Bedingten zum Unbedingten in der hypothetischen Synthesis zu untersuchen. In der ersten
Schlußart sucht die Vernunft ein absolut-letztes Subject als die Bedingung der im Denken immer als Subject gegebenen Vorstellung Ich. So wie nun in dem
Prosyllogismus des kategorischen Vernunftschlusses
auch die entfernteste Bedingung doch unmittelbare Bedingung des gegebenen Bedingten ist, wenn gleich der
Verstand im Aufsteigen zu einem Subjecte, als der Bedingung eines gegebenen Subjects, durch mehrere Zwischenbedingungen geht, so war auch das Schlechthin-
unbe-

unbedingte des dialectischen Vernunftschlusses, auf wel,
chem die rationale Psychologie beruhet, die unmittelbare
Bedingung des gegebenen Bedingten. Wenn das Be,
dingte gegeben ist, so ist freylich auch die Bedingung
gegeben; aber, ob das Schlechthin,unbedingte auch
gegeben sey, das ist: ob diesem Begriffe auch wirklich
ein Object correspondire, das kann aus dem Gegebe,
nen nicht gefolgert werden. In dem Wesen des kate,
gorischen Prosyllogismus liegt es aber schon, daß die
entferntere Bedingung, ohne Zwischenbedingungen zu
bedürfen, unmittelbare Bedingung des gegebenen Sub,
jects ist, und daher auch vermittelst des vorigen Pa,
ralogismus, die Seele als Substanz, als die höchste
und unmittelbare Bedingung des im Bewußtseyn je,
derzeit gegebenen Subjects, gedacht wird.

Anders verhält es sich mit den dialectischen Ver,
nunftschlüssen, in welchen der Prosyllogismus an der
hypothetischen Synthesis fortgeht. Die entferntere
Bedingung kann hier nicht für die unmittelbare des
gegebenen Bedingten angesehen werden; sondern man
kann im Gegentheile sie nur so fern man alle Zwi,
schenbedingungen denkt, als Bedingung des Gegebe,
nen denken.

Der transcendentale Paralogismus führte aber
einen bloß einseitigen Schein bey sich. Es spricht hier
alles zum Vortheile des Spiritualism, und die Behaup,
tungen des Materialism haben nicht den mindesten
Schein. Wenn dagegen die Vernunft von der noth,
wendigen Einheit der Anschauung in der Vorstellung
der Gegenstände zum Unbedingten aufsteigt, so wird
sie inne, daß sie dieses Unbedingte auf eine zwiefache

Art

Art denken kann, und sie bestimmt sich jederzeit für das eine, weil sie in der Vorstellung des andern einen Widerspruch entdeckt. Hier wird sich also eine Antithetik der reinen Vernunft ergeben, die keine Kunst hervor bringt, sondern auf welche jede Menschenvernunft, die einmahl zur Speculation gestimmt ist, sich nothwendig betreffen muß, und welche aufzulösen eine Pflicht der Critik ist.

Wir werden die transcendentalen Ideen, zu denen die Vernunft in dieser hypothetischen Synthesis gelangt, Weltbegriffe nennen, und das daher, weil sie die absolute Totalität in der Synthesis der Gegenstände der Anschauung, welche die Welt ausmachen, in sich enthalten. Sie sind ganz verschieden so wohl von der Idee der rationalen Psychologie, als auch von derjenigen, zu welcher der Prosyllogismus des disjunctiven Vernunftschlusses führt. Denn obgleich der Prosyllogismus überall von einem gegebenen Bedingten anhebt, so ist dieselbe doch in der hypothetischen Synthesis von der besondern Art, daß, weil er die Totalität einer Reihe Bedingungen sucht, das Unbedingte entweder das oberste Glied dieser Reihe oder die Reihe selbst ist, folglich in beyden Fällen die Sphäre der Gegenstände der Anschauung nicht übersteigt, wiewohl es doch selbst niemahls ein Gegenstand der Erfahrung werden kann, und deßwegen einen Widerspruch verbirgt. Das Unbedingte der kategorischen Synthesis, (die Seele als Substanz,) ist dagegen kein Gegenstand der Anschauung, und eben so wenig ist es das Wesen aller Wesen, oder dasjenige Ding, auf welches die Idee des Inbegriffs aller Möglichkeit bezogen wird. So wie nun der vor

Augen-

Augen gelegte Paralogism der reinen Vernunft eine rationale Psychologie zu gründen suchte, so sucht die Vernunft auch eine rationale Kosmologie zu errichten, dadurch, daß sie zu jenen Weltbegriffen aufsteigt und dieselben auf Gegenstände beziehet.

Der Antinomie der reinen Vernunft erster Abschnitt.

System der kosmologischen Ideen.

Durch die Kategorien wird das Mannigfaltige der empirischen Anschauung als nothwendig verbunden, das ist: ein Gegenstand in der Anschauung, gedacht. Diese synthetische und objective Einheit des Bewußtseyns ist dasjenige, wozu die Vernunft, so fern das Denken des Gegenstandes durch die Kategorie die Vorstellung des Bedingten mit sich führt, das Absolut-unbedingte sucht. Die transcendentalen Ideen, die wir nun darzustellen haben, werden folglich die bis zum Unbedingten erweiterten Kategorien seyn. Wenn nämlich im Denken eines Gegenstandes durch die Kategorie sich der Begriff des Bedingten vorfindet, so liegt schon in demselben die Hinweisung auf eine Bedingung als einen ebenfalls in der Anschauung gegebenen Gegenstand. Wird derselbe durch eben die Kategorie gedacht, so wird er ebenfalls als bedingt vorgestellt, und seine Bedingung ist ein Gegenstand der Anschauung. Soll auf diesem Wege das Schlechthin-unbedingte erreicht werden, so muß dasselbe in den Erscheinungen gefunden werden, und zwar entweder in dem letzten Gliede dieser Reihe,

oder

oder in der Reihe selbst. Dasselbe würde demnach ein
Gegenstand der Anschauung seyn, in dessen Denken
durch die Kategorie sich der Begriff des Bedingten
nicht mehr vorfindet. Um nun die kosmologischen
Ideen vollständig und in einem systematischen Zusammenhange aufzuzählen, wird nichts mehr nöthig seyn,
als diejenigen Kategorien, durch welche ein Gegenstand
als bedingt, und dessen Bedingung durch eben dieselbe
Kategorie gedacht wird, durchzugehen, und dieselben,
(ihrer Natur entgegen,) dahin zu erweitern, daß sie auf
einen Gegenstand, der in aller Absicht unbedingt ist,
bezogen werden. Es ist aber schon erinnert worden,
daß die Vernunft nur Totalität der Reihe in Ansehung
der Bedingungen suche. Denn was die absteigende
Reihe in Ansehung des Bedingten betrifft, so ist dieselbe schon durch irgend eine Bedingung gegründet,
sie mag übrigens endlich oder unendlich seyn. Wir
nennen die Synthesis einer Reihe auf der Seite der
Bedingungen die regressive, diejenige dagegen, die
auf der Seite des Bedingten von Folge zu Folge fortgeht, die progressive Synthesis. Die erste geht in
antecedentia, die zweyte in consequentia. Die kosmologischen Ideen enthalten demnach die absolute Totalität der Bedingungen der objectiven Einheit eines
gegebenen Gegenstandes, und gehen mithin auf die
Vollständigkeit der regressiven Synthesis. In Ansehung der Reihe in consequentia ist es beliebig, Vollständigkeit zu denken. Die Vernunft bedarf aber derselben nicht, weil sie dieselbe überhaupt nur zur Begreiflichkeit nöthig hat, und diese in Ansehung der Folgen in
jeder schon gegebenen Bedingung gefunden wird.

Die

Die Anwendung der Kategorie der Größe auf Erscheinungen ist in dem Grundsatze gezeigt worden, daß alle Anschauungen extensive Größen sind, der daher richtig ist, weil Gegenstände nicht anders als im Raume und in der Zeit uns gegeben werden, beyde aber durch die Synthesis des mannigfaltigen Gleichartigen, das ist: durch den Begriff der Größe, zum Bewußtseyn gelangen. In Ansehung dieser beyden Quanta finden wir die zur kosmologischen Idee angegebenen Erfordernisse. Denn was die Zeit betrifft, so ist die gegenwärtige Zeit durch die vorher gehende bedingt, indem wir zum gegenwärtigen Augenblicke nur nach Verfließung der vorher gehenden Zeit gelangen können, und eben diese doch wieder durch den Begriff der Größe denken müssen. Hier ist also ein Progressus zum Absolut-unbedingten möglich, und derselbe vom Progressus in consequentia wesentlich unterschieden, indem die ganze verlaufene Zeit als Bedingung des gegebenen Augenblicks, die künftige Zeit aber als Folge zu keinem Behufe absolut-vollständig gedacht wird. In Ansehung des Raums ist zwar der Progressus vom Regressus an sich selbst nicht unterschieden; bedenken wir aber, daß die Synthesis des Raums successiv ist, und folglich in der Zeit geschieht, so sehen wir, daß jeder gegebener Raum einen größern voraus setzt, und daß wir zu entferntern Theilen nur durch die Synthesis aller dazwischen liegenden Räume gelangen können. Mithin wird hier jeder bestimmter Raum als bedingt von den ihm nach allen Seiten anliegenden Theilen, diese wiederum als bedingt von ihren anliegenden Räumen, die ebenfalls durch den Begriff der Größe

Erster Band.   L   gedacht

gedacht werden, angesehen: folglich wird hier wie vorher nach der Idee der Vernunft Totalität der Bedingungen zu der nothwendigen Verstandeseinheit, durch welche ein bestimmter Raum als Object gedacht wird, gefordert.

Ein jeder Gegenstand der Anschauung wird ferner durch den Verstandesbegriff der Realität gedacht. In Ansehung der Gegenstände im Raume ist nun das Reale jederzeit ein Bedingtes, dessen Bedingung seine Theile, und die Theile der Theile die entferntern Bedingungen sind, welche wiederum durch den Begriff der Realität gedacht werden. Mithin findet hier auch eine regressive Synthesis Statt, deren absolute Totalität die Vernunft fordert, die nur in einer vollendeten Theilung, die entweder zu einfachen Theilen der Materie oder zu unendlich vielen gegebenen Theilen führt, gedacht werden kann.

Was die Kategorien der Relation betrifft, so führt die des Verhältnisses der Substanz zum Accidenz zu keiner kosmologischen Idee; denn das Accidenz in der Anschauung ist durch die Substanz in der Anschauung bedingt. Diese Bedingung wird aber nicht durch denselben Begriff gedacht, wodurch das Bedingte gedacht wird, nämlich durch den Begriff des Accidenz. Mithin kann in der Bedeutung, in welcher das Accidenz als bedingt angesehen wird, nicht die Substanz bedingt gedacht werden. Der Begriff des Substantialen aber, als der Substanz, so fern man von allen Accidenzen derselben abstrahirt, ist ein willkührlicher Begriff, der gar nicht als die Bedingung der Substanz gesetzt werden kann, indem dieselbe nicht ohne Accidenzen jen exiſtirt. Auch führt der Begriff des Commercii zu keiner tranſcendentalen Idee, und zwar aus dem vorigen Grunde, weil nämlich die Bedingung nicht durch denſelben Begriff gedacht wird, wodurch man das Bedingte denkt. Die Bedingungen ſind hier wiederum Subſtanzen, und gewiſſe Accidenzen der einen Subſtanz ſind als Einflüſſe der andern das Bedingte. Demnach bleibt von den Kategorien der Relation lediglich die der Cauſalität übrig, die einen Regreſſum der Bedingungen verſtattet. Denn jede Begebenheit hat eine Urſache; aber die Cauſalität dieſer letztern iſt ebenfalls eine Begebenheit, und macht die Vorausſetzung einer Urſache wiederum nothwendig. Die Vernunft, die in Anſehung dieſer hypothetiſchen Syntheſis abſolute Vollſtändigkeit fordert, ſucht dieſelbe entweder in der Idee einer abſolut-erſten Urſache, die mithin keine Urſache weiter voraus ſetzt, oder in der unendlichen und ganz gegebenen Reihe ſelbſt. Die Kategorien der Modalität betreffen das Daſeyn der Erſcheinungen. So fern nun daſſelbe als zufällig gedacht wird, wird es eben dadurch als bedingt gedacht, die Bedingung aber wiederum als zufällig angeſehen. Folglich giebt es auch in dieſer Rückſicht eine regreſſive Syntheſis, deren abſolute Totalität die Vernunft durch die unbedingte Nothwendigkeit im Daſeyn denkt. Es kann demnach nicht mehr als folgende vier kosmologiſche Ideen geben:

1.

Die abſolute Vollſtändigkeit der Zuſammenſetzung des gegebenen Ganzen aller Erſcheinungen.

2. Die

2.

Die absolute Vollständigkeit der Theilung eines gegebenen Ganzen in der Erscheinung.

3.

Die absolute Vollständigkeit der Entstehung einer Erscheinung überhaupt.

4.

Die absolute Vollständigkeit der Abhängigkeit des Daseyns des Veränderlichen in der Erscheinung.

Diese Ideen gehen auf das Unbedingte, das die
Vernunft als die höchste Bedingung der als bedingt
gedachten objectiven Einheit des Verstandes denkt.
Durch die Verstandesbegriffe wird nämlich das Mannigfaltige der Anschauung als für jedermann gültig
verbunden vorgestellt, und dadurch das hervor gebracht,
was Vorstellung eines Gegenstandes in der Anschauung
heißt. So fern nun diese objective Einheit als bedingt,
und ihre Bedingung durch eben dieselbe Kategorie,
mithin in Ansehung derselben wiederum als bedingt
gedacht wird, findet eine hypothetische Synthesis in
antecedentia und eine Idee der absoluten Vollständigkeit derselben Statt. Mithin sind diese Ideen der
absoluten Totalität der Bedingungen der bedingten
objectiven Einheit der Anschauung gänzlich von derjenigen verschieden, die sich auf das Ideal der reinen Vernunft bezieht, und wodurch Totalität der Bedingungen
des Denkens der Gegenstände überhaupt, das ist: der
gesammten Möglichkeit der Dinge, um jeden Gegenstand als durchgängig bestimmt denken zu können, vorgestellt wird. Ob aber gleich die kosmologischen Ideen

ihren

ihren Ursprung in der reinen Vernunft selbst haben,
so bleibt doch noch die Frage nach ihrer objectiven Realität übrig. Die erste Bemerkung, die sich hier darbiethet, ist folgende. Die Bedingung ist immer ein
Gegenstand der Anschauung von eben der Art als das
Bedingte, nämlich wieder bedingt, weil er durch dieselbe Kategorie gedacht wird. Das Absolut-unbedingte wird ebenfalls als ein Gegenstand der Anschauung
durch eben diese Kategorie, und gleichwohl doch als
nicht weiter bedingt gedacht, wodurch der Natur des
in der Anschauung gegebenen Gegenstandes widersprochen, und voraus gesetzt wird, daß man in der regressiven Synthesis dasselbe einmahl antreffen werde, was
man doch niemahls antreffen kann. Abstrahiren wir
von der Anschauung der Gegenstände, indem wir bloß
die nothwendige Einheit des Bewußtseyns, unangesehen der Art, wie uns der Gegenstand gegeben ist, im
Sinne haben, so würde es auch ganz richtig seyn, daß,
wenn das Bedingte gegeben ist, die absolute Totalität
der Bedingungen, folglich das Schlechthin-unbedingte,
zugleich gegeben sey. Diese objective Einheit würde
aber nur willkührlich gedacht seyn, indem uns sonach
doch kein Gegenstand gegeben wäre. Bilden wir uns
ein, daß die regressive Synthesis einen Gegenstand
als ein Absolut-unbedingtes antreffen werde, so abstrahiren wir unvermerkt von der nothwendigen Art
der Anschauung, wornach ein Gegenstand uns gegeben
wird, und beziehen gleichwohl den Begriff des Absolut-unbedingten auf Gegenstände der Anschauung.

Dieses Unbedingte kann auf zweyerley Art gedacht
werden, entweder als bloß in der ganzen Reihe beste-
hend,

henb, in der also alle Glieder ohne Ausnahme bedingt
sind, die Reihe selbst aber ganz gegeben und unbedingt
ist; oder das Unbedingte kann als ein Glied der Reihe
gedacht werden, da dann alle Glieder, dieses eine ausgenommen, bedingt sind. Im ersten Falle ist die Reihe
a parto priori ohne Grenzen, (ohne Anfang,) d. i. unendlich, und gleichwohl ganz gegeben, obgleich der Regreſſus als niemahls vollendet gedacht wird. Im zweyten Falle aber giebt es ein Erstes in der Reihe, welches in Ansehung der verfloſſenen Zeit der Weltan-
fang, in Ansehung des Raums die Weltgrenze,
in Ansehung der Theile eines in seinen Grenzen gegebenen Ganzen das Einfache, in Ansehung der Ursachen die absolute Selbſtthätigkeit, (Freyheit,)
in Ansehung des Daseyns veränderlicher Dinge die
absolute Naturnothwendigkeit heißt.

Diese transcendentalen Ideen sind Weltbegriffe
genannt worden, weil sie die absoluten Bedingungen
der Erscheinungen, deren Inbegriff die Welt ist, enthalten, und weil sie auch nur auf Gegenstände der
Anschauung bezogen werden, wenn ihnen objective
Realität zugeschrieben wird, obgleich in der That kein
Gegenstand der Anschauung ihnen correspondiren kann,
da derselbe immer durch eben die Kategorie gedacht
wird, wodurch man das Bedingte denkt. Wir haben
oben die Kategorien in mathematische und dynamische eingetheilt: da nun die kosmologischen Ideen die
bis zum Unbedingten erweiterten Kategorien sind, so
kann die Eintheilung der Kategorien auf diese Ideen
angewandt werden. Die mathematischen Weltbegriffe
sind auf das Absolut-unbedingte der Anschauung der

Gegen-

Gegenstände gerichtet, und würden im besondern Sinne Weltbegriffe genannt werden müssen, so fern man unter Welt das mathematische Ganze aller Erscheinungen, das ist: die absolute Totalität aller Bedingungen der Anschauung der Gegenstände, versteht. Die dynamischen Ideen gehen dagegen auf das Unbedingte des Daseyns der Erscheinungen, so wohl im Verhältnisse zu einander, als auch des Daseyns überhaupt, das ist: im Verhältnisse zum Erkenntnißvermögen, und können daher Naturbegriffe heißen, weil unter Natur das dynamische Ganze der Erscheinungen, das ist: der Inbegriff der Erscheinungen, so fern sie ihrem Daseyn nach bestimmt sind, gedacht wird.

Der Antinomie der reinen Vernunft zweyter Abschnitt.

Antithetik der reinen Vernunft.

Unter der Antithetik der reinen Vernunft wird hier nicht ein Inbegriff dogmatischer Behauptungen verstanden, die den Behauptungen eines andern Lehrgebäudes entgegen sind, und welche auf Beyfall Anspruch machen, indem sie die letzten widerlegen; sondern der Zwiespalt, in dem sich die Vernunft selbst in Ansehung gewisser Sätze befindet, deren Gewißheit oder Falschheit durch keine Erfahrung kann ausgemittelt werden, die mit eben so großem Scheine bewiesen als widerlegt werden, und deren Widerlegung immer das contradictorische Gegentheil zu beweisen scheint, so

daß

daß die Vernunft in der Lage ist, die eine dieser widersprechenden Behauptungen für wahr erklären zu
müssen, wenn sie die andere für falsch hält. Die Obliegenheit der Critif wird demnach die seyn: erstlich
den Zwiespalt selbst aufrichtig vor Augen zu legen;
zweytens die Ursachen desselben anzugeben; und
drittens zu untersuchen, ob nicht in Ansehung desselben der Vernunft ein Weg zur Gewißheit offen stehe.

Das Erste wird dieser Abschnitt leisten. Es wird
erhellen, daß dieser Widerstreit nichts minder als künst-
lich angelegt ist, sondern daß die Vernunft sich von
selbst darauf betrifft. Es wird sich zeigen, daß die
eine dieser entgegen gesetzten Behauptungen für die
Verstandeseinheit jederzeit zu groß, indessen doch die
andere für die Vernunfteinheit zu klein ist. Um zur
Entscheidung über diesen Streit zu gelangen, müssen
wir ihm anfänglich unparteyisch zusehen. Vielleicht
ist der Gegenstand selbst, um welchen gestritten wird,
Nichts Es ist demnach die skeptische Methode, die
wir anfänglich einschlagen, welche aber vom Skepticismus sehr verschieden ist. Der letzte entscheidet dogmatisch, daß über gewisse Fragen Auskunft zu erhalten schlechterdings unmöglich ist; nach der ersten dagegen suspendirt man nur sein Urtheil, um durch Ueberlegung des pro und contra sich zur Entscheidung des
Streits gründlich vorzubereiten.

Diese Antinomien werden nun nach der Ordnung
der transcendentalen Ideen einander folgen.

Der

Der Antinomie der reinen Vernunft
erster Widerstreit
der transcendentalen Ideen.

Thesis.

Die Welt hat einen Anfang in der Zeit, und ist dem Raume nach auch in Grenzen eingeschlossen.

Beweis.

Denn man nehme an, die Welt habe der Zeit nach keinen Anfang, so ist bis zu jedem gegebenen Augenblicke eine unendliche Zeit verflossen. Aber die Bestimmung der Zeit als einer verflossenen Zeit ist die Bestimmung derselben als eines Ganzen, indem darin das liegt, daß a l l e Theile der Zeit einmahl gegenwärtig gewesen sind. Mithin wird die Synthesis in der Vorstellung der unendlichen v e r f l o s s e n e n Zeit als vollendet gedacht, wodurch aber der Vorstellung der unendlichen Zeit, deren Synthesis doch niemahls vollendet werden kann, widersprochen wird. Folglich kann die Welt der Zeit nach nicht unendlich seyn: mithin muß sie einen Anfang haben, der die nothwendige Bedingung ihres Daseyns ist; welches zuerst zu beweisen war.

Was das zweyte betrifft, so nehme man wiederum das Gegentheil an, daß nämlich die Welt dem Raume nach unendlich sey. Demnach wird denn die dem Raume nach unendliche Welt in einem gegebenen Augenblicke als daseyend gedacht. Also ist dieselbe in irgend einer gegenwärtigen Zeit g a n z da. Mithin wird sie in eben dieser Vorstellung als eine Größe gedacht,

dacht, in deren Synthefis man ein Ende erreicht, worin man aber dem Begriffe einer dem Raume nach unendlichen Welt widerspricht, weil dieser die Vorstellung einer Größe ist, deren Synthesis niemahls vollendet werden kann. Folglich ist die Welt dem Raume nach nicht unendlich, sondern in Grenzen eingeschlossen; welches das zweyte war.

Antithesis.

Die Welt hat keinen Anfang und keine Grenzen im Raume, sondern ist, so wohl in Ansehung der Zeit als des Raums, unendlich.

Beweis.

Man nehme an, die Welt habe einen Anfang. Da der Anfang ein Daseyn ist, vor welchem eine Zeit vorher geht, so müßte eine leere Zeit verflossen seyn, ehe die Welt war. Das Verfließen der Zeit ist aber nur an Veränderungen möglich, in Beziehung auf ein Beharrliches, das sich verändert. Mithin ist eine leere und doch verflossene Zeit etwas Widersprechendes. Folglich kann auch vor dem Anfange der Welt keine leere Zeit verflossen seyn, das ist: die Welt kann der Zeit nach keinen Anfang haben.

Man nehme auch an, die Welt sey dem Raume nach in Grenzen eingeschlossen. Da die Grenzen einen Raum von einem andern absondern, so müßte die Welt von einem leeren Raume umgeben seyn. Nun aber kann es nur ein Verhältniß zwischen Räumen geben, so fern sie erfüllt sind. Man muß sie nämlich irgend wie bezeichnen, um sie empirisch anschauen zu kön-

können. Demnach ist ein leerer Raum, der die Welt umgiebt, unmöglich. Folglich ist die Welt dem Raume nach nicht in Grenzen eingeschlossen, sondern sie ist unendlich.

Anmerkung zur Thesis.

Der Beweis derselben beruhet darauf, daß die Welt als eine Größe, die gegeben ist, so wohl der Zeit als dem Raume nach, betrachtet werden muß. Der Zeit nach ist sie gegeben, weil die gesammte Zeit ihres Daseyns bis auf jeden Augenblick verflossen ist; dem Raume nach, weil in einem gewissen Zeitpuncte die ganze Welt doch da ist, (kein Theil mehr successiv hinzu kommt.) Nun kann zwar eine unendliche Größe gedacht werden, so fern die Synthesis, die sie erzeugt, willkührlich gesetzt wird. Wenn aber eine Größe gegeben ist, so ist die Synthesis, folglich die Zahl der Wiederhohlungen der Einheit, wodurch sie zu Stande kommt, bestimmt, und eine solche Größe kann daher nicht als unendlich gedacht werden, das ist: man kann nicht sagen, daß man mit ihrer Synthesis nie zu Ende kommen kann. *) Dieser Beweis ist unwiderleglich: Man wird ihn aber auch nicht mit folgendem fehlerhaften

*) Wird vom Raume und von der Zeit gesagt, daß sie als unendlich gegebene Größen vorgestellt werden, so heißt dieses: daß die Synthesis beliebig fortgehen kann, ohne wo aufhören zu dürfen. Ganz etwas anderes ist es, wenn vom erfüllten Raume und von der erfüllten Zeit die Rede ist. Daher, weil diese ein im Raume und in der Zeit Gegebenes, also Objecte, sind, muß die Synthesis sofort bestimmt, und sie können niemahls als unendlich gedacht werden.

haften für einerley halten. Um die Unendlichkeit der
Welt der Zeit und dem Raume nach zu widerlegen,
hat man nämlich sonst so geschlossen: Unendlich ist
eine Größe, über die keine größere möglich ist. Nun
aber ist keine Größe die größeste, weil man jede angegebene Größe größer denken kann. Folglich kann keine Größe unendlich seyn, und mithin kann auch die
Welt weder dem Raume noch der Zeit nach unendlich
seyn. Aber der Begriff des Unendlichen ist hier der eines Maximum. Dagegen ist der wahre Begriff einer
unendlichen Größe der einer Größe, deren successive
Synthesis niemahls vollendet werden kann, und der
Beweis der Thesis mußte darthun, daß die Synthesis, wodurch die Welt als Größe gedacht wird, ein
Ende erreichen muß.

Anmerkung zur Antithesis.

Der Beweis der Antithesis beruhet darauf, daß,
wenn die Welt einen Anfang hat und auch dem Raume nach begrenzt ist, eine leere Zeit vor dem Anfange
der Welt verflossen seyn, und ein leerer Raum sie um-
grenzen müsse, beyde aber sodann besondere Objecte
seyn müßten, und etwas für sich bestehendes, welches
nicht möglich ist, weil der Fluß der Zeit nur an Veränderungen Statt findet, und der Raum ebenfalls nur in
Beziehung auf Gegenstände, die ihn erfüllen, etwas ist.
Der leere Raum kann zwar innerhalb der Welt zugelassen werden, indem er dann von den Gegenständen
bestimmt, und etwas ist, so fern es Gegenstände giebt.
Ein leerer Raum aber, der die Welt umgrenzt, würde
ein Correlat der Gegenstände, das ist: ein wirklicher
Gegen-

Gegenstand selbst seyn. Die Leibnitzische Schule sucht dem Beweisgrunde der Antithesis damit auszuweichen, daß sie den Begriff der Welt verändert, wornach der Begriff der Grenzen in den der Schranken übergeht, so daß in der Vorstellung des Anfanges und der Grenzen der Welt nichts mehr von Raum und Zeit vorkommen kann. Allein die Thesis spricht von dem mundus phaenomenon. Denkt man sich eine intelligible Welt, so abstrahirt man von den Bedingungen der Anschauung, folglich von der Art, wie uns die Welt gegeben ist, und behält sonach noch einen willkührlichen Begriff von einem Gegenstande überhaupt, wovon folglich kein einziger synthetischer Satz möglich ist.

Der Antinomie der reinen Vernunft zweyter Widerstreit der transcendentalen Ideen.

Thesis.

Eine jede zusammen gesetzte Substanz in der Welt besteht aus einfachen Theilen, und es existirt überall nichts als das Einfache, oder das, was aus diesem zusammen gesetzt ist.

Beweis.

Denn man setze, die zusammen gesetzten Substanzen bestehen nicht aus einfachen Theilen. Nun aber ist die Zusammensetzung entweder eine zufällige Relation der Substanz, so daß sie sich in Gedanken von derselben absondern läßt; oder sie ist es nicht, sondern

dern

dern die Zusammensetzung ist der Substanz wesentlich. Im letzten Falle würde aber keine zusammen gesetzte Substanz, sondern eine einfache gedacht seyn. Im ersten Falle würde, wenn alle Zusammensetzung einer Substanz aufgehoben wird, nichts Zusammengesetztes übrig bleiben, und da auch keine einfachen Theile übrig bleiben sollen, so würde gar nichts übrig bleiben, woraus aber folgt, daß keine Substanz wäre gegeben worden. Da nun beydes der Annahme widerspricht, so muß eine jede zusammen gesetzte Substanz in der Welt aus einfachen Theilen bestehen.

Folglich existirt in der Welt nichts als das Einfache, und wenn wir gleich durch physische Scheidung die Elementar-Substanzen niemahls isolirt darstellen können, so muß sie doch die Vernunft als die ersten Subjecte aller Composition, als einfache Wesen denken.

Antithesis.

Kein zusammen gesetztes Ding in der Welt besteht aus einfachen Theilen, und es existirt überall nichts Einfaches in derselben.

Beweis.

Denn man nehme an, eine zusammen gesetzte Substanz bestehe aus einfachen Theilen. Da ein Gegenstand, der durch den Begriff der Substanz gedacht wird lediglich im Raume als Beharrliches in der äußern Anschauung gegeben seyn kann, so muß auch das Einfache, aus welchem eine Substanz zusammen gesetzt ist, einen Raum einnehmen. Nun besteht aber ein jeder Raum aus Räumen, und dasjenige, was den Raum erfüllt, besteht aus so viel Theilen, als der

Raum

Raum selbst. Folglich ist das Einfache ein aus Theilen Zusammengesetztes. Da sich nun dieses widerspricht, so kann keine zusammen gesetzte Substanz in der Welt aus einfachen Theilen bestehen.

In der Erfahrung aber kann auch niemahls ein Gegenstand vorkommen, der dem Begriffe des Absolut-einfachen entspricht. Denn man kann wohl annehmen, daß es Gegenstände gebe, in Ansehung deren das Bewußtseyn der Zusammensetzung nicht Statt findet: allein von dem Nichtbewußtseyn der Zusammensetzung eines Objects führt kein Schluß zu der absoluten Einfachheit desselben.

Anmerkung zur Thesis.

Es ist hier die Rede von einem aus Substanzen zusammen gesetzten Ganzen, welches eigentlich das Compositum ist, das ist: ein Ganzes, dessen Möglichkeit von den Theilen abhängt. Was den Raum betrifft, so sind hier umgekehrt die Theile nur im Ganzen möglich. Wird daher die Zusammensetzung des Raums aufgehoben, so bleibt gar nichts, auch nicht die Puncte, als Grenzen der Räume übrig. Er ist nur ein compositum ideale, dagegen das aus Substanzen Zusammengesetzte ein compositum reale ist. Da die Accidenzen für sich selbst nichts Bestehendes, sondern nur etwas Wirkliches sind, so fern sie den Zustand der Substanzen ausmachen; so bleibt in Ansehung derselben, wenn man alle Zusammensetzung aufhebt, ebenfalls auch nichts Einfaches, sondern gar nichts übrig. Der Beweis der Thesis beruhet darauf, daß die Theile, aus welchen das Ganze zusammen gesetzt ist, für sich bestehende

hende

hende Wesen sind, welches weder vom Raume, der nur etwas ist, so fern Gegenstände im Raume gegeben sind, noch von den Veränderungen der Substanzen gilt, ungeachtet sie beyde als Größen vorgestellt werden.

Auch wird hier nur vom Einfachen geredet, so fern es ein Bestandtheil des Zusammengesetzten ist, nicht aber so fern es für sich selbst, und mit andern einfachen Substanzen nicht zusammen gesetzt, existirt. In dieser Bedeutung hat aber wohl Leibnitz den Ausdruck Monas genommen. Es ist bey ihm das Einfache, wie es unmittelbar als einfach, (z. B: im Selbstbewußtseyn,) gegeben ist. Für das Einfache als Bestandtheil der zusammen gesetzten Substanz würde daher richtiger die Benennung Atomus passen.

Anmerkung zur Antithesis.

Wider diesen Beweis der Antithesis, der die unendliche Theilbarkeit der Materie aus der unendlichen Theilbarkeit des Raums darthut, ist von den Monadisten ein Einwurf gemacht worden, der die Evidenz der Geometrie wider sich hat. Sie behaupten nämlich, daß der Grundsatz: der Raum ist ins unendliche theilbar, nur ein aus willkührlichen Begriffen geschlossener Satz, und nicht mehr richtig sey, wenn vom Raume, den die Materie erfüllt, die Rede ist. Sie stützen ihre Behauptung darauf, daß der Raum gar nichts für sich Bestehendes und die Gegenstände Bestimmendes, sondern nur etwas Wirkliches ist, so fern Gegenstände gegeben sind, und den folglich die Gegenstände bestimmen; daß mithin ein Satz, der aus einem

nem

nem bloßen Abstractum, nämlich dem Begriffe des reinen Raume, hergeleitet wird, keinesweges auf die Gegenstände, sondern daß umgekehrt Sätze, die a priori
aus dem Begriffe der Gegenstände, und unangesehen,
daß sie im Raume gegeben sind, hergeleitet werden, auch
nothwendig auf die Gegenstände im Raume gehen müssen. Dieses Argument gründet sich auf die Verwechselung des sehr richtigen Satzes, daß der Raum für
sich selbst kein Gegenstand ist, sondern nur etwas Wirkliches an Gegenständen ist, mit dem sehr unrichtigen
Satze, daß die Gegenstände die Bedingung des Raums
sind, und daß mithin die Materie der Gegenstände ihrer Form voraus gehe. Da gerade umgekehrt der Raum
die objective Bedingung der Dinge, als Gegenstände
der Anschauung, ist, so gilt alles, was vom Raume gilt,
auch von diesen Gegenständen. Die Vertheidiger der
Monadologie übersehen hierbey aber den Umstand,
daß hier nur die Rede von Erscheinungen ist, und
daß nicht im Begriffe des Zusammengesetzten der des
Einfachen zu denken, sondern daß in der Anschauung
des Zusammengesetzten die Anschauung des Einfachen
zu suchen sey. Wird von der Anschauung abstrahirt,
so behält man bloß den Begriff eines Objects, nämlich der nothwendigen Einheit des Bewußtseyns, ein
bloßes Gedankending, übrig. In Ansehung desselben
ist die Thesis allerdings richtig. Denn in dem Begriffe eines entis noumenon ist nichts Zusammengesetztes gegeben, sondern die Zusammensetzung wird willkührlich gedacht, und mithin ein Einfaches voraus gesetzt. Ist aber die Rede von einem Gegenstande der Anschauung, so darf ich von der Bedingung nicht abstrahi-

ren, unter der mir der Gegenſtand gegeben iſt, ſondern es muß dasjenige von dem Bedingten ſelbſt gelten, was von der Bedingung, das iſt: vom Raume, gilt.

Die zweyte Behauptung der Antitheſis geht viel weiter als die erſte. Sie leugnet die Exiſtenz des Einfachen überhaupt als eines Gegenſtandes der Erfahrung, dagegen die erſte nur die Exiſtenz des Einfachen als eines Beſtandtheils des Zuſammengeſetzten ausgiebt. Sie hat aber eine dogmatiſche Behauptung gegen ſich, welche an einem Gegenſtande der Erfahrung, nämlich an dem Ich in der Vorſtellung Ich denke, die abſolute Einfachheit der Subſtanz zu zeigen ſich unternimmt. Nun iſt es gewiß, daß an dem Ich wir nur eine Vorſtellung haben, die allerdings nichts Mannigfaltiges enthält, wie denn dieſes aus dem Begriffe des Denkens folgt; um aber ſagen zu können, daß dieſes Ich eine einfache Subſtanz ſey, müßte dieſe Vorſtellung ſich auf ein Beharrliches in der Anſchauung beziehen. Dieſe beharrliche Anſchauung fehlt gänzlich, und über dies iſt es gewiß, daß dieſelbe auch nur als möglich lediglich der Form des äußern Sinnes gemäß, mithin als zuſammen geſetzt, und nicht als einfach, gedacht werden kann.

Der Antinomie der reinen Vernunft dritter Widerſtreit der tranſcendentalen Ideen.

Theſis.

Die Cauſalität nach Geſetzen der Natur iſt nicht die einzige, aus welcher die Erſcheinungen in der Welt ins-

insgesammt abgeleitet werden können. Es ist noch eine Causalität durch Freyheit zur Erklärung derselben anzunehmen nothwendig.

Beweis.

Man nehme an, es gebe keine andere Causalität als die nach Gesetzen der Natur. Dann setzt alles, was geschieht, eine Ursache voraus, worauf es nothwendig folgen mußte. Aber die Causalität einer Ursache ist wiederum etwas Geschehenes, weil, wenn sie immer gewesen wäre, auch ihre Wirkung nicht allererst entstanden, sondern immer gewesen wäre. Mithin setzt die Causalität einer Ursache eine noch höhere Ursache voraus, deren Causalität folglich wieder ein Geschehenes ist. Wenn es also keine andere Causalität giebt, als nur die nach Gesetzen der Natur, so giebt es keine Vollständigkeit der Reihe auf der Seite der von einander abstammenden Ursachen, mithin keine Ursache, von der die Reihe selbst abhängt. Hier gäbe es also ein Geschehenes, das keine Ursache hätte, welches dem Gesetze der Natur selbst widerspricht. Da nun der Satz, daß alle Causalität in der Natur bedingt sey, und von einer höhern Causalität abhänge, sich selbst, in seiner unbeschränkten Allgemeinheit, widerspricht; so ist es nothwendig, zur Erklärung der Naturbegebenheiten eine unbedingte Causalität, und folglich eine Ursache anzunehmen, die keine andere Ursache weiter voraus setzt. Der Begriff der Ursache aber, die eine Reihe von Erscheinungen schlechthin anfängt, ist der Begriff der Freyheit. Mithin ist es nothwendig, daß jede Reihe von Begebenheiten in der Welt auf der Seite der Ursa-

M 2   chen

chen sich in einer absolut=letzten Ursache, das ist: in
Freyheit, endigen müsse.

Antithesis.

Es ist keine Freyheit, sondern alles in der Welt
geschieht lediglich nach Gesetzen der Natur.

Beweis.

Denn gesetzt, es gebe eine Freyheit, also eine Ur=
sache, deren Causalität eine Reihe Begebenheiten
schlechthin anfängt. Nun ist jede Causalität selbst eine
Veränderung, indem dieselbe der Zustand der Ursache
ist, in welchem diese handelt, welcher von dem Zu=
stande der noch nicht handelnden Ursache verschieden
ist. Jede Veränderung setzt aber eine Ursache und
eine Causalität derselben voraus, worauf dieselbe noth=
wendig folgen muß. Mithin setzt auch die Causalität
der Freyheit eine Ursache und eine abermahlige Cau=
salität voraus. Da nun dieses dem Begriffe der Frey=
heit widerspricht, so ist die Annahme derselben zur Er=
klärung der Naturbegebenheiten unmöglich.

Es giebt folglich keine Freyheit, die als ober=
ste Ursache eine Reihe Begebenheiten schlechthin an=
fängt, ohne von einer höhern Ursache zum Han=
deln bestimmt zu seyn; sondern jede Ursache steht un=
ter einer höhern Ursache. Die Annahme der Freyheit
ist zwar ein Ruhepunct für die forschende Vernunft, um
eine Reihe Begebenheiten vollständig begreifen zu kön=
nen; aber wir täuschen uns selbst, wenn wir sie zu
diesem Behufe annehmen, weil es sich zeigt, daß die
Causalität eben dieser Freyheit als Begebenheit eine
noch höhere Ursache nothwendig voraus setze.

An=

Anmerkung zur Thesis.

Es ist eigentlich die transcendentale Freyheit, deren nothwendige Annahme die Thesis dargethan hat. Die Schwierigkeit, welche die Vernunft in Ansehung des psychologischen Begriffs der Freyheit findet, betrifft aber auch lediglich die transcendentale Freyheit, nämlich die Möglichkeit einer Ursache, die eine Reihe Begebenheiten schlechthin anfängt. Nun ist hier zwar nur die Nothwendigkeit der Annahme einer solchen Ursache dargethan, um den Ursprung der Welt als des Inbegriffs von Reihen Erscheinungen begreiflich zu finden: wenn aber diese Nothwendigkeit der Annahme der transcendentalen Freyheit fest steht, dann liegt darin auch die Möglichkeit der Annahme der practischen Freyheit als eines Vermögens, auch in der Welt eine Reihe Begebenheiten schlechthin anzufangen; denn darin, daß vor der Causalität der handelnden Ursache ein Zustand der Dinge und eine Reihe Begebenheiten vorher gegangen ist, liegt schon keine Schwierigkeit, weil keine dieser Reihen das handelnde Subject als bestimmend gedacht wird. Uebrigens ist es kein Einwurf gegen die Thesis, daß doch gar nicht erklärt werden kann, wie das Daseyn einer freyen Ursache ein anderes Daseyn hervor bringe, weil diese Erklärung auch in Ansehung der Naturursachen nicht gegeben werden kann, sondern wir uns begnügen müssen, einzusehen, daß der Verstandesbegriff der Ursache die Erfahrung einer Veränderung möglich mache.

Anmerkung zur Antithesis.

Die Antithesis widerlegt den dynamisch-ersten Anfang der Welt. Wer nun den mathematischen Anfang

der

der Welt leugnet, und behauptet, daß die Substanzen in der Welt immer gewesen sind, der kann auch keine Schwierigkeit darin finden, daß der Wechsel ihrer Zustände, und folglich eine Reihe der Veränderungen, immer gewesen ist, und daß es mithin keinen Anfang der Welt weder mathematisch noch dynamisch gebe. Das Unbegreifliche aber, wie eine Reihe Veränderungen, ohne von einem ersten Gliede anzufangen, gleichwohl ganz abgelaufen seyn soll, kann durch eine andere Unbegreiflichkeit, wenn gleich nicht begreiflicher, doch minder befremdend gemacht werden. Daß es nämlich Veränderungen giebt, lehrt die Erfahrung; aber niemand ist im Stande, zu zeigen, wie es zugehe, daß auf ein gewisses Daseyn ein ganz verschiedenes folge. Uebrigens aber empfiehlt sich die Antithesis dadurch, daß sie keinen Absprung von der Erfahrung verstattet. Denn wenn gleich einem Wesen das Vermögen der Freyheit zugestanden werden sollte, so kann doch hiernach dieselbe niemahls ein Gegenstand der Erfahrung seyn, sondern darf nur als causa noumenon betrachtet werden, da dann die Annahme derselben in Ansehung der Naturereignisse keinen Unterschied macht.

Der Antinomie der reinen Vernunft
vierter Widerstreit
der transcendentalen Ideen.

Thesis.

Zu der Welt gehört etwas, das, entweder als ihr Theil, oder ihre Ursache, ein schlechthin-nothwendiges Wesen ist.

Be=

Beweis.

In der Welt sind Veränderungen, deren Daseyn das Bewußtseyn der Zeit, das nur an Veränderungen möglich ist, beweiset. Nun ist das Daseyn einer jeden Veränderung bedingt, weil es eine Ursache voraus setzt, auf welche als ihre Bedingung dasselbe folgt. Ein Daseyn ist aber bedingt, so fern es etwas giebt, das seine Bedingung ist. Gäbe es nun kein Daseyn, das schlechthin-unbedingt wäre, so würde das Bedingte nicht bedingt seyn. Mithin muß es ein schlechthin-nothwendiges Wesen geben, dessen Daseyn folglich unbedingt ist. Dasselbe aber muß nothwendig zur Welt gehören. Denn wäre es außer derselben, so würde doch das Bedingte zu existiren anfangen, vor dessen Existenz es eine Zeit geben mußte, in der dasselbe nicht war. In dieser Zeit muß nun der vollständige Grund des bedingten Daseyns enthalten seyn. Folglich muß das absolut-nothwendige Wesen in der Zeit seyn, und also zur Welt gehören, es mag nun dasselbe die ganze Weltreihe oder ein Theil derselben seyn.

Antithesis.

Es existirt überall kein schlechthin-nothwendiges Wesen, weder in der Welt, noch außer der Welt, als ihre Ursache.

Beweis.

Man setze, in der Welt existire ein schlechthin-nothwendiges Wesen, so müßte entweder die Reihe der Veränderungen in der Welt auf der Seite der Bedingungen sich in ein Daseyn endigen, das schlechthin-

noth-

nothwendig ist, oder die ganze Reihe selbst, deren jedes Glied bedingt ist, müßte im Ganzen schlechthin-unbedingt seyn. Was das erste betrifft, so ist jedes Glied einer Reihe von Veränderungen bedingt; folglich müßte das schlechthin-unbedingte Daseyn bedingt seyn, welches sich widerspricht. Sollte aber die ganze Reihe selbst schlechthin-nothwendig existiren, so müßte dieselbe doch auch ebenfalls bedingt seyn, weil das Daseyn eines Ganzen, dessen jedes Glied bedingt ist, nicht nothwendig existiren kann. Mithin existirt in der Welt kein schlechthin-nothwendiges Wesen. Gäbe es aber ein schlechthin-nothwendiges Wesen außer der Welt, so würde dasselbe doch die Reihe der Veränderungen in der Welt anfangen. Diese Causalität des schlechthin-nothwendigen Wesens würde folglich zur Welt gehören. Folglich würde das schlechthin-nothwendige Wesen außer der Welt, als oberste Bedingung alles bedingten Daseyns, zur Welt gehören, welches sich widerspricht. Mithin existirt auch außer der Welt kein schlechthin-nothwendiges Wesen.

Anmerkung zur Thesis.

Es ist zu merken, daß so wohl in diesem Satze als in allen Sätzen der Kosmologie der Begriff des Unbedingten auf einen Gegenstand der Anschauung bezogen wird, wiewohl das Widersprechende dieses Verfahrens sogleich hervor leuchtet, wenn man sich bewußt wird, daß das Unbedingte als Gegenstand der Anschauung durch eben dieselbe Kategorie gedacht wird, wodurch man das Bedingte denkt, mithin nothwendig wieder bedingt seyn müsse. Hieraus aber folgt, daß
die

die Thesis eben so wenig als die Antithesis, einen Absprung in eine intelligible Welt verstatten konnte, weil
dadurch der Regressus vom Bedingten zur Bedingung
selbst aufgehoben wird, indem dieser nur an einer
Zeitreihe fortgehen kann, dagegen die Causalität des
schlechthin-nothwendigen Wesens außer der Welt auch
als nicht zur Zeit gehörig gedacht wird, da dann kein
Uebergang zu demselben von der Zeitreihe möglich ist.
Gleichwohl hat man diesen Absprung gethan, und zwar
auf die Art, daß man von dem in der Anschauung gegebenen und durch den Begriff des Zufälligen gedachten
Gegenstande von der Anschauung abstrahirte, folglich
denselben durch den reinen Verstandesbegriff des Zufälligen dachte, und nun von demselben auf ein schlechthin-nothwendiges Wesen, das ebenfalls nur durch
den reinen Verstandesbegriff gedacht wird, zu schließen sich für berechtigt hielt. Zufällig, im reinen Sinne
der Kategorie, ist dasjenige, dessen contradictorisches
Gegentheil möglich ist. Wenn eine Substanz sich verändert, so entsteht das contradictorische Gegentheil ihres Zustandes, mithin ist dasselbe auch möglich. Aber
zufällig, im reinen Sinne der Kategorie, kann doch das
Daseyn dieses neuen Zustandes einer Substanz nicht
genannt werden, weil dazu erforderlich ist, daß die
Substanz in eben der Zeit, in welcher sie mit einem
gewissen Zustande existirt, mit dem entgegen gesetzten
hätte existiren können, welches man von keiner Substanz sagen kann. Mithin giebt es nur in Ansehung
der Substanzen als Erscheinungen eine empirische Zufälligkeit, nach welcher die Zustände derselben zufällig
genannt werden, darum, weil ihr Gegentheil in einer
anderu

andern Zeit wirklich ist, und folglich auch als möglich
gedacht wird; mithin keine andere als die unter Bedingungen des Causal-Gesetzes, wornach jedes zufällige
Daseyn unter Bedingungen steht, die wieder bedingt
und eben so zufällig als ihr Bedingtes sind. Es kann
folglich keinen Schluß geben, der von der allgemeinen
Zufälligkeit alles Daseyns in der Welt auf das schlechthin nothwendige Daseyn eines Wesens außer der Welt
führt, welcher Schluß lediglich dann gelten würde,
wenn das Daseyn eines Gegenstandes durch den reinen
Verstandesbegriff der Zufälligkeit gedacht werden könnte, welches aber dem Gesetze der Causalität zuwider ist.

Anmerkung zur Antithesis.

Die Antithesis nimmt keine Rücksicht auf den Begriff des schlechthin-nothwendigen Wesens, so fern derselbe der bloße reine Verstandesbegriff ist, und so fern
das Daseyn desselben ohne Hinsicht auf die ihrem Daseyn nach bedingten Erscheinungen behauptet wird, folglich auch ohne Hinsicht auf dieselben widerlegt werden
müßte. Die Thesis behauptet das Daseyn des schlechthin-nothwendigen Wesens bloß in kosmologischer Absicht, um die Zufälligkeit der Zustände der Substanzen
in der Welt zu begreifen; die Antithesis leugnet das
absolute Daseyn eines Wesens auch in kosmologischer
Absicht, um die Zufälligkeit des Daseyns der Erscheinungen zu erklären. Dabey zeigt sich aber das Besondere, daß beyde von einerley Princip ausgehen, um
sich zu widerlegen. Die Thesis schließt: es ist ein nothwendiges Wesen, weil die ganze verflossene Zeit die
Reihe aller Bedingungen enthält; die Antithesis

schließt

schließt dagegen: es ist kein nothwendiges Wesen, eben
darum, weil die ganze verflossene Zeit die Reihe aller
Bedingungen in sich faßt.   Der Grund davon ist fol=
gender: in dem Beweise der Thesis sieht man auf
die absolute Vollständigkeit der Reihe der Bedingungen,
deren eine die andere in der Zeit bestimmt, und erhält
dadurch ein Unbedingtes und Nothwendiges; in der
Antithesis sieht man dagegen auf die Zufälligkeit einer
jeden Bedingung selbst, deren jede in der Zeit bestimmt
wird, und erhält folglich kein Unbedingtes.

Der Antinomie der reinen Vernunft
dritter Abschnitt.

Von dem Interesse der Vernunft
bey diesem ihren Widerstreite.

Es giebt demnach nicht mehr als vier kosmologische
Ideen, weil es nicht mehr Arten giebt, vom Bedingten
zur Bedingung, so fern dieselbe durch eben die Katego=
rie als Gegenstand gedacht wird, durch welche man das
Bedingte denkt, aufzusteigen, und wir haben die Be=
hauptungen und Gegenbehauptungen der reinen Ver=
nunft in Ansehung der Art, das Absolut= unbedingte zu
denken, mit ihren Gründen vorgetragen.   Wir ha=
ben uns aber nur beflissen, diese Probleme mit ihren
Auflösungen schulgerecht vorzustellen, ohne das Interesse
zu erwägen, welches die Vernunft an dieselbe knüpft,
welche Erwägung wir jetzt, noch ehe wir die Ursache
dieses Zwiespalts untersuchen, anstellen wollen.

Wir werden uns bald bewußt, daß wir an die Auflösung dieser Fragen ein Interesse knüpfen, welches kein zufälliges ist, dessen wir uns etwa entledigen könnten, und welches in Wahrheit auch ein ganz anderes ist, als das Interesse an Wahrheit überhaupt. Aus der Beschäfftigung mit einer Wissenschaft entspringt allmählig ein Interesse für ihre Wahrheiten. Es giebt Wissenschaften, die man trockene nennt, weil die Neigung in Ansehung des Resultats der Untersuchungen in denselben gänzlich unbestimmt bleibt. Die Mathematik ist von dieser Art. Denn obgleich die Liebe zu dieser Wissenschaft die Seele des nachdenkenden Mannes so sehr einzunehmen vermag, daß er es für das höchste Glück des Lebens hält, sich mit ihr zu beschäfftigen, und ihn ein Interesse für sie belebt, das wohl schwerlich andere Wissenschaften erzwingen können, daher, weil in dieser Beschäfftigung mehr als in irgend einer andern das Gefühl des Vorzugs des Vernunftvermögens vor jedem andern stark ist: so ist es doch dem Mathematiker zwar nicht einerley, ob seine Untersuchungen ihn auch überhaupt zu einem Resultate führen, aber zu welchem sie ihn führen, das ist ihm ganz einerley. Ueberlegen wir aber jene kosmologischen Fragen, indem wir ihre beyden Auflösungen an unsre Neigung halten, so zeigt sich bald, daß wir gar nicht gleichgültig seyn können, bey dem Gedanken, welche wohl von beyden die wahre sey: Ob die Welt einen Anfang habe oder immer gewesen sey; ob sie dem Raume nach in Grenzen eingeschlossen oder unbegrenzt sey; ob es in der Natur gar nichts Einfaches, mithin auch mein eigenes Selbst keine untheilbare Substanz,

son-

sondern alles theilbar und zerstörbar, oder ob im Gegentheile jede Substanz einfach sey; ob es Freyheit gebe, oder ob jede Causalität von einer höhern abgeleitet werden müsse, mithin ich selbst mich nur täusche,
wenn ich frey zu handeln glaube; ob endlich das dem
Daseyn nach Bedingte auf ein unbedingt und nothwendiger Weise Existirendes führe oder nicht führe:
das sind Fragen, an denen jeder Wohlgesinnte Antheil
nimmt, darum, weil er daran ein practisches Interesse
knüpft. Die Vernunft bestimmt objectiv seinen Willen,
ein Gesetz zu erfüllen, das sie als für jedermann gültig
ihm vorhält. Damit er sich aber auch subjectiv bestimme, diesem Gesetze zu gehorchen, kann er nicht wollen,
daß dasselbe Chimäre sey, (nicht Einbildung, denn die
ist es nicht, weil es keine willkührliche Erfindung, sondern ein Factum der Vernunft ist;) er kann nicht
wünschen, daß er nicht auch der Glückseligkeit sollte
theilhaftig werden, wenn er sich derselben durch treue
Befolgung des Gesetzes würdig gemacht hat. Aus
der Bemerkung dieses ganz natürlichen Interesse der
Menschheit selbst an diesen Fragen, welches aber, wie
man sieht, sich gänzlich für die Thesis bestimmt, ergiebt
sich die Erscheinung, daß ungeachtet mit gleicher Stren-
ge der Gründe die Behauptungen dieser einander entgegen gesetzten Beweise ausgeführt werden, gleichwohl
die Anzahl derjenigen, welche die Thesis einer jeden Antinomie in Schutz nehmen, größer sey, als die Zahl
derer, welche sich für die Antithesis erklären, und daß
die ersten meistentheils leidenschaftlich den Streit führen, während die andern mit philosophischer Kälte
ihre Gegner widerlegen. In der Art, womit die Ver-
theis

theidiger der Antithesis verfahren, bemerken wir ferner eine Einheit der Maxime und ein Principium des reinen Empirism, indem sie niemahls die Erfahrung verlassen, sondern vom Bedingten zur Bedingung an dem Faden derselben aufsteigen; dagegen erblicken wir in den Ausführungen der Thesis eine gewisse Ungleichartigkeit, indem dieselbe zwar den Begriff des Unbedingten auf Gegenstände der Anschauung beziehen will, diesen Begriff gleichwohl so hoch stellt, daß kein Gegenstand der Erfahrung ihn erreichen kann. Das System von Behauptungen auf der Seite der Thesis wollen wir den Dogmatismus der reinen Vernunft nennen.

In Ansehung des Dogmatismus äußert sich also erstlich ein gewisses practisches Interesse, indem auf seine Sätze sich Religion zu gründen, und die Moral unter ihrer Voraussetzung nicht Chimäre zu seyn scheint. Der Empirism dagegen scheint dieses Vortheils nicht allein beraubt, sondern ihm auch entgegen zu seyn. Zweytens entspricht auch der Dogmatism dem speculativen Interesse der Vernunft; denn wenn man ein Unbedingtes annimmt, so erhält die ganze Reihe der Bedingungen Haltung, und die Vernunft begreift dieselbe. Der Empirism enthält zwar auch die Idee des Absolut-unbedingten, aber da er dieselbe auf die Reihe selbst, deren jedes Glied bedingt ist, bezieht, so findet die Vernunft keinen festen Punct, um das Bedingte daran zu knüpfen. Nach demselben war vor jeder Zeit wieder eine Zeit, und ein jeder Raum setzt einen andern voraus; ein jeder Theil besteht noch aus Theilen; jede Causalität ist nur durch

eine

eine Causalität möglich; und jede Bedingung eines
Daseyns ist selbst dem Daseyn nach wieder bedingt.
Das Unbedingte, wohin derselbe führt, besteht in der
absoluten Totalität aller Bedingungen, so fern jede
wieder bedingt ist; dagegen wird in dem Unbedingten
des Dogmatism die absolute Totalität aller Bedingungen, so fern durch jede derselben etwas anderes bedingt
ist, vorgestellt.   Drittens hat auch der Dogmatism
den Vorzug der Popularität vor dem Empirism, indem der gemeine Verstand immer gewohnt ist, von den
Gründen zu den Folgen zu gehen, und daher ihm das
unabsehliche Steigen von den Folgen zu den Gründen
wenig gefällt.

Der Empirismus enthält nichts, wofür die Vernunft ein practisches Interesse fassen könnte; aber eines speculativen ist derselbe nicht ganz beraubt.   Denn
wenn er gleich kein Unbedingtes darbiethet, um davon
alles Bedingte ableiten zu können, so biethet er eben
daher auch nichts an, was man in dem empirischen
Regressus nicht erreichen könnte. Er führt zwar unaufhörlich von Bedingung zu Bedingung, aber jede
derselben ist auch immerfort ein wirklicher Gegenstand
der Anschauung. Mithin ist er der Speculation dadurch günstig, daß er niemahls den Faden derselben
abschneidet, wie es die Thesis thut, die zwar in dem
Absolut-unbedingten einen Gegenstand der Anschauung
zu haben vorgiebt, der doch aber dieses nicht seyn kann.
Jedoch muß man bemerken, daß der Empirism dabey
nicht stehen bleibt, sondern eben so wohl als der Dogmatism mehr zu wissen vorgiebt als er weiß, und folglich eben so wohl als jener dogmatisch verfährt, indem

er

er nicht bloß die Bedingung einer jeden Bedingung immer wieder zu suchen heißt, (wie er denn darin ganz recht verfährt,) sondern absolute Totalität der Bedingungen, so fern jede derselben wieder bedingt ist, zu kennen versichert, woher denn die Widerlegung desselben von der Thesis einer jeden Antinomie möglich wird, wie dieses im Verfolge deutlich soll gezeigt werden. Daß aber der Empirism aller Popularität gänzlich zuwider ist, ist in der That befremdend, da man doch denken sollte, daß der gemeine Verstand, dessen ganzes Geschäffte in der Erfahrung besteht, einen Grundsatz gern annehmen werde, der von der Erfahrung aussagt, daß sie die einzige Region der menschlichen Vernunft sey, worin sie allein sich erweitern könne, und der das Verlassen der Erfahrung gar nicht verstattet. Gleichwohl giebt der gemeine Verstand lieber Behauptungen seinen Beyfall, die auch der im Denken geübteste Kopf nicht fassen kann, und das wahrscheinlich aus eben diesem Grunde, weil sonach auch der Gelehrteste nicht mehr weiß als er weiß. Da er nicht weiß, was Begreifen ist, so kümmert ihn das nicht, daß er über die letzten Gründe sich selbst nicht weiter Rechenschaft geben kann. Er hat doch einen festen Punct, wovon er bequem anfangen kann, dagegen ihn das unaufhörliche Steigen vom Bedingten zur Bedingung ermüdet. Ueberdies geht bey ihm das practische Interesse über alles, und er bildet sich ein, das einzusehen, was voraus zu setzen seine Wünsche ihn antreiben. Auf die Art ist der Empirism aller Popularität gänzlich beraubt, und es ist daher gar nicht zu besorgen, daß er jemahls einiges Ansehen außer den Grenzen der Schule gewinnen werde.

Denkt

Denkt man sich aber einen Menschen, der von allem Interesse sich gänzlich losgemacht hätte, so würde derselbe in einem schwankenden Zustande sich befinden. Er würde, wenn er nicht anders sich zu helfen wüßte, als daß er nothwendig sich zu einer Partie bekenne, heute sich einbilden, der menschliche Wille sey frey; und morgen, wenn er die unauflösliche Naturkette in Betrachtung zöge, dafür halten, die Freyheit des Willens sey nichts als Selbsttäuschung. Als handelndes Wesen würde er aber gänzlich seinem practischen Interesse gemäß verfahren, und das jedesmahlige Resultat seiner Speculation vergessen. Da es nun in dem Wesen der menschlichen Vernunft gegründet ist, diesen ihren Zwiespalt nicht mit Gleichgültigkeit anzusehen, so ist es eine Pflicht der Philosophie, den Gründen nachzuforschen, wodurch derselbe gehoben werden kann, und es ist die Sache der Menschheit selbst, diese Gründe anzuhören und sie unpartepisch zu prüfen.

Der Antinomie der reinen Vernunft vierter Abschnitt.

Von den transcendentalen Aufgaben der reinen Vernunft, in so fern sie schlechterdings müssen aufgelöset werden.

Daß es Fragen giebt, von denen man mit allem Grunde sagen kann, daß sie aus dem, was zu ihrer Auflösung gegeben worden ist, gar nicht aufzulösen sind, leidet keinen Zweifel. Mit den Erscheinungen verhält es sich so, daß öfters die Data nicht zureichen, um sie aus andern Erscheinungen mit Sicherheit erklären zu können. Wenn aber die Frage keinen Gegenstand der Erfahrung angeht, sondern zu Wissenschaften gehört, welche lediglich in der Vernunft selbst ihren Ursprung haben, dann kann das Vorgeben der Unmöglichkeit ihrer Auflösung gar nicht gelten; sondern im Gegentheile, da die Vernunft selbst die Quelle einer solchen Wissenschaft ist, und gar nichts in derselben sich auf empirische Data stützt, so ist jede Frage, die in ihren Bezirk gehört, von der Art, daß sie muß aufgelöset werden können, und es ist ein hinlänglicher Grund, niemahls von dem Bemühen, sie aufzulösen, abzustehen, indem, so schwierig und verwickelt auch die Sache zu seyn scheint, die Vernunft doch nicht warten darf, bis ihr etwas außer ihr gegeben werde. Die reine Mathematik und die reine Moral sind Wissenschaften, die ganz und gar nicht von der Erfahrung abstammen. Die Aufgaben demnach, welche die Vernunft in dem Fortschritte dieser Wissenschaften antrifft, müssen nothwendig in eben der Quelle ihre Auflösung finden, aus welcher sie selbst und die ganze Wissenschaft entspringen. Die Integration sehr vieler Differential-Formeln ist bis jetzt noch nicht gefunden worden; aber niemand kann sagen, daß sie nimmermehr gefunden werden kann. Eben so verhält es sich mit den Fragen, die das Pflichtangemessene und Pflichtwidrige betreffen. Es kann keine einzige Handlung erdacht werden, in Ansehung welcher die Vernunft nicht sollte entscheiden können, ob sie recht oder unrecht sey, gesetzt auch, daß sie mit

- dieser

dieser Entscheidung nicht sogleich, als ihr die Frage vorkommt, sollte fertig werden.

Die Transcendental-Philosophie ist aber die Wissenschaft, deren Sätze a priori von Gegenständen gelten.
Die reine Mathematik ist eine für sich bestehende Wissenschaft, und die Vernunft nimmt in derselben keine
Rücksicht auf Gegenstände. Die Sätze derselben sind
unbezweifelt gewiß, wenn es auch keine Gegenstände
gäbe, die ihnen entsprächen. Mit der Moral verhält
es sich hierin nicht anders. Die Vernunft giebt ein
Sittengesetz, welches befolgt werden soll, wenn es
auch niemahls befolgt wird. Was nun die Transcendental-Philosophie betrifft, so sind ihre Sätze freylich
keine empirischen Wahrheiten, aber sie beziehen sich
doch unmittelbar auf Gegenstände der empirischen Anschauung, und das Wesen dieser Philosophie besteht
darin, es zu erklären, wie diese a priori von Gegenständen gelten können. Aber außer diesen Sätzen, deren Beziehung auf Gegenstände der Anschauung daher
eingesehen wird, daß sie das Erkenntniß derselben möglich machen, giebt es noch, wie gezeigt worden ist, ein
ganzes System von Behauptungen der reinen Vernunft,
deren objective Realität gar nicht aus jenem Princip
erhellet, und deren Gegenstand niemahls in irgend einer Erfahrung gezeigt werden kann. Was den Gegenstand der rationalen Psychologie betrifft, so kann man
zwar nicht sagen, daß derselbe unmöglich sey; aber das
muß man sagen, daß uns derselbe nicht gegeben werden
kann, folglich auch, daß die Kategorien gar nicht angewandt werden können, und keine Verknüpfung des
Mannigfaltigen durch sie als nothwendig vorgestellt,

mithin kein wirklicher Gegenstand gedacht wird. Die Möglichkeit eines solchen Gegenstandes bedeutet nichts mehr, als die nothwendige Einheit des Bewußtseyns problematisch gedacht. Aber die kosmologischen Ideen sind von der ganz besondern Art, daß ihr Gegenstand in das Gebieth der Erfahrung gesetzt, und doch niemahls in der empirischen Synthesis angetroffen wird, welches freylich etwas widersprechendes ist. So viel ist gewiß, daß, man mag sich auf die Seite der Thesis oder der Antithesis wenden, die Idee jederzeit so beschaffen ist, daß ihr Gegenstand gar nicht in der Erfahrung erreicht werden kann. Denn setzt man, die Welt habe einen Anfang, oder sie sey dem Raume nach in Grenzen eingeschlossen, so muß doch vor diesem Anfange eine Zeit gewesen, und hinter den Grenzen noch Raum seyn. Mithin kann weder der Anfang der Welt, noch die Weltgrenze erfahren werden. Aber eben so wenig kann die unendliche Zeit oder der unendliche Raum jemahls in der Erfahrung gefunden werden. Jede Substanz muß im Raume gegeben seyn, und sie besteht daher aus Theilen. Ein jeder Theil ist wieder ein Gegenstand im Raume; der auch aus Theilen besteht, die wiederum zusammen gesetzt sind. Mithin kann das Einfache, das nicht mehr zusammen gesetzt ist, in keiner Erfahrung jemahls vorkommen. Allein die vollendete unendliche Theilung kann eben so wenig ein Gegenstand der Erfahrung seyn. Alles, was geschieht, hat eine Ursache, aber die Causalität derselben ist wieder ein Geschehenes und setzt eine Ursache voraus. Mithin kann man in der empirischen Synthesis niemahls eine Ursache antreffen, deren Causalität nicht wieder

eine

eine Ursache voraus setzen sollte, das ist: die Erfahrung einer freyen Ursache ist nicht möglich. Aber die Erfahrung der unendlichen abgelaufenen Reihe Begebenheiten, die in einander gegründet sind, ist auch nicht möglich. Endlich ist das Daseyn einer jeden Veränderung bedingt, und in der Erfahrung finden wir kein Daseyn als die höchste Bedingung alles bedingten Daseyns. Aber die unendliche Reihe alles bedingten Daseyns läßt sich eben so wenig erfahren.

Da sehen wir denn wohl, daß der Gegenstand der kosmologischen Idee kein Erfahrungsgegenstand ist, ungeachtet er in der Idee so vorgestellt wird, weil die empirische Synthesis niemahls auf solchen Gegenstand führt. Daraus aber folgt, daß der entdeckte Widerstreit in Ansehung dieser Ideen keinesweges aus einem Mißverständnisse der Erfahrung entspringe, und daß mithin die Vernunft selbst die Mittel zur Hebung dieses Widerstreits darbiethen müsse. Der Streit betrifft keinen Gegenstand der Erfahrung und gar nichts Gegebenes. Da derselbe entsteht, wenn die Totalität aller Bedingungen auf einen Gegenstand bezogen wird, und zwar entweder so fern sie alles Bedingte bestimmen, oder so fern sie insgesammt wieder bedingt sind; so wird Aufmerksamkeit auf dieses Verfahren der Vernunft, wodurch sie ihrer Idee objective Realität beylegt, den Grund dieses Zwiespalts entdecken lassen.

Wenn der Gegenstand einer Idee transcendental ist, das ist: wenn es schon in seinem Begriffe liegt, daß er nicht gegeben seyn kann, folglich bloß als Noumenon betrachtet wird, so kann man von ihm weder

sagen,

sagen, daß er möglich, noch daß er unmöglich sey. Das
heißt aber nicht, daß die Vernunft in Ansehung desselben keine entscheidende Antwort geben könne, weil etwa die Sache in zu großem Dunkel eingehüllt wäre.
Denn die Antwort ist entscheidend genug, wenn erklärt
wird, daß ein solcher Gegenstand durch keine einzige
Kategorie gedacht werden kann, indem die objective
Gültigkeit derselben bloß in Beziehung auf empirische
Anschauung gezeigt werden kann. Das Denken eines
solchen Gegenstandes ist demnach nichts mehr als der
problematische Gedanke der nothwendigen Einheit des
Bewußtseyns, welcher problematisch bleiben muß, so
lange nichts gegeben ist, und durch die Kategorien keine
Verknüpfung des gegebenen Mannigfaltigen als nothwendig gedacht wird. Von dieser Art ist das Denken
meines Selbst, als eines einfachen Wesens, oder der
Ursache aller Dinge, die schlechthin-nothwendig ist,
so fern diese Gegenstände nicht als gegeben gedacht
werden, mithin das Denken derselben durch irgend
eine Kategorie eine willkührliche Gedankenbestimmung
ist. Mit den kosmologischen Ideen verhält es sich aber
so, daß ihr Gegenstand als gegeben gedacht wird. Da
es nun doch gewiß ist, daß derselbe niemahls gegeben
seyn kann, so muß bloß in der Idee der Grund zu der
Täuschung liegen, die uns verleitet, den Gegenstand
eines Begriffs für gegeben zu halten, der doch niemahls gegeben seyn kann. Wir werden also in diesem
Falle nicht die Schuld auf den Gegenstand schieben können, der sich uns verbirgt, weil kein Gegenstand uns
gegeben worden ist, sondern wir müssen in der Idee
selbst die Auflösung dieser Schwierigkeiten suchen.

Der

Der Antinomie der reinen Vernunft
fünfter Abschnitt.

Skeptische Vorstellung der kosmologischen Fragen, durch alle vier transcendentale Ideen.

Um sich von der Falschheit eines Satzes zu versichern, schlägt man öfters den Weg ein, daß man nachsieht, welche Folgen wohl unter Voraussetzung der Wahrheit desselben entstehen, und ob diese nicht andern gewissen Sätzen widerstreiten. Dieses ist die apagogische Beweisart, die in der Mathematik vorzüglich gebräuchlich ist. Was nun unsre kosmologischen Ideen betrifft, so wollen wir voraus setzen, daß ihr Gegenstand wirklich gegeben sey, und zusehen, was denn wohl unter dieser Voraussetzung sich ergeben möchte. Findet es sich, daß, wir mögen das Unbedingte der Thesis oder der Antithesis für gegeben halten, ein solcher Gegenstand für den empirischen Begriff, (den Verstandesbegriff, der die nothwendige Einheit des empirischen Mannigfaltigen vorstellt,) entweder zu groß oder zu klein sey, so folgt daraus, daß die Voraussetzung des Unbedingten als eines gegebenen Gegenstandes nicht geschehen könne, und daß irgend wo sich ein Fehler versteckt halte, den man nicht sieht, wenn man den Gegenstand der Idee als gegeben denkt, der aber sein Daseyn in den Folgen verräth.

Der Gegenstand der kosmologischen Ideen wird als gegeben angesehen, mithin müßte derselbe, wenn er wirklich gegeben wäre, den reinen Verstandesbegriffen

griffen anpaſſen, durch welche lediglich ein Gegenſtand
als gegeben gedacht wird. Dagegen finden wir, daß
derſelbe für den reinen Verſtandesbegriff entweder zu
groß oder zu klein ſey, je nachdem er das gegebene Unbedingte der Theſis oder der Antitheſis ſeyn ſoll.

Denn nimmt man an, die Welt habe keinen Anfang, ſo iſt ſie für den empiriſchen Begriff zu groß,
denn dieſer kann die unendliche verfloſſene Zeit niemahls ganz vorſtellen. Sagt man, die Welt habe einen Anfang, ſo iſt vor demſelben eine Zeit geweſen,
und der Verſtandesbegriff, der die Welt der Zeit nach
als Größe denkt, muß vor dem Anfange der Dinge,
Dinge ſetzen. Die Welt iſt folglich, ſo fern ſie einen
Anfang hat, für den Begriff zu klein. Iſt die Welt
dem Raume nach unbegrenzt, ſo iſt ſie für den Begriff,
der ſie als eine Größe im Raume denkt, zu groß, denn
der kann ſie niemahls ganz vorſtellen. Iſt ſie aber in
Grenzen eingeſchloſſen, ſo muß ein Raum ſie umgren-
zen, und dieſer muß erfüllt ſeyn, weil nur der erfüllte Raum empiriſch, (als objectiv und gegeben, wie
es hier geſchieht, und nicht als Form oder Bedingung
der äußern Anſchauung,) vorgeſtellt werden kann.
Mithin iſt die ſo vorgeſtellte Welt für den empiriſchen
Begriff zu klein.

Ein jeder Gegenſtand im Raume beſteht aus
Theilen, die wieder zuſammen geſetzt ſind. Dennoch
kann die unendliche Theilung niemahls ganz vorgeſtellt
werden, und dieſer Gegenſtand iſt demnach für den empiriſchen Begriff, der ihn nicht erreicht, zu groß.
Nimmt man dagegen an, daß jede Subſtanz im Raume aus einfachen Theilen zuſammen geſetzt ſey, ſo iſt
das

das Einfache für den Verstandesbegriff der Materie der Gegenstände zu klein, weil dasselbe als ein Gegebenes im Raume wieder Theile voraus setzt.

Ist alles Geschehene in der Welt nach dem Gesetze der Natur geschehen, wornach immer ein anderes Geschehenes ihm vorher gegangen ist, so kann diesen Gegenstand der empirische Begriff niemahls erreichen, und er ist für ihn zu groß. Setzt man aber, daß jede Reihe Begebenheiten von einer Causalität anfange, die keine andere voraus setzt, so ist dieser Gegenstand für den Verstandesbegriff zu klein, weil nach demselben eine jede Causalität wiederum ein Geschehenes ist, das eine andere Ursache voraus setzt.

Nimmt man eine unendliche Reihe bedingten Daseyns an, so ist dieser Gegenstand für den empirischen Begriff zu groß. Dagegen ist der Gegenstand eines unbedingten und nothwendigen Daseyns als höchste Bedingung alles bedingten Daseyns für den empirischen Begriff zu klein, denn dieser fragt nothwendig noch nach der Bedingung dieser obersten Bedingung.

In allen diesen Fällen haben wir gesagt, daß der Gegenstand, auf welchen als ein Gegebenes sich die Welt-Idee bezieht, für den empirischen Begriff entweder zu groß oder zu klein sey. Die Ursache, warum wir nicht umgekehrt uns ausgedruckt, und nicht gesagt haben, daß der Verstandesbegriff für den Gegenstand der Welt-Idee zu groß oder zu klein sey, ist folgende. Man sagt von einer Sache, die einer andern wegen da ist, sie sey für dieselbe zu groß oder zu klein. Das Kleid ist für den Mann zu lang oder zu kurz, und nicht der Mann für das Kleid zu kurz oder zu lang, weil das

Kleid

Kleid für den Mann, und nicht der Mann für das Kleid
ist. Nun wird durch den Verstandesbegriff ein Gegen=
stand in der Anschauung gedacht. Soll also der Ver=
stand etwas als einen gegebenen Gegenstand denken
können, so muß es seinen Begriffen anpassen, dagegen
etwas kein Gegenstand der Anschauung ist, wenn er
mit diesen Begriffen nicht überein stimmt. Mithin ist
der Verstandesbegriff dasjenige, dem der Gegenstand,
und nicht der Gegenstand dasjenige, dem der Verstan=
desbegriff angemessen seyn muß.

Aus dieser Darstellung der Folgen, die unter der
Voraussetzung, daß der Gegenstand der Welt=Ideen ge=
geben sey, entspringen, und die darin bestehen, daß
derselbe gar nicht als ein Gegenstand, der in der An=
schauung gegeben ist, gedacht werden könne, ergiebt
sich die Falschheit der Voraussetzung selbst. Jedoch
löset diese Einsicht die vorgestellte Antinomie noch nicht
auf, indem es gleichwohl nothwendig zu seyn scheint,
anzunehmen, daß das Unbedingte der Thesis gegeben
sey, wenn das Unbedingte der Antithesis nicht gegeben
ist; und so umgekehrt.

Der Antinomie der reinen Vernunft sechster Abschnitt.

Der transcendentale Idealism als der Schlüssel zur Auflösung der kosmologischen Dialectik.

In der transcendentalen Aesthetik ist deutlich gezeigt
worden, daß die Gegenstände der Anschauung nicht
die

die Dinge an sich selbst sind, die der Verstand nur unter dem Gedanken der nothwendigen Einheit denkt, und
von denen er weiß, daß er sie durch seine Kategorien
gar nicht denken kann, wiewohl er sie für die Substrate der Gegenstände der Anschauung hält. Diesen
Lehrbegriff, welchen wir den critischen oder transcendentalen Idealism nennen, haben wir
sorgfältig von dem empirischen Idealismus zu unterscheiden gesucht. Der letzte leugnet die Existenz der
Gegenstände im Raume, und diese hat der critische
Idealism gegen ihn dargethan. Wenn man aber bedenkt, daß der Raum so wohl als die Zeit, für sich betrachtet, keine Gegenstände sind, sondern nur objective
Realität in Beziehung auf die Gegenstände haben,
die in ihnen gegeben sind, sie folglich an sich selbst
nichts weiter als Bedingungen der Anschauungen der
Gegenstände sind: so folgt daraus, daß diese Gegenstände gar nichts sind, wenn man von der Anschauung,
in der sie allein gegeben sind, abstrahirt. Die transcendentale Analytik hat den Verstand selbst in seine
Elemente aufgelöset, und dadurch die Handlung, die im
Denken eines Objects besteht, zum Bewußtseyn gebracht. Die allgemeinste Vorstellung eines Objects
ist die der nothwendigen Einheit des Bewußtseyns.
Allein wenn nichts gegeben worden ist, dessen Mannigfaltiges als für jedermann gültig und nothwendig
verknüpft gedacht wird, so würde die gleichwohl gedachte nothwendige Einheit des Bewußtseyns doch nur
ein Gedankending seyn. Nun können lediglich unter
den Bedingungen des Raums und der Zeit uns Gegenstände gegeben seyn, das ist: das Denken der ob-

jectiv

jectiven Einheit ist nur an einem im Raume und in der
Zeit vorgestellten Mannigfaltigen möglich, dessen Verknüpfung die Kategorien als für jedermann gültig vorstellen. Nach dem empirischen Idealismus täuschen
wir uns, wenn wir dafür halten, daß unsern Vorstellungen von Gegenständen im Raume auch wirkliche
Gegenstände in demselben correspondiren; nach dem
critischen täuschen wir uns darin nicht, indem das empirische Bewußtseyn unsers Daseyns in der Zeit das
Daseyn der Gegenstände im Raume beweiset. Aber
dann würden wir irren, wenn wir glauben wollten,
daß die Gegenstände der Anschauung, unangesehen der
Anschauung derselben, besondere Wesen wären. Wir
unterscheiden die Anschauung der Gegenstände von den
angeschaueten Objecten selbst, und es ist freylich keine
überflüssige Frage, ob auch unsern Vorstellungen Gegenstände im Raume entsprechen, welche Berkley verneinend beantwortete. Es ist nämlich die Unterscheidung möglich, ob auch dasjenige im Raume existirt,
dem wir Existenz zuschreiben, oder ob alles bloße Modification unsers Subjects ist. Diese angeschaueten
Gegenstände erkennen wir, wie sie an sich selbst sind,
und ihre Erkenntniß ist die Erfahrung, an deren Leitfaden wir uns nach und nach die gesammte Natur auf-
decken. Aber dieser gesammte Inbegriff von Gegenständen der Erfahrung ist doch kein Ganzes der Dinge
an sich, (unangesehen der Anschauung derselben,) von
denen keine Erkenntniß möglich ist, weil sie uns nicht
gegeben sind. Wenn man nun den Inbegriff der Erscheinungen mit dem Ganzen der Dinge an sich verwechselt, und dafür hält, daß die Dinge an sich selbst

uns gegeben seyen, da doch nur die Gegenstände der Anschauung uns gegeben sind, dann entsteht ein Widerstreit der Vernunft mit sich selbst, der durch die deutliche Einsicht seiner Ursache wird gehoben werden, wie dieses bald soll gezeigt werden.

Wir unterscheiden die Gegenstände der Anschauung von der Anschauung selbst, welches ein Factum des Bewußtseyns ist. Aber indem wir diese Unterscheidung machen, müssen wir nicht glauben, dadurch die Dinge an sich selbst von den Vorstellungen derselben unterschieden zu haben, und indem wir das Daseyn der Gegenstände im Raume bewiesen haben, müssen wir nicht meinen, das Daseyn der Dinge an sich selbst eingesehen zu haben. Das Daseyn der Gegenstände im Raume eben so wohl als in der Zeit ist gewiß, und wir leben in einer wirklichen, nicht aber in einer eingebildeten Welt von Dingen, die uns umgeben; aber diese Dinge sind Objecte bloß in der Erfahrung. Nur in derselben und nicht vor derselben sind sie gegeben. Sprechen wir von Gegenständen, die wir niemahls erfahren haben, als von Gegenständen der Erfahrung, so betrachten wir sie als Objecte, auf die der Fortschritt der Erfahrung doch einmahl führen könnte. Von den Einwohnern im Monde hat niemand eine Erfahrung gehabt; aber gleichwohl sind sie, oder auch ihr Nichtseyn, Gegenstände der Erfahrung, weil sie, obgleich nur problematisch, den Gesetzen der Anschauung und des Denkens gemäß gesetzt werden. Denken wir nun irgend eine vorher gehende, vom gegenwärtigen Augenblicke sehr entfernte Zeit; oder eine Stelle im Raume, die von einer bestimmten Stelle weit entfernt ist; oder

einen

einen durch Zahl ausgedruckten kleinen Theil der Materie; oder eine Ursache, zwischen welcher und einer gewissen Begebenheit wir eine große Zahl Zwischenursa-
chen annehmen; oder ein Daseyn als Bedingung eines
bedingten Daseyns, das von seinem Bedingten weit
abliegt: so gehören doch alle diese Gegenstände zur
Sphäre der Erfahrung, wenn wir sie gleich niemahls
erfahren hätten, noch erfahren könnten, indem sie doch
den Gesetzen der Erfahrung gemäß gedacht werden.
Wenn wir aber die ganze verflossene Zeit, oder den
unendlichen Weltraum u. s. w. im Sinne haben, können wir diese wohl noch Gegenstände der Erfahrung
nennen? Die empirische Synthesis kann sie ja niemahls vollenden. Was thun wir also, wenn wir in
Ansehung der Welt, nach irgend einer kosmologischen
Idee, die absolute Totalität der Bedingungen behaupten? Wir sehen sie als einen Gegenstand an, welcher
gegeben ist, ohne in der Anschauung gegeben zu seyn,
das ist: wir betrachten sie nicht mehr als einen Gegenstand der Erfahrung, sondern als ein Ding an
sich. Indem wir aber diesen Absprung von der Erfahrung nicht bemerken, behandeln wir ein Object, das
kein Gegenstand der Erfahrung ist, noch immer als
einen Gegenstand derselben. Der folgende Abschnitt
soll diese Dialectik der reinen Vernunft deutlich vor
Augen legen.

Der

Der Antinomie der reinen Vernunft
siebenter Abschnitt.

Critische Entscheidung des kos=
mologischen Streits der Vernunft
mit sich selbst.

Der dialectische Vernunftschluß, worauf die ganze An=
tinomie beruhet, ist folgender: Wenn das Bedingte ge=
geben ist, so ist auch die ganze Reihe aller Bedingungen
desselben gegeben: nun sind uns Gegenstände der Sin=
ne als bedingt gegeben, folglich u. s. f. Nach Verschie=
denheit des Bedingten in der Erfahrung, dessen Be=
dingung durch eben dieselbe Kategorie gedacht wird,
werden wir nun, diesem Schlusse gemäß, unbedingte
Gegenstände in der Anschauung erhalten.

Zuerst ist das gewiß, daß, wenn das Bedingte ge=
geben ist, auch seine Bedingung gegeben sey. Wird
durch irgend eine Kategorie etwas in der Anschauung
Gegebenes als bedingt gedacht, so liegt es schon in sei=
nem Begriffe, daß die Bedingung ebenfalls ein in der
Anschauung gegebener Gegenstand ist.

Ferner ist auch das gewiß, daß, wenn unter Ge=
genständen Dinge an sich selbst verstanden werden, und
mithin die Vorstellung von Gegenständen bloß der pro=
blematische Gedanke der nothwendigen Einheit des Be=
wußtseyns ist, ohne daß eine objective Verknüpfung
eines gegebenen Mannigfaltigen Statt findet, daß, sage
ich, wenn diese Gegenstände als bedingt gedacht wer=
den, auch die Reihe ihrer Bedingungen als vollstän=
dig voraus gesetzt wird. Denn man meint ja damit

Gegen=

Gegenstände, wie sie der bloße Verstand denkt, und da man von der Anschauung, in welcher allein uns Gegenstände gegeben seyn können, abstrahirt, so ist der Satz analytisch, daß, wenn etwas als bedingt gedacht wird, dasselbe die Totalität aller Bedingungen voraus setze, unter der man es bedingt denkt. Ist aber von einem in der Anschauung gegebenen Gegenstande, mithin von einer durch den Verstandesbegriff als nothwendig gedachten Synthesis eines Gegebenen, die Rede, so ist so viel klar, daß vor der vollendeten Synthesis kein Object in der Anschauung, als gegeben gedacht werden kann. Eine entfernte Ursache einer gewissen Begebenheit kann ich doch etwa am Leitfaden der Geschichte, wenn sie gleich in meine Erfahrung nicht gehört, durch die empirische Synthesis erreichen, und folglich einen Gegenstand als gegeben denken: aber unmöglich kann ich eine unendliche Reihe Ursachen, die doch der empirische Regressus niemahls erreicht, und eben so wenig eine Ursache, die keine andere, (welche doch in der empirischen Synthesis nothwendig angetroffen wird,) weiter voraus setzt, als einen gegebenen Gegenstand denken.

Aus diesem folgt, daß in dem Obersatze jenes Vernunftschlusses das Bedingte bloß durch den Begriff der nothwendigen Einheit, aber nicht, so fern dieselbe an einem Gegebenen vorgestellt ist, genommen wird, dagegen im Untersatze als ein Gegenstand der Erfahrung betrachtet wird; folglich dieser dialectische Vernunftschluß derjenige sey, den man sophisma figurae dictionis nennt. Dieser Betrug ist jedoch gar nicht erkünstelt; denn wenn man von der Anschauung eines in der-

derselben gegebenen Bedingten abstrahirt, und man folglich nichts mehr in Gedanken behält, als einen Begriff, den man auf ein Object zu beziehen vermeint;
dann ist es eben so nothwendig, Vollständigkeit der Bedingungen, als es nothwendig ist, die Prämissen eines Vernunftschlusses vollständig voraus zu setzen.
Man übersieht es aber, daß der Obersatz nur in dieser
Hinsicht richtig ist, und da man im Untersatze unter
dem Bedingten Erscheinungen versteht, deren Bedingung zwar auch ein in der Anschauung Gegebenes ist,
aber die Vollständigkeit der Bedingungen niemahls gegeben seyn kann; so erweitert man unvermerkt den Begriff des Bedingten im Obersatze, indem man ihn auch
auf Erscheinungen anwendet.

Hierdurch ist nun so viel entschieden, daß die Beweise so wohl für die Thesis als die Antithesis fehlerhaft sind, indem sie insgesammt auf jenen dialectischen
Vernunftschluß hinaus laufen. Gleichwohl ist der
Streit selbst damit noch nicht geendigt, indem die Untauglichkeit eines Beweisgrundes nicht die Unmöglichkeit der Sache selbst nach sich zieht, und es doch gewiß zu seyn scheint, daß die eine von beyden Behauptungen: die Welt hat einen Anfang, oder sie hat keinen Anfang, wahr seyn müsse, wenn die andere falsch
ist. Um also den Streit selbst aufzuheben, ist es noch
nothwendig, zu zeigen, daß um nichts gestritten wird,
indem diese Sätze nicht contradictorisch entgegen gesetzt sind, und daher beyde zugleich falsch seyn können.

Wenn man von einem Körper sagt, er riecht entweder gut oder nicht gut, so kann noch ein Drittes
Statt finden, nämlich daß er gar nicht rieche. Die Ent-

Erster Band.　　　　　　O　　　　　　gegen-

gegenfeßung beyder Urtheile ift nicht contradictorifch,
fondern fie gefchieht per disparata; fie können daher
beyde zugleich aufgehoben werden, ohne daß ein Wi-
derfpruch entfteht. Wird unter der Welt ein gegebenes Ganzes der Dinge an fich verftanden, fo find die
Urtheile: die Welt ift endlich und die Welt ift nicht
endlich, contradictorifch entgegen gefeßt, und das eine
von beyden muß nothwendig wahr feyn, wenn das andere falfch ift. Wenn aber die Welt kein Ganzes von
Dingen an fich ift, fondern allererft in der empirifchen
Synthefis als gegeben vorgeftellt wird, fo können beyde Säße falfch feyn, und die Entgegenfeßung darf nicht
mehr contradictorifch feyn. Betrachte ich nämlich die
Welt als den Inbegriff der Dinge an fich, fo find freylich die Prädicate endlich und nicht endlich, leere Begriffe; aber eben darum, weil beyde in keiner Anfchauung dargeftellt werden, ift der eine das contradictorifche Gegentheil des andern. Ift fie aber der Inbegriff von Erfcheinungen, fo ift fie weder, (dem
Raume und der Zeit nach,) endlich noch unendlich,
fondern fie wird allererft in der empirifchen Synthefis,
nicht aber vor derfelben, als gegeben gedacht. Eben
fo verhält es fich mit den übrigen kosmologifchen Behauptungen. In Anfehung eines Dinges an fich ift
das Nichteinfache das contradictorifche Gegentheil des
Einfachen, daher, weil beyde Begriffe ohne Beziehung
auf ein in der Anfchauung Gegebenes leer find. Der
in der äußern Anfchauung gegebene Gegenftand befteht
aber weder aus einfachen noch aus unendlich vielen
Theilen: das erfte nicht, weil die Synthefis eines Gegebenen nothwendig von Theile zu Theile fortgeht; das

zweyte

zweyte daher nicht, weil eben diese decomponirende Synthesis das Unendliche niemahls vollenden kann. Die Theile eines Körpers können nicht vor der Synthesis, sondern allererst in derselben als gegeben gedacht werden. Wenn man die Behauptungen der Thesis und Antithesis contradictorisch entgegen gesetzt hält, dann sieht man die Welt als ein Ganzes von Dingen an sich an. Betrachtet man sie aber als den Inbegriff von Erscheinungen, dann sind beyde Behauptungen zugleich falsch, weil sie sich auf die Voraussetzung stützen, daß diese Welt noch vor der Synthesis, als ein Gegebenes in der Anschauung, gedacht werde, und sie verstatten daher noch diese dritte Behauptung, daß die Welt als Gegenstand in der Anschauung nicht vor, sondern in ihrer Synthesis gedacht werde.

Wir haben demnach die Antinomie der reinen Vernunft gehoben, dadurch, daß wir gezeigt haben, daß sie kein wahrer Widerstreit, sondern nur ein dialectischer und der Streit eines Scheins sey, wodurch sich aber auch die Gründlichkeit der Beweise so wohl für die Thesis als für die Antithesis dieser Antinomien bestätigt. Da aber der critische Idealism den Schlüssel zu dieser Auflösung gegeben hat; so läßt sich nun auch indirect auf die Richtigkeit dieses Lehrbegriffs schließen. Diesen indirecten Beweis würde folgendes Dilemma enthalten. Wenn die Welt ein an sich existirendes Ganzes ist, so ist sie entweder endlich oder unendlich. Nun ist sie weder endlich noch unendlich; folglich kann auch die Welt kein an sich gegebenes Ganzes seyn, sondern sie kann nur in der Synthesis als gegeben, folglich nur als Inbegriff von Erscheinungen, gedacht werden.

Der

Der Antinomie der reinen Vernunft
achter Abschnitt.

Regulatives Princip der reinen Vernunft in Ansehung der kosmologischen Ideen.

Der Widerstreit der reinen Vernunft ist demnach aus der Täuschung entsprungen, daß man der Meinung war, die Gegenstände der Anschauung seyen schon vor der empirischen Synthesis gegeben, und daß man also die Erscheinungen für Dinge an sich gehalten hat; und dieser Widerstreit löset sich durch die Einsicht auf, daß allererst in dem empirischen Regressus, und nicht vor demselben, Objecte als gegeben gedacht werden, welches eben so viel ist, als daß die im Raume und in der Zeit gegebenen Gegenstände nicht Dinge an sich, sondern Erscheinungen, folglich Gegenstände der Anschauung, und außer derselben Nichts sind. Hieraus folgt nun, daß der kosmologische Grundsatz der Vernunft kein constitutives Princip seyn könne, der nämlich gleichsam als ein Axiom Totalität der Bedingungen zu einem gegebenen Bedingten selbst als gegeben ansehen lehrte; sondern nur ein regulatives Princip, welches bey keiner in der Anschauung gegebenen Bedingung stehen zu bleiben, sondern die Bedingung derselben unter den Gegenständen der Anschauung immer wieder zu suchen gebiethet. Er ist eine Regel, welche postulirt, was von uns im Regressus geschehen soll, aber nicht ein Grundsatz, welcher anticipirt, und aussagt, was vor dem Regres-

sus

sus im Objecte an sich gegeben ist.   Nach demselben
kann man also weder sagen, daß die Reihe der Bedingungen zu einem gegebenen Bedingten endlich, noch
daß sie unendlich sey, weil man in beyden Fällen ein
von der empirischen Synthesis unabhängiges Gegebenes im Sinne haben würde, da doch vor derselben
nichts als gegeben kann gedacht werden.   Mithin wird
die Vernunft-Idee der regressiven Synthesis nur eine
Regel vorschreiben, nach welcher sie vom Bedingten
zur Bedingung in der Anschauung fortgeht, aber keine Regel, das Schlechthin-unbedingte jemahls zu erreichen,   welches in der Erfahrung niemahls erreicht
werden kann.

Ungeachtet es nun gewiß ist, daß der Regressus
vom Bedingten zur Bedingung niemahls als beendigt
gedacht werden kann; so giebt es doch in Ansehung desselben eine sehr merkwürdige Unterscheidung.   Die
Mathematiker reden von einem Progressus in infinitum, die Philosophen dagegen wollen nur den Ausdruck von einem progressus in indefinitum gelten lassen.   Wir wollen diese Begriffe in Beziehung auf unsre
Absicht genau zu bestimmen suchen.

Wenn man unter dem Rückgange ins unendliche
den Fortschritt vom Bedingten zur Bedingung, in so
fern man ohne aufzuhören denselben fortsetzen kann,
verstehen will; so findet derselbe in Beziehung auf alle
kosmologische Ideen Statt.   In dieser Bedeutung
würde man ganz richtig sich ausdrucken, daß eine gerade Linie ins unendliche könne verlängert werden, obgleich der Geometer mit dem Ausdrucke: eine Linie ins
unendliche verlängert, nur das Fortziehen derselben
                                                                ins

ins unbestimmbar Weite, zur Absicht hat. Eben so
wird man auch richtig sagen, daß von einem Aelternpaare zu einem ältern ein Rückgang ins unendliche geschehen könne, weil kein Grund vorhanden ist, bey
irgend einem Gliede aufzuhören, und man daher denken kann, daß diese Reihe auch wirklich keinen Anfang finde.

Allein man bemerkt leicht, daß ungeachtet in allen Fällen das Unbedingte der kosmologischen Idee durch
den Regressus nicht erreicht werden, und die Synthesis
ohne Ende fortgesetzt werden kann, dieselbe doch in einer andern Rücksicht nicht überall einerley sey. Denn
dieser Regressus kann zwar bis zu irgend welchem Gliede fortgehen; allein obgleich die empirische Synthesis
durch nichts gehindert wird, so kann doch in allen Fällen die Wahrnehmung selbst, derselben nicht gleich kommen. Wir wollen den Rückgang zum Unbedingten, den
die Wahrnehmung nicht immer erreichen kann, den
regressum in indefinitum, und dagegen denjenigen,
dem dieselbe selbst jedesmahl gleich kommen kann, den
regressum in infinitum nennen. In der Reihe der
Aelternpaare kann ich zwar die Synthesis ins unendliche fortsetzen, aber ich kann meine Erfahrung nicht
bis zu jedem Gliede, das die empirische Synthesis erreicht, erweitern. Die vollendete vollständige Theilung eines Körpers kann niemahls gegeben seyn; aber
so weit ich auch in der Synthesis gehe, so weit kann
ich auch dieselbe mit meiner Erfahrung begleiten. Im
letztern Falle ist mir das Ganze in der unmittelbaren
Anschauung gegeben, und folglich ist auch ein jeder
Theil, zu welchem die decomponirende Synthesis ge-
lan-

langen kann, in der Wahrnehmung des Ganzen enthalten; im ersten Falle ist mir etwas in der unmittelbaren Anschauung gegeben, aber die Glieder der Reihe von Bedingungen des in der unmittelbaren Anschauung gegebenen Bedingten sind mir in derselben
nicht gegeben, sondern ich kann durch die empirische
Synthesis nur den Gesetzen der Anschauung gemäß
ein jedes Glied als gegeben denken.

Der Antinomie der reinen Vernunft
neunter Abschnitt.

Von dem empirischen Gebrauche des regulativen Princips der Vernunft, in Ansehung aller kosmologischen Ideen.

Es ist demnach hinlänglich gezeigt worden, daß die
kosmologischen Ideen sich nicht auf Gegenstände der
Anschauung beziehen können, welches sie beabsichtigen,
und daß ihnen insgeheim ein transcendentaler Gebrauch zum Grunde liege, indem die objective Beziehung derselben darauf beruhet, daß der Gegenstand
der Idee noch vor der empirischen Synthesis als gegeben gedacht wird, und man noch immer glaubt, ein
Object der Anschauung zu haben, während man doch
willkührlich bloß den Gedanken der objectiven Einheit
denkt. Die objective Gültigkeit der Kategorien hat
nur an Gegenständen der Anschauung gezeigt werden
können, und ein transcendentaler Gebrauch derselben
war unmöglich. Von den kosmologischen Ideen gilt

das

das letzte ebenfalls, da sie bis zum Unbedingten erweiterte Kategorien sind. Gesetzt nun auch, daß ihnen
Gegenstände, (Dinge an sich,) correspondiren, so ist
doch wenigstens das gewiß, daß der empirische Regressus niemahls auf sie stoßen könne, da derselbe seiner Natur nach nur von Erscheinung zu Erscheinung fortgehen
kann. Aus diesem Grunde aber konnte auch der kosmologische Grundsatz kein constitutives Princip seyn, welches dem Begriffe des Schlechthin-unbedingten objective Gültigkeit beylegt. Mit ihm als einem constitutiven
Princip haben wir nichts weiter zu schaffen, und es
ist nur die ganze Bedeutung desselben als regulatives
Princip, die wir noch vor Augen zu legen haben. In
dieser Bedeutung wird er sich selbst als doctrinaler
Grundsatz offenbaren, durch dessen Leitung wir unaufhörlich die Erfahrungserkenntniß erweitern, dagegen
derselbe als constitutives Princip lediglich dialectisch
ist, und den Begriff des Unbedingten nur nach Zerrei-
ßung des Fadens der Erfahrung auf einen Gegenstand
beziehen kann.

I.

Auflösung der kosmologischen Idee von der Totalität der Zusammensetzung der Erscheinungen von einem Weltganzen.

Der kosmologische Grundsatz, so wohl in Ansehung
dieser als aller übrigen kosmologischen Ideen, ist daher
ein regulatives Princip, weil die empirische Synthesis
niemahls ein Absolut-unbedingtes antreffen kann.
Man kann folglich von der Welt nicht sagen, daß sie
unend-

unendlich sey, weil sie dadurch als ein schon vor dem empirischen Regressus gegebenes Ganzes vorgestellt würde, da sie doch allererst im Regressus gegeben ist. Man wird aber auch nicht sagen können, daß sie endlich, das ist: dem Raume und der Zeit nach in Grenzen eingeschlossen sey, weil die Frage nach dem, was sie begrenzt, nothwendig ist, der leere Raum aber und die leere Zeit nicht als absolute Grenzen können gedacht werden, da sie keine Gegenstände sind, als nur so fern sie erfüllt sind. Von der Welt selbst als einem Gegenstande kann man daher in dieser Rücksicht gar nichts sagen. Es ist nur der Regressus von dem, was zu sagen ist, und da fragt sich nun, ob derselbe ein Rückgang ins unendliche oder ins unbestimmbar Weite, (in indefinitum,) zu nennen sey.

Die Welt ist weder der Zeit noch dem Raume nach als ein Ganzes in der Anschauung gegeben. Ob nun gleich der Regressus bey keinem Gliede schlechthin aufhören kann, so kann doch auch von keinem Gliede mehr gesagt werden, als daß es in der Synthesis werde angetroffen werden. Da nämlich in diesem Falle kein Ganzes in der Anschauung gegeben worden ist, so verläßt die empirische Synthesis in ihrem Fortschritte die Wahrnehmung, und ungeachtet jedes Glied der Reihe als in der Anschauung gegeben gedacht werden muß, so ist es doch nicht in der unmittelbaren Anschauung gegeben. Es findet daher hier kein regressus in infinitum, sondern nnr in indefinitum Statt.

Auf die Frage nach der Weltgröße ist demnach die negative Antwort: die Welt hat keinen ersten Anfang der Zeit nach und keine äußerste Grenze dem

Raume nach, weil sonst der leere Raum und die leere
Zeit wirkliche Gegenstände seyn müßten, da Raum
und Zeit im Gegentheile doch nur in so fern Gegenstände sind, als in ihnen etwas gegeben ist. Man bemerkt aber leicht, daß damit nicht gesagt wird, daß
die Welt unendlich sey, sondern daß nur etwas vom
Regressus ausgesagt worden ist, daß nämlich derselbe
in dem Fortschritte vom Bedingten zur Bedingung kein
Ende erreichen könne. Mithin ist das, was von der
Welt als einem Gegenstande negativ gesagt worden
ist, daß sie nämlich keine Grenze der Zeit und dem
Raume nach habe, eine positive Aussage von dem Regressus, daß derselbe nämlich in indefinitum fortgehe. Diese Aussage aber schreibt keinesweges einen bestimmten empirischen Regressus vor; er sagt z. B.
nicht, daß man in der Reihe der Aelternpaare kein
erstes antreffen werde. Daher, weil derselbe in seinem
Fortgange die Wahrnehmung verläßt, ist dieser unmittelbar nicht bestimmt, sondern muß den Regeln der
Erfahrung gemäß allererst bestimmt werden. Nur
das wird dadurch behauptet, daß der Rückgang zum
Unbedingten vor jeder Bedingung eine andere als ihre Bedingung, und niemahls eine absolute Grenze antreffen werde; daß vor jedem empirischen Raume und
vor jeder empirischen Zeit es wieder einen empirischen
Raum und eine empirische Zeit geben müsse, gesetzt
auch, daß kein empirisches Bewußtseyn derselben Statt
fände, dessen Mangel den Mangel der Erfüllung des
Raums und der Zeit nicht nach sich zieht.

Es giebt also keinen Anfang und keine Grenze
der Welt selbst, sondern aller Anfang und alle Gren

ze

ze ist nur in der Welt. Mithin sind nur die Gegenstände in der Welt bedingter Weise begrenzt, die Welt
selbst aber weder auf bedingte noch auf unbedingte
Art begrenzt. Eben daher ist aber auch die collective
Anschauung der Weltgröße selbst unmöglich. Der Regressus bringt die collective Anschauung nur immer einer Sphäre zu Stande, die von einer andern Sphäre
begrenzt ist; er besteht folglich immer im Bestimmen,
und erzeugt niemahls das vollends Bestimmte, nämlich die Anschauung des Ganzen der Welt weder dem
Raume noch der Zeit nach.

II.
Auflösung der kosmologischen Idee von der Totalität der Theilung eines gegebenen Ganzen in der Anschauung.

Der Regressus, der vom Bedingten zur Bedingung
in der Theilung eines gegebenen Ganzen in der Anschauung führt, wird von der Wahrnehmung jederzeit
begleitet, eben daher, weil das Ganze mit allen seinen
möglichen Theilen in der Anschauung gegeben worden
ist. Das heißt aber nicht, daß der Körper aus unendlich vielen Theilen bestehe, indem dadurch die Theile als etwas schon vor der decomponirenden Synthesis
Gegebenes vorgestellt werden; sondern es wird damit
gerade nur das gesagt, daß, so weit auch die Theilung
geschehen möchte, doch das empirische Bewußtseyn
der Theile zu eben der Wahrnehmung gehören würde,
durch welche das Ganze apprehendirt wird, (gesetzt

setzt auch, daß der Grad desselben zu schwach wäre, um selbst eine wirkliche Wahrnehmung zu seyn.) Mithin geht hier der Regressus nicht bloß in indefinitum, sondern auch in infinitum. Aber diese Bestimmung geht doch auch nur lediglich den Regressus, und keineswegs ein vor demselben Gegebenes, an. Von dem in der Anschauung gegebenen Ganzen, so fern die Theilung desselben noch nicht gedacht wird, kann man nur auf negative Art sagen, daß es nicht aus einfachen Theilen bestehe. In Ansehung des Regressus ist aber diese negative Aussage etwas Positives, nämlich die Bestimmung, daß die decomponirende Synthesis ins unendliche fortgehe.

Wenn man die Theilung eines Körpers als unabhängig von dem Regressus sich vorstellt, und alle Theile vor demselben als gegeben denkt, so ist es nothwendig, ihn als aus einfachen Theilen zusammen gesetzt sich vorzustellen. Denn da in einer zusammen gesetzten Substanz etwas Wirkliches, für sich Bestehendes, gegeben ist, die Zusammensetzung aber demselben doch nur zufällig anhängt, so muß das als beharrlich Gegebene bleiben, wenn auch alle Zusammensetzung aufgehoben wird, und da dasselbe nicht mehr zusammen gesetzt ist, so muß es einfach seyn. Der Beweis der Thesis dieser Antinomie ist daher ganz richtig, wenn das in der Anschauung Gegebene als Ding an sich, und die Theilung desselben als unabhängig von dem empirischen Regressus vorgestellt wird. Der Beweis der Antithesis sieht dagegen lediglich auf diesen Regressus, und findet, daß derselbe unaufhörlich fortgehen müsse. Nun würde derselbe ganz richtig schließen, daß das Beharrliche in

der

der Anschauung nicht aus einfachen Theilen bestehe, weil der Gegenstand in der Anschauung Erscheinung, und kein Ding an sich ist, aber in der Behauptung, daß das Ganze aus unendlich vielen Theilen bestehe, fällt er in denselben Fehler des Beweises der Thesis, nämlich darein, daß er von dem empirischen Regressus abgeht, und den Gegenstand der Anschauung als ein Ding an sich betrachtet.

Anders aber verhält es sich mit einem Ganzen, welches durch irgend einen Begriff als quantum discretum gedacht wird. Was die Theilung überhaupt eines Körpers betrifft, so geht dieselbe ins unendliche, weil die Theile selbst erst im Regressus, und nicht vor demselben gegeben sind. Ist aber von einem gegliederten Ganzen die Rede, so ist es dieser Begriff des Gegliederten, durch welchen das Ganze als ein quantum discretum vorgestellt wird, das heißt, als ein solches, dessen Theile schon vor dem empirischen Regressus als in der Anschauung gegeben gedacht werden. Von einem solchen Ganzen kann daher nicht gesagt werden, daß die Theilung desselben ins unendliche gehe, sondern im Gegentheile muß man sagen, daß die Menge der gegliederten Theile durch eine Zahl müsse ausgedruckt werden können. Die Theilung ins unendliche betrifft nur das quantum continuum, dessen Theile nicht vor der Decomposition gegeben sind; das quantum discretum wird aber schon vor dem Regressus als eingetheilt gedacht, und es kann daher ein Zweck der Erfahrung werden, die Zahl der Theile eines gegliederten Ganzen zu suchen. Allein obgleich die Theilung in diesem Falle nicht ins unendliche geht, so kann man doch

doch denken, daß der regreſſus in infinitum einer ſtetigen Größe von der Organiſirung immer begleitet werde, und folglich die Annahme möglich ſey,
daß ein quantum ins unendliche gegliedert werden
könne, aber nicht, daß daſſelbe ins unendliche gegliedert ſey.

Schlußanmerkung
zur Auflöſung der mathematiſch = tran= ſcendentalen,
und
Vorerinnerung
zur Auflöſung der dynamiſch = tran= ſcendentalen Ideen.

Da wir nach Anleitung der Kategorien die Anzahl der kosmologiſchen Ideen vollſtändig anzugeben
ſuchten, hoben wir diejenigen Kategorien, als zu unſrer Abſicht tauglich, aus, durch welche ein Gegenſtand
als bedingt, die Bedingung aber durch eben denſelben
Verſtandesbegriff gedacht wird. Dieſes Verfahren war
kein anderes als die hypothetiſche Syntheſis, welche
in dem Proſylloaismus hypothetiſcher Vernunftſchlüſſe
Statt findet. Es entſtand auf dieſe Art eine Reihe, in
der alle Glieder, in jener Rückſicht, von einerley Art
waren, und in welcher folglich kein Gegenſtand angetroffen werden konnte, der in ſo weit allen übrigen
Gliedern der Reihe gleich iſt, daß er als Gegenſtand
durch eben dieſelbe Kategorie gedacht wird, durch welche dieſe gedacht werden, doch darin von ihnen unterſchieden ſeyn ſollte, daß er nicht weiter bedingt wäre.

Aus

Aus dieser Betrachtung ergab sich, daß der unbedingte Gegenstand der Vernunft niemahls dem Verstandesbegriffe anpaßte, und die Vernunfteinheit vom Verstande nicht mehr erreicht werden konnte.

Indem wir nun den Ursprung der kosmologischen Ideen aus der Erweiterung der Kategorien bis zum Unbedingten herleiteten, so haben wir wohl an den Unterschied der mathematischen und dynamischen Kategorien erinnert, auch darnach diese Ideen selbst in die der mathematischen und die der dynamischen Classe eingetheilt; allein wir haben nicht nöthig gehabt, von dieser Unterscheidung einen Gebrauch zu machen. Der Rückgang vom Bedingten zur Bedingung ist in Ansehung aller kosmologischen Ideen darin ganz einerley, daß derselbe die hypothetische Synthesis ist, und daß mithin die Bedingung jederzeit durch eben den Verstandesbegriff gedacht wird, wodurch man das Bedingte denkt; aber die Synthesis des Verstandesbegriffs selbst ist in den mathematischen und dynamischen Kategorien doch sehr von einander verschieden, wie wir dieses schon an seinem Orte gezeigt haben. In den erstern ist dieselbe die Synthesis des Gleichartigen; in den letztern eine Synthesis des Ungleichartigen. Was nun die Synthesis im Regressus, (die hypothetische,) betrifft, so ist es allerdings ganz richtig, daß auch in Ansehung der dynamischen Ideen kein Absprung von den Gegenständen der Anschauung in eine bloße Verstandeswelt verstattet seyn kann. In allen Fällen ist das Bedingte eine Erscheinung, und die Bedingung ist nothwendig ebenfalls ein in der empirischen Anschauung gegebener Gegenstand. Allein da die Synthesis in den dynamischen

Ideen

Ideen die des Ungleichartigen ist, so ist es hier möglich, die Bedingung eines in der Anschauung gegeb-
nen Bedingten bloß durch den Gedanken der objectiven
Einheit, (obgleich nur problematisch,) mithin als Ding
an sich selbst, ohne in der Anschauung gegeben zu seyn,
zu denken. Ungeachtet nun die Antinomie der reinen
Vernunft auch in Ansehung dieser Ideen darin ihren
Ursprung hat, daß die Reihe der Bedingungen schon
vor dem Regressus als gegeben gedacht wird, da sie
doch allererst im Regressus selbst gegeben wird, so wird
es hier doch für die objective Beziehung dieser Ideen
einen möglichen Fall geben, wenn auch dieselbe nur
problematisch seyn sollte. In der mathematischen Synthesis gehe ich von einem empirischen Raume zum andern, und von einer empirischen Zeit zu einer andern
fort. Hier giebt es also keine Bestimmung des Daseyns einer Erscheinung, sondern nur eine Bestimmung
ihrer Stelle im Raume und in der Zeit; es kann demnach der Natur dieser Synthesis gemäß hier nur von
Erscheinungen die Rede seyn. In der dynamischen
Synthesis wird dagegen das Daseyn einer Erscheinung
bestimmt. Ungeachtet nun die hypothetische Synthesis auch hier die Reihe der Erscheinungen nicht verlassen kann, so ist es hier doch erlaubt, außer der Reihe
ein Ding an sich selbst zu setzen, durch welches das Daseyn einer Erscheinung bestimmt ist, die aber als Gegenstand der Anschauung ihrem Daseyn nach nur durch
die hypothetische Synthesis, die von Erscheinung zu
Erscheinung fortgeht, erkennbar ist. Die Antinomie
der Vernunft entsteht, wenn das Unbedingte in der
Reihe der Erscheinungen gesetzt wird. Wird es nun
außer

außer derselben gesetzt, so widerspricht dieser Annahme weder die Thesis noch die Antithesis, und beyde lassen sich sodann vereinigen, welches wir bald zeigen werden.

III.

Auflösung der kosmologischen Idee von der Totalität der Ableitung der Weltbegebenheiten aus ihren Ursachen.

Daß alles, was geschieht, eine Ursache habe, ist ein Gesetz der Natur, wovon, als einer Regel a priori, keine Ausnahme möglich ist. Die Causalität einer Ursache ist aber ebenfalls ein Geschehenes, weil, wenn sie immer gewesen wäre, auch ihre Wirkung nicht erst entstanden wäre. Folglich setzt die Causalität einer Ursache nothwendig wieder eine Ursache voraus, und es giebt daher von einer jeden Begebenheit einen Rück, gang, der ein regreſſus in indefinitum genannt wer, den muß, und der niemahls ein absolut, erstes Glied antreffen kann.

Dagegen ist die Freyheit ein Vermögen, ei, nen Zustand von selbst anzufangen, deren Causali, tät folglich keine andere voraus setzt, die sie der Zeit nach bestimmt. Die Freyheit ist also in dieser Bedeu, tung eine reine transcendentale Idee, die zwar gedacht wird, um die Totalität einer Reihe Gegenstände in der Erfahrung, von denen der eine die Bedingung des andern ist, zu faſſen, die aber selbst nicht von der Er, fahrung entlehnt worden ist, und deren Gegenstand auch in keiner Erfahrung gegeben seyn kann, indem

jede

jede in derselben gegebene Causalität nothwendig eine andere voraus setzt. Ob nun gleich dieser Begriff zwar nur ein Geschöpf der Vernunft ist, so ist es doch nothwendig, auf ihn zu kommen, wenn man die Reihe Begebenheiten schon vor dem Regressus als gegeben ansieht. Die Antithesis dieser Antinomie, welche dagegen bloß auf den Regressus sieht, bemerkt, daß dieser bey keinem Gliede aufhören könne, und läugnet mit allem Grunde die Freyheit. Sie fehlt nur wieder darin, daß sie die Reihe der einander untergeordneten Begebenheiten für unendlich ausgiebt, welches ebenfalls nicht anders möglich ist, als wenn dieselbe schon vor dem Regressus gegeben ist.

Die practische Freyheit gründet sich auf diese transcendentale, so daß, wenn die Möglichkeit der objectiven Beziehung der letztern dargethan worden ist, man auch zugestehen kann, daß es Gegenstände geben könne, die mit dem erstern Vermögen begabt sind. Diese practische Freyheit ist die Unabhängigkeit der Willkühr von der Nöthigung durch Antriebe der Sinnlichkeit. Eine Willkühr ist sinnlich, wenn sie pathologisch, (durch Bewegursachen der Sinnlichkeit,) afficirt ist. Diese heißt thierisch (arbitrium brutum), wenn sie durch jene Bewegursachen nothwendig bestimmt, das ist: pathologisch necessitirt werden kann. Die menschliche Willkühr ist zwar ein arbitrium sensitivum, aber nicht brutum, sondern liberum, weil Sinnlichkeit ihre Handlungen nicht nothwendig macht, sondern dem Menschen ein Vermögen beywohnt, sich, unabhängig von der Nöthigung durch sinnliche Antriebe, von selbst zu bestimmen. Wenn nun alle Causalität

bloß

bloß die nach Naturgesetzen wäre, so könnte es auch
keine Freyheit im practischen Verstande geben. Unter
der transcendentalen Idee der Freyheit wird die Causalität verstanden, die eine Reihe Begebenheiten
schlechthin anfängt, und welche die Vernunft sich erschafft, um einer jeden Reihe von dieser Art in der
Sinnenwelt Vollständigkeit zu geben. Wäre dieselbe
unmöglich, so kann auch keinem Subjecte ein Vermögen eingeräumt werden, irgend eine Handlung zu ver-
richten, ohne zu derselben durch eine Ursache, die in
der Sinnenwelt liegt, bestimmt worden zu seyn.

Wir wollen im allgemeinen den Weg zeigen, auf
welchem wir die Möglichkeit der objectiven Beziehung
dieser Idee darthun können, deren Wirklichkeit jedoch
auf keine Weise kann erwiesen werden. Wenn man
eine Reihe Begebenheiten als vollendet, und mithin
vor dem Regressus als gegeben, denkt, so betrachtet
man die Gegenstände der Anschauung als Dinge an
sich. Auf diesem Wege ist nun die Antinomie der Vernunft unvermeidlich, und es ist dann unmöglich, dieselbe
zu heben. Aber indem man diesen Ursprung derselben
entdeckt, so findet man auch eben dieselbe Auflösung,
wie die der beyden ersten kosmologischen Ideen war.
Man wird nämlich von einer in der Sinnenwelt gegebenen Reihe Begebenheiten auf eine negative Art
ganz richtig sagen, daß es in derselben kein absolut-er-
stes Glied, das ist: keine Ursache gebe, die von selbst
zu handeln anfange; und man wird von dem Regressus auf eine positive Art sich richtig ausdrucken, daß
derselbe in indefinitum gehe. Damit hätten wir etwas ausgesagt, was doch nur von Gegenständen gilt,

so fern dieselben Gegenstände der Erfahrung sind. Nun bemerken wir aber, daß, da die Synthesis in dem Verstandesbegriffe der Causalität, (der Ursache und Wirkung,) eine Synthesis des Ungleichartigen ist, (obgleich in dem hypothetischen Rückgange die Causalität der Ursache eine Wirkung, und folglich mit einer gegebenen Wirkung gleichartig ist,) eine Begebenheit als Wirkung einer frey handelnden Ursache gedacht werden kann, so fern man ihre Causalität bloß durch den reinen Verstandesbegriff, mithin als Ding an sich selbst, denkt. Durch die Annahme der Freyheit als des Vermögens eines Wesens, so fern die Causalität desselben ein Ding an sich selbst ist, wird man keinesweges sich auf einer Antinomie betreffen. Denn es wird dadurch nicht dem Naturgesetze der Causalität widersprochen, sondern nur bestimmt, daß dasselbe eine Regel sey, welcher die Gegenstände der Erfahrung nothwendig unterworfen sind, und daß mithin, so fern eine Begebenheit ein Gegenstand der Erfahrung ist, der Regressus in der Reihe ihrer Ursachen kein Ende finde, daß aber gleichwohl eben dieselbe Begebenheit durch eine Causalität, die keine andere wieder voraus setzt, bestimmt gedacht werden könne, so fern diese Causalität kein Object der Erfahrung, sondern ein Ding an sich selbst ist. Mithin könnte eine und eben dieselbe Begebenheit in verschiedener Rücksicht so wohl aus Natur als aus Freyheit entsprungen seyn, so daß es vielleicht kein richtig disjunctiver Satz sey, daß jede Begebenheit entweder aus Natur oder aus Freyheit entstanden sey.

Mög=

Möglichkeit der Causalität durch Freyheit in Vereinigung mit dem allgemeinen Gesetze der Natur= nothwendigkeit.

Wir nennen dasjenige an einem Gegenstande der Anschauung, was nicht zur Anschauung gehört, in= telligibel. Wenn man nun einem Gegenstande in der Erfahrung ein Vermögen beylegt, das kein Ob= ject der Erfahrung ist, das ist: dessen Causalität nicht mehr unter der Zeitbedingung steht, die Wirkungen desselben aber Erscheinungen sind, so wird man diese Causalität auf zwey Seiten betrachten, als intelli= gibel, wornach sie selbst keine Begebenheit ist und nicht zur Erfahrung gehört, und als sensibel, wor= nach ihre Wirkungen Gegenstände der Erfahrung sind. Hierdurch würden wir nichts annehmen, was dem Ge= setze der Erfahrung widerstreitet. Diese Annahme be= ruhet nur darauf, daß den Gegenständen der Erfah= rung etwas zum Grunde liege, was kein Object der Erfahrung ist, wovon die Möglichkeit nicht geläugnet werden kann. Dieses Ding an sich, welches den Er= scheinungen zum Grunde zu legen die Vernunft schon von selbst geneigt ist, kann nun zwar lediglich durch den Gedanken der objectiven Einheit gedacht, und es kann allerdings nicht einmahl entschieden werden, ob dasselbe auch etwas den Kategorien Entsprechendes ent= halte; allein eben so wenig kann man das Gegen= theil davon behaupten. Folglich ist es denkbar, daß ein Wesen, so fern es seiner Causalität nach ein Ding an sich selbst ist, Wirkungen hervor bringt, welche Gegen=

stånde

stände der Erfahrung sind, von welchen der Verstand
nach dem Gesetze der Erfahrung die Ursache in derselben auffucht, so wie derselben Causalität wiederum als
Begebenheit betrachtet, ohne in diesem empirischen
Regressus ein Ende zu erreichen. Denn dieses Vermögen wird gänzlich außer der Sinnenwelt gesetzt, mithin die Erfahrung durch dasselbe keinesweges abgebro-
chen, sondern nur im Verhältnisse zu demselben betrachtet.

Die Causalität einer wirkenden Ursache muß einer
Regel unterworfen seyn, welches so wohl von derjenigen,
die bloß Object des reinen Verstandes ist, als auch von
der Causalität, die als Begebenheit selbst in der Erfahrung gegeben ist, gilt. Der Grund davon ist der,
daß dieselbe als Object gedacht wird, welches der Begriff von etwas Nothwendig-verbundenem ist. Diese
Regel werden wir den C h a r a k t e r der Causalität
nennen. Demnach kann man bey einer Ursache einen
zwiefachen Charakter unterscheiden, einen e m p i r i-
s c h e n, der das aus der Erfahrung selbst herzuneh-
mende Gesetz ist, wornach eine Ursache wirkt und die
Causalität zum Handeln bestimmt ist; und einen i n-
t e l l i g i b e l n, welcher derselben eigen ist, so fern
sie ein Ding an sich selbst ist, der keinesweges durch
Erfahrung zu erkennen ist, und der, wenn überall
ein solcher erkennbar ist, lediglich durch reine Vernunft
erkannt werden muß. Nach seinem empirischen Charakter würde ein Subject ein Gegenstand der Erfahrung seyn, und vermittelst desselben mit andern Gegenständen der Erfahrung zusammen hängen; nach seinem
intelligibeln Charakter aber würde dasselbe ein Ding

an

an sich selbst seyn, dessen Wirkungen zwar als Erscheinungen gegeben sind, und dessen intelligibler Charakter vielleicht a priori eingesehen werden kann, dessen
Causalität aber keine Begebenheit in der Sinnenwelt
und nichts Gegebenes ist. Von dieser Causalität wird
man mit Recht sagen, daß sie gar nicht zu seyn anhebt, weil sie gar nicht unter Zeitbedingungen steht,
welches nur von einer Causalität gelten kann, die einem empirischen Charakter gemäß gedacht wird. Die
Wirkungen, als zur Sinnenwelt gehörig, würden gleichwohl im Verhältnisse zu dieser intelligibeln Ursache
betrachtet werden. Sie würden als Erscheinungen,
dem empirischen Charakter eines Subjects gemäß, aus
einem vorher gehenden Zustande desselben hergeleitet
werden müssen, und gleichwohl würde die ganze Reihe
dieser Erscheinungen in einem intelligibeln Substrate
gegründet gedacht werden können. So würden Freyheit und Natur bey eben denselben Handlungen, jedes
in seiner vollständigen Bedeutung, nachdem man sie
mit ihrer intelligibeln oder sensibeln Ursache ver-
gleicht, zugleich und ohne allen Widerstreit angetroffen werden.

Erläuterung
der kosmologischen Idee einer Freyheit
in Verbindung mit der allgemeinen
Naturnothwendigkeit.

Wenn man die Möglichkeit der objectiven Gültigkeit dieser Idee darthun will, so hat man dafür zu
sorgen, daß man ihren Gegenstand nicht in die Reihe

der

der Gegenstände der Anschauung versetze. Es ist ein
Gesetz der Erfahrung, wovon keine Ausnahme gelten
kann, daß alles, was geschieht, eine Ursache habe.
Würde nun die freye Ursache ein Gegenstand der Erfahrung seyn, welchen die hypothetische Synthesis einmahl anträfe, und dessen Causalität selbst eine Begebenheit wäre, so müßte diese Synthesis ihrer Natur
gemäß noch nach derjenigen Causalität fragen, welche
die Causalität der Freyheit hervor bringt, und dieselbe
nothwendig voraus setzen. Die Freyheit also als Gegenstand in der Erfahrung würde demnach nicht Freyheit seyn.

Wenn man dagegen die in dem empirischen Regressus gegebene Reihe von Begebenheiten als einen
Inbegriff von Erscheinungen auf eine Causalität außer dieser Reihe bezieht, dann entgeht man dem Widerspruche, welchen man im vorigen Falle antrifft. Es
ist wahr, daß man die Möglichkeit dieser Causalität,
die nicht unter den Zeitbedingungen steht, und von welcher man daher nicht sagen kann, daß sie eine Begebenheit ist, nicht verstehen kann. Das kann aber auch
gar nicht befremden. Die Möglichkeit eines Gegenstandes wird verstanden, wenn er den Gesetzen der
Erfahrung gemäß gedacht wird. Die Causalität einer
freyen Ursache ist aber nicht in der Erfahrung gegeben. Mithin kann man in ihrem Begriffe nicht mehr
finden als man hinein gelegt hat. Man versteht daher
zwar nicht die Möglichkeit der Freyheit, auch dient
ihre Annahme keinesweges in kosmologischer Absicht,
um die Reihe von Begebenheiten zu begreifen und ihre
Totalität zu fassen; aber die Möglichkeit der objectiven

ven Beziehung dieses Begriffs kann man gleichwohl verstehen. Denn dieselbe ist keine andere als die logische Möglichkeit, wornach bloß die objective Einheit problematisch zu denken postulirt wird, dagegen die reale Möglichkeit eines Gegenstandes verlangt, daß derselbe als gegeben gedacht, und die objective Einheit an etwas Gegebenem vorgestellt werden könne.

Was ist aber wohl der Grund, der uns bewegt, die objective Beziehung dieser Idee als thunlich darzustellen, da wir doch dieselbe in kosmologischer Absicht gar nicht brauchen? So fern eine Ursache in der Erfahrung gegeben ist, muß sie einen empirischen Charakter haben, und dieses Gesetz, wornach sie thätig ist und ihre Causalität selbst entsteht, muß die Erfahrung lehren. Aufmerksamkeit auf die Umstände und andere Erscheinungen, welche eine Ursache umgeben, entdeckt die Ursachen ihrer Causalität, und eben dadurch auch ihren empirischen Charakter. Der Mensch ist uns ein Gegenstand in der Anschauung, und als ein handelndes Wesen ist er causa phaenomenon. Als eine solche muß er jederzeit einen empirischen Charakter, und jeder einzelne Mensch muß seinen eigenen empirischen Charakter haben. Denselben entdeckt man, wenn man ihn im Verhältnisse zu andern Erscheinungen betrachtet, da sich dann die Regeln von der Erfahrung abnehmen lassen, nach welchen er handelt. Finden wir unerwartete Abweichungen von diesen Regeln, so ist uns sein empirischer Charakter noch nicht hinlänglich bekannt, und eine jede dieser Abweichungen dient dazu, denselben richtiger zu bestimmen. Ja, wäre es möglich, (welches freylich der Grenzen der

Erfah-

Erfahruug wegen nicht möglich ist,) seinen empirischen
Charakter uns ganz und gar aufzuschließen, so würden wir jede seiner Handlungen eben so sicher vorher
sagen können, als wir die Zeit und Umstände einer
Mondfinsterniß vorher zu bestimmen im Stande sind.
Nun aber haben wir eine besondere Veranlassung, den
Menschen bey seinen Handlungen auch als freye Ursache zu denken. Denn einmahl handelt er jederzeit unter der Vorstellung der Freyheit. In allen seinen Handlungen dünkt er sich wirklich frey zu seyn. Ist er sich
des Einflusses äußerer Objecte auf seinen Willen, die
ihn zu einer Handlung bestimmen, bewußt, so kann
er doch nicht anders als sich auch des Vermögens bewußt zu seyn, gleichwohl anders handeln zu können,
wenn gleich dieser Einfluß noch so groß wäre. Nun
ist es zwar gewiß, daß, wenn er auch wirklich nicht so
handelte, als dieser Eindruck ihn zu bestimmen scheint,
doch gleichwohl in der vorher gehenden Zeit die hinlänglichen Bestimmungsgründe seines Willens liegen
müssen, aus welchen jede seiner Handlungen hergeleitet
werden kann, so daß dem Natur-Mechanism, so frey
der Mensch gehandelt zu haben sich einbildet, er doch
keinen Abbruch gethan hat. Allein von der andern
Seite bemerken wir, daß es doch auch keine beliebige
Einbildung sey, wornach man einmahl problematisch
es setzen könnte, frey zu seyn; sondern daß der Mensch,
so sehr er auch die Allgemeinheit des Natur-Mechanism
anerkennt, im Handeln sich jederzeit als ein freyes Wesen betrachten müsse. Was aber mehr als das ist, und
woraus jene Erscheinung sich mag erklären lassen, ist
das Bewußtseyn des Sittengesetzes. Practische Gesetze,

sehe, so fern sie empirisch sind, drucken ihrer Natur nach niemahls ein S o l l e n schlechthin aus, sondern nur ein bedingtes Sollen, welches aus dem W o l l e n eines Objects abzuleiten ist. Wenn ich ein Object vollständig will, so liegt es schon in diesem Begriffe, daß ich auch dasjenige thun muß, wodurch ich meine Absicht erreichen kann. Dagegen gebiethet das Sittengeseß schlechthin. Nach diesem s o l l ich Handlungen thun, ich mag das Object, das sie hervor bringen, wollen oder nicht. Mithin hat das Sittengeseß das Gepräge eines practischen Sahes a priori an sich. Vermittelst dieses Gesehes erkennt sich der Mensch von einer Seite, welche sein empirischer Charakter ihm nicht aufdeckt. Es offenbart sich ihm daran sein intelligibler Charakter, nämlich das Geseß, wornach er handeln s o l l, wenn er gleich wirklich darnach nicht handelt. Von einer jeden Handlung, welche dem Sittengesehe zuwider läuft, ist der Mensch sich bewußt, daß er sie nicht hätte thun sollen; zugleich aber auch, daß es in seiner Gewalt war, sie wirklich zu unterlassen. So fern wir uns nun des Vermögens bewußt sind, uns unabhängig von sinnlichen Antrieben zu bestimmen, und ihnen gänzlich entgegen dem a priori gebiethenden practischen Geseße zu gehorchen, schreiben wir der Vernunft eine Causalität zu, und dieses thun wir bey jeder Handlung, die wir im Verhältnisse auf Moralität denken, obgleich, so fern wir bloß auf den Natur-Mechanism sehen, wir von eben dieser Handlung, die wir als Wirkung der Causalität der Vernunft betrachten, die hinlänglichen Bestimmungsgründe in der vorher gehenden Zeit finden. Beyde Beziehungen der Handlung, einmahl auf eine

Causa-

Caufalität, die felbft Begebenheit, und wiederum
durch eine andere Caufalität und durch eine Reihe
ohne Ende vollftändig begründet ift; und zweytens auf
die Caufalität der Vernunft felbft, die in fich felbft
vollftändig begründet ift, und keinesweges eine andere
Caufalität weiter voraus fetzt, laffen fich vereinigen, und
können bey einander beftehen, wenn man die Caufalität der Vernunft als ein Object betrachtet, das nicht
in der Anfchauung gegeben ift, das heißt: wenn man
fie auf ein Ding als fich felbft bezieht, und dagegen
diejenige, die wieder Begebenheit ift, als einen Gegenftand in der Anfchauung, (welches fie ift,) anfieht.
Diefe würde die feyn, in welcher die practifche Vernunft
uns als ein Gegenftand gegeben ift, und in welcher
diefelbe einen empirifchen Charafter zeigt.

Betrachten wir demnach den Menfchen als einen
Gegenftand, der uns in der Anfchauung gegeben ift, fo
finden wir an ihm nur einen empirifchen Charafter.
Da hat dann jede feiner Handlungen eine Urfache,
deren Caufalität wieder eine Urfache hat; und Freyheit ift auf diefem Wege gar nicht anzutreffen. Aber
über dies finden wir in uns ein Gefetz, welches fchlecht-
hin gebiethet, und die Vernunft nimmt in ihrer practi-
fchen Beurtheilung keine Rückficht auf die im Gegebenen liegenden beftimmenden Gründe des empirifchen
Charafters des Menfchen. Sie fragt nicht darnach,
wie derfelbe befchaffen ift, und daß er der Naturordnung nach auch nicht anders befchaffen feyn kann, als
er ift; fondern fie hält denfelben unmittelbar an ihr
Gefetz, und fagt aus, wie er befchaffen feyn follte,
wenn er auch wirklich fo nicht ift. In diefer a priori

beftim-

beſtimmenden Beurtheilung entdeckt der Menſch eine
Seite an ſich, die ihm verborgen bleiben müßte, wenn
nicht das Sittengeſetz ſie ihm offenbarte. Durch daſ,
ſelbe erkennt er ſich wie er ſeyn ſoll; er kann ſich hier,
nach nur als einen Gegenſtand, ſo fern er ſich ſelbſt
nicht gegeben iſt, das iſt: als Ding an ſich, betrachten,
und ſieht ſich ſonach an eine ganz andere Ordnung der
Dinge geknüpft, als die iſt, in welcher er ſelbſt Er,
ſcheinung iſt.

Allein obgleich auf dieſe Art die Möglichkeit der
objectiven Beziehung der Idee der Freyheit gezeigt
worden iſt, ſo folgt doch noch lange nicht, daß ihr auch
wirklich ein Gegenſtand entſpreche. Wir haben doch we,
nigſtens Uebereinſtimmung des Natur,Mechanismus
mit dem auf das Bewußtſeyn des Sittengeſetzes ſich
gründenden Bewußtſeyn der Freyheit als möglich dar,
ſtellen können. Aber auch die Möglichkeit der Frey,
heit, das heißt: Uebereinſtimmung ihres Gegenſtandes
mit den Bedingungen, unter welchen ein Gegenſtand
gegeben ſeyn kann, wird auf dieſem Wege gar nicht
eingeſehen, und das aus dem Grunde, weil das Den,
ken dieſes Gegenſtandes nichts weiter als der proble,
matiſche Gedanke der objectiven Einheit iſt, welcher
Gedanke gerade die Abſicht hat, den Gegenſtand der
Idee nicht als gegeben zu betrachten. Mithin
würde nicht allein keine Antwort Statt finden kön,
nen, ſondern auch die Frage darnach nichtig ſeyn,
wenn man fragen wollte, warum der intelligible
Charakter gerade dieſen und keinen andern empiri,
ſchen habe.

IV.

IV.

Auflösung der kosmologischen Idee von der Totalität der Abhängigkeit der Erscheinungen ihrem Daseyn nach überhaupt.

Eben dieselbe Reihe, in welcher die Vernunft zur unbedingten Causalität aufsteigt, dient ihr auch, um zu einer Existenz zu gelangen, die nicht weiter bedingt ist. In derselben ist jedes Glied, (eine jede Causalität,) wieder eine Begebenheit, und sezt eine andere Causalität voraus. Die Vernunft bildet sich hier die kosmologische Idee der Freyheit, um die ganze Reihe fassen zu können. Und da jedes Glied dieser Reihe seinem Daseyn nach bedingt ist, so erschafft sich die Vernunft, welche Totalität sucht, die Idee von einem unbedingten Daseyn, um die ganze Reihe bedingten Daseyns zu begreifen.

Nun gilt es so wohl von dieser als der erstern dynamischen Idee, daß ihr in kosmologischer Bedeutung kein Gegenstand entsprechen kann. Das Gegebene, wovon der Schluß, der zum Unbedingten geht, anhebt, ist in Ansehung dieser Idee das veränderliche Daseyn der Substanzen. Die Erfahrung führt uns zu Substanzen, deren Zustand wechselnd ist, und die empirische Synthesis führt uns zu andern Substanzen, in deren Causalität wir die Bedingung der Veränderung der erstern finden, welche aber eben so wohl wechselnd ist. Auf diesem Wege gelangen wir niemahls zu einer Substanz, deren Bestimmungen als nothwendig existirend gedacht werden müssen, und welche selbst als

die

die oberſte Bedingung alles veränderlichen Daſeyns betrachtet werden muß.

Erinnern wir uns aber, daß die dynamiſche Syntheſis eine Syntheſis des Ungleichartigen iſt, ſo ergiebt ſich uns ſo wohl von dieſer Idee als vorher von
der Idee der Freyheit die Möglichkeit der objectiven
Beziehung. Hierdurch wird es möglich, die Bedingung des ſeinem Daſeyn nach bedingten Gegenſtandes
in der Anſchauung auf zwey Seiten zu betrachten.
Denn einmahl leidet freylich die empiriſche Syntheſis
keinen Abbruch, und es iſt gewiß, daß die Bedingung
eines dem Daſeyn nach in der Anſchauung gegebenen
Bedingten ebenfalls ein bedingter Weiſe exiſtirender
Gegenſtand in der Anſchauung ſeyn müſſe. Allein dieſes gilt doch nur von dem empiriſchen Regreſſus, in
welchem und nicht vor demſelben die Glieder allererſt
gegeben ſind, und von dem ganz richtig geſagt werden
muß, daß er in indefinitum geht und kein erſtes Glied
antreffen kann. Die Syntheſis derjenigen dynami-
ſchen Kategorie, die dieſer Idee zum Grunde liegt,
iſt aber die Syntheſis des Ungleichartigen. Folglich
iſt es erlaubt, die Bedingung des in der Erſcheinung
bedingten Daſeyns auf einen Gegenſtand zu beziehen,
der nicht in der Anſchauung gegeben iſt, und den man
ins Intelligible verſetzt. Nur muß man bemerken,
daß dadurch lediglich die Möglichkeit der objectiven
Beziehung dieſer Idee gerechtfertigt, aber gar nicht
die Wirklichkeit dieſes nothwendigen Weſens dargethan
worden iſt. Auch würde man irren, wenn man
glauben wollte, damit in kosmologiſcher Abſicht etwas
zu gewinnen, nämlich Totalität der Reihe Bedingun-

gen

gen zu erreichen, um ein gegebenes bedingtes Daseyn vollständig zu begreifen. Denn diese Absicht kann nur erhalten werden, wenn man das nothwendige Wesen entweder als ein Glied der Reihe oder als die Reihe selbst, in jedem Falle als einen Gegenstand in der Anschauung, betrachtet, welches Verfahren aber der empirischen Synthesis zuwider ist. Hier ist nur gezeigt worden, daß der Idee von einem unbedingten Daseyn überhaupt ein Gegenstand entsprechen könne, welches aber nur ein problematisches Denken der objectiven Einheit seyn würde. Es gilt demnach hiervon das, was vorher von der unbedingten Causalität gesagt worden ist, daß nämlich zwar die objective Beziehung der Idee von einer nothwendigen Existenz als möglich gedacht, aber die Möglichkeit dieses Gegenstandes selbst keinesweges verstanden werden kann. Vergleichen wir dieses Denken mit dem des Gegenstandes der Freyheit, so finden wir folgende Verschiedenheit. In diesem letzten Falle konnte der Gegenstand, dem das Vermögen, eine Reihe Begebenheiten von selbst anzufangen, beygelegt wird, ein Gegenstand der Anschauung seyn, und nur diese Causalität desselben mußte als ein Gegenstand, der nicht in der Anschauung gegeben ist, gedacht werden. Was aber die Idee von einem nothwendigen Wesen betrifft, so muß dasselbe selbst bloß als intelligibel gedacht werden, indem es als die Substanz zu denken ist, deren Bestimmungen nicht dem Wechsel unterworfen sind.

Schluß=

Schlußanmerkung

zur ganzen Antinomie der reinen Vernunft.

Das Resultat dieser Untersuchung besteht nun darin, daß unsern Ideen, so fern sie kosmologisch und transcendental sind, mithin die Totalität der Bedingungen eines in der Anschauung gegebenen Bedingten beabsichtigen, kein Gegenstand entsprechen kann. Wir haben aber auch gezeigt, daß die dynamischen Ideen doch darin sich von den mathematischen unterscheiden, daß die objective Beziehung derselben doch noch möglich ist, dagegen selbst diese Möglichkeit bey den letztern wegfällt. Dem Begriffe des Weltanfanges, oder der Weltgrenze, oder dem Begriffe des Absolut einfachen kann einmahl kein Gegenstand in der Anschauung entsprechen. Aber zweytens kann ihr Gegenstand auch nicht ins Intelligible gesetzt werden, weil in der Verstandeseinheit, von der die hypothetische Synthesis anhebt, um zur Vernunfteinheit zu gelangen, eine Verknüpfung des Gleichartigen Statt findet. Wenn demnach der Idee kein Gegenstand in der Anschauung entsprechen kann, so kann man sie ganz und gar auf keinen Gegenstand beziehen. Eben aus dem Grunde aber, weil in der Synthesis der dynamischen Verstandesbegriffe das Mannigfaltige ungleichartig ist, (so fern man nämlich die hypothetische Synthesis noch nicht unternimmt, denn in dieser ist freylich die Bedingung mit dem Bedingten wiederum gleichartig,) ist es hier möglich, ohne dem empirischen Regressus zu widerstreiten, die Bedingung gänzlich außer der Reihe zu setzen,

und dieselbe bloß problematisch als objective Einheit
zu denken, wiewohl keinesweges sie als gegeben zu betrachten. Die Idee hört auf diese Weise auf, transcendental zu seyn, und wird transcendent.
Der Gegenstand dieser Idee ist bloß intelligibel, und
ob er gleich im Verhältnisse zu den Gegenständen der
Anschauung gedacht wird, folglich transcendental ist,
so ist er doch durch keine Prädicate zu bestimmen, und
selbst die Annahme desselben auf keine Weise zu rechtfertigen. So wie nun in Ansehung der erstern dynamischen Idee das auf das Bewußtseyn des Sittengesetzes sich gründende Bewußtseyn des Menschen von
seiner Freyheit, unter welchem er jederzeit handelt, uns
die Veranlassung gab, die Idee der Freyheit auf ein
intelligibles Object zu beziehen, so ist es die allgemeine
Zufälligkeit der Gegenstände in der Erfahrung, die
uns veranlaßt, einen bloß intelligibeln Gegenstand anzunehmen, dessen Daseyn in sich selbst gegründet ist,
und welches, ohne ein Glied der empirischen Reihe
zu seyn, gleichwohl die oberste Bedingung alles bedingten Daseyns ist, auf das aber die hypothetische
Synthesis niemahls führen kann. Ist nun einmahl
diese Annahme geschehen, so kann nun auch die Vernunft, (so fern sie sich bloß im Intelligibeln befindet,)
von den Begriffen dieses intelligibeln nothwendigen
Wesens die Begriffe aller Dinge, so fern sie auch
bloß intelligibel sind, ableiten, ohne daß sie besorgen
darf, in Widersprüche zu gerathen, weil sie in diesen Versuchen doch nichts weiter als die objective Einheit problematisch zu denken beabsichtigt. Diese Möglichkeit wird das folgende Hauptstück darthun.

Des

Des zweyten Buchs
der transcendentalen Dialectik

drittes Hauptstück.

Das Ideal der reinen Vernunft.

Erster Abschnitt.

Von dem Ideale überhaupt.

Wenn die Frage ist, mit welchem Rechte wir Begriffe, die wir von der Erfahrung haben, auf Gegenstände beziehen, so ist dieselbe leicht zu beantworten.
In der empirischen Anschauung sind uns die Gegenstände der Erfahrung gegeben. Werden nun einige
Stücke dieser Anschauung unbestimmt gesetzt, so entstehen empirische Begriffe, welche auf jene Gegenstände sich beziehen, weil sie aus der Anschauung derselben
entsprungen sind. Wenn aber ein Begriff diesen Ursprung von der Erfahrung nicht hat, dann ist es nothwendig, die Rechtmäßigkeit seiner objectiven Beziehung besonders zu zeigen. Die Critik hat dieses in
Ansehung der Kategorien geleistet, von denen sie dargethan hat, daß sie daher sich auf die Gegenstände der
Anschauung beziehen, weil sie aller Beziehung der
Vorstellungen auf diese Gegenstände zum Grunde liegen,
und sie hat über dies diejenigen Grundsätze angegeben,
welche Regeln a priori sind, die den Fall der Anwendung der Kategorien auf empirische Anschauung zeigen.

Was die transcendentalen Ideen betrifft, so war
eine Deduction ihrer objectiven Realität gar nicht

mög-

möglich, und zwar aus dem merkwürdigen Grunde,
weil ihnen als transcendentalen Ideen kein Gegenstand entsprechen kann. Eine Deduction derselben aus
dem Princip der Bedingungen der Erfahrung konnte hier nicht Statt finden, da ihr Gegenstand in keiner Erfahrung gegeben seyn kann. Alles, was die Critik zur Rechtfertigung der Beziehung dieser Ideen auf
Gegenstände thun konnte, war, zu zeigen, daß man,
ohne sich zu widersprechen, annehmen könne, daß diesen Ideen Gegenstände entsprechen, aber nur in so
fern, als die Natur der Idee es verstattet, sie für
transcendent zu halten, wie denn dieses der Fall war
mit der Idee der rationalen Psychologie und mit den
Ideen der Freyheit und eines nothwendigen Wesens.

Nun aber kommen wir zu einer Idee, die sich
von allen vorher gehenden auf eine sehr merkwürdige
Art unterscheidet. Durch dieselbe soll nämlich der Gegenstand, auf den man sie bezieht, durchgängig bestimmt gedacht werden, und es scheint gar, daß die
objective Realität dieser Idee in ihr selbst liege, und
man daher nicht einmahl nöthig habe, auf eine ander-
weitige Deduction bedacht zu seyn. Wir haben diese
Idee ein Ideal genannt, eben daher, weil sie ihren
Gegenstand durchgängig bestimmt, folglich als ein Individuum darzustellen beabsichtigt.

Wie es sich nun auch mit der objectiven Realität
dieses transcendentalen Ideals, wovon wir nun zu
handeln haben, verhalten mag, so ist so viel doch nicht
zu bezweifeln, daß in practischer Absicht wir der Ideale nicht entbehren können. Die Menschheit in ihrer
größten moralischen Vollkommenheit sich vorzustellen,

ist

ist ein Vorwurf, der mit der Absicht selbst, immer mora-
lisch-besser zu werden, zusammen hängt. Diesen Idea-
len kann man nun zwar nicht objective Realität zugestehen, auch ist es nicht rathsam, sie auch nur in einem Entwurfe zu realisiren, weil zu besorgen ist, daß
die natürlichen Schranken eines Gegenstandes in der
Anschauung dem Ideale selbst nicht anpassen werden;
aber für Hirngespinste sind sie dessen ungeachtet doch
nicht zu halten, weil sie gleichwohl practische Realität haben können.

Des dritten Hauptstücks
zweyter Abschnitt.

Von dem transcendentalen Ideale

(Prototypon transcendentale).

In der allgemeinen Darstellung der transcendentalen
Ideen haben wir gezeigt, daß das Verfahren der Vernunft in dem Prosyllogismus der disjunctiven Vernunftschlüsse eben dasselbe sey, dessen sie sich bedient,
um zu dem Unbedingten zu gelangen, das als die höchste Bedingung der Möglichkeit aller Gegenstände gedacht wird. Bestimme ich einen Gegenstand in Ansehung eines Begriffs, so stelle ich mir die Sphäre desselben vor, und indem ich zwischen jedem Stücke dieser
Sphäre und dem contradictorischen Gegentheile desselben eins wähle, lege ich dasselbe dem Gegenstande bey.
Einen Gegenstand, den man durch einen Begriff
denkt, aus dem einen Theile der Sphäre desselben heraus nehmen, heißt ihn in die andere versetzen, und

dies

dieses geschieht durch einen disjunctiven Vernunftschluß.
Man sieht daher leicht, daß es mit der Bestimmung
eines Gegenstandes in Ansehung eines Begriffs vermittelst der transcendentalen Verneinung sich doch anders verhalte, als mit der Bestimmung eines Begriffs
vermittelst der bloß logischen Verneinung. Die letzte
Verneinung betrifft lediglich das Verhältniß eines Begriffs zu einem andern. Dadurch, daß ich den einen
Begriff dem andern verneinend entgegen setze, wird der
letzte keinesweges für sich selbst bejahend bestimmt, sondern ich setze dadurch diesen andern dem ersten ebenfalls
verneinend entgegen. Keiner von den beyden Begriffen: sterblich und nichtsterblich, druckt eine Bejahung
oder Verneinung für sich selbst aus, sondern nur im
Verhältnisse zu einander ist der eine die Verneinung
des andern. Mit der transcendentalen Verneinung,
durch welche ich einen Gegenstand in Ansehung eines
Begriffs bestimme, verhält es sich anders. Durch diese wird im Nichtseyn an sich selbst ein Mangel der
Sachheit ausgedruckt. Ein Begriff ist aber eine Vorstellung, die sich auf mehrere Gegenstände bezieht.
Mithin befaßt derselbe eine gewisse Größe von Sachheit, und ein Gegenstand wird nun in Ansehung desselben bestimmt, wenn ihm von der gesammten Sachheit, die der Begriff umfaßt, ein bestimmter Antheil zuge-
eignet; und der übrige abgesprochen wird. Um nun einen
Gegenstand durchgängig bestimmt zu denken, ist es demnach nöthig, die gesammte Sachheit überhaupt, (nicht
bloß die, welche ein Begriff begreift,) als gegeben anzusehen; und den Gegenstand dadurch zu bestimmen,
daß man ihm einen bestimmten Theil derselben beylegt.

legt. Die Negationen, durch welche man ihn bestimmt,
setzen schon die entgegen gesetzten Realitäten voraus,
ohne welche dieselben nicht gedacht, und mithin Gegenstände durch sie nicht durchgängig bestimmt werden
können. Um z. B. einem Gegenstande Armuth beyzulegen, muß ich die entgegen gesetzte Sachheit, nämlich den Reichthum, denken können.

Die Vernunft demnach, indem sie damit umgeht,
einen jeden Gegenstand nicht allein in Ansehung der
Realitäten, die ihm eigenthümlich sind, sondern auch
in Ansehung aller Negationen, oder derjenigen Realitäten, die er nicht hat, zu bestimmen, verschafft sich
die Idee von einem All der Realität (omnitudo rea-
litatis). So fern sie dieselbe als gegeben ansieht, ist
sie im Stande, jeden Gegenstand lediglich durch Beschränkungen dieser gesammten Realität bestimmt zu
denken.

Aber auch die Vorstellung von einem einzelnen
Wesen, so fern dasselbe alle Sachheit in sich vereinigt,
ist in der That der bestimmteste Begriff, den man nur
von einem Gegenstande haben kann. Denn dasjenige,
welches macht, daß die Vorstellung von einem einzelnen Gegenstande, ungeachtet sie in Ansehung dessen,
was die Realität desselben ausmacht, durchgängig bestimmt ist, gleichwohl noch immer unbestimmt bleibt,
ist der Mangel der Realität; welchen man nicht denken kann, wenn nicht die ihm entgegen gesetzte Realität gedacht wird. So fern nun in dem ens realissimum alle Realität vereinigt vorgestellt wird, wird
die Vorstellung von ihm durch keine Negationen unbestimmt. Aber dieser durchgängig bestimmte Begriff
ist

ist auch der Grund der durchgängigen Bestimmung des
Begriffs von einem jeden Gegenstande. Mithin ist
dieser Begriff ein transcendentales Ideal,
und er ist auch das einzige eigentliche, dessen die
menschliche Vernunft fähig ist, weil er als ein allgemeiner Begriff von einem Dinge gleichwohl durch
sich selbst durchgängig bestimmt und die Vorstellung von
einem Individuum ist.

Auf diese Weise wird denn der Begriff eines jeden von dem allerrealsten Gegenstande verschiedenen
Gegenstandes als abgeleitet von demselben vorgestellt,
so daß diese Verschiedenheit lediglich in den verschiedenen Beschränkungen dieses Alls der Realität gesetzt
wird, gerade so, als man eine jede Figur durch Beschränkung des allgemeinen Raums entstehen läßt.
Was aber die Existenz dieses Wesens betrifft, so bleibt
die Vernunft deßhalb in völliger Unwissenheit. Es ist
nur das Verhältniß einer Idee zu Begriffen, welches
man erhalten hat, nicht aber das Verhältniß eines
wirklichen Dinges zu andern gegebenen Gegenständen.
Dieser also bloß in der Vernunft befindliche Gegenstand
ihres Ideals heißt das Urwesen (ens originarium),
weil der Begriff von jedem andern Gegenstande als
abgeleitet von dieser Idee gedacht wird. Es heißt
das höchste Wesen (ens summum), so fern es
keines über sich hat, und es wird das Wesen aller
Wesen (ens entium) genannt, so fern alles als
bedingt unter ihm steht. Auch muß dasselbe als einfach gedacht werden, weil sein Begriff der Vorstellung
von jedem andern Wesen zum Grunde liegt.

So

So fern aber dieses Wesen als ein einzelnes für sich bestehendes Ding gedacht wird, so kann es auch nicht als ein Aggregat von vielen abgeleiteten Wesen vorgestellt werden. Die Ableitung der Möglichkeit aller Dinge würde demnach die Ableitung von einem Grunde, und nicht die des Theils von einem Ganzen seyn. So würde denn auch alle Realität der Gegenstände der Anschauung nicht als Theil, sondern nur als Folge der höchsten Realität gedacht werden müssen. Demnach werden wir das Urwesen durch den bloßen Begriff der höchsten Realität als ein einiges, einfaches, allgenugsames, ewiges u. s. w., kurz, in seiner unbedingten Vollständigkeit durch alle Prädicamente bestimmen können. Der Begriff eines solchen Wesens ist der von Gott, in transcendentalem Verstande gedacht, und so ist das Ideal der reinen Vernunft der Gegenstand einer transcendentalen Theologie.

Ueberlegt man aber dieses Verfahren, wodurch die Vernunft zu diesen letzten Bestimmungen des All der Realität gelangt, so findet man, daß dadurch die transcendentale Absicht eigentlich überschritten wird. Denn diese erforderte lediglich den Begriff der vollständigsten Sachheit, um einen jeden Gegenstand auch in Ansehung seiner Negationen bestimmt denken zu können, aber keinesweges, daß diese vollständige Sachheit in einem Wesen vereinigt, und noch weniger, daß dasselbe als die Quelle aller Realität in der Erfahrung gedacht werden soll. Wie kommt denn aber die Vernunft dazu, auf die beschriebene Weise sich ein Ideal zu bilden, welches, wie man sieht, zu transcendentalem Behufe nicht dienen kann, und sich gleichwohl zu über=

überreden, daß sie ein transcendentales Princip befolgt habe? Die Antwort ist nach den Untersuchungen
der transcendentalen Analytik leicht.

Es ist nämlich ganz richtig, daß es nothwendig sey,
um jeden Gegenstand in der Erfahrung bestimmt zu
denken, alle mögliche Sachheit, (als Gegenstand der
Anschauung,) voraus zu setzen, weil er in Ansehung
des Mangels der Realität nur unter dieser Bedingung bestimmt gedacht werden kann. Diese vollständige Sachheit ist aber in keiner Anschauung gegeben,
sondern es ist nur aufgegeben, sie zu suchen. Je mehr
nun die empirische Synthesis sich ausbreitet, desto bestimmter wird der Begriff von einem jeden Gegenstande. Wenn man nun die Unterscheidung der Gegenstände der Anschauung von Gegenständen, so fern sie
nicht angeschauet werden, übersieht, dann fällt man
in den Irrthum, diese in der Erfahrung aufzusu-
chende vollständige Sachheit für ein Ding an sich selbst
zu halten, und da man jenen Schritt, (die vollständige Sachheit als in der Erfahrung gegeben voraus
zu setzen,) in transcendentaler Absicht that, so glaubt
man noch eben diesen Zweck zu haben, wenn man sich
schon im Intelligibeln befindet, und das Ideal transcendent gemacht hat. Wir hypostasiren daher diese
Ideen, indem wir die distributive Einheit des
Erfahrungsgebrauchs des Verstandes, wornach derselbe
durch die empirische Synthesis die Realität in der
Erfahrung aufsucht, um auch die Negationen bestimmt
denken zu können, in die collective Einheit eines
Erfahrungsganzen dialectisch verwandeln, und auf diese Art alle Realitäten in der Erfahrung, die nur nach

und

und nach aufzusuchen sind, und als zerstreuet gedacht
werden können, in einem einzelnen Dinge vereinigen,
welches wir nach der gewöhnlichen Verwechselung der
Dinge an sich selbst mit den Gegenständen der An=
schauung für ein Ding an sich selbst halten, um von
ihm die Möglichkeit aller Dinge, als von einem Grun=
de, abzuleiten.

Des dritten Hauptstücks dritter Abschnitt.

Von den Beweisgründen der spe=culativen Vernunft, auf das Daseyn eines höchsten Wesens zu schließen.

So natürlich nun auch der Gang der Vernunft ist,
auf dem sie zu der Idee des Alls der Realität kommt,
indem sie nur unter der Voraussetzung desselben jeden
Gegenstand auch in Ansehung seiner Negationen be=
stimmt denken kann; ja, so unbemerkbar auch der
Schritt von einer bloß transcendentalen Voraussetzung
zu der Annahme eines transcendenten Gegenstandes
ihr vorkommt: so muß es ihr doch einleuchten, daß sie
gleichwohl damit nur eine Annahme gethan hat, und
daß sie die Existenz eines solchen Wesens, das alle Reali=
tät in sich schließt, und von dem eine jede besondere Reali=
tät müsse abgeleitet werden, auf diesem Wege noch gar
nicht eingesehen hat. Erkennt sie nun, daß die Annahme
dieses Wesens nicht allein in speculativer, sondern gar
in practischer Absicht, indem ohne dieselbe das Sitten=
gesetz,

gesetz, ob es gleich ein practisches Princip a priori ist, das Ansehen einer Chimäre haben würde, nothwendig sey, so sieht sie sich genöthigt, sich dieser Existenz durch einen Beweis zu versichern.

Wenn man nun irgend eine in der Erfahrung ge= gebene Veränderung zum Grunde der Nachforschung legt, so geht die empirische Synthesis von derselben zu ihrer Bedingung, die nur durch den Begriff der Ur= sache gedacht werden kann. Die Causalität derselben ist wieder eine Veränderung, folglich wieder nur eine bedingte Existenz. Ungeachtet auf diesem Wege eine unbedingte Existenz niemahls gefunden wird, so über= sieht die Vernunft, so fern sie einen Ruhepunct sucht, gleichwohl eben diese Eigenthümlichkeit der empirischen Synthesis, und hält die Existenz eines absolut=noth= wendigen Wesens für apodictisch gewiß. Hat sie sich hiervon überzeugt, so fehlt es ihr nur noch an einem Begriffe, durch welchen sie dieses nothwendiger Weise existirende Wesen bestimmt denken kann. Unter allen Begriffen giebt es aber keinen, der durch sich selbst durchgängig bestimmt ist, als den Begriff des Alls der Realität, indem alle andere Begriffe der Negationen wegen unbestimmt sind. Mithin scheint kein anderes Mittel zu seyn, um das schlechthin=nothwendige We= sen bestimmt denken zu können, als demselben alle Rea= lität beyzulegen, und folglich das ens necessarium zugleich als das ens realissimum zu denken. Dieses ist die Beschreibung des Ganges der gemeinen Ver= nunft, auf welchem sie sich von der Existenz des aller= realsten Wesens zu versichern sucht.

Beleuchten wir dieses Verfahren, so kann freylich niemanden die Bemerkung entgehen, daß, wenn man auch den Schluß auf eine unbedingte nothwendige Existenz zugiebt, (welcher doch, wie gezeigt worden ist, auf keinem transcendentalen Princip beruhen kann,) dennoch der Grund zum Uebergange von der Existenz des nothwendigen Wesens zu dem All der Realität, wodurch dasselbe gedacht werden soll, vermißt, und daß dieser Uebergang lediglich durch einen subjectiven Grund, nämlich durch eine beliebige Entschließung, vermittelt werde. Da nun der Beweis von dem Daseyn Gottes nicht so offenbar ist, daß ihn auch die gemeine Vernunft finden könnte, so hat man seine Zuflucht zur Speculation genommen.

Auf diesem Wege kann es nun nicht mehr als drey Beweisarten geben. Man legt entweder eine bestimmte Existenz, nämlich die der nach weisen Zwecken eingerichteten Sinnenwelt zum Grunde, und schließt nach dem Gesetze der Causalität auf eine ihr angemessene Ursache; oder man legt die Erfahrung einer unbestimmten Existenz, nämlich nur überhaupt von etwas, was bedingter Weise existirt, zum Grunde; oder man abstrahirt endlich von aller Erfahrung, und schließt gänzlich aus bloßen Begriffen auf das Daseyn eines allerrealsten Wesens. Der erste Beweis ist der phy, sico=theologische, der zweyte der kosmologische, und der dritte der ontologische Beweis. Diese Beweise zu beleuchten ist jetzt unsere Absicht. In dieser Untersuchung werden wir aber die Ordnung umkehren, und mit der Prüfung des ontologischen Beweises den Anfang machen, weil es sich zeigen wird,

daß

daß es eigentlich dieser Beweis ist, den auch die beyden folgenden, ungeachtet es den Schein haben soll,
daß sie ihn umgehen, wirklich voraus setzen.

Des dritten Hauptstücks
vierter Abschnitt.

Von der Unmöglichkeit eines on-
tologischen Beweises vom Daseyn Gottes.

Unter den Begriffen, mit welchen man gut bekannt
zu seyn scheint, und deren gänzliche Unverständlichkeit
eine nähere Prüfung aufdeckt, gehört auch der Begriff von einem schlechthin-nothwendigen Wesen. Man
überredet sich, denselben zu verstehen, weil man die
Erklärung geben kann: ein schlechthin-nothwendiges
Wesen ist dasjenige, dessen Nichtseyn unmöglich ist.
Wenn man aber bedenkt, daß zu der Erklärung der
Möglichkeit des Gegenstandes eines Begriffs die Einsicht des Mangels des Widerspruchs desselben noch gar
nicht hinlänglich ist, folglich die reale Möglichkeit des
Gegenstandes selbst damit noch gar nicht eingesehen
wird, dann sieht man wohl, daß man die reale Mög-
lichkeit des absolut-nothwendigen Wesens durch jene
Nominal-Definition noch keineswegs versteh.

Vor aller weitern Untersuchung stellen wir demnach die Frage auf, ob man wohl den Begriff von einem schlechthin-nothwendigen Wesen verstehen könne.
Es wird damit gar nicht gefragt, ob dieser Begriff mit
sich selbst überein stimme. Wenn dieses nicht wäre, so

würde

würde schon der Begriff selbst nichts seyn, und die reale Möglichkeit des Gegenstandes würde von selbst wegfallen, weil die logische seines Begriffs nicht Statt findet. Dagegen ist die Frage diese, ob man wohl mit Grunde von irgend einem Wesen sagen könne, daß sein Nichtseyn ohne weitere Bedingung und an sich selbst unmöglich sey. Das Daseyn einer Wirkung ist zwar nothwendig, wenn die Ursache gesetzt worden ist; hier ist aber von einem schlechthin-nothwendigen Daseyn ohne alle Bedingung die Rede.

Nun kann uns ein Gegenstand nicht anders als in der empirischen Anschauung gegeben seyn, und die reale Möglichkeit desselben ist daher jederzeit die Möglichkeit des angeschaueten Gegenstandes. Sie bezieht sich folglich bloß auf die Bedingungen der Erfahrung. Wenn der Begriff von einem Gegenstande so beschaffen ist, daß er auf die empirische Synthesis eine Beziehung hat, und den Gegenstand den Gesetzen derselben gemäß vorstellt, dann nur können wir ihm reale Möglichkeit beylegen. Aber die empirische Synthesis führt uns nur auf ein bedingter Weise nothwendiges Daseyn, und keinesweges auf ein schlechthin-nothwendiges. Mithin ist der Begriff von einem schlechthin-nothwendigen Wesen ein Begriff von einem Gegenstande, so fern es nicht angeschauet wird. Einem solchen Objecte kann man nun nicht reale Möglichkeit zuschreiben.

Um nun gleichwohl die logische Möglichkeit des Begriffs der realen des Gegenstandes unterzuschieben, hat man es auf folgende Art versucht. Man hat sie nämlich durch Beyspiele zu erläutern gesucht. Das

Nicht-

Nichtseyn der drey Winkel des Dreyecks ist unmöglich. Hier scheint es, daß man einen Fall habe, an welchem ein absolut-nothwendiges Seyn zu erkennen wäre.

Die Täuschung, die hierbey vorgeht, ist leicht aufzulösen. Wenn ein Dreyeck gesetzt worden ist, dann sind freylich auch die drey Winkel gesetzt, weil man sie in diesen Begriff gelegt hat. Wenn nun aber kein Dreyeck gesetzt worden ist, dann sind ja auch nicht drey Winkel gesetzt. Mithin ist die Nothwendigkeit, von welcher als einer realen man ein Beyspiel geben wollte, keine andere als die logische Nothwendigkeit. Wenn man einen Gegenstand setzt, den man durch einen Begriff denkt, dann sind damit nothwendiger Weise auch alle Prädicate gesetzt, die in diesem Begriffe liegen, oder ihm sonst a priori unter dieser Voraussetzung zugeschrieben werden müssen. Aber die Frage ist eigentlich die, ob der Gegenstand selbst, als nothwendiger Weise gesetzt, gedacht werden müsse. Davon hätte man ein Beyspiel geben müssen, um das Daseyn des schlechthin-nothwendigen Wesens zu erläutern.

Gegen diese Einwendung, und indem man es aufgiebt, durch Beyspiele das unbedingt-nothwendige Daseyn zu erläutern, führt man den Fall selbst auf, um den es zu thun ist, der nur der einzige seyn soll, an welchem man das schlechthin-nothwendige Daseyn des Gegenstandes selbst, wie gefordert wurde, zeigen kann, indem jene Beyspiele nur zur Erklärung eines nothwendigen Seyns überhaupt dienen sollten. Man verlangt nämlich, daß das zugestanden werde, daß man sich ein Wesen denken könne, welches alle Realität in sich begreift. Nun würde, sagt man,

ein

ein bedingtes Daseyn, oder gar das Nichtseyn desselben, eine Negation seyn. In dem Begriffe des allerrealsten Wesens liegt demnach auch der Begriff des
absolut-nothwendigen Daseyns desselben. Wollte man
nun läugnen, daß das allerrealste Wesen nothwendiger Weise existire, so würde man sich widersprechen,
indem man sonach das ens realissimum durch eine
Negation denken würde. Dieses Wesen muß demnach
schlechthin-nothwendiger Weise existiren.

Daß man ein Wesen, welches alle Realität hat,
sich denken kann, kommt daher, weil man alle Bedingung, unter der ein Gegenstand gegeben seyn kann,
bey Seite setzt, und mithin bloß die logische Möglichkeit des Begriffs im Sinne hat. Nun aber ist die
Frage, ob dieses Wesen existire. Zu dem Ende fragen
wir, ob der Satz: dieses oder jenes Ding existirt,
analytisch oder synthetisch sey. Sagt man das erste,
so ist er dem Satze gleich: etwas Existirendes existirt,
womit man eine bloße Tautologie aussagt. Ist aber
ein jeder Existential-Satz synthetisch, wie er denn das
ist, so fragt sich: wie komme ich dazu, daß ich dem
Begriffe von einem Gegenstande den Gegenstand als
wirklich correspondirend setze? Ist von einem Gegenstande der Anschauung die Rede, so ist es die Wahrnehmung, die noch über den Begriff hinzu kommen
muß, nach welcher allererst der Begriff auf einen existirenden Gegenstand bezogen wird. Die Vorstellung
vom Gegenstande kann aber schon vor der Wahrnehmung gänzlich bestimmt seyn, so daß durch dieselbe
kein neues Merkmahl mehr hinzu treten darf. Nach
derselben kann demnach diese Vorstellung unverändert,

so wie sie vorher war, bleiben. Sie darf folglich
nichts mehr zum Inhalte dieser Vorstellung beytragen,
sondern sie giebt nur die Dignität derselben, daß ihr
Gegenstand, dem vorher bloß reale Möglichkeit zuge‐
schrieben ward, nunmehr als wirklich gedacht wird.
In Ansehung der Gegenstände der Anschauung kann
demnach die Täuschung nicht Statt finden, daß man
in dem Begriffe von einem Gegenstande die Existenz
mit begreifen sollte, weil zu dem Begriffe eine mate‐
riale Bedingung hinzu kommen muß, um ihn auf ei‐
nen existirenden Gegenstand beziehen zu können. Hat
man aber einen Gegenstand in Gedanken, der nicht
in der Anschauung gegeben werden kann, dann fehlt
jene materiale Bedingung, und daraus kann man die
Möglichkeit der Täuschung begreifen, wornach man
sich überredet hat, daß schon lediglich der Begriff ei‐
nes Gegenstandes, der nicht zur Erfahrung gehört,
die Existenz desselben enthalten könne. Es ist klar,
daß der Begriff von einem Gegenstande schon ganz
vollständig seyn kann, ehe man fragt, ob auch ein sol‐
cher Gegenstand existire. Durch die Wirklichkeit des‐
selben erhält der Begriff von ihm kein neues Prädicat,
denn sonst würde man nicht eben denselben Gegenstand
gedacht haben. Wenn man daher gleich es zugestehen
muß, daß ein Wesen, das alle Realität in sich be‐
greift, gedacht werden kann, (wodurch man in der
That wenig genug zugestanden hat, indem, so reich
auch dieser Gegenstand seyn würde, doch kein Gedanke
ärmer seyn kann, als eben dieser,) so ist doch das ge‐
wiß, daß die Existenz desselben zu seinem Begriffe
nicht gehören kenn. Denke ich mir auch in einem

Dinge

Dinge alle Realität, eine ausgenommen, so kommt
dadurch, daß ich den Gegenstand als existirend denke,
diese fehlende Realität nicht hinzu. Es mag daher
die Vorstellung von einem Gegenstande, als Vorstellung
eines Individui, durchgängig bestimmt seyn, so muß
man doch aus ihr heraus gehen, um sagen zu können,
daß ein solches Ding existire. Bey Gegenständen der
Anschauung ist die Wahrnehmung die Vermittelung dieser Synthesis; bey Gegenständen aber, die nicht in
der Anschauung gegeben werden können, fehlt dieselbe,
und es giebt daher überall kein Mittel, um die Existenz
denselben zusichern zu können.

Des dritten Hauptstücks
fünfter Abschnitt.

Von der Unmöglichkeit eines kos-
mologischen Beweises vom
Daseyn Gottes.

Es war wohl lediglich das Bedürfniß der Vernunft,
zu allem in der Veränderung gegebenen bedingten Daseyn der Gegenstände der Anschauung das Unbedingte
zu suchen, und, da auch selbst das dem Wandelbaren in
der Erscheinung zum Grunde liegende Beharrliche doch
wenigstens im Begriffe aufgehoben und als nicht-exi-
stirend gedacht werden kann, einen Gegenstand aufzufinden, der selbst im Begriffe nicht aufgehoben werden
konnte, welches sie zu jenem ontologischen Beweise ge-
trieben hat, wornach sie einen willkührlichen Begriff
aufstellte, und in denselben schon das Daseyn seines

Gegenstandes hinein legte, um daſſelbe nachher wieder daraus zu entwickeln. In dem kosmologiſchen Argumente ſtützt ſie ſich auf die Erfahrung, und es hat den Schein, daß ſie in demſelben jenen überwieſenen Fehler vermeide. Die Critik aber wird darthun, daß die ganze beweiſende Kraft des kosmologiſchen Beweiſes doch bloß in der Vorausſetzung des ontologiſchen Beweiſes liege.

Dieſer Beweis iſt nun folgender. Wenn etwas exiſtirt, ſo muß auch etwas nothwendiger Weiſe exiſtiren. Nun exiſtire zum mindeſten ich ſelbſt; alſo exiſtirt ein abſolut-nothwendiges Weſen. Daſſelbe kann nun aber in Anſehung der Art ſeiner Exiſtenz keinem Wechſel unterworfen ſeyn. Folglich muß daſſelbe in Anſehung aller möglichen einander entgegen geſetzten Prädicate nur durch eins derſelben beſtimmt ſeyn. Mithin muß es durch ſeinen Begriff durchgängig beſtimmt ſeyn. Nun giebt es unter allen möglichen Begriffen nur einen einzigen, der ſeinen Gegenſtand durchgängig beſtimmt, und das iſt der Begriff eines entis realiſſimi. Alſo iſt der Begriff des allerrealſten Weſens der einzige, durch welchen das ſchlechthin-nothwendige Weſen gedacht werden kann. Folglich iſt daſſelbe zugleich das Weſen, das alle Realität in ſich begreift. Wir wollen dieſe Beweisart der Prüfung unterwerfen.

Der Beweis hebt von einer Erfahrung an. Allein er bedient ſich dieſer Stütze lediglich, um einen einzigen Schritt zu thun, nämlich um das Daſeyn eines ſchlechthin-nothwendigen Weſens zu behaupten. Um aber daſſelbe in Anſehung ſeiner Prädicate zu beſtimmen, dazu kann die Erfahrung nichts mehr bey-

tra-

tragen. Er verläßt daher dieselbe, und forscht nun
nach, durch welchen Begriff dieses absolut-nothwendige Wesen würde gedacht werden müssen. Da findet
es sich nun, daß dieses Wesen, als die höchste Bedingung alles veränderlichen Daseyns; der Veränderung
selbst nicht unterworfen seyn kann, und mithin dasselbe in Ansehung aller Prädicate durchgängig bestimmt
seyn muß. Nun giebt es einen einzigen Begriff, durch
welchen ein Gegenstand durchgängig bestimmt ist,
nämlich den Begriff des allerrealsten Wesens. Mithin
hält sich die Vernunft für befugt, durch diesen Begriff
das nothwendige Wesen zu denken.

Diesen Uebergang des Schlusses von der Existenz
des schlechthin-nothwendigen Wesens zu der Behauptung, daß dasselbe auch das allerrealste Wesen ist,
wollen wir zuvörderst beleuchten. Der nervus pro-
bandi besteht darin, daß, weil das nothwendige Wesen die höchste Bedingung alles veränderlichen Daseyns ist, so muß die Art seiner Existenz selbst nur e i-
n e, mithin der Begriff von ihm durchgängig bestimmt
seyn. Der Grund nun, warum man dafür hält, daß
dieses Wesen durch den Begriff des Allerrealsten müsse
gedacht werden, kann nun wohl kein anderer seyn, als
der, daß man keine Anschauung vorfinden kann, in
welcher ein solches Object gegeben wäre. Eine Anschauung ist eine durchgängig bestimmte Vorstellung,
deren Inhalt aber g e g e b e n ist. In Ermangelung
dessen sieht man sich daher nach einem Begriffe um,
der diese Forderung befriedigen kann. Nun aber ist es
nicht anders möglich, den Begriff des allerrealsten Wesens für den verlangten zu halten, als nur in so fern
man

man voraus setzt, daß auch der Schluß von diesem Begriffe auf die Existenz des absolut-nothwendigen Wesens gelte. Denn da man es nun bloß mit Begriffen
zu thun hat, und man hier folglich die Synthesis dieser Begriffe durch keine Anschauung vermitteln kann;
so ist es nothwendig, die Verknüpfung für analytisch
zu erklären. Mithin beruhet die ganze Kraft des kosmologischen Arguments auf dem ontologischen Beweise,
welchen zu umgehen er doch eigentlich bestimmt war.
Um dieses recht klar einzusehen, bemerke man, daß,
wenn gesagt wird, daß ein jedes schlechthin-nothwendiges Wesen auch das allerrealste Wesen ist, dieses Urtheil wenigstens per accidens sich umkehren lassen
müsse. Demnach muß man auch sagen können: einige allerrealste Wesen sind zugleich schlechthin-nothwendige Wesen. Nun aber ist ein allerrealstes Wesen
von einem andern in keinem Stücke verschieden. Mithin wird man in diesem Falle auch schlechthin umkehren und sagen können: ein jedes allerrealstes Wesen
ist ein nothwendiges Wesen. Das ist aber gerade die
Behauptung des ontologischen Beweises. Weil es das
Ansehen hat, daß dieser Satz für sich selbst aus bloßen
Begriffen bewiesen werden kann, und man so aus dem
Begriffe des allerrealsten Wesens die Existenz desselben als eines schlechthin-nothwendigen Wesens herleiten könne, darum wählt man eben diesen Begriff,
um das nothwendige Wesen dadurch zu denken, ohne
welchen Grund man sonst gar keinen Grund zu diesem Verfahren haben kann.

Die übrigen Mängel dieses kosmologischen Beweises, die wir noch zu bemerken haben, sind folgende.

de. Man schließt hier nicht allein von der empirischen Zufälligkeit der Gegenstände der Anschauung,
das ist: von dem Wechsel des Zustandes der Substanzen, sondern von der intellectuellen Zufälligkeit, das
heißt: von derjenigen, wornach in Gedanken auch das
Daseyn der Substanzen aufgehoben werden kann,
auf die Existenz eines schlechthin-nothwendigen Wesens. Nun ist es freylich ein Grundsatz der Erfahrung, daß eine jede Veränderung ihre Ursache habe,
deren Causalität als etwas nothwendiger Weise Existirendes in Beziehung auf die Veränderung gedacht
werden muß; aber von der intellectuellen Zufälligkeit
der Gegenstände in der Anschauung gilt kein Schluß,
nicht einmahl auf ein bedingter Weise nothwendig Existirendes, und weit weniger auf ein schlechthin-nothwendiges Wesen. Ferner schließt dieser Beweis auf die
Existenz eines schlechthin-nothwendigen Wesens, indem er den Satz der Causalität zum Grunde legt.
Nach diesem Gesetze muß nun zwar jede Begebenheit
ihre Ursache haben; aber, da die Causalität der Ursache immer wieder eine Begebenheit ist, so ist niemahls
eine Existenz anzutreffen, so weit man auch den empirischen Regressus erweitert, die schlechthin-nothwendig ist. Der Beweis muß demnach den empirischen
Regressus verlassen, um die Existenz eines absolut-
nothwendigen Wesens zu behaupten, ungeachtet er sich
doch das Ansehen giebt, wenigstens bis dahin die
Regel der Erfahrung nicht zu verlassen. Derselbe hat
ferner den Fehler, daß er die Vernunft in Ansehung
der Frage nach der Bedingung des Daseyns dadurch
zu befriedigen sucht, daß er alle weitere Bedingung

schlecht-

schlechthin aufhebt, und so durch Aufhebung alles Verstandesgebrauchs die Vernunfteinheit zu bewirken
sucht. Endlich verwechselt dieser Beweis die logische
Möglichkeit eines Begriffs mit der realen, die doch
nur auf einem transcendentalen Grunde beruhen kann.
Denn um zu behaupten, daß ein allerrealstes Wesen
möglich sey, ist es nicht genug, daß der Begriff davon mit sich selbst überein stimmt; ein solcher Gegenstand muß auch in Beziehung auf die Bedingungen,
unter welchen Gegenstände gegeben seyn können, gedacht werden.

Wenn wir nun dem Grunde nachforschen, der
die Vernunft bestimmt, einen Beweis für das Daseyn des schlechthin nothwendigen Wesens zu finden,
ja selbst einem fehlerhaften Beweise Beyfall zu geben;
so finden wir, daß sie dabey lediglich die Befriedigung
ihres speculativen Interesse zur Absicht habe. Indem
sie die Bedingung des Empirisch-zufälligen sucht, so
findet sie diese Bedingung wieder empirisch-zufällig,
und sie kann das Nachforschen nach der Bedingung
dieses Zufälligen nicht anders als durch die Annahme
des Absolut-nothwendigen für beendigt halten. Und
ungeachtet es ein Grundsatz der Erfahrung ist, daß
das Beharrliche dem Wechsel der Erscheinungen zum
Grunde liege, so ist doch selbst dieses auf eine intellectuelle Art zufällig, indem sein Daseyn doch in Gedanken aufgehoben werden kann, und die Vernunft
scheint genöthigt zu seyn, einen Gegenstand aufzusuchen, dessen Nichtseyn auch nicht einmahl gedacht werden kann. Auf der andern Seite ist man wieder genöthigt, die Bedingung des Empirisch-zufälligen noch
immer

immer weiter zu suchen, und alles, was nothwendiger
Weise existirt, als bedingt=nothwendig anzusehen; ja,
was die intellectuelle Zufälligkeit betrifft, so muß die
Vernunft ein jedes mögliches Object als zufällig betrach=
ten, und eingestehen, daß ihr nichts vorkommen kann,
dessen Daseyn sie nicht in Gedanken aufheben könnte.
Wie ist hier Einstimmung der Vernunft mit sich selbst
zu erhalten? Es ist klar, daß die Vernunft eine Fra=
ge, die in ihrem eigenen Gebiethe erwächst, muß be=
antworten können.

Wenn man genöthigt ist, zu allem, was existirt, et=
was Nothwendiges zu denken, und man doch gleichwohl
kein Object für das schlechthin=nothwendige Wesen
ansehen kann, so folgt daraus, daß Nothwendigkeit
und Zufälligkeit keinesweges die Dinge angehen können.
Dann aber bleibt nichts übrig, als das Princip, wel=
ches die Vernunft leitet, das Unbedingte des Daseyns
zu suchen, für bloß regulativ und nicht für constitutiv
zu halten. Als ein regulatives Princip wird dassel=
be ein unbedingt=nothwendiges Daseyn zu suchen for=
dern, so, als wenn man dasselbe jemahls erreichen
könnte, lediglich um die synthetische Einheit der Er=
fahrung der als Ziel vorgesteckten Vernunfteinheit
näher zu bringen; zugleich aber wird eben dieses Prin=
cip alle Hoffnung benehmen, dieses Ziel jemahls zu
erreichen. Vorher ist aber schon gezeigt worden,
daß die Annahme eines schlechthin=nothwendigen We=
sens außer der Sinnenwelt verstattet seyn kann,
nur muß diese Annahme nicht in transcendentaler Ab=
sicht geschehen.

Des dritten Hauptſtücks
ſechster Abſchnitt.

Von der Unmöglichkeit des phy=
ſico=theologiſchen Beweiſes.

Es bleibt uns noch die Prüfung desjenigen Beweiſes
übrig, der von einer beſtimmten Erfahrung, nämlich
der Anordnung und Beſchaffenheit der Welt, anhebt,
und ſich auf dieſe gründet, um das Daſeyn eines höch=
ſten Weſens darzuthun.

Gleich zu Anfange biethet ſich uns die Bemer=
kung an, daß doch eine jede Erfahrung ihrer Natur
nach eingeſchränkt iſt, und daß die empiriſche Synthe=
ſis in keinem einzigen Stücke das Unbedingte antref=
fen kann. Das Vollſtändige in der Erfahrung iſt
nur im Verhältniſſe zu etwas anderem minder Vollſtän=
digen ſo zu nennen. Abſolute Vollſtändigkeit aber iſt
es doch, welche die Idee von ihrem Gegenſtande ver=
langt. Mithin ſieht man ſo viel zum voraus ein, daß
die Erfahrung eben ſo wenig etwas aufweiſen könne,
das gleichſam eine abſolut=vollſtändige Wirkung des
Gegenſtandes der tranſcendentalen Idee ſeyn kann,
ſo wenig ſie das tranſcendentale Ideal ſelbſt aufzuſtel=
len vermag. Ja, da dasjenige, welches als Wirkung
des höchſten Weſens betrachtet wird, zur Natur ge=
hört, dieſes Weſen ſelbſt aber außer der Natur geſetzt
werden muß, weil es ſonſt für das Schlechthin=un=
bedingte nicht gehalten werden könnte, ſo fragt es ſich,
welches das Mittel ſeyn ſoll, das den Uebergang von

Gegen=

Gegenständen der Erfahrung zu einem Gegenstande, der nicht zur Erfahrung gehört, möglich macht.

Es kann hier nicht die Absicht seyn, die Ordnung und Einrichtung in der Natur, der überall Absichten und Plane zum Grunde zu liegen scheinen, läugnen zu wollen. Wir mögen die Natur im großen so wohl als im kleinen betrachten, so finden wir, so weit die Wahrnehmung reicht, eine solche Zusammenstimmung ihrer Theile, wodurch gewisse Producte erzeugt werden, daß wir uns nicht enthalten können, an Zwecke zu denken, auf deren Beziehung diese Einrichtung getroffen ist. Auch lehrt die Erfahrung, daß, wenn man der Naturforschung das Princip zum Grunde legt, daß die Einrichtung der Natur in allen Stücken gewissen Absichten gemäß getroffen sey, dieses Princip selbst eine glückliche Leitung in die Naturkunde abgebe. Hypothesen, die man aus Ermangelung der Erfahrung gemacht und lediglich auf dieses Princip gegründet hatte, (z. B. die der Ordnung des Weltgebäudes überhaupt, so wie Lambert sie vorstellt,) bestätigen sich nach und nach; und Bestätigungen von dieser Art wirken auf das Gemüth zurück, und erzeugen einen festen Glauben an die Richtigkeit des angenommenen Princips. Dennoch ist es eine Pflicht der Critik, dieses Fürwahrhalten zu prüfen, und nachzusehen, ob dasselbe ein bloßer Glaube oder gar ein Wissen genannt zu werden verdiene. Es wird sich zeigen, daß, so fern der physico-theologische Beweis ein förmlicher Beweis seyn soll, er den ontologischen voraus setze, und daß, so lange er in seinem eigenen Bezirke bleibt, er zwar jederzeit auf Beyfall sicher

rech-

rechnen könne, jedoch nur so fern ein Gemüth schon
aus eigenem Interesse für seine Sache gestimmt ist.

Dieser physico-theologische Beweis beruhet auf
folgenden Momenten: 1. Die Natur ist so eingerich-
tet, daß man überall deutliche Merkmahle von Zwecken sieht, welche mit großer Weisheit ausgeführt worden sind, und zwar in einem Ganzen von unbeschreib-
licher Mannigfaltigkeit, in welchem auch die dem
Scheine nach unbedeutendsten Stücke gleichwohl, wie
man später findet, zu diesem großen Vorwurfe gerei-
chen müssen. 2. Die Dinge in der Welt konnten von
selbst nicht so zusammen stimmen, daß so viel Mannigfaltiges und für den ersten Blick Verworrenes jederzeit zu Einem abzwecken muß. 3. Mithin existirt
eine weise Intelligenz, (oder mehrere,) die diese Absichten in sich vereinigt, und welche durch Freyheit Ursache dieser vortrefflichen Anordnung ist, welche unmöglich
einer blind wirkenden Natur zugeschrieben werden können. 4. Aber die Einheit dieser Ursache läßt sich aus
der Zusammenstimmung aller Theile zu einem Ganzen,
so weit als die Erfahrung reicht, mit Sicherheit,
und wohin diese nicht reicht, nach der Analogie, mit
Wahrscheinlichkeit schließen.

In Ansehung der Kunst-Producte ist uns die
Schlußart ganz gewöhnlich, wornach wir von der Zusammentreffung eines Mannigfaltigen zu Einem
auf eine Intelligenz als Ursache eines solchen Products schließen. Die Vernunft übersteigt aber in diesem Schlusse nicht die Erfahrung, sondern im Gegentheile sind beyde Gegenstände, so wohl das, was sie als
Wirkung betrachtet, als ihre Ursache, Gegenstände

der

der Erfahrung. Hier geht dagegen der Schluß von
einem in der Erfahrung Gegebenen zu einem Gegenstande, der in keiner Erfahrung gegeben seyn kann.
Da fragt es sich nun, ob diese Schlußart auch in diesem Falle Richtigkeit habe, wozu wir keinen Grund
haben, als die Unmöglichkeit wählen zu können, indem
das Reich des Uebersinnlichen uns verschlossen ist.
Denn ob es gleich besser gethan ist, wenn man zur
Erklärung der Ordnung der Welt eine Causalität annimmt, die man schon kennt, als wenn man zu ganz
unbegreiflichen Erklärungsgründen seine Zuflucht
nimmt; so darf man doch auch in diesem Falle dem Beweise eine streng beweisende Kraft nicht zuschreiben.

Uebersehen wir aber diesen Schritt, so ist doch
auch so viel klar, daß er nur von der Zufälligkeit der
Form der Materie auf eine weise Intelligenz als Ursache dieser bestimmten Art von Form, wobey die Untauglichkeit des Stoffs den weisen Absichten dieses Wesens öfters darf im Wege gewesen seyn, keinesweges
aber von der Zufälligkeit dieses Stoffs selbst der Substanzen auf einen höchsten Urheber derselben, der
ihn gänzlich seinen weisen Absichten gemäß erschuf,
zu schließen berechtigt ist. Denn der erste Schluß
stützt sich auf die Analogie eines menschlichen Kunst-
Products zum Künstler, die aber keine Unterlage mehr
abgeben kann, um von der Welt auf einen Welt-
schöpfer schließen zu können. Also ist es doch nur
der Weltbaumeister, zu dem der Schluß von der
weise eingerichteten Natur führen kann.

So weit die Beobachtung reicht, finden wir Ordnung und Zweckmäßigkeit in der Natur. Die physico-
theo-

theologische Beweisart schließt daher auf eine ihr proportionirte Ursache. Der Schluß kann demnach nur
auf ein sehr mächtiges, sehr gütiges, sehr weises Wesen führen. Wollen wir diese Beschränkung weglas-
sen, und diese Intelligenz als allmächtig, allgütig,
allweise denken, so kann uns der physico-theologische
Beweis dazu nicht helfen.

Diese ganze Beweisart besteht in Folgendem.
Der Beweis hebt damit an, daß er alles aufzählt,
welches wegen der großen Zusammenstimmung einer
so großen Mannigfaltigkeit zu diesem Einen nur
durch den Begriff der Zwecke gedacht werden kann. So
weit würde der Beweis bloß auf empirischen Beweis-
gründen beruhen. Aber er verläßt dieselben sofort, und
schließt von der Zufälligkeit dieser Zweckmäßigkeit in
Beziehung auf die Materie auf das Daseyn eines
schlechthin-nothwendigen Wesens. Durch diesen
Schritt geht er in den kosmologischen Beweis über.
Endlich, um dieses Wesen durch einen durchgängig bestimmten Begriff denken zu können, wählt er dazu den
Begriff des allerrealsten Wesens, wozu er keinen
Grund hat, als die Meinung, wieder rückwärts von
diesem Begriffe auf die Existenz eines schlechthin-nothwendigen Wesens schließen zu können, welches Verfahren sich aber auf die Anerkennung der Gültigkeit
des ontologischen Beweises stützt.

Der physico-theologische Beweis setzt demnach
den kosmologischen Beweis voraus, und dieser gründet sich wiederum auf den ontologischen. Außer diesen
drey Wegen giebt es keinen, aus bloß speculativer Vernunft auf das Daseyn des höchsten Wesens schließen

zu

zu können, und es ist demnach der ontologische aus
lauter reinen Vernunftbegriffen der einzige mögliche
Beweis, wenn überall ein Beweis von einem Satze,
der über allen empirischen Verstandesgebrauch so weit
erhaben ist, möglich ist.

Des dritten Hauptstücks siebenter Abschnitt.

Critik aller Theologie aus speculativen Vernunftgründen.

Unter Theologie wird die Erkenntniß des Urwesens
verstanden.   Dieselbe kann nun entweder aus bloßer
Vernunft (theologia rationalis), oder aus Offenbarung (revelata) seyn.   Die erste denkt sich ihren Gegenstand entweder bloß durch transcendentale Begriffe
(ens originarium, realissimum, ens entium), und
heißt die transcendentale Theologie; oder
sie denkt ihn als die höchste Intelligenz, mithin durch
einen Begriff, den sie von der Natur unsrer Seele
entlehnt, und sie heißt die natürliche Theologie.   Wer nun eine transcendentale Theologie ein-
räumt, ist Deist; Theist ist derjenige, der auch eine natürliche Theologie annimmt.   Ungeachtet der
Deist das höchste Wesen als das ens realissimum
denkt, so will er doch, daß diese Realitäten gar nicht
bestimmt werden können.   Zwar hält er dasselbe für
den Grund, wovon alle Realität der Gegenstände der
Anschauung abzuleiten ist; aber den in einem Subjecte
vereinigten Inbegriff aller Realität denkt er als einen

tran-

transcendenten Gegenstand, den die Erfahrung niemahls antreffen kann. Jedoch läugnet er damit nicht, daß dieser Inbegriff vielleicht auch die Intelligenz enthalte, und man muß daher zwar von ihm sagen, daß er einen Gott annehme; aber nur von dem Theisten kann man sagen, daß er einen lebendigen Gott annehme. Denn dieser behauptet, daß ein Wesen existire, das durch Verstand und Willen der Urgrund aller andern Dinge ist. Der Gegenstand der transcendentalen Theologie ist nur Welturfache. Der Gegenstand der natürlichen Theologie ist dagegen Welturheber, und die Annahme des letztern ist eigentlich nur die, welche das Interesse der Menschen befriedigt.

Die transcendentale Theologie ist Kosmo=Theologie, wenn sie eine Erfahrung zum Grunde legt, um von derselben die Erkenntniß des Daseyns ihres Gegenstandes abzuleiten; Onto=Theologie ist sie, wenn sie dieses Daseyn ohne alle Erfahrung, aus bloßen Begriffen, zu beweisen unternimmt.

Die natürliche Theologie ist auch zwiefach, nämlich entweder Physico=Theologie oder Moral=Theologie. Die erste schließt nach dem Naturgesetze der Causalität von der weisen Einrichtung und Ordnung der Welt auf die Ursache derselben, gänzlich nach der Analogie, in der man von einem Kunst=Producte auf einen Künstler schließt. Die letzte schließt von der in dem Bewußtseyn des Sittengesetzes vorgestellten Causalität durch Freyheit auf ein Wesen, welches sie als den Urheber aller sittlichen Ordnung denkt.

Theo=

Theoretisch ist diejenige Erkenntniß, wodurch ich erkenne, was da ist; practisch diejenige, wodurch ich erkenne, was da seyn soll. Demnach hat die Vernunft einen theoretischen Gebrauch, wenn ich a priori erkenne, daß etwas ist; sie hat einen practischen Gebrauch, wenn ich a priori erkenne, daß etwas geschehen soll. Wenn nun entweder dasjenige, was da ist, oder dasjenige, was da seyn soll, zwar unbezweifelt gewiß, aber doch nur bedingt ist; so kann diese Bedingung entweder so seyn, daß sie als eine einzige, mithin als bestimmte, gedacht werden muß; oder sie kann auch nur unbestimmt gedacht werden müssen, so daß sie auf diese oder jene Art noch problematisch bestimmt werden kann. Im ersten Falle wird die Bedingung postulirt, (per thesin;) im zweyten supponirt, (per hypothesin.) Nun giebt es ein practisches Gesetz, nämlich das Sittengesetz, das a priori gewiß ist. Ob nun gleich das Sittengesetz den Willen a priori bestimmt, indem es eine Forderung an ihn thut, so kann es doch nur durch die Voraussetzung der Existenz eines moralischen Gesetzgebers, der alle Vollkommenheiten in sich vereinigt, verbindende Kraft erhalten, indem nur unter dieser Voraussetzung dasjenige als erreichbar vorgestellt werden kann, was das moralische Gesetz zu erreichen befiehlt. Mithin muß das Daseyn des höchsten Wesens in practischer Absicht postulirt werden. Wir setzen diese Schlußart jetzt noch bey Seite. Wird aber das, was da ist, als bedingt gedacht, so kann in Ansehung dessen, was in der Erfahrung gegeben ist, niemahls eine Bedingung postulirt werden, da hier kein

Grund Statt findet, dieselbe nur auf eine einzige Art, und folglich bestimmt denken zu müssen.

Eine theoretische Erkenntniß ist speculativ, wenn sie auf einen Gegenstand oder auf Prädicate desselben geht, der in keiner Erfahrung gegeben seyn kann. Sie wird der Naturerkenntniß entgegen gesetzt, welche Gegenstände und Prädicate betrifft, die zur Erfahrung gehören.

Wenn man von einer Veränderung auf eine Ursache derselben schließt, so bleibt man in den Grenzen der Erfahrung und der Naturerkenntniß. Will man den Satz der Causalität so ausdrucken: alles Zufällige hat eine Ursache, so ist dieses ganz richtig. Aber in dem Erfahrungsgebrauche des Verstandes ist dieser Begriff: Zufällig, dahin bestimmt, daß er nur auf den Zustand der Substanzen, nicht auf die Substanzen selbst, bezogen werden kann. Wollte ich nun dieses Gesetz auch auf das intellectuelle Zufällige ausdehnen, und sagen: alles, dessen Nichtseyn gedacht werden kann, hat seine Ursache; so würde dieser Satz transcendent, und die Erkenntnisse, die ich darauf gründen wollte, würden bloß speculativ und nicht mehr Naturerkenntnisse seyn. Auch würde es ein bloß speculativer Gebrauch der Vernunft seyn, wenn ich von dem Zufälligen in der Erfahrung auf eine Ursache schließen wollte, die in keiner Erfahrung gegeben werden kann.

Nun kann man leicht einsehen, daß alle Bemühungen, auf dem speculativen Wege zur Theologie zu gelangen, nothwendig fruchtlos seyn müssen. Denn einmahl habe ich keine Befugniß, von dem intellectuellen

len Zufälligen auf eine Ursache zu schließen, indem das Gesetz der Causalität nur ein Gesetz des empirischen Gebrauchs des Verstandes ist, und diesem gemäß das Zufällige, wovon der Schluß auf eine Ursache geht, ein Gegenstand der Erfahrung seyn muß, als ein solcher aber lediglich in der Veränderung gegeben seyn kann. Zweytens aber verliert in diesem Schlusse der Begriff der Ursache auch alle Bedeutung; denn der Grundsatz der Erfahrung, daß allem Wechsel der Erscheinungen etwas Beharrliches zum Grunde liege, leidet keinen Abbruch. Wenn man nun gleich das Nichtseyn der Substanzen sich denken kann, so muß doch das Seyn derselben zu aller Zeit gesetzt werden. Durch das Setzen der Ursache des intellectuellen Zufälligen wird demnach nicht allererst das Seyn dieses Zufälligen gesetzt, da doch alle Bedeutung des Begriffs Ursache darin besteht, daß die Wirkung desselben angefangen habe. Auch würde sich der Schluß von dem empirischen Zufälligen auf eine intelligible Ursache auf nichts stützen. Die Ursache einer jeden Veränderung ist ein Gegenstand der Erfahrung. Die Causalität derselben ist ebenfalls eine Veränderung, deren Ursache in der Erfahrung zu suchen ist. Dieser empirische Regressus führt demnach niemahls auf eine Ursache, die keine Bedingung voraus setzt. Das Urwesen würde zu den Gegenständen der Erfahrung gehören, wenn der Satz der Causalität zu ihm führen sollte, aber dann würde es wie alle diese Gegenstände bedingt seyn müssen. Wollte man aber auch den Uebergang aus der Welt der Erscheinungen in eine intelligible Welt auf dieses Gesetz gründen, so würde dieser Schluß

S 2 doch

doch nur auf eine Ursache führen, die derjenigen Wirkung, die uns als Gegenstand der Erfahrung gegeben
ist, proportionirt wäre. Da würden wir doch nur auf
ein sehr mächtiges, sehr weises Wesen schließen können,
welcher Gegenstand der Forderung der theologischen
Idee nicht genug thun würde. Man würde zwar es
zugestehen müssen, daß auch eben dieses Wesen wohl
auch das vollkommenste seyn könnte, aber der physico-
theologische Beweis würde doch diese Annahme nicht
nothwendig machen. Er würde demnach zwar andern
Beweisen Nachdruck geben können, indem er Speculation durch Anschauung unterstützt, für sich selbst
aber niemahls einen strengen Beweis abgeben. Wenn
nun gleich auf speculativem Wege kein Beweis für das
Daseyn des höchsten Wesens zu geben ist, so ist doch
dem speculativen Gebrauche der Vernunft selbst, in
Ansehung der Bestimmung der Idee von einem Urwesen, keinesweges Nutzen abzusprechen. Wenn die Annahme der Existenz Gottes ein Postulat der Vernunft
in practischer Hinsicht ist, wie sich dieses in der Folge
zeigen wird, dann wird das Verdienst der Transcendental-Philosophie darin bestehen, den Begriff von
diesem Wesen von allem fremdartigen zu reinigen, und
ihn eben dadurch zu der Absicht der practischen Vernunft tauglich zu machen. Postulirt die practische
Vernunft z. B. die Voraussetzung der Allgegenwart
Gottes, so würde die Bestimmung dieser Gegenwart
als eines Gegenstandes der Anschauung der practischen
Absicht nicht entsprechen. Denn darnach würde dieselbe auf die Bedingungen des Raums und der Zeit
beschränkt seyn, da doch jener Absicht nur durch die
An-

Annahme einer gänzlich unbedingten Gegenwart Genüge geschehen kann. Nun kann lediglich durch Transcendental-Philosophie dieser Zweck erreicht werden; denn indem dieselbe das Ideal als ein Wesen darstellt, das nicht in der Anschauung gegeben ist, und die Bedingungen absondert, unter denen uns ein Gegenstand gegeben seyn kann, hebt sie eben dadurch jene Bedingungen der Gegenwart auf, wiewohl sie dieses bloß intelligible Object auf keine andere Weise als gegeben darzustellen vermag.

Anhang

zur transcendentalen Dialectik.

Von dem regulativen Gebrauche der Ideen der reinen Vernunft.

Aus den Untersuchungen der transcendentalen Dialectik hat sich ergeben, daß die transcendentalen Ideen keinen transcendenten Gebrauch haben können. Da ihnen Gegenstände der Erfahrung niemahls corresponondiren können, so müßten die Gegenstände, auf welche sie bezogen werden könnten, Gegenstände seyn, die in keiner Erfahrung gegeben werden können. Objective Realität aber in diesem Felde ihnen zuzusichern, ist unmöglich, weil dieselbe nur denjenigen Begriffen zugestanden werden muß, deren Gegenstand in der empirischen Anschauung gegeben werden kann. Nun aber fragt es sich, ob nicht von diesen Ideen in einer andern Rücksicht einen immanenten Gebrauch zu machen möglich, und ob nicht gar ein solcher ihre ganze Bestimmung

mung

mung wäre. Der transcendente Gebrauch derselben,
den wir als nicht zuläßig gefunden haben, besteht darin, daß man sie auf wirkliche Gegenstände bezieht.
Hierzu hätte uns eine transcendentale Deduction, wie
die der Kategorien war, berechtigen müssen. Da wir
nun auf keine Art aus dem Princip der Bedingungen
der Erfahrung die objective Realität dieser Ideen herleiten können, so sieht man dieselbe eben so wenig auf
dem transcendentalen Wege ein, so wenig ihre Objecte in der Erfahrung gegeben sind. Nun kann man
vorläufig vermuthen, daß, da doch die transcendentalen Ideen keine künstlichen Erdichtnngen sind, sondern
die Vernunft, indem sie in dem empirischen Regreſſus
vom Bedingten zur Bedingung fortgeht, von selbst
darauf kommt, ein rechtmäßiger, nämlich immanen-
ter, das ist: sich auf die Erfahrung beziehender, Gebrauch von diesen Ideen möglich sey. Es wird daher der Critik noch obliegen, die wahre Absicht der
Vernunft hierbey zu entwickeln, und den immanenten
Gebrauch der transcendentalen Ideen zu zeigen.

Wenn wir überdenken, welchen Antheil die Vernunft an der empirischen Erkenntniß hat, so finden wir
zuerst, daß zu der Erkenntniß eines Gegenstandes in
der Erfahrung die Vernunft gar nichts beytrage. Daſ-
selbe kommt dadurch zu Stande, daß das Mannigfaltige der empirischen Anschauung als nothwendig verbunden vorgestellt wird, welches durch die Anwendung
der Kategorien auf die empirische Anschauung hervor
gebracht wird, in welcher Handlung der empirische Gebrauch des Verstandes, (das empirische Denken,) besteht. Die Vernunft bezieht sich demnach niemahls ge-
radezu

radezu auf einen Gegenstand, wie dieses der Verstand thut. Nun wird die Frage seyn, ob sie sich nicht
mittelbar darauf beziehe, auf die Art, daß sie sich
unmittelbar auf die Verstandeshandlung bezieht. Wäre das erste, daß nämlich die Vernunft sich unmittelbar auf Gegenstände bezöge, so wäre das eben so viel,
als wenn gesagt würde, daß die transcendentalen
Ideen einen constitutiven Gebrauch haben, weil
der ganze Besitz der speculativen Vernunft lediglich in
diesen Ideen besteht. Da nun dieser constitutive Gebrauch derselben gar nicht zuzulassen ist, so bleibt
nichts übrig, als, so klar wie möglich, den zulässigen
regulativen Gebrauch derselben vor Augen zu stellen, in welchem dieselben zwar eine Beziehung auf
das empirische Erkenntniß, aber doch keine Beziehung
auf empirische Gegenstände, und auf intelligible
zum mindesten keine gegründete Beziehung, haben
werden.

Der Gebrauch, den der Verstand von seinen Kategorien macht, besteht darin, daß er das Mannigfaltige der empirischen Anschauung zur nothwendigen
Einheit des Bewußtseyns bringt, und auf diese Art
einen Gegenstand denkt. Derselbe ist also jederzeit constitutiv. Der Gebrauch, den die Vernunft von ihren
Ideen macht, wird darin bestehen, daß sie die mannigfaltigen Erkenntnisse, die auf die angezeigte
Art entstehen, auch zur Einheit des Bewußtseyns
bringt. Diese Einheit des Bewußtseyns können wir
aber nicht die nothwendige, (objective,) nennen, so
wie es die ist, welche der Verstand erzeugt; sondern sie
kann nur eine subjective genannt werden, welche
bloß

bloß als problematisch und projectiv zu denken ist,
Halten wir sie für objectiv, so ist das unsere Schuld,
und gar nicht die Absicht, welche die Vernunft mit
ihren Ideen hat. Darin aber bestehet eben der constitutive Gebrauch der Ideen, daß wir jene gänzlich subjective Einheit für nothwendig halten, vor welchem
Irrthume uns eine transcendentale Ueberlegung bewahren muß. Die Idee ist gleichsam als ein focus ima-
ginarius anzusehen, aus welchem die Strahlen wirklich nicht auslaufen, auf den sie aber doch bezogen werden. So fern wir auf die Idee alle unsre Erkenntnisse beziehen, um ihnen die größte Einheit neben der
größten Ausbreitung zu geben, so machen wir von derselben einen immanenten Gebrauch, der aber inden
transcendentalen übergeht, wenn wir sie auf einen Gegenstand selbst beziehen, den kein empirisches Erkenntniß erreichen kann.

Demnach ist es das Systematische eigentlich,
das die Vernunft durch die Ideen in unsern Erkenntnissen hervor bringt. Die Einheit, welche dadurch zu
Stande kommt, muß die systematische Einheit heißen.
Dieselbe ist also nicht von der Natur selbst entlehnt,
sondern wir setzen sie der Natur vor, und ob sie gleich
in derselben niemahls angetroffen werden mag, so projectiren wir sie doch, um sonach die mannigfaltigen
Erkenntnisse zu ordnen. Wir wollen dieses Verfahren
der Vernunft durch Beyspiele von solchen Ideen erläutern, deren Gebrauch ihrer Natur nach lediglich regulativ seyn kann, und der, der Natur dieser Ideen
wegen, niemahls transcendent seyn kann, deren Gegenstand auch allenfalls in der Erfahrung angetroffen
wer-

werden kann, um nachher den regulativen Gebrauch
der Vernunft von ihren transcendentalen Ideen desto
verständlicher zu finden.

Daß reine Erde, reines Wasser, reine Luft u. s. f.
sich irgend wo vorfinden, kann nicht behauptet werden;
gleichwohl bedient man sich dieser Begriffe. Man
hat dabey eine Absicht, und diese ist keine andere, als
aus dem Antheile, den jede Erscheinung an diesen Be-
standtheilen der Materie hat, den Unterschied der Erscheinungen sich zu erklären. Man bringt daher alle
Materien auf die Erden, (gleichsam die bloße Last;)
auf die Salze und brennbaren Wesen, (als die Kraft;)
endlich auf Wasser und Luft, (als Vehikel und gleichsam Maschinen, vermittelst deren die vorigen wirken,)
um so nach der Idee eines Mechanismus die chemi-
schen Wirkungen der Materien unter einander zu erklären.

Wenn man die Aeußerungen einer Substanz in
ihren Wirkungen beobachtet, und eine gänzliche Verschiedenheit derselben bemerkt, so sollte man anfänglich
glauben, daß die Causalität dieser Substanz, (ihre
Kräfte,) selbst so verschieden sey, als jene Wirkungen
sind. Dessen ungeachtet versuchen wir doch jederzeit,
diese Kräfte auf eine geringere Zahl zu setzen, als die
Zahl der Wirkungen ist, indem wir vermuthen, daß
wohl mehrere Wirkungen Aeußerungen einer und derselben Causalität sind. Ja, wir projectiren sogar eine
Grundkraft, indem wir voraus setzen, daß wohl alle
jene Wirkungen Aeußerungen nur einer einzigen
Kraft seyen. Von der Richtigkeit dieser Voraussetzung
kann die Erfahrung uns nicht versichern. Wir setzen
im

im Gegentheile diese Idee, als ein Princip, der Erfahrung vor, um dieselbe darnach anzustellen.

Die Vernunft ist ein Vermögen, das Besondere aus dem Allgemeinen abzuleiten. Nun kann das Allgemeine entweder für sich selbst gewiß und gegeben seyn, in welchem Falle nur Urtheilskraft erfordert wird, um das Besondere unter das Allgemeine zu subsumiren; oder das Allgemeine ist nicht gegeben. In dem letzten Falle kann das Allgemeine nur voraus gesetzt werden, und um versichert zu seyn, daß dasselbe gewiß sey, ist es nicht genug, daß man das gegebene Besondere aus dem voraus gesetzten Allgemeinen ableiten könne; man muß mehrere besondere Fälle haben, die insgesammt unter jener Voraussetzung stehen, um so in dem Verhältnisse der Anzahl derselben von der Richtigkeit der Voraussetzung versichert zu seyn. Wir wollen den erstern Gebrauch der Vernunft den apodictischen, den letztern dagegen den hypothetischen nennen. Dieser hypothetische Gebrauch der Vernunft ist eigentlich nur regulativ und nicht constitutiv, indem man doch niemahls von der Vollständigkeit der besondern Fälle gewiß seyn kann, um mit Sicherheit auf die Allgemeinheit der Voraussetzung schließen zu können.

Der Gebrauch der Vernunft, wornach sie in dem vorigen Beyspiele gewisse Grundkräfte der Substanzen annimmt, ist der beschriebene hypothetische. Sie hat hierbey bloß die systematische Einheit im Sinne, die sie also keinesweges von der Erfahrung entlehnt, sondern die sie sich selbst vorsetzt, um die Erfahrung nach einer Regel anzustellen. Da diese Einheit demnach doch

nur

nur projectirt ist, so bleibt es unausgemacht, ob sie nicht überhaupt der Erfahrung gar fremd seyn möchte. Wir würden daher ganz unbefugt verfahren, wenn wir den, seiner Natur nach, lediglich hypothetischen Gebrauch der Vernunft als einen constitutiven ansehen, und denken wollten, daß die Einheit, die wir doch nur voraus setzen, sich in der Natur selbst befinde. Ein Princip, worauf wir ein solches Verfahren gründen wollten, würde ein transcendentales seyn, und eine transcendentale Deduction müßte seine Wahrheit darthun, welches aber in Ansehung keiner einzigen Idee möglich ist.

Es ist aber nicht zu läugnen, daß das Princip, worauf wir uns stützen, indem wir diese systematische Einheit in der Natur suchen, transcendental zu seyn scheine, ob es gleich dies nicht ist. Denn einmahl kann uns die Erfahrung selbst dieselbe niemahls zeigen, und, (um bey dem vorigen Beyspiele zu bleiben,) die Erfahrung kann uns niemahls lehren, daß gewisse Kräfte Grundkräfte sind. Unbelehrt von der Erfahrung darüber, haben wir sie gleichwohl im Sinne; und es scheint daher hiermit sich so zu verhalten, wie mit den Grundsätzen der Urtheilskraft, daß nämlich, so wie der Verstand in diesen der Natur Gesetze vorschreibt, so auch die Vernunft in diesem Princip eine Regel enthalte, welcher die Erscheinungen unausbleiblich gemäß seyn müssen. Zweytens dient auch diese systematische Einheit dazu, die Verstandeshandlungen zusammen zu fassen; und ungeachtet der Verstand ohne dieselbe jeden einzelnen gegebenen Gegenstand erkennt, so sieht man doch leicht, daß er nur unter der Voraussetzung

setzung dieser Einheit den Zusammenhang seiner Erkenntnisse, und dadurch den einzelnen Gegenstand durch
bestimmte Merkmahle erkennt.

Daß die Naturforscher ein solches Princip, nicht
als Hypothese, sondern als ein transcendentales Princip, ihren Beobachtungen zum Grunde legen, sieht
man aus ihrem Verfahren. Es war schon viel, daß
die Scheidekünstler alle Salze auf zwey Hauptgattun-
gen: saure und laugenhafte, zurück führen konnten;
sie versuchen sogar, auch diesen Unterschied bloß als eine Varietät oder verschiedene Aeußerung eines und desselben Grundstoffs anzusehen. Die mancherley Arten
von Erden, (den Stoff der Steine und sogar der Me-
talle,) hat man nach und nach auf drey, endlich auf
zwey zu bringen gesucht; allein damit noch nicht zu-
frieden, können sie sich des Gedankens nicht entschla-
gen, hinter diesen Varietäten dennoch eine einzige
Gattung, ja wohl gar zu diesen und den Salzen eine
gemeinschaftliche Gattung, zu vermuthen. Auch wird
dieses Princip in der bekannten Regel ausgedruckt,
daß man die Anfänge nicht ohne Noth vervielfältigen
müsse, (entia praeter neceſſitatem non eſſe multi-
plicanda,) in welcher man anzeigt, daß in der Natur
selbst diese systematische Einheit anzutreffen sey, welche
durch beständiges Vergleichen endlich könne gefunden
werden. Wäre in der Natur alles so durchgängig,
nicht bloß in Ansehung der Größe, sondern vorzüglich
in Ansehung des Stoffs der Erscheinungen, von einander verschieden, daß auch der schärffste Verstand gar
keine Aehnlichkeit zwischen irgend welchen zwey Erscheinungen anzutreffen im Stande wäre: so würde
                                                                    gar

gar kein Begriff von Gattung Statt finden; ja, es
würde überhaupt kein empirischer Begriff und kein Denken möglich seyn, weil dieses doch nur durch Begriffe
möglich ist. Das Geschäfft des Verstandes würde sodann noch lediglich darin bestehen, daß er das Mannigfaltige der Anschauung durch seine Kategorien zu
der Vorstellung eines Gegenstandes überhaupt bringen
würde, durch empirische Begriffe würde er aber gar
nichts denken. Eben aus diesem Grunde scheint es,
daß das Princip der Gleichartigkeit der Erscheinungen
transcendental sey, und daß die Vernunft diese Ein-
helligkeit von der Natur nicht erwarte, sondern dieselbe fordere. Verstehen wir aber die Vernunft darüber recht, so werden wir an diesem Princip doch nur
ein logisches sehen, welches nicht in Ansehung der Gegenstände bestimmend ist, sondern nur dem Verstande
zur Leitung dienen soll, damit er die Gegenstände der
Erfahrung durch empirische Begriffe denken möge.

Diesem Princip der Gattungen steht ein anderes
entgegen, welches Mannigfaltigkeit und Verschiedenheit
der Gegenstände fordert, nämlich das Gesetz der Specification, welches eben so wohl als das erste, transcendental zu seyn, das Ansehen hat. Hiernach soll der
Verstand bey aller anscheinenden Gleichartigkeit der
Gegenstände gleichwohl Verschiedenheit unter ihnen
suchen. Jede Gattung muß verschiedene Arten enthalten; jede Art wiederum verschiedene Unterarten, und
man soll diesem Princip gemäß keine Art für die un-
terste halten, indem dieselbe doch immer ein Begriff
ist, von welchem bis zur durchgängig bestimmten Vorstellung, (der Anschauung,) die Zahl der Abstufun-

gen

gen unendlich seyn müsse. Dieses Gesetz der Specification könnte so ausgedrückt werden: entium varietates non temere esse minuendas. Von der Erfahrung könnte dieses Gesetz nicht entlehnt werden, sondern es geht dasselbe im Gegentheile der Erfahrung vor, indem es den Verstand in seinem Erfahrungsgebrauche bestimmt, keine Aehnlichkeit unter Gegenständen für eine vollkommene Gleichheit zu halten, sondern immerfort Unterschiede zwischen denselben zu suchen. Auch sehen wir ein, daß nur unter Voraussetzung eben so wohl dieses Gesetzes als des vorigen der Verstandesgebrauch ausgeübt werden kann. Denn so wie wir die Gegenstände doch nur durch empirische Begriffe denken können, (wenn wir die Handlung, durch welche ein Gegenstand überhaupt gedacht wird, bey Seite setzen,) so müssen unter denselben doch auch wiederum niedrigere stehen, weil sonst eigentlich kein Denken, sondern nur Anschauen Statt finden würde. Gleichwohl ist dieses Princip doch auch nur logisch und nicht die Gegenstände bestimmend, sondern nur ein Gesetz, welches die Vernunft dem Verstande vorhält, indem sie die Ausbreitung der Erkenntnisse zur Absicht hat.

Ein drittes Princip, welches die vorigen beyden verbindet, ist das Gesetz der Affinität. Diesem gemäß muß es zwischen jeder Art und einer andern von derselben Gattung Zwischenarten geben. Offenbar ist dasselbe auch nur logisch, indem man von den Gegenständen selbst doch nicht erwarten kann, daß eine solche Verwandtschaft durch unendlich viele Mittelglieder Statt finden, sondern im Gegentheile dieselben ein quantum discretum ausmachen müssen. Gleichwohl
stellt

stellt es sich uns als ein transcendentales Gesetz vor,
(lex continui in natura,) welches daher kommt, weil
nur in seiner Befolgung der Verstandesgebrauch über,
haupt möglich ist.

Die drey Principien der Vernunft: der Gleichartigkeit der Gegenstände, unter höhern Gattungen, der Varietät des Gleichartigen unter niedern
Arten, und der Affinität dieser Arten selbst, sind
demnach so viele Grundsätze, welche die Vernunft dem
Verstande vorhält, um sonach allererst Verstand zu
seyn. Denn in der Befolgung derselben besteht der
ganze Verstandesgebrauch, (wenn wir den ursprünglichen, wodurch wir überhaupt einen gegebenen Gegenstand denken, bey Seite setzen.) In Ansehung der
Gegenstände selbst können sie gar nichts bestimmen.
Wie weit da die Gleichartigkeit, Verschiedenheit und
Verwandtschaft gehen möge, bleibt sonach ganz unbestimmt.

Wenn wir der Ordnung nach, in welcher diese
Principien den Erfahrungsgebrauch des Verstandes
bewirken, sie selbst aufstellen, so werden sie so stehen:
Mannigfaltigkeit, Verwandtschaft, und
Einheit, jede derselben in ihrer Vollständigkeit als
Idee genommen. Der Verstand betrachtet anfänglich
alle Gegenstände, die ihm in der Anschauung gegeben
sind, gleichsam als isolirt und in einer absoluten Verschiedenheit. Nach und nach entdeckt er Merkmahle
in denen sie mit einander überein stimmen. Er sondert
nun das Verschiedene in Gedanken von ihnen ab, und
indem er bloß die entdeckte Gleichartigkeit behält,
kommt er zu empirischen Begriffen, wobey er noch im-

mer

mer an die Unterschiede denkt, welche die Arten, die
der Gattungsbegriff unter sich enthält, von einander
absondern, und sich die Ideen von Zwischenarten entwirft, die er zwischen jeden zwey Arten in der Erfahrung antreffen werde, und die mit einer jeden von ihnen
mehr überein stimmen werden, als sie unter sich überein stimmen. Endlich bildet er sich die Idee von der
Gleichartigkeit aller Erscheinungen, um sie durch einen allgemeinen Begriff denken zu können. Die Verwandtschaft des Mannigfaltigen betrifft auch nicht bloß
die Dinge selbst in Ansehung ihrer Form und der Materie, sondern auch ihre Eigenschaften und Kräfte.
In der Beurtheilung der Planeten-Bahnen fallen wir
zuerst auf die Kreislinie, als auf die einfachste unter
allen krummen Linien. Indem wir aber die Abweichungen von dieser Linie bemerken, so nehmen wir diejenige an, welche dem Zirkel am nächsten kommt,
nämlich die Ellipse. Die Bahnen der Kometen können wir anfänglich dem Gesetze der Ellipse nicht unterwerfen, und wir vermuthen, daß sie Ellipsen von
einer so langen Achse sind, daß alle unsre Beobachtungen nur mit der Voraussetzung der parabolischen Bahn
überein stimmen können. Ja, wir sind nun geneigt,
Kometen-Bahnen uns zu ersinnen, die wirkliche Para-
beln sind, und gar solche, die auf die entgegen gesetzte
Art, als die Ellipse vom Zirkel abweicht, von ihm abgehen, nämlich uns hyperbolische Kometen-Bahnen zu
denken. Die Eigenschaft der Schwere der Körper entdecken wir auf der Oberfläche unsrer Erde. Wir kommen dahin, sie als die anziehende Kraft der Erde selbst
anzusehen. Endlich halten wir sie für eine wesentliche

Eigen-

Eigenschaft der Materie überhaupt und für die Ursache der Gesetze der Bewegung der Planeten und Kometen; ja, indem wir das logische subjective Princip
der Gleichartigkeit befolgen, verbreiten wir dieses Gesetz über die ganze Natur, und denken uns Sonnen,
die das in Ansehung unsers Sonnen-Systems sind, was
die unsrige in Ansehung der Planeten ist, und Milch-
straßen, die aus unzähligen Sonnen-Systemen bestehen,
deren Bewegung insgesammt durch dieses allgemeine
Gesetz der Gravitation erhalten wird. Die Vernunft
arbeitet in diesen Principien dem Verstande vor, der
dadurch einen Leitfaden erhält, wornach er die Erfahrung anstellen kann, die man aber gänzlich mißverste-
hen würde, wenn man sie für transcendentale Grundsätze halten wollte.

Wir haben in der transcendentalen Analytik die
mathematischen Grundsätze von den dynamischen unterschieden, und von den erstern ausgesagt, daß sie constitutive Principien sind, die letztern dagegen regulative
Principien genannt. Der Grund davon war, daß
die mathematischen Grundsätze den Verstand zur Anwendung der Kategorien der Größe und Realität auf
Gegenstände der empirischen Anschauung berechtigten,
wodurch aber ein Gegenstand in Ansehung seiner Materie und Form bestimmt gedacht wird. Die dynamischen Grundsätze gehen dagegen auf das Daseyn der
Gegenstände, und waren nur regulativ, weil ihnen
gemäß dasjenige, was das Wesen einer gewissen Erscheinung ist, nicht gedacht, sondern nur ihr Daseyn
entweder im Verhältnisse zu einem andern oder bloß zum
Verstande selbst, bestimmt wird. Eben diese regulati-

ven Principien, welche in Beziehung auf Quantität
und Qualität der Erscheinungen lediglich regulativ
sind, sind demnach doch selbst constitutiv in Beziehung
auf das Daseyn selbst. Wenn wir aber dem Grunde
nachforschen, worauf sich der Verstand stützt, wenn er
die Gegenstände durch die Kategorien denkt, so finden
wir, daß derselbe das Schema der Sinnlichkeit sey.
Das Mannigfaltige wird vermittelst des Schema zur
nothwendigen Einheit verknüpft vorgestellt, und jene
Grundsätze sind eben daher constitutiv, weil sie die Regeln der Anwendung dieser Schemate auf die empirische Anschauung sind, durch welche Anwendung etwas
als Gegenstand in der Anschauung gedacht wird. Die
Principien der reinen Vernunft können nun eben daher, weil sie in keinem Schema vorzustellen sind, niemahls constitutiv seyn. Wenn man fragt: wie kann
eine Regel, die gar nicht von den Gegenständen der
Erfahrung abgenommen worden ist, gleichwohl doch
so gedacht werden, daß diese Gegenstände ihr unterworfen sind? dann konnte in Ansehung der transcendentalen Grundsätze die befriedigende Antwort gegeben
werden, daß sie die Gesetze sind, nach welchen das empirische Mannigfaltige durch das Schema als nothwendig
verknüpft gedacht wird, und so überhaupt Gegenstände
vorgestellt werden. Nun fehlt dieses Schema den Principien der Vernunft: wie werden sie also, auch nur
als regulative Principien in Beziehung auf Erfahrung, gedacht werden können?

. Das Denken eines Objects vermittelst der reinen
Kategorien ist unbestimmt, und die objective Beziehung
derselben, (das bestimmte Denken eines Objects,)

ist

iſt nur vermittelſt des Schema der Sinnlichkeit mög=
lich. Wenn nun gleich für die Vernunftbegriffe kein
Schema der Sinnlichkeit möglich iſt, ſo giebt es doch
ein Analogon eines Schema für dieſelben, wodurch der
Vernunftbegriff das Beſtimmte erhält. Zwar gewinnt
er damit nichts an objectiver Realität; aber indem er
ſonach als beſtimmt gedacht wird, wird das Denken
der Objecte, ſo fern dieſelben ſich ihm annähern, mög=
lich. Es iſt der Begriff des Maximum, der in ei=
ner jeden Idee, ſo fern ſie zu einem regulativen Prin=
cip geſchickt iſt, in dem angezeigten Sinne, die Stel=
le eines Schema der Sinnlichkeit vertritt. Die drey
regulativen Principien: der Mannigfaltigkeit, Ver=
wandtſchaft, und Einheit, haben demnach auch ob=
jective Realität; aber dieſelbe beſteht nicht in der
objectiven Beziehung ſelbſt, nämlich nicht darin, daß
ihnen beſtimmte Gegenſtände entſprechen, ſondern nur
darin, daß ſie dem Verſtande den Begriff des Maxi=
mum vorhalten, um darnach die Gegenſtände zu be=
ſtimmen.

Grundſätze, von denen man nicht ſagen kann, daß
ſie ſich auf Objecte beziehen, ſondern die ſich lediglich
die Vernunft erſchafft, um vermittelſt derſelben ihr
ſpeculatives Intereſſe zu befriedigen, nennen wir
Maximen der Vernunft.

Wenn Principien, die wie die angegebenen bloß
regulativ ſind, für conſtitutiv, und mithin für objecti=
ve Principien gehalten werden, ſo können ſie wider=
ſtreitend ſeyn. Betrachtet man ſie dagegen als Ma=
ximen, ſo iſt es kein wahrer Widerſtreit, und ſie können
insgeſammt als ſubjective Principien in einem Sub=

jecte

jecte bey einander bestehen. Man kann es sich aber
auch denken, daß die eine Maxime mehr als die andere in einem Subjecte herrschend ist, und hieraus sich
den Zwiespalt erklären, der sich unter den Naturfor-
schern vorfindet. Bey dem einen vermag mehr das
Interesse der Mannigfaltigkeit, bey dem andern dagegen mehr das der Einheit, und ein jeder glaubt, daß
sein bloß subjectives Princip objectiv sey, und aus der
Einsicht der Objecte zu sprechen, da sie doch beyde nur
ihr Interesse aussagen. Daß aber diese Grundsätze,
als regulative Principien, die vor 'der Erfahrung
gefaßt sind, und welchen auch niemahls die Erfahrung
vollständig entsprechen kann, von großem Nutzen sind,
in Ansehung der Befriedigung des speculativen Interesse der Vernunft, beweisen die glücklichen Erfolge
der Beobachtungen und der Versuche der Gegenstände
der Natur, die unter ihrer Leitung angestellt werden.

Von der Endabsicht der natürlichen Dialectik der menschlichen Vernunft.

Wir haben im Vorhergehenden den immanenten
Gebrauch gewisser Ideen zeigen können, die aber von
der Art waren, daß sie gar keinen Gebrauch haben
würden, wenn sie den immanenten nicht haben könnten. Die transcendentalen Ideen sind aber so beschaffen, daß es scheinen möchte, daß sie nur einen
transcendenten Gebrauch haben, und daß man über
diesen Schein ihren möglichen immanenten Gebrauch
gar nicht achtet. Der erste, wornach sie auf existirende

de Gegenstände, die doch in keiner Erfahrung gegeben
werden können, bezogen werden, ist ihnen nicht zuzu-
gestehen. Es wird uns noch obliegen, zu zeigen, in
wie fern sie als regulative Principien von immanentem
Gebrauche seyn können. Hierin wird die transcendentale Deduction derselben bestehen, die von allen Begriffen, die nicht empirischen Ursprungs sind, geschehen muß, wenn man von ihrer objectiven Gültigkeit
sich versichern will. Demnach wird nicht diese Deduction, so wie die der Kategorien, von diesen Begriffen zeigen, daß sie die Bedingungen aller objectiven Beziehung unsrer Vorstellungen sind, und auf
diesem Wege die Anwendung derselben auf Gegenstände a priori zeigen. Dessen ungeachtet wird sie doch
ihre objective Gültigkeit darthun. Das heißt aber:
sie wird zeigen, daß die Vernunft vermittelst dieser
Ideen den Verstand zur systematischen Einheit der Erfahrung leite, welche im Gegentheile verloren geht,
wenn man sie von transcendentem Gebrauche hält.
Man bemerkt leicht den Unterschied, der zwischen den
Sätzen Statt findet: etwas ist als ein Gegenstand
gegeben, und: etwas ist ein Gegenstand nur in der
Idee. Der erstere druckt aus, daß die Vorstellung vom
Gegenstande im eigentlichen Sinne objective Realität habe; und da kein Gegenstand anders als in der
empirischen Anschauung uns gegeben seyn kann, so
folgt schon daraus, daß der Begriff von einem Gegenstande nur in der Idee keine objective Realität habe.
Derselbe ist eigentlich nur ein Schema, das sich unmittelbar auf keinen Gegenstand bezieht, das aber doch
dem Verstande, als der Quelle aller objectiven Beziehung,

hung, vorschweben kann, um noch über diese Beziehung die systematische Einheit der Gegenstände sich
vorzustellen, und so unter der Leitung des Gedankens
von einem gewissen Ganzen der Erfahrung dieselbe
zu erweitern. Nur in diesem uneigentlichen Sinne
wird man den transcendentalen Ideen objective Realität zuschreiben können, und nur diese wird die transcendentale Deduction derselben vor Augen zu stellen
haben. Wir werden von der psychologischen, den kosmologischen, und der theologischen Idee zeigen, daß, ob
sie gleich im eigentlichen Sinne nicht auf Gegenstände
bezogen werden können, sie dennoch zu Regeln für den
Verstand taugen, um durch die Vorstellung des Maximum, die in ihnen liegt, die Erfahrungserkenntniß
zu erweitern, welches ohne diese Leitung nicht so geschehen würde.

Es ist klar, daß, da der Begriff von einem Gegenstande nur in der Idee als ein heuristischer Begriff
betrachtet werden soll, derselbe auf irgend eine Weise
mehr, als in dem bloßen Gedanken einer objectiven
Einheit geschieht, bestimmt werden muß, und daß,
da alle Bestimmung des Begriffs von einem Gegenstande nur den Kategorien gemäß geschehen kann, auch
der Gegenstand nur in der Idee durch die Kategorien
wird gedacht werden müssen. Würde man damit umgehen, einen solchen Gegenstand schlechthin, oder auch
nur hypothetisch anzunehmen, so würde man kein Befugniß zu diesem, nunmehr objectiven Gebrauche der
Kategorien haben. Der Begriff dient aber nur zur
Leitung des Erfahrungsgebrauchs des Verstandes, und
das Daseyn seines Gegenstandes wird nicht einmahl

vor-

voraus gesetzt, (welches doch immer eine eigentliche
objective Beziehung seyn würde.) Wollte man z. B.
die Annahme eines höchstweisen und höchgütigen Welt-
urhebers machen, so würde man dieses in der Absicht
thun, um einen Erklärungsgrund zu haben für die
mannigfaltige Zusammentreffung der Mittel und Zwecke in der Natur, und man würde, gänzlich nach der
Art der Hypothesen, nach der Anzahl der Folgen, die
sich alle aus dem angenommenen Grunde erklären lassen, die Befugniß, sich ein solches Wesen als existirend
zu denken, abmessen. Indem man aber so übersehen
würde, daß dieser Schluß von den Dingen, die in
der Erfahrung gegeben sind, zu einem übersinnlichen
Etwas führe, zwischen welchem und jenen kein Uebergang angetroffen wird; so würde man auch über dies
den wahren heuristischen Endzweck der Idee selbst verfehlen, wie dieses bald soll gezeigt werden.

· Diesem zu Folge können wir nun erstlich, was
die psychologische Idee der Substantialität der Seele
betrifft, der Erfahrung der Erscheinungen unsers Gemüths die Idee eines beharrlichen Substrats, als
einer einfachen Substanz, die mit persönlicher Identität existirt, zur Leitung vorsetzen. So weit ich mir
selbst als Gegenstand in der Erfahrung gegeben bin,
kenne ich mich an den wechselnden Bestimmungen des
Erkennens, Empfindens und Begehrens, und ich finde
nichts Beharrliches vor dem innern Sinne. Um aber
zur systematischen Einheit aller Erscheinungen meiner
selbst zu gelangen, und diese Erfahrung absichtlich
zu erweitern, denkt sich die Vernunft alle Bestimmungen des Gemüths als inhärirend einem einigen Sub-

jecte,

jecte, und dieser Idee gemäß sucht sie alle jene Aeußerungen von Einem, alle Kräfte von einer einigen Grundkraft abzuleiten.　In dieser Idee liegt demnach die
Beharrlichkeit, die Identität, die Einfachheit, mithin die Personalität dieses einigen Subjects, und
das Verhältniß desselben zu den Gegenständen im
Raume. Alles dieses wird nicht voraus gesetzt und nicht
als ein wirklicher Grund angesehen, aus welchem die
Eigenschaften unsers Gemüths zu erklären sind. Denn
einmahl können diese auf ganz andern Gründen beruhen, die wir gar nicht kennen, und zweytens würden
wir uns täuschen, wenn wir glauben wollten, durch
diese Prädicate die Seele zu erkennen.　Denn ob wir
gleich einen Sinn damit verknüpfen können, wenn
wir sie als ein Schema betrachten, um alle Bestimmungen des Gemüths so viel als möglich von Einem
abzuleiten; so verschwindet dagegen alle Bedeutung
derselben, wenn wir sie als etwas Existirendes ansehen wollten, indem in der Anschauung, in der doch
ein jeder Gegenstand uns gegeben seyn muß, niemahls
etwas als schlechthin-einfach vorkommen kann, und
der Begriff der Substanz lediglich auf Gegenstände
der äußern Anschauung Anwendung findet.　Man
würde also in der That gar nichts denken, wenn man
die Seele als einfache Substanz zu denken glaubte,
weil man eine objective Beziehung von diesem Begriffe
machen, und doch auf die Bedingung nicht achten würde, unter der er nur auf ein Object bezogen werden
kann. Wird dagegen die psychologische Idee bloß als
Schema betrachtet, so kann daraus nichts anders als
Vortheil entspringen, wenn man es nur verhüthet, sie

für

für etwas mehr als bloße Idee zu halten. Alle Hy=
potheſ=n, die in Uebertragung solcher Erklärungs=
gründe, die für die körperliche Natur gelten, auf die
Natur der Seele von Erzeugung, Zerstörung und
Palingeneſie der Seele u. ſ. f. beſtehen, werden hier=
nach gar nicht zugelaſſen. Man hat keine andere
Abſicht bey dieser Idee, als die, alle Erklärungsgrün=
de der Eigenſchaften der Seele, so viel man kann, auf
ein einziges Princip zu bringen.

Die zweyte transcendentale Idee, die zum regu=
lativen Princip geschickt iſt, und auch lediglich in die=
ser Bedeutung objective Realität hat, iſt der Weltbe=
griff. Dabey iſt nun sogleich zu bemerken, daß das
Schema, an deſſen Leitung die Vernunft zur ſyſtema=
tiſchen Einheit der Erſcheinungen des äußern Sinnes
zu gelangen ſtrebt, doch nicht die Vorstellung von ei=
nem transcendenten, (alle Erfahrung überſteigenden,)
Gegenſtande zu seyn braucht, wie die Idee iſt, welche
zum Schema der Erscheinungen der denkenden Natur
dient. Dieselbe ſoll alle Beſtimmungen des Gemüths,
so weit es möglich iſt, auf ein Princip führen; sie
muß mithin die Vorstellung einer objectiven Einheit
seyn, die nichts Mannigfaltiges enthalten kann, folg=
lich die eines transcendenten Gegenſtandes. In Anse=
hung der körperlichen Natur verlaſſen wir aber nicht
die sinnliche Anschauung, indem wir zur ſyſtematiſchen
Einheit ſtreben. Diese Ideen werden demnach die
absolute Totalität der Bedingungen der Gegenſtände
der Anschauung enthalten, die nun zwar kein Gegen=
ſtand vollständig erreichen kann, deren Gegenſtand je=
doch als zur Natur gehörend angesehen wird, bloß
um

um die Ableitung der Glieder einer Reihe Erscheinungen immer vollständiger zu machen. Die Vernunft
befindet sich hier auf einer unvermeidlichen Antinomie,
wenn sie der Idee im eigentlichen Sinne objective Realität zuschreibt. Betrachtet sie dagegen dieselbe bloß als
Schema, so kann ohne zu besorgenden Widerspruch
gesagt werden: jede Reihe Bedingungen eines in der
Anschauung gegebenen Bedingten ist unendlich, folglich ein Ganzes; (woraus sofort eine Antinomie entsteht, wenn man diesen Begriff auf einen Gegenstand
bezieht,) bloß um durch Vorhaltung dieser Idee den
empirischen Regressus zu leiten. Unter dieser Idee
geht der Verstand vom Bedingten zur Bedingung fort,
als ob er ein Ende erreichen würde, und wird
gleichwohl durch dieselbe Idee immerfort gehalten, kein Glied der Reihe für das absolut-letzte zu
halten.

So ist es auch mit der dritten Idee bewandt, der
Idee einer ursprünglichen und schöpferischen Vernunft.
Dieselbe auf einen Gegenstand zu beziehen, dazu haben wir in speculativer Absicht keinen Grund, und über
dies muß dieselbe in der objectiven Beziehung alle Bedeutung verlieren, weil ein solcher Gegenstand uns
doch nicht gegeben seyn kann, worauf doch alle Bedeutung, die ein Begriff haben kann, beruhet. Wird
dagegen diese Idee bloß als Schema behandelt, so
giebt sie dem Verstande eine neue Aussicht, die auf
Erweiterung der Erfahrungserkenntniß gerichtet ist;
denn er erhält durch dieselbe eine Leitung zu einer
teleologischen Beurtheilung der mancherley Erzeugun-
gen, die ihm die Natur vorlegt, welches zu nichts an-

derem

derem als zur Erweiterung seiner Erkenntniſſe gerei-
chen muß. Er betrachtet ſonach alles nach Zwecken,
und ſucht zu allen Producten in der Natur in eben
derſelben die Gegenſtände, mit welchen ſie als Mittel mit ihren Zwecken zuſammen ſtimmen, gleichſam
als wüßte er a priori, daß es Zwecke geben müſſe,
auf welche ſie gerichtet ſind. Alles fehlerhafte, das
daraus entſtehen könnte, würde das ſeyn, daß da, wo
wir eine Verknüpfung nach Zwecken entdeckt zu haben
glaubten, doch nur ein mechaniſcher oder phyſiſcher
Zuſammenhang angetroffen werde. Wir würden in
dieſem Falle nur eine Einheit mehr vermiſſen, aber
nicht die Vernunfteinheit in ihrem empiriſchen Gebrauche verderben. Auch kann dasjenige, welches aus
phyſiſchen Gründen zu erklären möglich iſt, noch über
dies nach Zwecken beurtheilt werden. So kann z. B.
die Erhöhung der Erde unter der Linie aus der größern Schwungkraft der Theile in dieſer Gegend in der
Umdrehung um ihre Achſe, wornach dieſelben ſich während des Zuſtandes der noch flüſſigen Erdmaſſe vom
Mittelpuncte entfernen mußten, erklärt, und deſſen
ungeachtet kann eben dieſe Erhöhung auch teleologiſch
beurtheilt werden. Hiernach ſieht man wohl, daß,
wenn die Erhaltung der Lebendigen ein Zweck der Natur iſt, und zu dieſem Behufe die Oberfläche der Erde
gegen Zerrüttungen geſichert ſeyn ſollte, jene Erhöhung
nothwendig war, weil ſonſt die durch unterirdiſche
Urſachen immerfort entſtehenden Berge die Lage der
Erdachſe unaufhörlich verändern, und dadurch beſtändige Ueberſchwemmungen verurſachen müßten, wenn
nicht ein jeder Berg gegen dieſe Aufſchwellung der
Erde

Erde unter der Linie unbedeutend seyn würde. Vermittelst der Annahme einer selbständigen und höchsten
Intelligenz als Ursache der Welt ist die Vernunft im
Stande, jede Frage in Ansehung des Zufälligen zu
beantworten, und den Verstand zu einer immer größern systematischen Einheit zu leiten; aber was die
Annahme selbst betrifft, so kann sie darüber sich selbst
nicht befriedigen, woraus sich zur Genüge ergiebt, daß
dieselbe keinesweges schlechthin geschehe, das ist: so
daß die Vernunft dieser Idee keinen Gegenstand correspondirend setze, sondern daß sie ein solches Wesen
nur relativ annehme, lediglich um den Verstandesgebrauch besser zu besorgen. Die Vernunft giebt ihrer
Idee einen Gegenstand, aber sie schreibt ihr doch
nicht objective Realität zu, weil sie diesen Gegenstand
nicht als wirklich setzt, selbst nicht einmahl etwas
Wirkliches supponirt; sondern sie denkt ihn nur problematisch, um alle Verknüpfung der Gegenstände der
Anschauung so anzusehen, als ob sie in demselben ihren Grund hätten, bloß um das Erkenntniß der Erscheinungen nach einer Regel zu erweitern, und dadurch
der Verstandeseinheit beförderlich zu seyn.

Verlassen wir aber diese Art von objectiver Bedeutung der transcendentalen Ideen, und gehen wir damit um, objective Gültigkeit denselben im eigentlichen
Sinne zuzusichern, so befindet sich die Vernunft sogleich im Felde des Unbegreiflichen und Unerforschli-
chen, und eben daher des Leeren, wo sie in der That
gar nichts mehr denkt, weil der Gegenstand, den sie
zu denken wagt, für sie zu groß ist. Ueber dies aber
ergeben sich aus diesem constitutiven Gebrauche der

Ideen

Ideen einige üble Folgen für den empirischen Verstandesgebrauch, die wir zu bemerken haben.

Der erste dieser Fehler ist die faule Vernunft. Wir benennen damit jeden Grundsatz, wornach man seine Naturuntersuchung in irgend einem Stücke für beendigt hält, und die Vernunft sich überredet, ihr Geschäfft vollendet zu haben. Dieser zeigt sich so wohl in der Realisirung der psychologischen als in der der theologischen Idee. Wenn der Spiritualist in der Vorstellung: Ich, die Einfachheit und Substantialität der Seele unmittelbar zu finden glaubt, so wird er alles Nachforschen nach Erklärungsgründen für das in der Erfahrung gegebene Bewußtseyn der Identität des Subjects aufgeben. Denn er wird glauben, diesen Erklärungsgrund schon an der einfachen Substanz der Seele zu haben. Auch wird er sich das Interesse, das wir an Dingen nehmen, die sich erst nach dem Tode zutragen sollen, aus dem Bewußtseyn der immateriellen Natur unsers denkenden Subjects erklären. In allen diesen Fällen wird er die physischen Erklärungsgründe, welche doch allein nur verständlich sind, vorbey gehen, und, um die Erscheinungen des innern Sinnes begreifen zu können, zu gänzlichen Unverständlichkeiten seine Zuflucht nehmen. Was die theologische Idee betrifft, so zeigt sich hier der Nachtheil sehr deutlich, wenn sie constitutiv genommen wird; denn dabey geht sofort alle Erklärung aus physischen Gründen gänzlich verloren. Statt dessen, daß wir aus den Gesetzen des Natur-Mechanismus der Materie die Erklärung der Naturerscheinungen herleiten sollten, werden wir uns, dieser constitutiven Idee gemäß, jederzeit auf den unerforsch-

lichen

lichen Rathschluß der höchsten Weisheit berufen, und
indem wir den Faden der Erfahrung auf einmahl ab=
brechen, uns überreden, eine vollständige Begreiflich=
keit uns verschafft zu haben, da wir doch, wenn wir
nur prüfen wollten, uns in einer gänzlichen Unver=
ständlichkeit befinden würden. Dieser Nachtheil findet
bey dem bloß regulativen Gebrauche der Idee nicht
Statt. Denn wenn ich auch annehme, daß alle Ver=
knüpfung der Gegenstände in der Natur teleologisch
sey; so geschieht dadurch der Erklärung der Erschei=
nungen aus physischen Gründen gar kein Abbruch,
weil diese Annahme nicht schlechthin, sondern nur in
Beziehung auf den empirischen Gebrauch des Verstan=
des geschieht, mithin die Ansicht der Dinge, als nach
Zwecken verknüpft, der physischen Verknüpfung nach
Gesetzen der Materie nur parallel läuft, aber dieselbe
nicht aufhebt. Wir bestimmen diese Zwecke auch nicht
vor der Erfahrung, und dringen sie gleichsam der Na=
tur auf, wie es bey der Aufnahme der Idee als ei=
ner constitutiven geschieht, sondern wir erwarten sie
nur. Darin besteht aber der zweyte Fehler des Ge=
brauchs der Idee, als einer constitutiven, den wir die
v e r k e h r t e Vernunft nennen. Hiernach nehmen
wir eine höchste Intelligenz an, und geben der Idee
im eigentlichen Sinne objective Realität, zu welcher
Voraussetzung wir uns für befugt halten, weil wir in
einigen Stücken eine Verknüpfung nach Zwecken in
der Natur entdeckt zu haben glauben. Sodann kehren
wir die Sache um, und bestimmen, diesem hypostati=
schen Princip nach, die Zwecke, welche die Natur ha=
ben muß. Eine weise Intelligenz ist die Ursache des
Daseyns und der Verknüpfung der Dinge in der Welt,

mit=

mithin muß dieselbe nach Zwecken getroffen seyn. Hieraus entsteht die üble Folge, daß wir in die Natur etwas hinein tragen, was ihr für sich gänzlich fremd
ist. Denn eben darum ist sie Natur, weil sie der Inbegriff von Gegenständen der Anschauung ist, die dieses nur in so fern sind, als sie den Gesetzen der Erfahrung gemäß gegeben sind und gedacht werden. Ein
Princip außer der Natur, und doch auf die Gegenstände derselben einfließend, würde demnach alle Natur
aufheben. Ueber dies würden wir damit unsre Haupt-
absicht verfehlen; denn wenn wir aus der zweckmäßi-
gen Einrichtung der Dinge auf einen weisen Urheber
schließen wollen, so handeln wir dieser Absicht entgegen, wenn wir denselben voraus setzen, und in diesem
Gedanken der Natur Zwecke vorschreiben.

Wenn man die möglichen Fragen überlegt, die in
Ansehung solcher Gegenstände, die alle Erfahrung
übersteigen, geschehen können; so könnte die Behauptung, daß sie insgesammt zu beantworten sind, anfänglich kühn scheinen. Bedenkt man aber, daß doch lediglich die reine Vernunft die Begriffe von diesen Gegenständen sich selbst entwirft, ohne daß ihr auf irgend
eine Weise dieselben gegeben sind; so sieht man wohl,
daß eben diese reine Vernunft sich doch in Ansehung
ihrer eigenen Producte werde Rechenschaft ablegen
können.

Fragt man, ob es etwas von der Welt Unterschie-
denes gebe, was den Grund der Weltordnung und ihres Zusammenhanges nach allgemeinen Gesetzen enthalte; so ist die Antwort: ohne Zweifel. Denn
die Welt ist der Inbegriff von Gegenständen der Anschauung, und die Vernunft ist genöthigt, sich ein Etwas

was zu denken, das ihnen auf irgend eine Weise zum
Grunde liegt, und das nicht angeschauet wird, wovon
man aber gar nichts mehr sagen kann, als daß es dieser transcendentale Grund der Erscheinungen ist. Hierin liegt aber auch die Antwort auf die Frage, ob dieses Wesen Substanz, von der größten Realität, nothwendig, u. s. f., sey. Die Kategorien haben Anwendung auf Gegenstände der Anschauung, und machen
das Denken derselben möglich. Ob sie außer diesem
Felde noch irgend eine Bedeutung haben, können wir
nicht wissen. Es bleibt daher nichts übrig als der
allgemeine Begriff von objectiver Einheit, wodurch
wir das Object, das den Erscheinungen zum Grunde
liegt, denken können. Fragt man endlich, ob wir
nicht dieses Wesen nach einer Analogie mit den Gegenständen der Erfahrung denken dürfen; so ist die Antwort: allerdings, aber nur so fern wir uns ein Schema für den empirischen Gebrauch des Verstandes entwerfen, und nicht, um dadurch zu bestimmen, was
dasselbe an sich selbst sey. Wir können es nach der Analogie mit einer Intelligenz denken, um so, wie wir
vermittelst dieses Begriffs Kunst-Producte uns erklären, auch in Ansehung der Gegenstände der Sinnenwelt
einen Leitfaden zur systematischen Einheit derselben
vermittelst der Idee einer höchsten Intelligenz zu erhalten. Auch können wir dieselbe noch auf eine andere anthropomorphistische Weise bestimmen, ihr nämlich Wohlgefallen und Mißfallen, und einen Willen
beylegen, und das alles im höchsten Grade, wozu Erfahrung uns niemahls berechtigen kann, so fern wir
alles das nur in regulativer Absicht thun, und so wohl
das Daseyn als die Zweckmäßigkeit der Dinge in
der

der Welt eigentlich nicht von diesem Wesen, sondern nur von der Idee desselben ableiten.

Das Resultat der transcendentalen Dialectik besteht demnach darin, daß die Vernunft auch selbst mit ihren Ideen das Feld der Erfahrung nicht zu übersteigen vermag. Die Analytik hat gezeigt, daß alle Begriffe und Grundsätze des reinen Verstandes lediglich auf Gegenstände der Anschauung Beziehung haben, und daß die objective Gültigkeit derselben, wenn sie auf Dinge an sich bezogen werden, ganz grundlos sey. Es hatte aber den Anschein, daß die Vernunft an sich selbst eine Quelle von objectiven Begriffen sey, deren Gegenstände ganz außer dem Gebiethe der Erfahrung liegen. Es war daher nöthig, den Grund zu diesem Besitze genau zu untersuchen. Da hat sich denn ergeben, daß, ungeachtet die transcendentalen Ideen Begriffe waren, auf welche die Vernunft, so fern sie sich selbst äußert, nämlich in ihrem Fortschritte vom Bedingten zur Bedingung, von selbst kommt, sie gleichwohl nicht diejenige objective Gültigkeit haben, daß sie, so wie die Verstandesbegriffe, sich auf Gegenstände beziehen; sondern daß sie nur zu regulativen Principien geschickt sind, und in dieser Bedeutung ihr Gebrauch lediglich auf Gegenstände der Erfahrung gerichtet ist, deren Erkenntnisse durch sie zu einer systematischen Einheit, welche die eigentliche Vernunfteinheit ist, geführt werden, die der Verstand ihnen nicht verschaffen konnte.

————————

Die
transcendentale Methoden-
Lehre.

Einleitung.

Der Unterschied der allgemeinen reinen Logik von der transcendentalen wird nun wohl, nachdem wir die letztere selbst ausgeführt haben, klar seyn. Es ist in speculativer Angelegenheit nichts so sehr zu empfehlen, als Aufmerksamkeit auf den Unterschied zwischen Denken und Erkennen. Die Unterlassung derselben war wohl die eigentliche Veranlassung der Dialectik der reinen Vernunft, nämlich derjenigen Täuschung, in der man sich überredet, daß die Begriffe von einem Schlechthin ‒ unbedingten, in deren Erzeugung sich allerdings und lediglich das Vernunftvermögen offenbart, auch objective Realität haben, indem ihnen die subjective nicht abgesprochen werden kann, und es von Begriffen, so fern an die objective Realität derselben nicht gedacht wird, auch sehr richtig ist, daß der Verstand etwas als bedingt nur unter der Voraussetzung einer höchsten Bedingung, die nicht wieder bedingt ist, denken könne. Indem nun die allgemeine Logik die Gesetze des Denkens entwickelt, so giebt sie damit nicht sofort die Gesetze des Erkennens, welches dasjenige Denken ist, das noch über die Zusammenstimmung der Gedanken auch objective Realität hat. Daß das Quadrat der größten Seite des rechtwinkligen Dreyecks größer oder kleiner sey, als die Summe der Quadrate der beyden Perpendiculären, ist immer ein mög-

möglicher Gedanke. Die Geometrie lehrt, daß dieser Gegenstand in der reinen Anschauung unmöglich ist; aber die objective Realität seines Gegentheils leuchtet mir doch nur erst in einer transcendentalen Beurtheilung ein, in welcher ich einsehe, daß die Synthesis, wodurch irgend ein bestimmter Raum entsteht, eben dieselbe ist, welche, als Synthesis der Apprehension, den Gegenstand der Erfahrung erzeugt. Indem ich den Bedingungen der objectiven Realität unsrer Gedanken nachforsche, und die Vorstellung der objectiven Einheit, (des nothwendig zu einander Gehörenden eines Gegebenen,) für den allgemeinen Begriff eines Gegenstandes halte; so finde ich zwar an der Function eines Urtheils auf eine formale Art diese nothwendige Gedankenbestimmung, und erhalte auf diese Weise ein Princip für die Bedingungen, welchen gemäß die objective Einheit überhaupt gedacht wird. Aber diese Bedingungen, (die Kategorien,) sind doch auch nichts weiter als Gedanken, nämlich mögliche Weisen, Gegenstände zu denken. Ihre objective Realität mußte besonders gezeigt werden, und diese ergab sich in der Betrachtung, die sie als Schemate kennen lehrte, das heißt: als Begriffe, die ein gegebenes Mannigfaltiges als nothwendig verknüpft in Beziehung auf die Zeit vorstellen. Der Gebrauch dieser Schemate, um dadurch Gegenstände der Erfahrung vorzustellen, muß aber unter Regeln a priori stehen, und diese waren die Grundsätze der transcendentalen Urtheilskraft. Es folgte hieraus, daß so wohl diese Grundsätze als die Kategorien zwar objective Gültigkeit haben, aber doch nur in Beziehung auf Ge-

U 2   gen-

genstände, die in der Anschauung gegeben sind, und daß
man gar nicht befugt ist, Gegenstände dadurch zu bestimmen, die lediglich durch den unbestimmten Gedanken der objectiven Einheit zu denken sind. Von dem
allen enthält die allgemeine Logik gar nichts, weil sie
von der objectiven Realität der Vorstellungen abstrahirt. Sie hat daher auch keine besondern Begriffe,
Urtheile und Schlüsse aufzuweisen, so wie die transcendentale Logik, sondern sie entwickelt nur die mögliche Zusammenstimmung der Vorstellungen, so wie
dieselbe im Begriffe, Urtheile und Schlusse Statt findet, das ist: die Regeln der logischen Wahrheit, da
hingegen die letztere die Gesetze der objectiven Wahrheit aufzusuchen hat.

Daher aber kommt es, daß die Methoden-Lehre
der allgemeinen Logik nichts weiter als Titel, welche
die Methode betreffen, deren man sich in den Wissenschaften bedient, enthalten kann. Weil sie mit der
objectiven Gültigkeit der Vorstellungen nichts zu thun
hat, und alles Denken durch dieselbe doch allererst Bedeutung erhält; so kann sie auch keine Anweisung zur
systematischen Verbindung der Vorstellungen geben, die
Bedeutung haben könnte. Die transcendentale Logik
handelt dagegen von den Bedingungen der objectiven
Gültigkeit der Vorstellungen, folglich von den Gesetzen, nach welchen Gedanken Erkenntnisse sind. Sie
wird daher im Stande seyn, die formalen Bedingungen eines vollständigen Systems der reinen Vernunft
anzugeben. Wir sagen: die formalen Bedingungen,
weil sie es doch auch nicht mit gewissen bestimmten Erkenntnissen, die daher sehr verschiedener Methoden fä-

hig

hig sind, zu thun hat. Indem unsre transcendentale Methoden-Lehre den bestimmten Inhalt der Erkenntnisse bey Seite setzen, und nur noch auf die objective Bedeutung derselben, also darauf, daß sie überhaupt Erkenntnisse und nicht bloß Gedanken sind, achten wird: so wird sie die Bedingungen zeigen, unter welchen ein vollständiges System derselben möglich ist.

Diese Methoden-Lehre wird e r s t e n s diejenigen Gesetze angeben, die man in Ansehung der Methode beobachten muß, um nur keinen unrichtigen Gebrauch von den a priori bestimmten Bedingungen der Erkenntniß zu machen. Dieses wird in der D i s c i p l i n der reinen Vernunft geschehen. Dagegen wird z w e y t e n s der K a n o n der reinen Vernunft die Gesetze des richtigen Gebrauchs jener Bedingungen enthalten. D r i t t e n s wird die A r c h i t e c t o n i k der reinen Vernunft das System selbst aller Erkenntnisse aufführen, so fern von dem bestimmten Inhalte derselben abstrahirt, und sonach derselbe nur auf eine formale Art durch allgemeine Begriffe gedacht wird. Endlich wird v i e r t e n s die Geschichte der reinen Vernunft den Gang und die verschiedenen Wege beschreiben, welche die Vernunft betreten hat, um den Umfang aller Erkenntnisse bald zu erweitern, bald ihn in engere Schranken zu fassen, und denselben a priori zu bestimmen.

Der

Der
transcendentalen Methoden=Lehre
erstes Hauptstück.

Die Disciplin der reinen Vernunft.

Wenn man von der objectiven Realität gewisser Begriffe, die in einem Urtheile zusammen verknüpft sind, abstrahirt, so ist zwischen bejahenden und verneinenden Urtheilen kein wesentlicher Unterschied. In dieser, bloß logischen, Bedeutung der Vorstellungen kann man einen jeden Satz verneinend ausdrucken, so wie jeden verneinenden Satz bejahend machen. Es ist ganz einerley, ob ich sage: alle Menschen sind sterblich, oder: alle Menschen sind nicht unsterblich. Um zu wissen, durch welches von zwey entgegen gesetzten Urtheilen etwas im Gegenstande gesetzt oder etwas aufgehoben wird, dazu gehört noch eine andere Betrachtung als die der logischen Form des Urtheils. So bald ich nämlich die objective Realität der gegebenen Vorstellungen im Sinne habe, so erhellet, daß durch ein Urtheil etwas für sich selbst, nämlich in Beziehung auf einen Gegenstand, entweder bejahet oder verneinet wird, unangesehen der logischen Form eines solchen Urtheils.

Durch diese objectiv=negativen Urtheile wird nun zwar die Erkenntniß gar nicht erweitert; dessen ungeachtet ist der Nutzen derselben nicht in Zweifel zu ziehen. Denn wenn wir gleich durch dieselbe nicht positiv belehrt werden, so irren wir doch auch nicht, so lange wir durch ein negatives Urtheil den Mangel der

Er=

Erfenntniß andeuten, lediglich in der Abſicht, um die leere Stelle derſelben zu bezeichnen, und ſie für die künſtige Belehrung offen zu erhalten. Betrifft das Erfenntniß einen Gegenſtand, in Anſehung deſſen ſubjective Gründe uns zum Urtheile nöthigen; ſo haben hier jene negativen Urtheile öfters noch einen größern Werth als manche poſitive Belehrung.

Der Zwang, wodurch der beſtändige Hang, von gewiſſen Regeln abzuweichen, eingeſchränkt wird, heißt die Diſciplin. Sie iſt von der Cultur unterſchieden, die bloß eine Fertigkeit verſchaffen ſoll, ohne eine andere, ſchon vorhandene, aufzuheben. In Anſehung der Erkenntniſſe iſt die Diſciplin die Einſchränkung des Hanges durch negative Urtheile, Gegenſtände poſitiv zu beſtimmen; und ſie iſt der Doctrin entgegen geſetzt, welche die Unterweiſung durch poſitive Urtheile, folglich Belehrung im eigentlichen Sinne iſt.

Eine Diſciplin als Wiſſenſchaft, das iſt: als ein Syſtem von negativen Urtheilen, zu errichten, iſt in Anſehung der Gegenſtände der Erfahrung nicht nöthig. Die Erfahrung erweitert ſich nach und nach, und ungeachtet es ſich von ſelbſt verſteht, daß man auch hier durch negative Urtheile die Entſcheidung über die mancherley Beſtimmungen dieſer Gegenſtände aufzuſchieben hat, bis durch Erfahrung das Urtheil reif geworden iſt; ſo darf man doch von dem beſtändigen Fortſchritte derſelben die Erweiterung der Erkenntniß in dieſem Felde erwarten, und ſie ſelbſt giebt ſogleich einen Probirſtein ab, wodurch wenigſtens der Irrthum abgewendet, wenn gleich ſofort nicht eigentliche

Be

Belehrung erhalten wird. Was die Mathematik betrifft, so können ihre Begriffe in der reinen Anschauung dargestellt werden, und der Irrthum kann deßwegen auch nicht versteckt bleiben. Was aber diejenigen
Begriffe betrifft, deren Gegenstände weder in einer
empirischen noch reinen Anschauung gegeben werden
können; so kann in Ansehung derselben der Irrthum
nicht so leicht offenbar werden, und daher ist hier eine
Disciplin als Wissenschaft noch vor aller Doctrin etwas
unentbehrliches. In der transcendentalen Dialectik
haben wir dieselbe vorgetragen, und sie betraf den Inhalt der Erkenntnisse. Jetzt haben wir es noch mit
der Methode der Erkenntnisse aus reiner Vernunft zu
thun, und die Disciplin, die wir noch abzuhandeln
haben, wird bestimmen, welche Methode in diesem
Felde nicht befolgt werden muß. Die mathematischen
Erkenntnisse haben mit den erwähnten das gemein,
daß sie beyde nicht empirisch sind, und es hat daher
den Schein, daß die Methode, durch welche die erstere
Wissenschaft zu einer beträchtlichen und noch immer
zu erweiternden Größe gebracht worden ist, auch in der
zweyten nicht minder glücklich seyn werde. Wir werden zeigen, daß die mathematische Methode überhaupt
nicht in der Philosophie, und daher auch nicht in demjenigen Theile derselben, der uns zu Erkenntnissen von
Gegenständen, die außer aller Erfahrung liegen, befolgt werden kann.

Des

Des ersten Hauptstücks
erster Abschnitt.

Die Disciplin der reinen Vernunft im dogmatischen Gebrauche.

Die Methode, der man sich in der Mathematik bedient, führt zur apodictischen Gewißheit. Man begreift leicht, daß dieselbe nur so fern erreicht werden
kann, als sie die Gewißheit einer nicht empirischen Erkenntniß ist. Nun sind die Gegenstände der Philosophie, ihrem transcendenten Theile nach, von der Art,
daß sie in keiner Erfahrung gegeben werden können.
Soll in Ansehung derselben Gewißheit erlangt werden,
so kann dieselbe nicht anders als apodictisch seyn. Aus
dieser Aehnlichkeit beyder Wissenschaften entstehet ein
Schein, daß die mathematische Methode wohl auch
in der Philosophie, in welcher sie die dogmatische
heißen müßte, zu eben demselben Ziele, nämlich zur
apodictischen Gewißheit, führen werde.

Die mathematische Erkenntniß ist die Vernunfterkenntniß aus der Construction der Begriffe. Einen
Begriff construiren, heißt: die ihm correspondirende
Anschauung a priori darstellen. Der Geometer macht
sich seine Begriffe selbst, und er würde daher niemahls
neue Einsichten erreichen, wenn er es bloß bey diesen
Begriffen wollte bewenden lassen. Statt dessen erschafft er sich Vorstellungen, die unendlich mehr als
jene enthalten. In der Construction eines Begriffs, als
einer allgemeinen Vorstellung, geht der Geometer über

den-

denselben hinaus und zur Vorstellung des Einzelnen.
Es fragt sich nun, mit welchem Grunde er nachher
wieder zurück gehen, und dasjenige dem Begriffe, folglich einer ganzen Sphäre beylegen kann, was er doch
nur in der Vorstellung des Einzelnen gefunden hat.
Es ist von selbst klar, daß dieses Verfahren mit empirischen Begriffen nicht gelingen werde. Diese entstehen aus empirischen Anschauungen, indem diese Vorstellungen einzelner Gegenstände in mehrern Stücken
unbestimmt gesetzt werden. Die mehrern Bestimmungen in der Vorstellung des Einzelnen beruhen hier aber
auf Wahrnehmung, und ich würde daher unbefugt
dasjenige einer ganzen Sphäre beylegen, wovon ich
im Begriffe abstrahirt hätte. Dagegen ist die Anschauung des Raums und jedes abgeschnittenen Theils
desselben eine reine Anschauung. Wenn ich nun gleich
in der Construction eines geometrischen Begriffs in
die Stelle des Begriffs eine Vorstellung setze, die weit
mehr enthält als derselbe, so kann ich doch, weil hier
nichts von der Wahrnehmung entlehnt worden ist, an
einem einzelnen Gegenstande gewisse Bestimmungen entdecken, die einer ganzen Sphäre gemein sind. Nehme ich das geometrische Axiom, daß zwey gerade Linien keinen Flächenraum einschließen, so finde ich diese
Unmöglichkeit doch gewiß nicht in dem Begriffe einer
zweyseitigen Figur. Dieselbe ist keine andere als die
Unmöglichkeit der Construction dieses Begriffs. Eben
so wenig kann man mit apodictischer Gewißheit irgend
ein anderes Axiom einsehen, so lange man bey den
bloßen Begriffen stehen bleibt. Daß zwey gerade
Linien sich nur in Einem Puncte schneiden, das wird

man

man in dem Begriffe zweyer sich schneidenden Linien niemahls finden. Ein jeder aber, der diesen Satz überdenkt,
zieht in der Einbildung zwey sich schneidende Linien.
Nun enthält diese Vorstellung als Anschauung freylich
mehr als der Begriff. Da aber dieselbe nichts Empirisches enthält, so kann man es sich daraus erklären, daß
man die übrigen besondern Bestimmungen dieser Linien, als: ihre Länge und ihre Stelle, bey Seite setzen, und nun noch die allgemeine, die einem jeden
Paare sich schneidender Linien zukommt, nämlich die,
daß sie sich nur in Einem Puncte schneiden, bemerken
kann. Die gleiche Bewandtniß hat es mit allen geometrischen Lehrsätzen. Man würde ganz unnütz sich
bemühen, aus bloßen Begriffen den Satz einzusehen,
daß die drey Winkel eines geradlinigen Dreyecks zusammen, zwey rechten gleich sind. Der Geometer
giebt sich ein Dreyeck in der reinen Anschauung. Nun
sieht er hier zwar nicht so unmittelbar die Wahrheit
des Satzes ein, wie die der Axiome; er bedient sich
aber dabey dieser schon eingesehenen allgemeinen Sätze, so wie schon anderer darauf gegründeten Lehrsätze,
und indem er dieselben auf einen vorliegenden Fall in
der Anschauung anwendet, so entdeckt er zugleich, daß
durch die Spitze eines jeden Dreyecks eine gerade Linie
mit der der Spitze gegen über stehenden Seite parallel
gelegt werden kann, (ein Satz, von dem er sich ebenfalls schon vorher durch die Darstellung einer reinen
Anschauung versichert hat,) und giebt vermittelst dieser Vorstellung seinem Beweise Allgemeinheit.

Dieses ist aber auch die Methode in der ganzen
Mathematik. In der Arithmetik und Analysis findet
zwar

zwar nicht die angeführte geometrische und ostensive,
nämlich die Construction des Gegenstandes selbst, das
ist: der Größe zugleich mit ihrer Gestalt, (eines
quanti,) aber dennoch die Construction der bloßen
Größe, (quantitas,) das ist: die der bloßen Synthesis des mannigfaltigen Gleichartigen, vermittelst gewisser Zeichen, folglich die symbolische Construction, Statt. Man würde einen sehr unrichtigen Begriff von der zuletzt genannten Wissenschaft fassen,
wenn man sie für eine analytische halten wollte, so wie
die allgemeine reine Logik es ist. Bloß die Methode
hat ihr den Nahmen einer Analysis gegeben. Das,
was gesucht werden soll, behandelt sie als ein Gegebenes, und geht rückwärts zu den Bedingungen, unter denen es gegeben seyn kann, welches Verfahren die analytische Methode heißt. Sie ist nichts desto weniger eine synthetische Wissenschaft, aber ihre Methode
ist der synthetischen Methode entgegen gesetzt, in deren
Gang das Gesuchte nicht schon aufgenommen ist, sondern demselben zur Seite liegen bleibt, und man
steigt hier nicht, wie in der analytischen, vom Bedingten zur Bedingung herauf, sondern umgekehrt von
der Bedingung zum Bedingten herab. Man nehme
nun irgend einen Satz aus diesen Wissenschaften,
z. B. den Binominal-Satz. Dadurch, daß man den Begriff: die Summe zweyer Zahlen ist zu irgend einer
Potenz erhoben, überdenkt, wird man niemahls das
Gesetz finden, wornach jede dieser Potenzen auszudrucken ist. Der Mathematiker geht zur symbolischen
Construction. Er bezeichnet mit bestimmten Zeichen
so wohl jene zwey Zahlen als auch den Exponenten
der

der Potenz. Nun möchte man vielleicht glauben, daß,
weil er statt bestimmter Zahlen sich allgemeine Zeichen wählt, unter denen man alle mögliche Zahlen verstehen kann, er seinen Beweis aus lauter Begriffen
führe. Aber wenn man nur einen Blick auf die Beweisart thut, so sieht man, daß er mit diesen Zeichen
wie mit bestimmten Zeichen, das ist: wie mit
Zeichen für Vorstellungen des Einzelnen, verfahre.
Indessen besteht das Charakteristische einer algebraischen Beweisart, worin sie sich von der arithmetischen,
und auch derjenigen, die vermittelst der geometrischen
Construction geführt wird, unterscheidet, darin, daß
sie dasjenige, was in der Darstellung des Einzelnen
gleichwohl allgemein-gültig ist, durch ihre allgemeinen
Zeichen, (die aber doch als bestimmte Zeichen behandelt werden,) aushebt, und durch diesen Weg die Einsicht erleichtert. In der arithmetischen und geometrischen Construction läuft das Allgemein-gültige und das
Besondere durch einander, und der Anblick des Allge-
mein-gültigen ist hier nicht so vorbereitet. In jenem
Beyspiele des Satzes, daß die drey Winkel eines
Triangels zwey rechten gleich sind, finde ich, wenn
ich mir ein Dreyeck ziehe, das Allgemein-gültige
und das Besondere durch einander, und es ist hier
dem Scharfsinne überlassen, die Unterscheidung davon
selbst zu machen, und so die Länge der Seiten und ihre bestimmte Lage gegen einander als das Besondere
und Zufällige; dagegen das, daß man durch eine Win-
kelspitze mit der ihr gegen über liegenden Linie eine Linie parallel ziehen kann, und die dadurch entstehende
Gleichheit der Wechselwinkel als das Allgemein-gültige
anzu-

anzusehen. Man rühmt den Scharfsinn der alten
Geometer, und zieht daher öfters ihre Methode der
algebraischen vor, durch welche man zwar auf einem
kürzern Wege zu gewissen Resultaten gelangt, aber
dafür auch an Gelegenheit, die Urtheilskraft zu schärfen, Einbuße leidet. Ich stimme diesem Urtheile bey,
aber ich glaube nicht, daß die Methode der Alten deßwegen, weil sie synthetisch ist, sondern daher, weil sie
das Allgemein-gültige nicht durch allgemeine Zeichen
bemerkbar macht, wie es in der Algebra, (in welcher
auch die synthetische Methode Statt finden kann,) geschieht, und dem eigenen Scharfsinne mehr Spielraum
giebt, diesen Vorzug habe.

Dagegen ist die philosophische Erkenntniß die
Vernunfterkenntniß aus Begriffen. Wenn von Erweiterung der Erkenntniß die Rede ist, so ist klar, daß
dieselbe auf keine andere Art, als dadurch möglich ist,
daß man von dem Begriffe zur Anschauung übergeht.
Ist nun dieselbe eine reine, (formale,) Anschauung,
so kann man an derselben gewisse allgemein-gültige
Bestimmungen finden, und so den Begriff selbst, der
sie nicht in sich enthielt, erweitern, auf welche Art
die mathematischen Erkenntnisse entstehen. Ist aber
die Anschauung empirisch, so erweitert man zwar durch
dieselbe das Erkenntniß, aber doch nicht den Begriff,
weil man die Bestimmungen des empirischen Einzelnen nicht auf die Gattung übertragen kann. Diese
Erkenntniß ist die empirische, die niemahls allgemein-
gültig ist. Nun kann man noch allgemein-gültige
Erkenntnisse, die nicht auf der Darstellung der reinen,
dem Begriffe correspondirenden, Anschauung beruhen,

als

als möglich denken.   Dieselben werden aber nicht die Begriffe erweitern, sondern sie nur verdeutlichen. Eine solche Erkenntniß ist die philosophische.   Sie geht nicht aus dem Begriffe hinaus und zur Anschauung, sondern sie bleibt bey den Begriffen und entwickelt sie nur; sie stellt das Besondere im Allgemeinen, die Mathematik dagegen das Allgemeine im Besondern vor. Nun giebt es in der philosophischen Erkenntniß zwar auch eine Synthesis, aber dieselbe ist doch von ganz anderer Art als die, welche in den mathematischen Sätzen Statt findet.   Um die letztere zu erkennen, bleibe ich nicht bey den Begriffen, sondern gehe zur Anschauung.   Dagegen verlasse ich in der philosophischen Erkenntniß die Begriffe nicht, die ich a priori zusammen setze.   Wie es mit dieser Synthesis sich verhalte, das ist in der Analytik aus einander gesetzt worden.   Sie ist nichts weiter als die a priori bestimmte Bedingung der synthetisch-objectiven Einheit der empirischen Anschauung.   Der Satz: Alles, was geschieht, hat eine Ursache, ist synthetisch.   Nun kann ich den Begriffen desselben keine reine Anschauung geben. Die empirische Anschauung würde aber auch nur ein empirisches Erkenntniß geben, und man würde dadurch niemahls zu der Allgemeingültigkeit kommen, die der Satz ausdruckt;- zu geschweigen, daß man nicht einmahl zu der objectiven Gültigkeit des Begriffs der Ursache dadurch gelangen würde.   Dagegen sehe ich ein, daß vermittelst dieser Regel etwas in der Anschauung Gegebenes als nothwendig zu einander gehörend, (ein Gegenstand, und zwar eine Begebenheit,) vorgestellt wird.   Mithin ist diese Synthesis eigentlich

eine

eine Regel, nach welcher die synthetische Einheit in der Erfahrung allererst möglich wird. Die Erkenntniß derselben ist aber eben so wohl nur aus Begriffen möglich, welches überhaupt discursiv heißen muß, als es diejenige ist, die bloß in der Entwickelung der Begriffe besteht.

Demnach giebt es zwey ganz verschiedene Arten von Vernunfterkenntnissen. Die mathematische ist intuitiv. Sie geht vom Allgemeinen zum Besondern, und eigentlich zum Einzelnen, das ist: sie entsteht durch Construction der Begriffe. Sie ist aber vermögend, dasjenige, das sie im Besondern antrifft, als allgemein-gültig zu denken, und auf diesem Wege die Begriffe synthetisch zu erweitern. Die philosophische Erkenntniß ist dagegen discursiv. Sie bleibt bey dem Allgemeinen, und ist von zwiefacher Art: entweder entwickelt sie das Allgemeine, indem sie das Besondere, das in ihm gedacht wird, aushebt; oder sie verbindet die Begriffe, welche Synthesis jederzeit transcendental ist, und nur als Bedingung der Erfahrung gedacht werden kann. Wir wollen nun zeigen, was hieraus folgt, daß nämlich Definitionen, Axiomen und Demonstrationen, auf welchen die Gründlichkeit der Mathematik beruht, in dem Sinne, den der Mathematiker damit verbindet, von der Philosophie nicht können geleistet und nachgeahmt werden.

Die reine Mathematik betrachtet nicht Gegenstände, die gegeben sind. Die objective Realität ihrer Begriffe liegt gänzlich außer ihrer Sphäre, und kann nur nach einer transcendentalen Betrachtung eingesehen werden. Daß die Synthesis des mannig-

fal

faltigen Gleichartigen in der Apprehension eben dieselbe ist, durch welche in der reinen Anschauung ein
bestimmter Raum erzeugt wird, das ist der Grund
der Anwendung der Kategorie der Größe auf äußere
Erscheinungen. Diese Synthesis ist es, welche die
Vorstellung des nothwendig zu einander Gehörenden in
Beziehung auf den Begriff der Größe, das ist: die
Vorstellung eines Gegenstandes in der Erfahrung,
erzeugt. Die reine Mathematik setzt diese objective
Gültigkeit ihrer Begriffe ganz bey Seite. Statt dessen bildet sie sich selbst Begriffe von Gegenständen,
die bloß formal und entia imaginaria sind, die in
diesem Sinne schon Gegenstände sind, wenn sie nur
in der reinen Anschauung können dargestellt werden.
Daraus aber folgt, daß aller Betrachtung derselben
die Definition der Begriffe, wodurch sie gedacht
werden sollen, vorher gehen muß. Dieselbe muß vollständig und präcis die Merkmahle angeben, die man
in einem Begriffe vereinigen will. Vor dieser Definition würde ich hier gar nichts denken, weil kein Gegenstand gegeben ist, sondern derselbe in der Definition allererst entsteht, und der Begriff für sich betrachtet keine objective Gültigkeit hat. Wenden wir
dagegen unsern Blick auf Begriffe von Gegenständen,
die gegeben sind, so wird es leicht klar werden, daß
dieselben gar nicht definirt, sondern nur explicirt wer-
ben können. Denn da in diesem Falle der Gegenstand den Begriff bestimmt, so kann es kommen, daß
der Begriff ein Mahl mehr, ein anderes Mahl weniger
Merkmahle enthalte, je nachdem Beobachtung und
Versuche die Kenntniß der Gegenstände erweitert ha-

ben. So kann jemand in seinen Begriff vom Golde
das Merkmahl, daß es nicht rostet, mit aufgenommen
haben, und ein anderer von dieser Eigenschaft vielleicht
nichts wissen. Auch würden Definitionen dieser empirischen Begriffe zu nichts nützen, weil es, was die
Erfahrung anlangt, nicht darum zu thun ist, was im
Begriffe gedacht wird, sondern was für Eigenschaften
die Gegenstände haben, wozu aber Beobachtungen
nothwendig sind, wodurch die Begriffe nach und nach
vollständiger und den Gegenständen angemessener werden. Auch können in diesem eigentlichen Sinne des
Worts Definition Begriffe a priori nicht definirt werden,
z. B. Substanz, Ursache, Recht, Billigkeit u. s. f. Denn
obgleich in diesem Falle nicht der Gegenstand den Begriff, sondern der Begriff den Gegenstand bestimmt,
und zwar entweder auf transcendentale oder auf practische Weise, so kann ich doch nur in der Anwendung
des Begriffs, folglich nur in Beyspielen, von den
Merkmahlen, die er enthält, gewiß werden, wodurch
ich doch niemahls zur apodictischen Gewißheit der vollständigen Anzahl derselben gelangen kann. Wollen
wir uns des Ausdrucks Definition für die Erklärung so
wohl empirischer als a priori gegebener Begriffe bedienen, so ist die Definition eines empirischen Begriffs eigentlich eine Explication, wodurch ich an-
zeige, welche Merkmahle von gewissen Gegenständen
der Erfahrung ich aufgenommen habe, und mir nicht
die Freyheit benehme, gelegentlich mehrere aufzunehmen und andere abzusondern. Die Definition eines
a priori gegebenen Begriffs würde aber richtig die
Exposition desselben heißen, wodurch man anzeigen

gen würde, daß seine Merkmahle vom Verstande zwar
vollständig, aber doch dunkel gedacht werden, und daß
man nur einiger sich bewußt sey. Es sind demnach
nur die willkührlich gedachten Begriffe, die einer eigentlichen Definition fähig sind, und die auch zu fordern ist. Die Frage aber nach der objectiven Gültigkeit eines solchen Begriffs liegt der Definition ganz
zur Seite, indem ich durch denselben keinen wahren,
sondern nur einen eingebildeten Gegenstand denke. Mit
den Begriffen der Mathematik verhält es sich nun so,
daß sie auch objective Gültigkeit haben, so bald sie in
der reinen Anschauung können dargestellt werden. Was
aber die aus empirischen Datis zusammen gesetzten Begriffe betrifft, so müssen ihre Definitionen Decla-
rationen, (eines Projects,) heißen, so fern man
noch nicht gewiß seyn kann, daß ihnen wirklich Gegenstände correspondiren. Für die philosophische Methode
in Ansehung der Definitionen folgt nun das, daß man
in der Philosophie die Mathematik nicht nachahmen
müsse, daß man etwa auch die Definition voran schicke.
Denn man hat es in derselben mit gegebenen Begriffen zu thun, deren Definition allererst entspringen
kann, wenn man sie genug behandelt hat. In der
Mathematik müssen dagegen die Definitionen jederzeit
den Anfang machen, weil durch dieselben die Begriffe
selbst entstehen. Auch können mathematische Definitionen niemahls irren; Fehler, die sie vielleicht enthalten, können nur in Ansehung der Präcision begangen
werden, indem sie einerley Merkmahle vielleicht mehrmahls angeben, oder auch zu viele und solche angeben, die schon als Folge a priori erkennbar sind.

An-

324 Critik der reinen Vernunft.

Analytische Definitionen können dagegen auf vielfältige Art irren, wenn sie entweder an der Vollständigkeit es ermangeln lassen, oder, was übler ist, wenn sie Merkmahle angeben, die gar nicht im Begriffe liegen.

Axiomen sind synthetische Grundsätze a priori, so fern sie unmittelbar gewiß sind. Wenn man nun aus einem Begriffe geht, um ihn mit einem andern synthetisch zu verknüpfen, so muß ein drittes Erkenntniß angetroffen werden, welches diese Synthesis vermittelt. In der Mathematik ist es die Anschauung, an welcher gewisse Bestimmungen, weil sie eine reine Anschauung ist, als allgemein-gültig erkannt werden können. Die Gewißheit dieser Grundsätze ist daher jederzeit intuitiv. Nun giebt es in der Philosophie zwar auch synthetische Grundsätze a priori; aber Axiomen können dieselben doch nicht genannt werden, weil man sie für unmittelbar gewiß doch niemahls ausgeben kann, und man nicht bloß zu einem die Synthesis vermittelnden Erkenntnisse übergehen muß, sondern eben, dieses vermittelnde Erkenntniß sofort eine Einschränkung ihrer Gültigkeit enthält. Den Satz: Alles, was geschieht, hat eine Ursache, kann man nicht ein Axiom nennen, weil, um ihn einzusehen, ich den Begriff der Ursache nicht etwa in der reinen Anschauung darstellen, und von dieser sodann zum Begriffe, als einer unveränderten Sphäre, zurück gehen kann. Die Vermittelung dieser Synthesis liegt in der Zeitbestimmung a priori, wornach ich einsehe, daß die Erfahrung einer Begebenheit möglich ist, nur so fern ich diesem Begriffe gemäß ein empirisches Mannigfaltiges

tiges in Beziehung auf die Zeit als nothwendig verknüpft vorstelle.   Dann leuchtet doch aber einem jeden
ein, daß der obige Satz doch nur so fern er ein transcendentales Princip, das ist: ein Satz ist, der nur
auf Gegenstände der Erfahrung gehen kann, indem
er die Erfahrung selbst möglich macht, und daß, in
Ansehung der Dinge überhaupt, er ohne alle objective
Bedeutung ist.   Ohne diese transcendentale Deduction kann man in Gefahr gerathen, seine Bedeutung
unbefugter Weise weiter auszudehnen und z. B. sich
auf ihn zu stützen, um die Wirklichkeit einer transcendentalen Freyheit zu erweisen.   Auf gleiche Art verhält es sich mit allen synthetischen Sätzen a priori,
so fern das Erkenntniß derselben nicht intuitiv seyn
kann.   Sie erfordern insgesammt eine Deduction, und
sind daher nichts minder als Axiome.

Demonstrationen sind apodictische Beweise,
so fern sie intuitiv sind.   Beweise vermittelst der empirischen Anschauung sind nicht Demonstrationen, weil
sie nicht zur apodictischen Gewißheit führen, indem ich
dasjenige, was ich in der empirischen Anschauung aufgefunden habe, zwar nach der Analogie in den Begriff
aufnehmen darf, niemahls aber apodictisch gewiß seyn
kann, daß es auch allen Gegenständen zukommen werde, zu deren Sphäre das Individuum der Anschauung
gehört.   Auch sind die philosophischen Beweise keine
Demonstrationen.   Denn ob sie gleich zur apodictischen Gewißheit führen müssen, so ist doch die Darstellung in der Anschauung, und also der Uebergang vom
Allgemeinen zum Einzelnen, der Natur dieser Erkenntnißart entgegen.   Sie bleiben bey dem Allgemeinen, und

kön-

können niemahls anders als aus Begriffen geführt
werden. Die Beweisart der Mathematik ist gänzlich
von der philosophischen verschieden. Sie geht jederzeit aus dem Begriffe zur Anschauung, und construirt
ihre Begriffe. Indem sie sich auf andere Sätze, die auf
gleiche Art schon eingesehen worden sind, gründet, und
an der Darstellung des Einzelnen in der reinen Anschauung Bestimmungen entdeckt, die für eine ganze
Sphäre gelten: so geht sie von dieser Darstellung des
Einzelnen zum Begriffe zurück, und ist auf diese Art
vermögend, mit demselben Bestimmungen a priori zu
verbinden, die gar nicht in ihm liegen, weil sie die
Definition, die ihn machte, darein nicht aufgenommen
hatte.

Alle direct-synthetische apodictische Sätze, (sie
mögen nun erweislich oder auch unmittelbar gewiß
seyn,) theilen wir in Dogmata und Mathemata
ein. Direct-synthetisch ist derjenige synthetische Satz,
der in der ganzen Bedeutung seiner Begriffe gilt. Ist
nun derselbe bloß aus Begriffen erkennbar, so ist er
ein Dogma; dagegen ist er ein Mathema, wenn
er lediglich durch Construction der Begriffe erkennbar
ist. Analytische Sätze können nicht Dogmata heißen,
weil sie die Begriffe nicht erweitern, sondern nur erläutern. Auch wird niemand die mathematischen Sätze Dogmen nennen, und es scheint daher, daß der
Redegebrauch unsre Erklärung bestätige. Nun enthält die ganze reine Vernunft, so fern sie bloß speculativ ist, keinen einzigen direct-synthetischen Satz
aus Begriffen. Denn was die Ideen betrifft, so kann
es in Ansehung derselben gar keine synthetischen Urtheile

theile geben, die objectiv-gültig sind. Es hat zwar
den Schein, daß diejenigen Sätze, die unter dem
Titel von Grundsätzen des reinen Verstandes aufge-
führt worden sind, und deren Inhalt lediglich in reinen Verstandesbegriffen besteht, direct-synthetisch sind.
Allein es ist gezeigt worden, daß dieselben keine objective Gültigkeit haben, so fern die Kategorien in ihrer
ursprünglichen Bedeutung genommen werden, sondern
daß diese nur dann ihnen zugestanden werden muß, wenn
diese Begriffe Zeitbestimmungen a priori sind, da dann
ein solcher synthetischer Satz objectiv-gültig ist, so fern
er das Mannigfaltige der empirischen Anschauung in
Beziehung auf die Zeit durch die Kategorie als nothwendig verbunden vorstellt, und mithin eine Regel der
Anwendung der Kategorien auf empirische Gegenstände enthält. Ob er also gleich ein synthetischer und apodictisch gewisser Satz ist, so ist er doch nicht direct-synthetisch, und mithin kein Dogma, weil er nicht in der
ursprünglichen Bedeutung seiner Begriffe gültig ist.
Grundsatz aber heißt er, und nicht Lehrsatz, nicht
darum, weil er etwa nicht bewiesen werden dürfte,
sondern daher, weil er seinen Beweisgrund, nämlich
die Erfahrung, selbst zuerst möglich macht. Demnach
kann auch die dogmatische Methode, die darin bestehen
würde, daß man Begriffe zusammen setzt, und diese
Synthesis, ohne sie aus transcendentalen Gründen herzuleiten, für objectiv-gültig erklärt, in der Philosophie
nicht aufgenommen werden.

Des erften Hauptftücks
zweyter Abschnitt.

Die Disciplin der reinen Vernunft in Ansehung ihres polemischen Gebrauchs.

Unter dem polemischen Gebrauche der reinen Vernunft verstehen wir die Vertheidigung ihrer Sätze gegen die dogmatischen Verneinungen derselben. Wenn gewiffe Sätze und zugleich ihr Gegentheil apodictisch bewiesen werden, so ist diese Erscheinung eine Antithetik der reinen Vernunft. Eine solche kann es nun im Ernste niemahls geben, und die Auflösung des Scheins, der die Vernunft für zwey entgegen gesetzte Behauptungen zu bestimmen sucht, muß allemahl geschehen können. Die Vernunft trifft einen Widerstreit an, wenn sie zur obersten Bedingung der als bedingt gedachten objectiven Einheit der empirischen Anschauung steigt. Allein der Grund davon ist der, daß sie das Unbedingte selbst, in diesem Falle, zu einem Gegenstande der Anschauung macht, da sie dann nothwendiger Weise mit sich selbst uneins werden muß, so wohl wenn sie das Unbedingte als ein Glied der Reihe, nämlich als das letzte, als auch wenn sie die Reihe selbst für das Schlechthin-unbedingte ansieht. In Ansehung der psychologischen und der theologischen Idee hat die Critik zwar bewiesen, daß die Behauptungen der objectiven Gültigkeit derselben synthetische Sätze sind, deren Gewißheit auf keine für die Vernunft befriedigende Art dargethan werden kann: allein eine Anti-

the-

thetik traf sie doch in Rücksicht derselben nicht an.
Der Grund davon ist einleuchtend. Derjenige, wel
cher behauptet: die Seele ist eine einfache Substanz;
bemerkt wohl, daß dieser Gegenstand ihm doch gar
nicht gegeben ist, da dasjenige, was in dieser Rück
sicht gegeben ist, nichts mehr als die Beziehung der
Vorstellungen auf sein denkendes Subject ist, und er
sieht ein, daß dasjenige, was als gegeben durch den
Begriff der Substanz gedacht wird, jederzeit zusam
men gesetzt ist. Er kann daher nicht anders als diese
einfache Substanz der Seele als nicht gegeben, das
ist: bloß als ein Noumenon denken. So verhält es
sich auch mit dem Gegenstande der theologischen Idee.
Denn dieser soll als ein Wesen, das alle Realität in
sich vereinigt, gedacht werden. Es ist offenbar, daß
ein solches Object als nicht gegeben angesehen wird.
Was also die psychologische und theologische Idee, und
auch die zwey letzten kosmologischen Ideen betrifft, so
haben dieselben das Eigenthümliche an sich, daß man
ihre Gegenstände als Objecte, die nicht in der An
schauung gegeben sind, denken kann. Dieser Gedanke
ist freylich nichts mehr als die bloße Vorstellung einer
objectiven Einheit, welcher die Idee correspondirt.
Aber eine Antithetik der Vernunft kann hier nicht
Statt finden, da das Unbedingte als ein Noumenon
zu denken möglich ist, und nur nicht als Erscheinung,
mithin nicht als gegeben vorgestellt werden darf.
Wenn man demnach zwar auf die dogmatische Behaup
tung der objectiven Realität der Idee Verzicht thun
muß, so kann doch auch kein Gegner das Gegentheil
davon darthun. Bey dieser Gleichheit der objectiven

Gründe

Gründe und Gegengründe für eine solche Behauptung
kommt es sodann auf subjective Gründe, und zwar der
Vernunft selbst, an, die sie bestimmen und den Aus-
schlag geben. Da zeigt sich nun, daß eben diese reine Vernunft, so fern sie practisch ist, ein Interesse
für die Sätze: es ist ein Gott; der Mensch ist ein
freyes Wesen; die Seele ist von beharrlicher Natur,
erzeugt; und diese dadurch bewirkte subjective Maxime kann die Vernunft für die Annahme derselben bestimmen. Das aber wird jeder Vernünftige gestehen,
daß Prüfung der Gründe, eben so wohl derjenigen,
welche die Vernunft für die Behauptung dieser Sätze,
als derer, die man für ihr Gegentheil hervor zu bringen hat, einem jeden erlaubt seyn muß, und daß es
tadelhaft und unvernünftig sey, der Vernunft vorzu-
schreiben, für welche Seite sie sich nothwendig erklären müsse. Daß eine gesunde Critik der reinen Vernunft, die sie mit sich selbst vereinigt, nicht früher
entstanden ist, das kann man großen Theils der Ungereimtheit Schuld geben, welche die Freyheit, seine
Gedanken laut zu sagen, oft eingeschränkt hat. Auch
für akademische Unterweisungen ist nichts empfehlungs-
würdiger als diese Critik. Die Methode, welche
man bisweilen einschlägt, junge Gemüther bey Zeiten gegen das Gift des Unglaubens zu verwahren,
und zu dem Ende sie entweder mit den Gründen desselben unbekannt erhält, oder dieselben im verächt-
lichen Lichte ihnen zeigt, ist verwerflich und verfehlt
über dies ihren Zweck. Denn der nachdenkende Jüng-
ling wird, so bald er sich der Vormundschaft, die seine Freyheit zu denken auf irgend eine Weise hindert,

ent-

entriſſen zu ſeyn glaubt, deſto mehr für das Gegentheil gewiſſer dogmatiſcher Behauptungen geſtimmt
ſeyn, je mehr er Unlauterkeit bey denjenigen ſpüren
wird, die ſie ihm beyzubringen ſuchten. In wiſſent-
ſchaftlicher, und vorzüglich in ſpeculativer, Hinſicht iſt
aber außer dieſer Aufrichtigkeit gegen Andere nichts ſo
dringend zu empfehlen, als Aufrichtigkeit gegen ſich
ſelbſt. Es giebt ſo viele, mit dem Zwecke der Vernunft ſehr wenig zuſammen ſtimmende, ſubjective Gründe, die das Gemüth ſtimmen, den Mangel der Einſicht ſich ſelbſt zu verſchweigen, daß man nicht miß-
trauiſch genug gegen ſich ſelbſt ſeyn kann, und bey jedem vermeintlichen Schritte an neuer Einſicht nicht
ſorgfältig genug nach allen etwanigen ſubjectiven
Gründen, die unſer Urtheil beſtimmen, ſich umſe-
hen kann.

Außer dem beſchriebenen dogmatiſchen und dem
von uns gewählten critiſchen Gebrauche der reinen
Vernunft, giebt es noch einen ſkeptiſchen Gebrauch derſelben, der eben ſo wenig zuläſſig als der
erſtere iſt. Es iſt freylich nicht zu billigen, wenn man
damit umgeht, der Vernunft auf beyden Seiten Waf-
fen zu reichen, und alsdann ihrer Uneinigkeit ſpöt-
tiſch zuzuſehen. Allein es giebt doch einen Punct,
aus welchem man dieſes Verfahren anſehen kann, um
weniger unzufrieden damit zu ſeyn. Bedenkt man
nämlich, daß der wahren Selbſtbefriedigung der Vernunft nichts ſo ſehr als die dogmatiſche Methode im
Wege iſt, dann ſcheint wohl kein Verfahren anfänglich heilſamer für ſie zu ſeyn, als dasjenige, welches
vermögend iſt, ſie aus ihrem dogmatiſchen Schlummer

zu

zu erwecken. Allein die Vernunft vollständig befriedi=
gen, diese Absicht kann doch durch den skeptischen Ge=
brauch derselben nie erreicht werden. Er ist nur als
eine Vorbereitung zur Critik der Vernunft anzusehen,
und diese ist es, in der die Vernunft ihre letzte Befrie=
digung allein finden kann. Indessen verkennt der
Skeptiker sehr oft seinen wahren Beruf, und giebt sich
ein philosophisches Ansehen, indem er alle Nachfor=
schungen der speculativen Vernunft für vergebliche Un=
ternehmungen erklärt. Daher ist es noch nöthig, die=
se Denkungsart in ihrem eigenthümlichen Lichte dar=
zustellen.

Von der Unmöglichkeit einer skepti= schen Befriedigung der mit sich selbst veruneinigten reinen Vernunft.

Der skeptische Gebrauch der reinen Vernunft
zeigt sich in der Behauptung, daß alles Wissen aus
reiner Vernunft unmöglich ist. Nun ist dieses das
Resultat der Critik selbst. Was ist es denn, das diese
Critik der reinen Vernunft von jenem Skepticismus
unterscheidet?

Der Inbegriff aller Gegenstände für unsre mög=
liche Erkenntniß kann mit dem scheinbaren Horizonte
verglichen werden. Derselbe stellt sich dem Auge als
eine ebene Fläche vor, die unbestimmt weit sich er=
streckt, und irgend wo beschränkt ist. Der Skeptiker
ist mit demjenigen zu vergleichen, der es bey dieser
Wahrnehmung bewenden läßt, und daher nicht im
Stande ist, zu bestimmen, wie weit wohl die Dar=
stellung der Gegenstände auf dieser Fläche gehen könne.

Er

Er geht aber meisten Theils weiter. Denn er behauptet schlechthin, daß gewisse Erkenntnisse gar nicht möglich sind, ohne doch den Umfang aller möglichen Erkenntnisse genau anzugeben. Dieses Verfahren kann
daher wohl dazu dienen, unsre Unwissenheit uns aufzudecken, und die gegenwärtigen Schranken der
Vernunft zu zeigen; allein da es doch eigentlich die
Grenzen derselben nicht aufdeckt, so kann das Nachforschen nach diesen Erkenntnissen dadurch niemahls
für überflüssig erklärt werden. Die Critik dagegen
hat dasjenige in Ansehung aller Erkenntnisse gethan,
was der Mathematiker für die Erdkunde thut. Dieser
bestimmt den Halbmesser der Krümmung aus dem
Bogen, den er auf der Oberfläche der Erde mißt, und
setzt sich dadurch in den Stand, die Größe dieser Oberfläche, und so die Grenzen der Erdkunde, a priori zu
bestimmen. Die Critik hat die Natur synthetischer
Urtheile a priori angegeben, und hat gezeigt, daß
die objective Gültigkeit derselben darauf beruhe, daß
sie die Anwendung der Kategorien auf empirische Anschauungen, um dadurch Gegenstände vorzustellen,
enthalten. Hierdurch gelangte sie dahin, die Grenzen
der objectiven Möglichkeit aller unsrer Vorstellungen
selbst zu umschreiben, so daß man nunmehr genau bestimmen kann, welche Gegenstände außer unsrer Er-
kenntnißfläche liegen, und welche noch darin angetroffen
werden. Diese Fläche ist nicht eine unbestimmbar weit
fortgehende Ebene, von der man nur so viel sagen kann,
daß sie überhaupt beschränkt sey, die Schranken selbst
aber niemahls angeben könnte; sondern sie ist mit einer
Sphäre zu vergleichen, deren Halbmesser man aus

der

der Krümmung eines Bogens angeben kann. Die Deduction der Kategorien und der Grundsätze des reinen Verstandes hat diesen Halbmesser, und auf diese Weise die Größe der Fläche, auf der uns Gegenstände zu einer möglichen Erkenntniß gegeben sind, das ist: das Feld der Erfahrung, bestimmt. Was außer dieser Fläche liegen mag, ist uns nicht gegeben, und auch der bloß problematische Gedanke dieser objectiven Einheit kann zu nichts mehr dienen, als zum bessern und umfassendern Erkenntnisse der Gegenstände der Erfahrung.

Der Skeptiker greift die Beobachtungen des Dogmatikers an, und unterwirft sie der Prüfung, ja, da er sie nicht gehörig gesichert befindet, gar dem Tadel. Dieses Verfahren führt nothwendig auf Zweifel, gegen welche man vorher das Auge verschlossen hatte. Es ist gewiß, daß dieser Schritt die Sache der Vernunft weiter bringen muß; allein der ganze Vortheil, den er schafft, erstreckt sich doch nicht weiter, als daß er uns unser eingebildetes Wissen aufdeckt. Er ist der zweyte Schritt der speculativen Vernunft, der auf den dogmatischen Gebrauch derselben folgt, und man muß ihn die Censur der Vernunft nennen. Der dritte Schritt, der noch nothwendig nachfolgen mußte, ist der der Critik der Vernunft. Der Skepticismus beschäfftigt sich mit einem Factum, nämlich mit dem, daß gewisse Erkenntnisse noch gar nicht so gewiß sind, als wir es uns einbilden. Diese dadurch geoffenbarte Unwissenheit kann nicht anders als die Wißbegierde rege machen, neue Mittel aufzusuchen, die uns zur Erweiterung unsrer Einsichten führen können. Bevor dem

demnach die Vernunft den critischen Weg eingeschla-
gen hat, muß ganz natürlich alles beym Alten bleiben.
Dieser aber ist es, auf dem sie das Empirische, nämlich unsre gegebene Unwissenheit, verläßt, und, indem
sie den Bedingungen der Erkenntniß nachforscht, zu
einer Erkenntniß a priori der Grenzen unsrer möglichen Erkenntnisse gelangt, wornach sie sodann a priori zu bestimmen im Stande ist, welche Gegenstände in ihre Erkenntniß-Sphäre gehören, und welche davon aus-
geschlossen sind. Aus dem Mangel jener Grenzbestim-
mung erfolgt das, daß der Skeptiker, der den transcendenten Gebrauch der Verstandesgrundsätze nicht
zugesteht, in der That aber doch den eigentlichen Unterschied zwischen diesem transcendenten und dem immanenten Gebrauche derselben nicht bemerkt, auch endlich die Gültigkeit dieses letztern zu bezweifeln anfängt.
Dieses letztere begegnete unter andern dem berühmten
und scharfsinnigen David Hume. Der große
Mann hatte es vielleicht in Gedanken, daß wir in
vielen Urtheilen aus dem Begriffe des Subjects hinaus gehen, und mit demselben Bestimmungen verknüpfen, die wir doch gar nicht darin finden, wiewohl er
die Unterscheidung der analytischen von den synthetischen Urtheilen doch niemahls deutlich angegeben hat.
So viel ist wenigstens gewiß, daß er die Schwierigkeit
sehr lebhaft gefühlt hat, die den Verstand drückt,
wenn er sich Rechenschaft von der objectiven Gültigkeit der synthetischen Urtheile a priori geben will.
Er zeigte dieses in Ansehung des Satzes der Causalität, welchem Grundsatze des reinen Verstandes er die
stricte Allgemeinheit entzog, und dieselbe, die wir ihm

im

im Erfahrungsgebrauche beylegen, bloß für subjectiv
ausgab. Die zur Gewohnheit gewordene Art zu urtheilen läßt, wie er meint, das bloß Subjective darin
nicht leicht bemerken, und es ist lediglich eine Ueber-
redung, die diesem Satze objective Gültigkeit beylegt,
die er doch nicht haben kann. So viel ist gewiß, daß,
was die bestimmten Wirkungen der Ursachen, oder umgekehrt, die Ursachen betrifft, deren Wirkungen gegeben worden sind, wir dieselben lediglich von der Erfahrung hernehmen können. Indem der scharfsinnige
Hume dieses bemerkte, so scheint es, daß er damit den
Grundsatz der Causalität selbst verwechselt, und daher,
weil wir die Wirkungen der Ursachen a priori niemahls
bestimmen können; geglaubt habe, daß der Satz selbst:
Alles, was geschieht, hat eine Ursache, selbst empirisch
und keinesweges allgemein wahr sey. Er schloß demnach fälschlich aus der Zufälligkeit unsrer Bestimmung
nach dem Gesetze auf die Zufälligkeit des Gesetzes selbst, und hielt die Anwendung desselben auf
Gegenstände, die uns in der Erfahrung gegeben sind,
eben so unbefugt, als es die ist auf Gegenstände, die
uns gar nicht gegeben seyn können. Indem er bloß
auf die Synthesis der Begriffe sah, und auf das eigentliche Princip, nämlich die Möglichkeit der Erfahrung einer Begebenheit, nicht fiel, hielt er sie überhaupt für unstatthaft. Es war auch lediglich dieser
Satz der Causalität, den er angriff, ungeachtet doch
die nämliche Schwierigkeit, eine Synthesis a priori
zu begreifen, er auch in Ansehung aller übrigen Grundsätze des reinen Verstandes hätte antreffen müssen.
Wahrscheinlich würde er aber auf die wahre Hebung

der

derselben, und damit auch auf den Unterschied eines
transcendenten und immanenten Gebrauchs derselben
gekommen seyn, wenn er nur auf das Princip gefallen
wäre, wornach er die bestimmte Zahl derselben hätte
angeben können. Da er nun ohne alle Gründe der
Vernunft das Vermögen absprach, sich bis über das
Gebieth der Erfahrung zu erweitern; so war es natürlich, wenn man diesen Ausspruch bezweifelte, und dasjenige von der künftigen Zeit erwartete, worin es etwa
der Vernunft in ihrem dogmatischen Gebrauche noch
nicht geglückt war.

Demnach ist der Skepticismus eigentlich nur die
Vorübung zu einer gesunden Critik des Verstandes
und der Vernunft, aber er ist nicht vermögend, ein
System selbst zu seyn, in dem die Vernunft Befriedigung finden könnte. Wenn er dahin gelangt ist, den
Dogmatiker in seinen Aussprüchen zweifelhaft zu machen, so hat er seinen Beruf erfüllt. Denselben würde er aber verfehlen, und selbst Dogmatiker werden,
wenn er ohne eine vollendete Critik der Vernunft behaupten wollte, daß es schlechthin unmöglich sey, diejenigen Erkenntnisse jemahls zu erreichen, welche der
erstere schon zu besitzen vermeint.

Des erften Hauptftücks
dritter Abschnitt.

Die Disciplin der reinen Ver-
nunft in Anfehung der Hy-
pothefen.

Wenn etwas in der Erfahrung gegeben ift, und feinem Dafeyn nach als bedingt gedacht wird, die Bedingung aber nicht bekannt ift, fondern erft gefucht werden foll; fo ift es erlaubt, etwas anzunehmen, welches den Erfahrungsgefetzen gemäß als eine mögliche Bedingung der gegebenen Erfcheinung gedacht werden kann. Unter mehrern folchen Erklärungsgründen hat derjenige den meiften Anfpruch auf objective Gültigkeit, aus welchem das Gegebene vollftändig hergeleitet werden kann, ohne noch anderer Nebenbedingungen zu bedürfen, die dasjenige in der Erfcheinung, das aus dem angenommenen Grunde noch nicht fließt, erklären, indem doch fonft die Zufammenftimmung mehrerer Bedingungen nur zufällig und eines abermahligen Erklärungsgrundes bedürftig feyn würde. Die Annahme eines Erklärungsgrundes, der als Bedingung eines in der Erfahrung Gegebenen und dem Dafeyn nach Bedingten gedacht werden kann, ift eine Hypothefe.

Aus dem allen, was die Critik geleiftet hat, wird nun wohl von felbft klar feyn, daß in dem reinen fpeculativen Gebrauche der Vernunft, wo alles Wiffen nicht möglich ift, auch nicht einmahl Hypothefen erlaubt feyn können. Ift etwas in der Erfahrung als bedingt gege-

gegeben, so weiß ich, daß seine Bedingung ebenfalls
ein Gegebenes ist, wenn ich auch gleich sie noch nicht
kenne. Will ich demnach eine Hypothese machen, so
ist es nothwendig, dasjenige, was ich als Bedingung
annehme, den Gesetzen der Anschauung und des Denkens gemäß zu bestimmen. Zu etwas Gegebenem die
Bedingung in einem Verstande setzen, der selbst anschauet; oder in einer Anziehungskraft ohne alle Berührung; oder in einer besondern Art Substanzen, die
ohne Undurchdringlichkeit im Raume gegenwärtig wären; oder in einer Gemeinschaft der Substanzen, die
von derjenigen unterschieden ist, welche Erfahrung
an die Hand giebt; oder in einer Gegenwart,
die nicht im Raume, und einer Dauer, die nicht in
der Zeit ist: das alles kann gar nicht erlaubt seyn,
einmahl, weil ich doch a priori, nämlich aus den a
priori bestimmten Gesetzen des empirischen Verstandesgebrauchs, versichert bin, daß die mir noch unbe-
kannte Bedingung des gegebenen Bedingten ein Gegenstand der Erfahrung seyn muß, und zweytens, weil
ich meine Absicht verfehlen würde. Ich suche Begreiflichkeit in Ansehung eines Gegebenen, und wende mich
darum zu etwas, das mir ganz unverständlich ist. Indem ich das Interesse der Vernunft durch die Annahme eines Absolut-unbedingten befriedige, würde ich
dem Verstandesgebrauche allen möglichen Abbruch thun.
Sich der Ideen als regulativer Principien bedienen,
das ist ein zulässiger Gebrauch derselben, weil er zur
Beförderung der Verstandeseinheit abzweckt. In dieser Absicht ist es erlaubt, sich die Seele als einfach zu
denken, lediglich um nach dieser Idee alle Gemüths-

Y 2 kräfte

kräfte auf eine einzige Grundkraft zu bringen, zum
wenigsten hiernach eine Anleitung zu haben. Aber
die Seele als einfache Substanz annehmen, das
würde ein gänzlich willkührliches Unternehmen seyn,
indem dasjenige, was ich durch den Begriff der Substanz denken kann, jederzeit in der äußern Anschauung
gegeben, und mithin zusammen gesetzt seyn muß.

Ueber dies haben diese transcendentalen Hypothesen nicht diejenige Eigenschaft, welche Hypothesen nothwendig ist, wenn sie annehmungswürdig seyn sollen,
nämlich die Zulänglichkeit, um das Gegebene vollständig daraus abzuleiten. Nimmt man eine unbeschränkt
vollkommene Ursache an, um die Zweckmäßigkeit, Ordnung und Größe in der Welt sich zu erklären; so
scheint es, daß die Uebel in der Welt mit dieser Voraussetzung nicht zusammen stimmen, und man bedarf
eines neuen Erklärungsgrundes, um deren Daseyn
daraus folgern zu können. Eben so bedarf die bestän-
dig vom Körper abhängende Gemüthsstimmung des
Menschen, die nicht aus der Selbständigkeit der Seele sich will erklären lassen, einer neuen Hypothese.

Meint man aber, alle diese Vernunftbehauptungen
beweisen zu können, so muß man wohl bemerken, daß
die Beweise apodictisch seyn müssen. Die objective
Gültigkeit der Ideen wahrscheinlich machen wollen,
das würde eine gänzliche Verkennung der eigenthümlichen Natur derselben verrathen. Denn wahrscheinlich
kann nur der Erklärungsgrund seyn, aus welchem etwas Gegebenes als eine Folge von ihm auf eine leich-
te Art hergeleitet werden, und der jederzeit als gegeben vorgestellt werden kann. Die Gegenstände
der

der Ideen können aber nicht als gegeben gedacht werden, und die Beweise der Wirklichkeit derselben müssen daher nothwendig a priori seyn.

Ob aber gleich Hypothesen im Felde der reinen
speculativen Vernunft nicht erlaubt sind, wenn man
darunter Sätze meint, die gewiß seyn müssen, weil
etwas Gegebenes sich als Folge von ihnen ableiten
läßt; so können sie doch erlaubt seyn, um sie lediglich
gegen einen Gegner, der sie dogmatisch bestreitet, zu
vertheidigen, das ist zwar nicht im dogmatischen,
aber doch im polemischen Gebrauche. Wenn die reine
Vernunft, so fern sie practisch ist, ein Interesse für
die objective Gültigkeit der Ideen des Daseyns Gottes,
der Freyheit, und der Unsterblichkeit der Seele erzeugt,
und die Annahme derselben in practischer Hinsicht,
nämlich als Postulate, zuläßig ist, wenn sie es gleich
in speculativer, als Hypothesen, nicht war: so kommt
alles darauf an, sich zu versichern, daß auch ihr Gegentheil nicht bewiesen werden kann. Der Gegner
aber, den wir meinen, der würde in uns selbst seyn.
Denn die speculative Vernunft, wenn sie durch Critik
nicht hinlänglich mit sich selbst einstimmig geworden ist,
ist eben so wohl geneigt, dem Gegebenen in der Erfahrung Erklärungsgründe vorzusetzen, die das Gegentheil von der objectiven Gültigkeit jener Ideen sind,
als sie es aus gleichem Grunde für dieselben ist. Nun
ist es a priori gewiß, daß kein Schluß uns von dem
in der Erfahrung Gegebenen zu Gegenständen führen
könne, die uns nicht gegeben werden können, sondern
daß im Gegentheile die Bedingung eines jeden Gegebenen immer wieder in der Erfahrung angetroffen

wer-

werden müsse, und daß die Gründe für das Nichtseyn
der Gegenstände der Ideen eben so wohl als für ihre
Wirklichkeit von ganz anderer Art seyn müssen, als es
alle die sind, welche die speculative Vernunft hervor
bringen kann. In dieser Lage der Sachen ist es erlaubt,
wenn das Gemüth zum Bezweifeln der objectiven Realität der Ideen durch Hypothesen verleitet wird, andere Hypothesen zu ersinnen, die diesen das Gegenge-
wicht halten, welches niemahls ein schweres Unternehmen seyn wird. Wenn z. B. die Zufälligkeit der Zeu-
gungen der Menschen, die vom Unterhalte, von den Lau-
nen der Regierung, oft sogar vom Laster abhängen, uns
die über dieses Leben hinaus sich erstreckende Bestimmung
des Menschen zweifelhaft machen; so können wir dieser Bedenklichkeit einen andern Grund entgegen setzen,
und dagegen als möglich denken, daß das eigentliche Leben des Menschen im Intelligibeln liege, das mit der Geburt nicht angefangen habe, und mit dem Tode nicht
endigen werde, und daß dieses Leben nur das Leben in
der Anschauung und das bloße Bild des reinen geisti-
gen Lebens sey; daß, wenn wir die Gegenstände erkennen könnten, wie sie an sich sind, ohne in der Anschauung gegeben zu seyn, wir uns in einer Welt gei-
stiger Naturen finden würden, mit welchen unsre einzig wahre Gemeinschaft weder durch Geburt angefangen habe, noch durch den Leibestod aufhören werde.
Mit dem allen soll der objectiven Bedeutung dieser
Vorstellungsarten keinesweges das Wort geredet, sondern nur der erlaubte Fall angezeigt werden, da man
sich der Hypothesen im speculativen Gebrauche der
Vernunft bedienen kann.   Wir können uns nämlich
der-

derselben bedienen, aber nicht auf eine dogmatische Art, um unsre Erkenntniß bis über das Gebieth der Erfahrung zu erweitern, sondern nur auf polemische Weise, lediglich um die auch auf Hypothesen sich gründende Angriffe eines Gegners zu vernichten.

Des ersten Hauptstücks vierter Abschnitt.

Die Disciplin der reinen Vernunft in Ansehung ihrer Beweise.

Es hat anfänglich viel befremdendes an sich, daß man in einigen Sätzen aus einem Begriffe hinaus gehen, und einen andern, der doch nicht in ihm gedacht worden ist, gleichwohl a priori mit demselben verknüpfen kann. Die Mathematik giebt freylich an jedem ihrer Sätze Beyspiele von dieser Synthesis a priori. Da aber dieselbe jederzeit vermittelst der Darstellung in der reinen Anschauung begriffen wird, so scheint die Frage nach der Möglichkeit einer solchen Synthesis in den mathematischen Urtheilen keiner Schwierigkeit unterworfen zu seyn. Allein diejenige, die in den Grundsätzen des reinen Verstandes Statt findet, kann auf diesem Wege nicht begriffen werden. Wäre man früher aufmerksam darauf gewesen, daß diese Sätze gar nicht auf analytische gebracht werden können, so würde vielleicht die wahre Auflösung der Schwierigkeit nicht so lange unterblieben seyn. Die Critik hat dieselbe gegeben, indem sie gezeigt hat, daß

diese

diese Synthesis darum objectiv ist, weil dadurch der Begriff eines Objects allererst entspringt, und so z. B. dadurch, daß das Geschehene als Wirkung gedacht wird, dasselbe als objective Einheit, das ist: eine Verbindung des Mannigfaltigen als nothwendig und für jedermann gültig, vorgestellt, und so von der bloß subjectiven Verbindung in der Wahrnehmung unterschieden wird. Diese Deduction solcher synthetischer Behauptungen a priori ist jederzeit nothwendig. Denn wie will man wohl ohne dieselbe sich gegen die Gefahr schützen, bey dem großen Scheine von objectiver Gültigkeit, der den synthetischen Vernunftbehauptungen eigen ist, dieselbe ihnen nicht anzuerkennen. Es auf den Ausspruch des gesunden Menschenverstandes ankommen lassen wollen, scheint doch sehr bedenklich zu seyn, so lange man sich des Gesetzes nicht bewußt ist, wornach derselbe entscheidet. Wenn man es aber mit Ueberzeugung angenommen hat, daß es eine ursprünglich nothwendige Synthesis giebt, die zwar für sich selbst leer und ohne alle objective Bedeutung ist, dennoch, so fern etwas gegeben ist, die nothwendige Verknüpfung, die doch in ihm, als einem vorgestellten Objecte, gedacht wird, hervor bringt, so giebt dieses den wahren Probirstein ab, wovon man sicher die wahren von den falschen synthetischen Behauptungen a priori, unterscheiden kann. So scheinbar es nun auch immer seyn mag, daß, da das Ich in allem Denken jederzeit als Subject vorkommt, und auch in dieser Vorstellung nichts Mannigfaltiges angetroffen wird, Ich selbst, (als existirendes Object,) nur als Subject existire und einfacher Natur bin;

so

so hat mich doch die Critik vollständig in Ansehung der objectiven Gültigkeit des Begriffs der Substanz belehrt. Denn da sehe ich nun wohl, daß dieser Begriff die nothwendige Verknüpfung in die empirische Anschauung bringt, wodurch die Vorstellung eines Wechsels als eines Objects möglich wird, und zwar auf die Art, daß dieser reinen Synthesis gemäß etwas im Raume Gegebenes als beharrlich, und die Bestimmungen desselben als wechselnd vorgestellt werden. Nun ist hier nichts als die Beziehung aller meiner Vorstellungen auf mein Ich gegeben, und ich habe daran nichts mehr, als die Exposition des Begriffs Denken. Aber eine beharrliche Anschauung dieser Vorstellung Ich ist mir nicht gegeben. Und wenn nun auch wirklich dieser Vorstellung ein Object zum Grunde läge, so folgt aus der einfachen Vorstellung Ich noch keineswegs, daß dasselbe eine einfache Substanz sey. Es ist möglich, daß durch keine dieser Vorstellungen dasselbe gedacht werden könne, und dasselbe weder Substanz noch Accidenz, weder einfach noch zusammen gesetzt sey, daher, weil der Begriff dieses Objects lediglich der Begriff eines Noumenons, (eines Objects, sofern es nicht gegeben ist,) seyn kann. In Ansehung aller transcendentalen Beweise wird man demnach wohl thun, wenn man folgende Regeln allemahls aus den Augen läßt.

Erstlich ist es nothwendig, daß, ehe man einen solchen Beweis versuche, man zuvörderst das Principium überdenke, worauf man ihn gründen will. Was nun die Beweise für die objective Realität der Vernunftbegriffe betrifft, so ist es klar, daß das Princip einer

einer möglichen Erfahrung ihnen nicht untergelegt
werden kann. Denn die Gegenstände derselben übersteigen die gesammte Sphäre der Erfahrung. Auch
kann man sich der Grundsätze des reinen Verstandes
nicht bedienen, um durch deren Leitung zu der Wirklichkeit der Objecte der Ideen zu gelangen. Denn obgleich dieselben eine objective Synthesis enthalten, so
betrifft diese objective Wahrheit doch lediglich die Gegenstände der Erfahrung. Das einzige Mittel, in
diesen Fällen zum Ziele zu gelangen, ist, daß die reine
Vernunft selbst einen Grundsatz enthalte, vermittelst
dessen sie Kenntnisse von Gegenständen, die alle Erfahrung übersteigen, sich verschaffen könnte. Eine
critische Beleuchtung des Vernunftvermögens hat uns
aber überführt, daß die Vernunft zwar besondere
Grundsätze habe, die aber für sich selbst betrachtet
gar nicht objectiv-gültig, sondern, daß sie es nur als
regulative Principien, folglich doch nur in Beziehung
auf Erfahrung sind.

Die zweyte Bemerkung, die wir machen, ist
die, daß zu jedem transcendentalen Satze nur ein einziger Beweis gefunden werden könne. Ein mathema-
tischer Satz kann auf mehrere Art bewiesen werden,
wovon der Grund darin liegt, daß der Beweis vermittelst der Darstellung einer reinen Anschauung, die dem
Begriffe des Satzes entspricht, geführt wird, der Begriff aber, als allgemeine Vorstellung, unendlich viele
Anschauungen unter sich faßt, mithin die Synthesis,
die der Satz ausdruckt, auf eine verschiedene Art im
Einzelnen vorgestellt werden kann: Dagegen gehe ich,
um zur Einsicht einer transcendentalen Synthesis zu
gelan-

gelangen, nicht aus den Begriffen zu der Anschauung. Der Beweis für dieselbe ist daher entweder gar nicht möglich, oder er wird zu der Einsicht führen, daß diese Synthesis diejenige nothwendige Verknüpfung ist, welche in der Vorstellung der Gegenstände in der Erfahrung angetroffen wird.

Drittens bemerken wir, daß diese transcendentalen Beweise niemahls apagogisch, sondern jederzeit direct seyn müssen. Die Mathematik ist die einzige Wissenschaft, in welcher die apagogische Beweisart eben so wohl zur strengen Gewißheit führt, als die directe. Der Grund davon liegt aber wiederum in der Construction ihrer Begriffe. Um davon gewiß zu werden, daß in einem geradlinigen Dreyecke, in welchem zwey Winkel einander gleich sind, auch die Seiten, die denselben gegen über liegen, gleich sind, nehme ich das Gegentheil an, und finde in der Darstellung des Einzelnen, daß unter dieser Voraussetzung der Theil so groß ist als das Ganze. Weil nun diese Darstellung des Einzelnen in der reinen Anschauung geschieht, so ist hier ein Uebergang vom Einzelnen zum Allgemeinen, nämlich die Einsicht möglich, daß die Synthesis, die in dem einzelnen Dreyecke zu einem Widerspruche führt, in einem jeden Statt finden müsse. Nehme ich dagegen einen transcendentalen Satz, so ist es gewiß, daß, da einmahl die Begriffe desselben synthetisch verbunden sind, kein logischer Widerspruch gefunden werden könne, wenn man das Subject eines solchen Satzes mit dem Gegentheile seines Prädicats verbindet; und daß zum zweyten, da man demselben keine reine correspondirende Anschauung un-

ter

derlegen kann, auch kein eigentlicher realer Widerstreit
a priori ohne alle Beziehung auf empirische Anschauung einzusehen möglich ist.   Glaubt man den
Satz der Causalität apagogisch und apodictisch beweisen
zu können, so zeigt man damit an, daß man ihn für
einen analytischen Satz halte. Man verwechselt nämlich den Begriff des Geschehenen mit dem der Wirkung,
in welchem Begriffe man allerdings das Verhältniß eines Gegebenen zu einer Ursache antrifft.   Hält man
ihn aber für einen synthetischen Satz, und hofft gleichwohl, ihn apagogisch zu beweisen, so muß man bemerken, daß der Widerspruch, den man unter Voraussetzung seines Gegentheils zu erhalten glaubt, nothwendig real seyn müsse.   Nun aber ist es auch noch nicht
genug, daß man diesen Widerstreit in Ansehung einer
gewissen Begebenheit, folglich empirisch, finde.   Der
Satz ist a priori, und man soll die reale Unmöglichkeit des Nichtseyns einer Ursache von etwas Geschehe-
nem a priori zeigen.   Auf gleiche Art verhält es sich
mit allen transcendentalen Beweisen.   Es ist bloß die
directe Beweisart, die in Ansehung derselben möglich
ist; und die auch hier so wie überhaupt vor der apa-
gogischen das Verdienst hat, daß sie, noch über dies,
daß sie zur Gewißheit führt, zugleich die eigentliche
Quelle dieser Einsicht offenbart.   Dieselbe ist hier keine andere als das Princip der Möglichkeit der Erfahrung, wornach ich a priori gewiß bin, daß alle Grundsätze des reinen Verstandes objectiv-gültig sind, daher,
weil denselben gemäß das in der empirischen Anschauung
Gegebene als Object gedacht wird.

Der

Der
transcendentalen Methoden=Lehre
zweytes Hauptstück.

Der Kanon der reinen Vernunft.

Die transcendentale Analytik hat die Grundsätze a priori angegeben, auf welchen ein richtiger Gebrauch unsrer Erkenntnißkräfte beruhet, und auch zugleich den ganzen Umfang genau bestimmt, innerhalb dessen dieser Gebrauch lediglich richtig seyn kann. Diese Wissenschaft ist demnach der Canon des reinen Verstandes, und der Umfang, in dem jene Grundsätze consti= tutiv und zur Erkenntniß abzweckend sind, ist das Ge= bieth der Erfahrung. Was aber die Vernunft in ih= rem speculativen Gebrauche betrifft, so enthält dieselbe keine Grundsätze, deren Inbegriff ein Kanon genannt werden könnte. Das größte Geschäfft der speculativen Vernunft besteht in einer Disciplin gegen sich selbst, lediglich um zu verhüthen, gewisse ihr eigenthümliche Gesetze nicht als unmittelbar Erkenntniß begründend, sondern nur als regulative Principien anzusehen, die dazu dienen, den mannigfaltigen Erfahrungserkennt= nissen eine Einheit zu geben, die ihnen doch nur zu= fällig ist, und ohne welche sie schon Erkenntnisse sind. Wenn nun die reine Vernunft bloß speculativ wäre, so würde es keinen Kanon derselben geben können. Da es aber außer dem speculativen Vernunftgebrau= che, der aber nicht durch sich selbst besteht, sondern nur in Beziehung auf Erfahrung jederzeit regulativ ist, einen practischen, durch sich selbst bestehenden, Ge=

brauch

brauch der reinen Vernunft giebt; so wird ein Kanon derselben, so fern sie practisch ist, Statt finden.

Des Kanons der reinen Vernunft
erster Abschnitt.

Von dem letzten Zwecke des reinen Gebrauchs unsrer Vernunft.

Wenn wir das Resultat der transcendentalen Dialectik überlegen, welches darin bestand, daß den Vernunftbegriffen eine gewisse objective Gültigkeit zugestanden werden darf, nämlich diejenige, wornach sie zu einer Leitung für den Verstand in seinem empirischen Gebrauche dienen: so finden wir wohl, daß dasselbe doch nicht gänzlich unserm Interesse Genüge thut. Es ist nicht zu läugnen, daß wir die objective Realität dieser Idee im eigentlichen Sinne, einzusehen wünschen, diejenige, in welcher sie unmittelbar Gegenstände vorstellt, und daß wir den für die Erfahrung abzweckenden Gebrauch nur als beyläufig betrachten mögen. Es sind eigentlich die drey Ideen: die Freyheit des Willens, die Unsterblichkeit der Seele, und das Daseyn Gottes, an deren objective Gültigkeit wir dieses Interesse knüpfen, und die Realität der übrigen interessirt uns nur so fern sie mit eben diesen im Zusammenhange stehen.

Werfen wir auf dieses Interesse einen Blick, so ist es leicht zu bemerken, daß dasselbe sehr wenig speculativ seyn kann. Denn gesetzt auch, daß wir es einsehen

hen

hen könnten, daß der Wille des Menschen frey sey,
so würden wir doch diese Eigenschaft desselben bloß als
intelligibel denken müssen, und es würde dessen unge=
achtet gewiß bleiben, daß in der Erfahrung niemahls
etwas gegeben seyn kann, was durch den Begriff einer
Causalität, die selbst nichts angefangen hätte, gedacht
werden müßte. Wir würden demnach bey aller dieser
Einsicht die Aeußerungen des Willens als Begeben=
heiten ansehen, deren Ursachen aufzusuchen sind,
und die Reihe der über einander liegenden Bestim=
mungsgründe würde eben so wohl als in indefinitum
gehend gedacht werden müssen, als wenn wir diese
Einsicht gar nicht hätten. Gesetzt ferner, daß die
Seele eine einfache Substanz, und als solche unzer=
störbar ist, so kann ein solcher Gegenstand lediglich als
Noumenon gedacht werden. Wenn wir auch so glück=
lich wären, diese geistige Natur derselben a priori ein=
zusehen, so würden wir doch damit keinen Erklärungs=
grund für die Erscheinungen des innern Sinnes ge=
winnen. Diese sind uns das Gegebene, und den Ge=
setzen des Verstandes gemäß darf ich ihre Erklärungs=
gründe nur wieder im Gegebenen suchen, und nie=
mahls einen Absprung ins Intelligible unternehmen.
Wenn auch endlich das Daseyn einer höchsten Intelli=
genz bewiesen werden könnte, so würde ich zwar die
Ordnung und Zweckmäßigkeit in der Natur an einen
festen Punct knüpfen, allein dieses würde doch nur im
allgemeinen geschehen können, nämlich nur durch den Ge=
danken eines Verhältnisses der gesammten Natur, als
dem Inbegriffe der Gegenstände der Anschauung, zu ei=
nem bloß intelligibeln Substrate, das gar nicht gege=

ben

ben seyn kann. In der Naturforschung würde ich
aber davon keinen constitutiven Gebrauch machen können, sondern im Gegentheile ein jedes Ereigniß derselben aus den Gesetzen der Natur zu erklären suchen
müssen. Würde demnach nicht ein anderes Interesse
als das speculative für die objective Realität dieser
Ideen uns einnehmen, so würden wohl wahrscheinlich
die mühsamen Versuche, sie zu beweisen, unterblieben
seyn, da es sich doch a priori erkennen läßt, daß kein
speculativer Gebrauch davon zu machen möglich ist.
Ein jeder, der die Wichtigkeit, die er auf Untersuchungen setzt, die ihn zu solchen Einsichten führen sollen, überlegt, sieht leicht, daß dieses Interesse eigentlich practisch sey.

Ein Satz ist practisch, wenn er aussagt, daß
etwas geschehen soll. Ist derselbe so beschaffen, daß
er sich auf einen beliebigen, folglich empirischen, Zweck
bezieht, und eine Regel ist, denselben zu erreichen,
dann ist er nur subjectiv-gültig, weil dieser Zweck
bloß subjectiv ist. Die Glückseligkeit ist der Inbegriff aller subjectiven Zwecke, und die verschiedenen
Regeln, welche Anleitungen sind, sie zu erreichen,
heißen Klugheitsregeln, (pragmatische Vorschriften.)
Dagegen ist ein practischer Satz ein objectiv-practisches Gesetz, wenn er schlechthin aussagt, daß etwas
geschehen soll, ohne alle Rücksicht auf etwanige subjective Zwecke. Der Zweck wird in diesem Falle von
der reinen Vernunft selbst als Zweck vorgestellt, und ist
daher für jedermann, das ist: objectiv-gültig. Es
ist noch nicht der Ort, diese Untersuchung auszuführen,
und wir berufen uns daher nur auf das Bewußtseyn

eines

eines jeden, wenn wir behaupten, daß das Sittengesetz jederzeit als ein objectiv-practisches Gesetz vorgestellt wird.

Aus der Erklärung eines objectiv-practischen Gesetzes erhellet, daß das Bewußtseyn eines solchen Gesetzes mit dem Bewußtseyn der practischen Freyheit
verknüpft seyn müsse. Denn wenn ich mir einen Willen vorstelle, an welchen die reine Vernunft, ohne alle
Rücksicht auf sinnliche Bestimmungsgründe, und gar
gegen dieselben, eine Forderung thut; so ist das die
Vorstellung eines freyen Willens. Ob derselbe nun
auch subjectiv dadurch bestimmt wird, und ein moralischer Wille ist, darauf kommt es hier nicht an.
Nur das wird gesagt, daß, so fern ich durch die Vernunft meinen Willen dem moralischen Gesetze unterworfen mir vorstelle, ich mich als ein freyes Wesen denke,
und das ist ein analytischer Satz. Ich soll gewisse -
Handlungen, lediglich weil sie das Gesetz gebiethet,
thun. Nun mag die Aufmerksamkeit auch selbst von
den dem Gesetze gemäßen Handlungen mir offenbaren,
daß die Bestimmungsgründe derselben eben so wohl eine Naturkette ausmachen, als die Ursachen jeder andern Begebenheit; so ist es doch gewiß, daß, indem ich
denke, daß ich etwas thun soll, ich mir auch vorstelle, daß ich so handeln kann. Demnach ist diese
practische Freyheit eben so wohl ein Factum des Bewußtseyns, als es das Sittengesetz selbst ist.

Nun kann man leicht errathen, daß die zwey Fragen, ob ein unsterbliches Leben und ob ein Gott ist,
die Wichtigkeit, mit der sie uns vorschweben; bloß in
Beziehung auf das Practische, nämlich im Verhältnisse

zu dem Sittengeſetze und dem dadurch beſtimmten Bewußtſeyn der practiſchen Freyheit, haben. Dieſes zu
entwickeln, und dadurch den Kanon der reinen Vernunft, ſo wohl ſeinem Inhalte als der Methode nach,
zu beſchreiben, wird jetzt unſre Abſicht ſeyn.

Des Kanons der reinen Vernunft zweyter Abſchnitt.

Von dem Ideale des höchſten Guts, als einem Beſtimmungs-grunde des letzten Zwecks der reinen Vernunft.

Es iſt hier darum zu thun, den Kanon der reinen
Vernunft vorzuſtellen. Denn was den Inbegriff von
Grundſätzen betrifft, durch deren Gebrauch die Erfahrung zu Stande kommt, ſo hat denſelben die tranſcendentale Analytik enthalten, welche ein Kanon des Verſtandes war. Indem wir an dem Faden der allgemeinen Logik in tranſcendentaler Abſicht den Verſtand, die
Urtheilskraft und die Vernunft unterſuchten, um nämlich zu erforſchen, ob nicht ein jedes dieſer Vermögen
gänzlich in ſich ſelbſt gewiſſe Erkenntniſſe enthalte, da
fanden wir gewiſſe urſprüngliche Begriffe und Urtheile, als ein Eigenthum des tranſcendentalen Verſtandes und der Urtheilskraft, deren objective Gültigkeit
wir zeigen konnten. Die ſpeculative Vernunft enthält
zwar auch gewiſſe ihr eigenthümliche Begriffe und
Grundſätze; allein die Critik hat uns überzeugt, daß
dieſelben doch keine eigentlich objective, ſondern nur
ſub-

subjective Gültigkeit haben. Mithin giebt es keinen Kanon der reinen Vernunft, so fern man sie bloß speculativ betrachtet. Da aber doch das ganze Interesse an dieser objectiven Gültigkeit aus dem Practischen entspringt, so führt vielleicht die practische Vernunft zu der Befriedigung dieses Interesse.

Alles Interesse der reinen, so wohl speculativen, als practischen, Vernunft zeigt sich an folgenden drey Fragen:

1. Was kann ich wissen?
2. Was soll ich thun?
3. Was darf ich hoffen?

Die erste Frage ist bloß speculativ, und da sie vollständig beantwortet worden ist, so ist auch das dabey bloß speculative Interesse gänzlich befriedigt worden. Die zweyte ist bloß practisch. In Ansehung derselben erinnern wir nur, daß die reine Vernunft an dem Sittengesetze einen objectiv-practischen Satz enthalte, und daß das Bewußtseyn eines jeden ihn dafür erkennen müsse. Eine Critik der reinen practischen Vernunft ist übrigens eben so nothwendig, als es die der speculativen ist, welche aber hier noch nicht unternommen wird. Die dritte Frage ist practisch und theoretisch zugleich. Die reine Vernunft enthält ein Gesetz, das befolgt werden soll. Nun ist es nothwendig, dabey an einen Zweck zu denken, der auch dadurch zu erreichen ist. Daher entsteht diese dritte Frage: wenn ich nun thue, was ich soll, was darf ich alsdann hoffen? Alles Hoffen geht auf Glückseligkeit, und ungeachtet das Sittengesetz dieselbe nicht verheißt, sondern nur schlechthin gebiethet, so knüpft

gleich-

gleichwohl die Vernunft dieselbe an die Befolgung des Gesetzes. Demnach ist diese Verknüpfung keine objective. Es kann nämlich nicht a priori eingesehen werden, daß derjenige der Glückseligkeit werde theilhaftig werden, der das moralische Gesetz befolgt. Gleichwohl ist es nothwendig, moralisch Gesinnte der Glückseligkeit würdig zu erkennen. Würde nun derjenige, welcher der Glückseligkeit sich würdig gemacht hat, derselben nicht auch theilhaftig werden, so würde das Sittengesetz bloß eine Chimäre seyn. Zwar würde es immer ein objectiv-gültiger practischer Satz, mithin die Nothwendigkeit, die er ausdruckt, nicht eingebildet und nicht Täuschung seyn; allein, so fern die Erwartung, wozu das Gemüth des Tugendhaften, da er sich der Glückseligkeit in gewissem Grade würdig findet, gestimmt ist, nicht eintrifft, würde es eine Chimäre zu nennen seyn.

Wir haben nun den Anfang mit der Beantwortung der dritten Frage gemacht: was darf ich hoffen? indem wir sie nämlich nach ihrer practischen Seite betrachten. Thue das, wodurch du würdig wirst, glücklich zu seyn: das ist die erste und negative Antwort, und die Bedingung, unter der eine positive Antwort möglich ist. Aber nach dieser ist die Frage eigentlich gerichtet, und lautet nun so: wie, wenn ich mich nun so verhalte, daß ich der Glückseligkeit nicht unwürdig sey, darf ich auch hoffen, ihrer dadurch theilhaftig werden zu können? das ist die theoretische Seite derselben, wovon wir sogleich zeigen werden, daß die Beantwortung ins Speculative steigt.

Die

Die Welt, so fern sie allen sittlichen Gesetzen gemäß wäre, (wie sie es, nach der Freyheit der vernünftigen Wesen, seyn kann, und nach diesen Gesetzen seyn soll,) nennen wir eine moralische Welt, und sagen, daß der Begriff von derselben objective Realität habe; denn ungeachtet sein Gegenstand nicht gegeben ist, so kann er doch als gegeben gedacht werden. Er ist mithin kein Gegenstand einer intelligibeln Anschauung, sondern ein solcher, der den Gesetzen der Erfahrung gemäß als Object derselben vorgestellt werden kann; und ungeachtet der Begriff davon nur eine Idee ist, so ist er doch eine nothwendige practische Idee, um diesen Gegenstand so viel als möglich hervor zu bringen. Er würde die Welt seyn, in der die Freyheit eines jeden so wohl mit sich selbst, als mit der Freyheit jedes andern durchgängig überein stimmt. In einer solchen Welt läßt sich nun eine mit der Moralität verbundene proportionirte Glückseligkeit als nothwendig denken, indem die vernünftigen Wesen in derselben unter der Leitung der moralischen Principien wechselseitig die Urheber ihrer Glückseligkeit seyn würden. Aber dieses System der sich selbst lohnenden Moralität ist doch nur eine Idee und kein wirklicher Gegenstand. Derselbe hängt von der Bedingung ab, daß jedermann thue, was er soll. Das Sittengesetz bleibt aber dessen ungeachtet für einen jeden verbindend, wenn auch viele der vernünftigen Wesen von der Befolgung desselben sich ausschließen. Da nun dieser Zusammenhang der Glückseligkeit und der Moralität a priori nicht eingesehen werden kann, so bleibt nichts übrig, als daß er nur gehofft werden darf, welches un-

ter der Voraussetzung einer höchsten Vernunft,
die als Ursache der Natur zum Grunde gelegt, und
welche als Austheilerinn einer der Moralität eines jeden genau angemessenen Glückseligkeit gedacht wird,
möglich ist. Die Idee einer solchen Intelligenz nennen wir das Ideal des höchsten Guts. Da
nun dieses Leben nicht derjenige Zustand ist, in welchem die Wirkungen dieser höchsten Ursache als gegeben vorgestellt werden können; so ist es nothwendig,
diesen Zustand als zu einem künftigen Leben gehörend
zu denken. Demnach sind die zwey Annahmen: es ist
ein Gott und es ist ein künftiges Leben, nothwendig,
wenn das Sittengesetz mehr als Chimäre seyn, das ist:
unter welchem man denken kann, daß derjenige, der
sich der Glückseligkeit würdig gemacht hat, derselben
auch werde theilhaftig werden.

Die Glückseligkeit allein ist noch nicht das höchste
Gut. Die Vernunft billigt dieselbe nicht, wenn sie
nicht mit der Würdigkeit, glücklich zu seyn, verknüpft ist.
Die Sittlichkeit allein ist aber auch noch nicht das
höchste Gut, ungeachtet dieselbe nach der practischen
Vernunft die Bedingung seyn muß, unter welcher der
Besitz der Glückseligkeit allein gebilligt werden, nicht
aber die Aussicht auf Glückseligkeit die moralische Gesinnung möglich machen kann. Derjenige Gegenstand,
den die Billigung der reinen practischen Vernunft nothwendig nach sich zieht, ist die moralische Gesinnung,
verbunden mit einer ihr proportionirten Glückseligkeit.

Auf diese Weise haben wir ein practisches Princip
für eine Theologie angegeben, welche eigentlich Moral-Theologie zu nennen ist. Dieses schafft uns
nun

nun den Vortheil, das höchste Wesen als ein einiges, allervollkommenstes und vernünftiges Urwesen zu bestimmen, den uns die speculative Vernunft nicht geben konnte. Ueber dies offenbart sich in dieser Entwickelung der wahre Grund, woher wir eben diesen Begriff von Gott für den richtigen halten, und woher selbst die Vielgötterey heidnischer Völker Spuren des Monotheismus enthalten. In der speculativen Vernunft finden wir zwar die Idee von einer höchsten Realität, als desjenigen Unbedingten, das als die Bedingung der durchgängigen Bestimmtheit eines jeden Gegenstandes gedacht wird; allein selbst nur eine Anleitung, diese höchste Realität auf irgend eine Art bestimmt zu denken, finden wir gar nicht auf dem Wege der Speculation, daher es auch ein willkührliches Verfahren der speculativen Vernunft ist, den Inbegriff aller Realität in einem einzigen Wesen zu vereinigen, und nachher gar auf eine anthropomorphistische Weise zu bestimmen. Dagegen muß nach der Moral-Theologie dasjenige Wesen, welches als Hervorbringer einer dem Wohlverhalten der vernünftigen Wesen genau angemessenen Glückseligkeit gedacht wird, ein einiger oberster Wille seyn, weil derselbe alle moralische Gesetze befassen, und in demselben eine vollkommene Einheit der Zwecke Statt finden soll. Er muß allgewaltig seyn, damit die ganze Natur und deren Beziehung auf Sittlichkeit ihm unterworfen sey; allwissend, damit er das Innerste der Gesinnungen und deren moralischen Werth erkennen; allgegenwärtig, damit er unmittelbar allem Bedürfnisse, welches das höchste Weltbeste erfordert, nahe sey; ewig, damit

mit

mit in keiner Zeit diese Uebereinstimmung der Natur
und Freyheit ermangele, u. f. w. In allen diesen Bestimmungen betreffen wir uns eigentlich nicht auf einem Anthropomorphismus, wenn wir nur die Vorsicht brauchen, durch die Transcendental-Theologie
das ihnen sonst anhängige Anthropomorphistische zu be-
schneiden, und zu bemerken, daß dieses Wesen als
außer der Natur, und folglich als ein nicht gegebener
Gegenstand, mithin diese Bestimmungen nur als Verhältnisse zu denken sind. Eben daher aber, weil die
gesammte Natur diesem obersten Willen als unterworfen gedacht wird, muß das höchste Wesen als der Urheber der Natur vorgestellt werden, und auf diese Art
führt eben diese practische Unterlage auch auf eine
Physico-Theologie. Die Betrachtung der Natur wird
nunmehr teleologisch, indem dieselbe als aus einer Idee
entsprungen vorgestellt wird. Da aber dieses Wesen
doch als außer der Natur, und als ein Gegenstand, der
in keiner Erfahrung vorkommen kann, gedacht werden
muß; so führt eben diese Betrachtung zu einer transcendentalen Theologie, wornach wir, wie
eben gesagt worden ist, alle Eigenschaften, durch welche wir das Urwesen bestimmen, demselben keinesweges
als einem gegebenen Gegenstande beylegen, sondern
nur damit Verhältnisse von etwas, das entweder
wirklich gegeben ist, oder doch als gegeben gedacht werden kann, zu einem Objecte, das nur als Noumenon
gedacht wird, andeuten können.

Die Geschichte der Vernunft bestätigt es, daß es
der von moralischen Principien ausgehende Gang ist,
der sie zu einem Begriffe von Gott führt, den sie so-

dann für den richtigen hält. Ehe die sittlichen Begriffe genug bestimmt waren, waren auch die Begriffe von der Gottheit roh, und auf die gröbste Art anthropomorphistisch. Das äußerst reine Sittengesetz unsrer Religion veranlaßte eine größere Bearbeitung der sittlichen Ideen, und mit dieser eine solche Bestimmung des Begriffs von Gott, die mit den moralischen Vernunft-Principien vollkommen überein stimmt, und daher von uns für die richtige gehalten wird.

Es ist aber nun auch klar, das es ein widersinniges und dem Endzwecke dieser Moral-Theologie entgegen stehendes Verfahren seyn würde, wenn man nunmehr die Sache umkehren, und gleichsam als hätte man auf speculativem Wege ein apodictisch gewisses Erkenntniß Gottes erreicht, die moralischen Gesetze als Gebothe des höchsten Wesens von seinem Willen ableiten wollte. Dieses Verfahren würde nicht allein widersprechend seyn, weil es doch eben jene Gesetze sind, deren practische Nothwendigkeit die Voraussetzung eines weisen Weltregierers hervor bringt, und die speculative Vernunft unvermögend ist, uns zu der objectiven Gültigkeit dieses Begriffs zu führen. Es würde auch diese moralischen Principien selbst aufheben, indem es sie für zufällig erklären würde. Wir würden sonach die practischen Gesetze der Vernunft darum für verbindend ansehen, weil wir sie für Gebothe Gottes halten, da sie doch eigentlich daher für göttliche Gebothe anzusehen sind, weil wir dazu innerlich verbindlich sind. Die Moral-Theologie ist also nur von immanentem Gebrauche, lediglich um unsre Bestimmung in diesem Leben, die uns die practische

Ver-

Vernunft vorhält, zu erreichen, aber nicht von transcendentem Gebrauche, so daß wir von dem Willen Gottes, zu dessen Erkenntniß wir auf dem speculativen
Wege gar nicht gelangen, unsre Bestimmung ableiten
können.

Des Kanons der reinen Vernunft
dritter Abschnitt.

Vom Meinen, Glauben und Wissen.

Das Fürwahrhalten ist eine Begebenheit in unserm
Verstande, und sie beruhet entweder auf objectiven oder
auch lediglich auf subjectiven Gründen. Im ersten
Falle bestimmt der Gegenstand die Vorstellungen, und
das Urtheil ist daher für jedermann gültig; im zweyten aber sind es Ursachen, die bloß im urtheilenden
Subjecte angetroffen werden, und die dasselbe bewegen, auf eine gewisse Art zu urtheilen. Geschieht das
Fürwahrhalten aus objectiven Gründen, so ist es
Ueberzeugung; dagegen heißt es Ueberre-
dung, wenn es bloß auf subjectiven Gründen beruhet. Hieraus folgt, daß es ein Probirstein ist, ob
ein Fürwahrhalten Ueberzeugung oder bloße Ueberre-
dung sey, wenn man sein Urtheil Andern mittheilt.
Findet es sich, daß ein jeder mit uns gleichstimmig urtheilt, so ist wenigstens ein Grund da, zu vermuthen,
daß unsre Vorstellungen mit dem Gegenstande selbst
überein stimmen, und findet diese Uebereinstimmung
nicht Statt, so erhalten wir dadurch eine Anleitung,
die subjectiven Gründe unsrer etwanigen Ueberre-

dung

dung uns aufzudecken, und so den Schein, wornach
wir bloß subjective Ursachen des Fürwahrhaltens für
objectiv ansahen, zu entblößen.

Das Fürwahrhalten selbst, als Erscheinung im
Gemüthe, in Beziehung auf den Gegenstand des Urtheils, hat folgende drey Stufen: Meinen,
Glauben und Wissen. Meinen ist ein mit Bewußtseyn so wohl subjectiv als objectiv unzureichendes
Fürwahrhalten. Ein Fürwahrhalten, das subjectiv
zureichend ist, und zugleich für objectiv unzureichend
gehalten wird, ist der Glaube. Das aber so wohl
subjectiv als objectiv zureichende Fürwahrhalten ist das
Wissen. Das Bewußtseyn meines auf Gründen,
die für mich hinlängliche objective Gründe sind, beru-
henden Fürwahrhaltens findet in der Ueberzeugung Statt. Die Gewißheit aber ist mit dem Bewußtseyn verknüpft, daß ein Fürwahrhalten auf objectiven Gründen beruhet, die für jedermann zureichend sind.

Obgleich das Meinen ein so wohl subjectiv als objectiv nicht zureichendes Fürwahrhalten ist, so kann
es doch überhaupt nur dann Statt finden, wenn irgend etwas, das in Beziehung darauf steht, aus objectiven Gründen für wahr gehalten wird. Im trans-
scendentalen Gebrauche der Vernunft ist kein Wissen
möglich, und daraus folgt, daß hier auch kein Meinen Statt finden kann. Mithin muß hier in bloß
speculativer Absicht gar nicht geurtheilt werden.

Das Fürwahrhalten, bloß theoretisch betrachtet,
muß zureichend seyn, wenn es Glaube heißen soll.
In practischer Beziehung kann aber auch das theoretisch

tisch unzureichende Fürwahrhalten so genannt werden.
Diese practische Absicht ist nun entweder die der **Ge-**
schicklichkeit oder der **Sittlichkeit,** die erste
zu beliebigen und zufälligen, die zweyte aber zu
schlechthin - nothwendigen Zwecken.

Die Bedingungen, unter denen ein Zweck zu erreichen ist, können so beschaffen seyn, daß das Fürwahrhalten, daß dieselben auch die Bedingungen sind,
deren Erfüllung zu dem Zwecke führt, unzureichend
seyn kann. In diesem Falle können sie nur als hypothetisch - nothwendig gedacht werden, da sie im entgegen
gesetzten Falle, wenn das Fürwahrhalten in Ansehung
derselben zureichend ist, objectiv - nothwendig seyn
würden. Aber jene hypothetische Nothwendigkeit kann
doch auch schon objectiv seyn, dann nämlich, wenn ich
gewiß weiß, daß niemand andere Bedingungen kennt,
die zu dem vorgesetzten Zwecke führen, und mithin der
Zweck entweder gar nicht, oder nur durch Befolgung
dieser Bedingungen erreicht werden kann. In diesem
Falle ist meine Voraussetzung dieser Bedingungen ein
nothwendiger Glaube. Die Art der Erreichung des
Zwecks ist sodann für jedermann gültig. Wenn man
aber Bedingungen, den Zweck zu erreichen, auf vieler-
ley Weise denken kann, und gleichwohl gehandelt werden muß, so sind dieselben nur subjectiv - nothwendig.
Wenn ein Arzt z. B. einen Kranken heilen soll, so
kann er nur alsdann die wahre Verfahrungsart treffen, wenn er die Krankheit selbst erräth. Ist er darin ungewiß, so kann er nur unter der Voraussetzung,
daß es diese oder jene Krankheit ist, eine Methode
einschlagen. Theoretisch ist das Fürwahrhalten dieser

Be-

Bedingungen nicht zureichend; practisch betrachtet ist es aber zureichend, und muß Glaube genannt werden, wiewohl es doch nur ein zufälliger und subjectiver Glaube ist, und ein Anderer es vielleicht besser treffen würde. Einen solchen Glauben nennen wir einen pragmatischen Glauben.

Der doctrinale Glaube ist das theoretisch zureichende Fürwahrhalten, so fern es bloß die Beurtheilung eines Objects betrifft, in Ansehung dessen etwas ausgesagt wird, und nicht ein Zweck, den man erreichen will. Es giebt ein Mittel, diesen doctrinalen Glauben pragmatisch zu machen, und dadurch der Stärke der objectiven Gründe sich bewußt zu werden. Das ist das Wetten. Oefters behauptet jemand etwas mit einer so großen Zuversichtlichkeit, daß es den Anschein hat, er urtheile lediglich aus objectiven Gründen. Wird ihm eine Wette angetragen, bey deren Verluste er sich nicht wohl befinden würde, so steht er an, und wird nun inne, was er vorher nicht bemerkte, daß er nämlich vielleicht doch sich geirrt habe.

Der Glaube an das Daseyn Gottes kann nun erstlich ein doctrinaler Glaube seyn. Die Ordnung und die Uebereinstimmung der Mittel zu gewissen Zwecken, die uns die Natur häufig vor Augen legt, sind die objectiven Gründe, die das Gemüth stimmen, das Daseyn einer weisen Ursache von so viel Zweckmäßigkeit anzunehmen. Zwar weiß ich, daß im Heraufsteigen vom Bedingten zur Bedingung ich jedes Mahl mich unter Gegenständen der Erfahrung befinde, und daß mir niemahls der Absprung von dem empirischen Regressus zu Objecten, die gar nicht in der An-

schauung

schauung gegeben seyn können, verstattet ist. Aber ich sehe doch auch ein, daß, wenn ich diese weise Ursache der Weltordnung ganz außer dem Felde der Erfahrung, (der Natur,) mithin so setze, daß ich es schon in ihren Begriff lege, daß die empirische Synthesis sie nicht antreffen könne, daß ich sodann durch dieses Fürwahrhalten den Gesetzen des empirischen Gebrauchs des Verstandes nicht widerstreite. Und nun predigt die Natur überall, wo ich hinblicke, Zweckmäßigkeit und weise Absichten. Mithin kann der objective Grund des Fürwahrhaltens, daß ein Gott ist, nicht geläugnet werden. Allein es ist wohl zu merken, daß dieses Fürwahrhalten doch nur ein Glaube seyn würde. Hypothese kann es nicht genannt werden, weil ich sonst im Stande seyn müßte, die Ordnung der Natur von Gott abzuleiten, welches doch nicht möglich ist, da die Ableitung eines Gegebenen nur von demjenigen geschehen kann, das ebenfalls als gegeben zu denken ist. Als doctrinaler Glaube hat derselbe aber auch etwas wankendes an sich. Schwierigkeiten in der Speculation setzen das Gemüth öfters in Zweifel, wiewohl die wiederhohlte Naturbeobachtung dasselbe immer zu eben diesem Fürwahrhalten zurück bringt.

Ganz anders verhält es sich mit dem moralischen Glauben. Es ist schlechterdings nothwendig, daß etwas geschehen muß, nämlich, daß ich dem Sittengesetze in allen Stücken Folge leiste. Nun giebt es nur eine einzige Bedingung, unter der dieser Zweck mit allen gesammten Zwecken zusammen hängt. Durch das Sittengesetz ist mir der Zweck vorgeschrieben, mich der Glückseligkeit würdig zu machen. Allein, wenn

ich

ich auch denselben vollständig erreichen könnte, so würde ich damit noch nicht das höchste Gut erreichen, und
dieses ist eigentlich der vollständige Zweck, den mir die
Vernunft als das Ziel meiner ganzen Bestimmung
vorhält. Nun, sage ich, giebt es nur die einzige Bedingung, unter der dieser Zweck als erreichbar gedacht
werden kann, die nämlich, daß ein Gott und daß ein
künftiges Leben ist. Mithin ist der Glaube an diese
Gegenstände ein objectiver und für jedermann gülti-
ger Glaube. Es ist hier keine Wahl unter mehrern
Bedingungen möglich, die zu dem höchsten Gute führen könnten, und die ein Anderer vielleicht richtiger
treffen könnte. Nein, es giebt hier nur diese einzige,
oder gar keine, unter der die Vereinigung der Würdigkeit der Glückseligkeit mit der Theilhaftigkeit derselben möglich ist. Mithin habe ich in Ansehung dieser
Bedingungen nicht zu wählen, sondern nur darin, ob
ich verabscheuungswürdig in meinen eigenen Augen
seyn, oder auf Hoffnung der Glückseligkeit mich ihrer
würdig machen will.

Dieser moralische Glaube gründet sich aber, wie
man wohl sieht, auf die moralische Gesinnung, und
diese muß schon bewirkt und auf einige Art cultivirt
worden seyn, wenn dieser practische Glaube Fuß fassen soll. Setzen wir einen Menschen, der in Ansehung der Moralität ganz gleichgültig wäre, so bleibt
für diesen lediglich der Weg der Speculation übrig,
auf welchem er sich mit Gründen aus der Analogie
vom Daseyn Gottes und einer künftigen Welt versichern, jedoch niemahls zu einer unerschütterlichen Ueberzeugung gelangen kann. Indessen ist so viel doch
wahr,

wahr, daß, ungeachtet ein solcher Mensch, wegen des
Mangels an moralischer Denkungsart, der Hoffnung,
das höchste Gut zu erreichen, nicht fähig ist, er gleichwohl der Furcht vor dem Daseyn Gottes und einer
Zukunft empfänglich seyn könne. Denn er kann doch
auch nicht gewiß seyn, daß kein Gott und kein künftiges Leben sey, und er kann bey seiner Gesinnung es
nicht wünschen, daß diese Gegenstände existiren. Dieser Glaube würde ein negativer Glaube seyn, der
zwar nicht Moralität bewirken, aber doch den Aus-
bruch böser Gesinnungen mächtig zurück halten, und
den man bey dergleichen unmoralischen Gemüthern zuerst hervor bringen könnte, um lediglich das Hinderniß des positiven Glaubens fortzuschaffen.

Demnach ist dasjenige, was die reine Vernunft,
in Ansehung der objectiven Realität ihrer eigenen Begriffe, positives auszusagen hat, und worin sie sich in
der That als Kanon zeigt, von der Art, daß es sich
auf practische Principien gründet, woher es kommt,
daß diese Erkenntnisse nicht weit hergehohlt werden
dürfen, und der Weg dazu nicht etwa allein dem Philosophen offen stehe, jedem Andern aber verschlossen
sey. Der Ausgang hat gewiesen, daß der Glaube an
Gott und an ein künftiges Leben seine unerschütter-
liche Kraft lediglich von der moralischen Gesinnung erhalte, und dieser Weg zur Ueberzeugung ist jedem offen.

Der
transcendentalen Methoden-Lehre
drittes Hauptstück.

Die Architectonik der reinen Vernunft.

Die systematische Einheit ist dasjenige, was gemeine Erkenntniß allererst zu Wissenschaft, und aus einem bloßen Aggregate unsrer Erkenntnisse ein System macht. Ein System aber ist die Einheit der mannigfaltigen Erkenntnisse unter einer Idee. Diese ist der Vernunftbegriff von der Form eines Ganzen, so fern durch denselben so wohl der Umfang des Mannigfaltigen als die Stelle der Theile unter einander a priori bestimmt wird. Nach dieser Idee kann man die Stelle derjenigen Theile bestimmen, die noch nicht ausgeführt, und die Lücke bemerken, die noch nicht ausgefüllt worden ist. Das Ganze erscheint in derselben gegliedert, (articulatio,) und nicht gehäuft, (coacervatio.) Es kann zwar innerlich, (per intus susceptionem,) aber nicht äußerlich, (per appositionem,) wachsen, wie ein thierischer Körper, dessen Wachsthum kein Glied hinzu setzt, sondern ohne Veränderung der Proportion ein jedes zu seinen Zwecken stärker und tüchtiger macht.

Die Idee bedarf zur Ausführung ein S c h e m a, das ist: eine a priori bestimmte Aufstellung der Theile. Geschieht diese Aufstellung nicht nach einer Idee, mithin nicht nach einem Begriffe, der a priori das Ganze umfaßt, sondern nur nach einem empirischen Begriffe, und muß man von der Erfahrung die Angabe der Theile

erwar-

erwarten: so heißt die Einheit dieser mannigfaltigen Theile nur technisch. Dagegen ist die architectonische Einheit diejenige, die alle Theile a priori befaßt. Dieselbe kann nur aus einer Idee entspringen, nach welcher die Theile und ihre Ordnung a priori bestimmbar sind. Dasjenige, was im eigentlichen Sinne Wissenschaft heißt, kann nur architectonisch, folglich nur nach einem Schema, das alle Theile als Glieder eines Ganzen umfaßt und dadurch dasselbe von jedem andern genau absondert, aufgestellt werden.

Derjenige, der eine Wissenschaft zu Stande bringt, hat eine Idee im Sinne. Er entwirft sich ein Schema, und giebt von ihr eine Definition. Allein in der Ausarbeitung findet er doch selten, daß beyde seiner Idee entsprechen. Daher muß man eine Wissenschaft nicht nach der Definition, die der Urheber derselben, und öfters seine spätesten Nachfolger davon geben, sondern nach der Idee, die sie gehabt haben, und die aus der Anordnung der Theile hervor leuchtet, erklären und bestimmen. Daher, weil diese Männer sich die Idee ihrer Wissenschaft nicht deutlich gedacht haben, hat es sich oft getroffen, daß sie ihrem eigenen Zwecke entgegen gehandelt, und etwas in den Umfang der Wissenschaft gesetzt, das nicht hinein gehört, oder auch wesentliche Theile derselben davon abgesondert haben. Die Idee liegt öfters lange in uns versteckt, ehe es uns möglich ist, sie deutlich zu denken, und wir sammeln daher lange Zeit hindurch rhapsodistisch viele dahin sich beziehende Erkenntnisse, und setzen sie technisch zusammen, bis wir endlich die Idee in hellerem Lichte erblicken, und ein Ganzes nach den Zwecken der Vernunft architectonisch entwerfen. Wir haben

hier

hier zur Absicht, die Architectonik aller rationalen Erkenntniße zu entwerfen.

Wenn von allem Inhalte der Erkenntniß abstrahirt, und daßelbe nur in Beziehung auf das erkennen-
de Subject gedacht wird, so ist alle Erkenntniß entweder historisch oder rational. Die historische ist cognitio ex datis, die rationale aber cognitio ex princi-
piis. Das erstere hat man, wenn man gerade nur so
viel weiß, als man erhalten hat, dieses mag nun durch
unmittelbare Erfahrung oder durch Belehrung geschehen seyn. Dagegen hat man ein rationales Erkenntniß, wenn daßelbe eine Erkenntniß aus Principien
ist. Denn wenn daßelbe gleich durch Unterricht entstanden seyn mag, so gründet dieser doch die Erkenntniß auf Principien, die der Unterrichtete anerkennt.
Es kann aber dieselbe, objectiv betrachtet, auf Principien beruhen, mithin rational, und doch subjectiv
bloß historisch seyn, dann nämlich, wenn der Lernende
es auf diese Principien nicht zu gründen weiß. So
kann jemand eine Philosophie lernen, und ob dieselbe
gleich selbst ein Inbegriff rationaler Erkenntniße ist,
gleichwohl sie nur historisch wissen.

Alle rationale Erkenntniß ist nun entweder die
aus Begriffen oder durch Construction der Begriffe;
die erste heißt philosophisch, die zweyte mathematisch.
In Ansehung der letztern ist es nun nicht eben so leicht
möglich, wie in Ansehung der erstern, daß sie subjectiv
historisch seyn sollte, indessen sie objectiv rational ist.
Der Grund davon liegt darin, daß die Principien
eines mathematischen Erkenntnisses auf evidente Art
gewiß sind, und auch jedes Mahl leicht zurück gerufen
werden können. Was aber die Philosophie betrifft,

so sind die Principien selbst synthetische Sätze aus Begriffen, deren Synthesis nicht in der unmittelbaren und reinen Anschauung erkannt werden kann. Das Verdienst eines philosophischen Unterrichts kann daher nicht darin bestehen, daß er Philosophie beybringt, sondern daß er nur zum Philosophiren anleitet.

Der Begriff von Philosophie ist aber nur ein Schulbegriff, so fern darunter ein System von Erkenntnissen verstanden wird. In dieser Bedeutung hat die Philosophie nur ein logisches Interesse. Es giebt noch einen Weltbegriff (conceptus cosmicus) von ihr, wornach das Interesse an derselben ein allgemeines ist. In dieser Bedeutung ist sie die Wissenschaft von der Beziehung aller Erkenntniß auf die wesentlichen Zwecke der menschlichen Vernunft (teleologia rationis humanae), und der Philosoph ist nicht ein Vernunftkünstler, sondern der Gesetzgeber der menschlichen Vernunft. Auch liegt diese Bedeutung zum Grunde, wenn man diesen Begriff gleichsam personificirt, und sich unter einem Philosophen ein Urbild vorstellt. Der wesentliche und höchste Zweck der Vernunft ist aber die Bestimmung des Menschen selbst, das ist: die Herrschaft der Vernunft über alle sinnliche Bestimmungsgründe des Menschen, und die Wissenschaft von diesem höchsten Zwecke ist die Moral. Diese hat eben, dieses Zwecks wegen, den Vorzug vor allen übrigen Vernunftbestrebungen, und zu diesem Vorwurfe muß zuletzt alles Wissen abzwecken, so daß der speculative Philosoph, der Naturkundiger und Logiker ihre Bemühungen zu diesem Ziele richten müssen.

Alle Philosophie ist aber entweder Erkenntniß aus reiner Vernunft, oder Vernunfterkenntniß aus empi-

rischen

rischen Principien. Die erste heißt reine, die zweyte empirische Philosophie.

Die Philosophie der reinen Vernunft ist nun entweder Propädeutik, (Vorübung,) welche das Vermögen der Vernunft in Ansehung aller reinen Erkenntniß
a priori untersucht, und heißt Critik; oder zweytens das System der reinen Vernunft, (Wissenschaft,)
die ganze, wahre so wohl als scheinbare, philosophische
Erkenntniß aus reiner Vernunft im systematischen Zusammenhange, und heißt Metaphysik.

Die Metaphysik theilt sich in die des speculativen
und practischen Gebrauchs der reinen Vernunft, und
ist also entweder Metaphysik der Natur, oder
Metaphysik der Sitten. Jene enthält alle
reine Vernunft-Principien aus bloßen Begriffen von
dem theoretischen Erkenntnisse aller Dinge; diese
die Principien der practischen Erkenntniß, welche das Thun und Lassen a priori bestimmen und nothwendig machen.

Die Metaphysik der Natur besteht aus der Transcendental-Philosophie und der Physiologie der reinen
Vernunft. Die erste betrachtet nur den Verstand und
die Vernunft selbst in einem Systeme aller Begriffe
und Grundsätze, die sich auf Gegenstände überhaupt
beziehen, ohne Objecte anzunehmen, die gegeben wären, (ontologia;) die zweyte betrachtet Natur,
das ist: den Inbegriff gegebener Gegenstände, (sie
mögen nun den Sinnen, oder, wenn man will, einer
andern Art von Anschauung gegeben seyn,) und ist
also rationale Physiologie. Nun ist aber der
Gebrauch der Vernunft in dieser rationalen Natur-
betrachtung entweder physisch oder hyperphysisch, oder
besser

besser, entweder **immanent** oder **transcendent**.
Der erste geht auf die Natur, so weit als ihre Erkenntniß in der Erfahrung, (in concreto,) kann angewandt werden; der zweyte auf diejenige Verknüpfung der Gegenstände der Erfahrung, welche alle
Erfahrung übersteigt. Diese transcendente Physiologie hat daher entweder eine innere oder äußere Verknüpfung, die aber beyde über mögliche Erfahrung
hinaus gehen, zu ihrem Gegenstande: jene ist die
Physiologie der gesammten Natur, d. i. **die trans-
scendentale Welterkenntniß**; diese des Zusammenhanges der gesammten Natur mit einem Wesen über die Natur, d. i. **die transcendentale
Gotteserkenntniß**.

Die immanente Physiologie betrachtet dagegen
Natur als den Inbegriff aller Gegenstände der Sinne,
mithin so wie sie uns gegeben ist, aber nur nach Bedingungen a priori, unter welchen sie uns überhaupt gegeben werden kann. Es sind aber nur zweyerley Gegenstände derselben: 1. die der äußern Sinne, mithin der
Inbegriff derselben, die **körperliche Natur**; 2. der
Gegenstand des innern Sinnes, die Seele, und nach
den Grundbegriffen derselben überhaupt die **denkende Natur**. Die Metaphysik der körperlichen Natur
heißt **Physik**, aber, weil sie nur die Principien ihrer Erkenntniß a priori enthalten soll, **rationale Physik**; die Metaphysik der denkenden Natur
heißt **Psychologie**, und aus der eben angeführten
Ursache ist hier nur die rationale Erkenntniß derselben
zu verstehen.

Demnach besteht das ganze System der Metaphysik aus vier Haupttheilen: 1. der **Ontologie**;

2. der

2. der rationalen Phyſiologie; 3. der rationalen Kosmologie; 4. der rationalen Theologie. Der zweyte Theil, nämlich die Naturlehre der reinen Vernunft, enthält zwey Abtheilungen, die physica rationalis und psychologia rationalis.

Es fragt ſich aber: wie kann man eine rationale Erkenntniß von Gegenſtänden, die mir doch empiriſch gegeben ſind, wie die rationale Phyſiologie ſeyn ſoll, zu Stande bringen? Die Antwort iſt: wir nehmen aus der Erfahrung nichts weiter, als was nöthig iſt, uns ein Object theils des äußern, theils des innern Sinnes zu geben. Jenes geſchieht durch den bloßen Begriff der Materie, (undurchdringliche, lebloſe Ausdehnung;) dieſes durch den Begriff eines denkenden Weſens, (in der empiriſchen, innern Vorſtellung: Ich denke.) Uebrigens müßten wir in der ganzen Metaphyſik dieſer Gegenſtände uns aller empiriſchen Principien gänzlich enthalten, die über den Begriff noch irgend eine Erfahrung hinzu ſetzen möchten, um etwas über dieſe Gegenſtände daraus zu urtheilen.

Dieſes iſt demnach der Begriff von Metaphyſik, der lange nur dunkel gedacht worden iſt. Das Bedürfniß derſelben hat man zu allen Zeiten gefühlt. Aber eben daher, weil man niemahls deutlich ihre eigentliche Beſtimmung eingeſehen, nicht das, daß ſie eine rationale Wiſſenſchaft iſt, gut genug bedacht hatte, iſt es gekommen, daß ſie zu allen Zeiten mit fremdartigem Beyſatze iſt beladen worden. Gleichwohl iſt ſie doch diejenige Wiſſenſchaft, die keine andere eigentliche Wiſſenſchaft entbehren kann. Die Mathematik, die Zierde der menſchlichen Vernunft, bedarf derſelben, wenn ſie

sie ihre reine Größenlehre auf Gegenstände, die ihr gegeben sind, anwenden will. Und obgleich Religion
nicht auf sie erbauet werden kann, so kann diese doch
sie auch nicht entbehren. Sie muß ihr zu einer Schutz-
wehr dienen gegen das dogmatische Läugnen des Gegners. Wenn demnach gleich diejenigen, die über diese
Wissenschaft das Urtheil sprechen, ohne sie zu kennen,
sie der Verachtung werth finden; so kann man doch gewiß seyn, daß man immer zu ihr zurück kommen, und
daß, so lange Menschenvernunft existirt, auch Metaphysik es geben werde.

Der
transcendentalen Methoden-Lehre
viertes Hauptstück.
Die Geschichte der reinen
Vernunft.

Es ist hier die Absicht, einen nur flüchtigen Blick auf
das Ganze der bisherigen Bearbeitungen der reinen
Vernunft zu werfen.

Die Philosophie machte den Anfang von dem Studium Gottes und einer künftigen Welt, zwey Gegenstände, bey denen sie, wie wir jetzt urtheilen können,
lieber hätte endigen sollen. Allein wenn man erwägt,
daß im Anfange der Speculation die Vernunft dasjenige, was den Menschen umgiebt, auch als das Be-
kannteste ansieht, jene Gegenstände aber als entfernt,
und als nicht zu dem gegenwärtigen Kreise ihrer Erfahrung gehörend, betrachtet; wenn man über dies das
Interesse bedenkt, das die Vernunft nothwendig an
das Erkenntniß jener Gegenstände knüpft, so scheint
wohl

wohl nichts natürlicher zu seyn, als eben dieser Anfang ihrer Speculation.

Ohne uns in die eigentliche Geschichte der reinen
Vernunft einzulassen, wollen wir nur drey Haupt-
puncte bemerken, wornach sich die Verschiedenheit
der Bearbeitungen der Vernunft beurtheilen lassen.
1. Was den Gegenstand unsrer reinen Vernunfterkenntnisse betrifft, so finden wir schon in dem frühen
Alterthume eine subtile Unterscheidung, die einen Unterschied der Schulen nach sich gezogen hat, der sich
lange erhalten hat. Epicur kann nämlich als der
Vornehmste unter den Sensual-Philosophen,
Plato als das Haupt der Intellectual-Phi-
losophen genannt werden. Die erstern behaupteten, die Gegenstände der Sinne seyen allein das Wirkliche; die bloß intelligibeln Gegenstände, die nicht den
Sinnen gegeben sind, seyen bloß Schein, und die Begriffe davon haben bloß logische und keine objective
Gültigkeit. Die andern sagten dagegen, daß das
Wirkliche bloß intelligibel sey, und daß nur nach Absonderung dessen, was die Sinne Verwirrendes hervor bringen, der Verstand das Wirkliche, nämlich die
Gegenstände, wie sie an sich sind, erkenne.

2. Auch ist der Unterschied der Schulen in Ansehung des Ursprungs reiner Vernunfterkenntnisse
alt. Aristoteles kann als das Haupt der Empi-
risten, Plato aber der Noologisten angesehen
werden. Die erstern lehrten, daß alle Erkenntnisse
aus der Erfahrung entspringen; die andern dagegen,
daß die reine Vernunft eine eigene Quelle gewisser Erkenntnisse sey. In neuern Zeiten behauptete Locke
das erste, und Leibnitz das letzte. Beyde haben

es

es in diesem Streite nicht zur Entscheidung bringen können. Epicur, nach seinem Sensual-Systeme, verfuhr hierin weit consequenter, als Aristoteles und Locke, denn er verstattete kein objectives Urtheil über Gegenstände, die uns nicht gegeben seyn können. Locke dagegen, der da annahm, daß alle unsre Vorstellungen empirischen Ursprungs sind, verfuhr darin sehr inconsequent, daß er behauptete, man könne, vermittelst dieser Vorstellungen, zu einem evidenten Beweise des Daseyns Gottes und der Unsterblichkeit der Seele, (Gegenstände, die nicht in der Erfahrung gegeben sind,) gelangen.

3. Was die Methode betrifft, so kann man die in Ansehung reiner Vernunfterkenntnisse jetzt herrschende Methode in die naturalistische und scientifische eintheilen. Der Naturalist hat den Grundsatz, daß durch gemeine Vernunft die erhabensten Fragen von Gott, Freyheit, und Unsterblichkeit sich viel leichter beantworten lassen, als durch Speculation. Er behauptet also, daß man die Größe und Weite des Mondes sicherer nach dem Augenmaße, als durch mathematische Umschweife bestimmen könne. Es ist lediglich Misologie, bey der noch das Ungereimte Statt findet, daß, indem sie alle Methode in diesem Fache anfeindet, sie sich selbst als eine eigene Methode empfiehlt. Die scientifische Methode ist entweder dogmatisch oder skeptisch. Die erste hat insbesondere der berühmte Wolf, die zweyte aber David Hume betreten. Der critische Weg ist allein noch offen, und der ist es, den wir zu ebenen gesucht haben.

Critik

Critik

der

practischen Vernunft.

Einleitung

in

die Critik der practischen Vernunft.

Wenn wir von dem Empirischen der Erfahrung abstrahiren, so erhalten wir die Bedingungen a priori derselben, wie dieses die Transcendental-Philosophie gewiesen hat. Das Empirische der Erfahrungserkenntniß machte die Materie derselben aus; jene Bedingungen aber nannten wir die Form derselben. Lasset uns nun auf eine gleiche Art verfahren, indem wir unsern Willen betrachten. Ich will irgend ein Object, da werde ich mir sofort bewußt der Vorstellung eines erwarteten Vergnügens, die mit diesem Willen verbunden ist. Die Vorstellung des Vergnügens, das der Besitz des Gegenstandes mir geben möchte, ist das Empirische des Willens, das seine Materie ausmacht. Setzen wir dieselbe bey Seite, so erhalten wir die Vorstellung eines reinen Willens, gleichsam auch als die Bedingung eines jeden empirischen. Vernichten wir in Gedanken alles Empirische, und setzen gleichwohl einen zur Handlung vollständig be-

bestimmten Willen; so bleibt nichts als die Vernunft
selbst übrig, die denselben zur Handlung bestimmt.
Auf die Art entspringt uns die Idee einer practischen Vernunft, als eines Vermögens, den Willen ohne alle Antriebe der Sinnlichkeit zu bestimmen.
Eine Critif der practischen Vernunft geht auf die Untersuchung dieses Vermögens aus. Zu dieser Untersuchung wollen wir uns den Weg bahnen.

Was ein an sich guter Wille sey, das weiß
auch die gemeinste Vernunft, und zeigt es durch eine
richtige Beurtheilung und Schätzung seines Werths
an, den sie über alles setzt, was nur immerhin gut genannt werden kann. Reichthum, Würden, ja selbst
die Talente des Geistes, sind doch nur gut zu nennen,
so fern sie mit einem guten Willen in Verbindung stehen. Auch können Handlungen mit einem guten Willen überein stimmend gefunden werden, und dennoch
unterscheiden wir leicht die Frage, ob dieselben einem
guten Willen gemäß, von derjenigen, ob sie auch aus
demselben entsprungen seyen. Setzet die Handlung,
daß jemand einen verwaiseten Knaben zu sich nimmt,
ihn nährt und erzieht: und wenn man auch keinen
Vortheil gewahr wird, den der Wohlthäter davon haben könnte; ja, wenn man auch manche Einbüßung
erblickt, die mit dieser Handlung verbunden ist, so
ist man doch geneigt, irgend einen in der Ferne ihm
vorschwebenden Vortheil zu vermuthen, mit welcher
Vermuthung aber auch der Werth der Handlung in
den Augen des Beurtheilers sehr vermindert wird.
Nur dann, wenn keine Vorspiegelung irgend eines
Gewinstes möglich ist, wenn kein Grund von außen
als

als Antrieb zu einer sonst guten Handlung gedacht werden kann, (welches zu wissen freylich Allwissenheit
erforderlich ist,) dann leitet man die Handlung
aus einem an sich selbst guten Willen her,
und unterscheidet auf die Art denselben von jedem
andern mehr oder minder durch Antriebe afficirten
Willen.

Was aber die Frage betrifft, welcher Wille ein
schlechthin-guter Wille sey, so kann dieselbe noch nicht
beantwortet werden. Es verhält sich hiermit so, wie
mit der Frage, was ein Gegenstand sey. Indem wir
in der Erfahrung leben und weben, wissen wir recht
wohl die Bedeutung des Ausdrucks: unsern Vorstellungen correspondire ein Object; aber es fordert einige Zurüstung, ehe man zu der Einsicht gelangt, daß
eigentlich die Kategorien die Begriffe sind, welche Objectivität in unsre Vorstellungen bringen. So wissen
wir auch sehr wohl den an sich und schlechthin, in aller Absicht guten Willen, von einem jeden andern, zu
dieser oder jener Absicht guten Willen zu unterscheiden.
Auch sehen wir leicht, daß der Begriff eines schlechthin-guten Willens mit dem eines reinen Willens überein stimme, so fern nämlich beyde Begriffe bloß negativ bestimmt werden. Jeder andere Wille ist von
einem Empirisch-gegebenen, nämlich von der Vorstellung eines Angenehmen, das erreicht werden soll,
begleitet, und dieser Wille ist nur gut zu nennen,
so fern er dieser Absicht angemessen ist. Der an sich
gute Wille ist daher jederzeit ein reiner Wille.

Wir werden den an sich guten Willen noch nicht
erklären, aber statt dessen wollen wir den Begriff
der

der Pflicht aufstellen, der den eines an sich guten Willens jederzeit in sich enthält.

Wir bemerken nämlich leicht, daß es nicht einerley sey, ob eine Handlung pflichtmäßig sey, oder ob sie aus Pflicht geschehen sey. Es kann allerdings eine Handlung der Forderung der Pflicht entsprechen, und es bleibt doch noch die Frage übrig, ob sie auch aus Pflicht geschehen sey. Sie kann aus Neigung geschehen, und über dies der Forderung der Pflicht gemäß seyn. Man benehme aber dem durch Neigung zu dieser Handlung bestimmten Gemüthe diese Neigung, so wird die Handlung selbst unterbleiben. Nothleidende zu unterstützen ist Pflicht; aber viele Gemüther sind so weich gestimmt, daß sie selbst leiden, wenn sie Andere leiden sehen. Man benehme ihnen diese zufällige Stimmung, so werden sie die Handlung unterlassen. Man setze aber einen Mann, der, durch eignes Unglück abgehärtet, die Stärke der Seele, sich über Uebel wegzusetzen, auch Andern zutrauet, und sie vielleicht von ihnen fordert. Er fühlt nichts bey dem Anblicke des Elendes eines Andern; aber er hilft, weil er es für seine Pflicht hält. Da haben wir eine Handlung aus Pflicht, die nicht bloß pflichtmäßig ist.

Wir sehen hier sehr deutlich, wie die Begriffe eines reinen Willens, eines an sich guten Willens, einer Handlung aus Pflicht zusammen laufen.

Indem wir uns aber an den letzten Begriff halten, so sehen wir wohl, daß der Begriff der Pflicht mit dem der Nothwendigkeit einer Handlung überein stimme. Er druckt aus, daß eine Handlung geschehen soll, ohne alle Rücksicht auf sinnliche Nöthigung,

man

man mag zu der Handlung schon von selbst geneigt oder
nicht geneigt seyn. Ueber dies enthält er eine Hinweisung auf ein Gesetz, dem gehorcht werden soll.
Sollen nämlich Handlungen geschehen, die daher
von keinem Reitze der Sinnlichkeit bestimmt werden,
so muß die reine Vernunft ein Gesetz enthalten, das
diese Handlungen vorschreibt. Soll aber nicht die Materie des Gesetzes, (die Absicht, welche durch die
Beobachtung desselben erreicht werden kann,) den
Willen bestimmen; so muß die den Willen bestimmende
Kraft lediglich seiner Form, das heißt: bloß seiner ge-
setzlichen Eigenschaft, zugeschrieben werden.

Aber eben dieses bringt uns auf die Spur, dieses
Gesetz selbst aufzufinden. Denn, wenn es ein Gesetz
von der Art giebt, daß dasselbe den Willen überhaupt
bestimmt, ohne durch Gründe, die für dieses oder jenes Subject gelten; so muß dasselbe für jedes vernünftiges Wesen gelten. Die Kategorien sind die Begriffe,
welche Objectivität in unsre Vorstellungen hinein bringen, und sie zu Erkenntnissen machen, die sodann für
jedermann gelten. Eine practische Regel, (also ein
Satz, welcher aussagt, daß etwas geschehen soll,) nennen wir einen Imperativ. Diese Imperative können nun, gerade wie die Vorstellungen, unterschieden
werden. Sie sind nämlich entweder subjectiv oder
objectiv. Subjective Imperative schreiben gewisse
Handlungen vor, welche irgend eine Absicht zu erreichen geschehen müssen. Wir nennen sie hypothetische Imperative, weil sie nur unter Voraussetzung
dieser Absicht practische Vorschriften sind. Es giebt
zwey derselben, nämlich Imperative der Geschicklich-

keit und Imperative der Klugheit. Beyde werden
auf dem analytischen Wege erkannt, weil in der Vorstellung des vollständigen Willens eines Zwecks schon
die derjenigen Handlung, die zu diesem Zwecke führt,
liegt. Die ersten haben eine Aussicht auf Absichten,
die ein Subject einmahl haben könnte, wie z. B. die,
eine gerade Linie in zwey gleiche Theile zu theilen;
die zweyten beziehen sich auf eine Absicht, die jedem bedürftigen Subjecte eigen ist, nämlich der eigenen Glückseligkeit. Nun ist aber diejenige Eigenschaft eines
Subjects, wornach dasselbe die besten Mittel wählt,
sich glücklich zu machen, die Klugheit. Folglich können wir diese letzten Imperative auch Imperative der
Klugheit nennen.

Giebt es nun aber ein Gesetz, das nicht durch
eine zu erreichende Absicht, sondern bloß durch seine
Form den Willen bestimmt, das folglich von jeder Vernunft als Gesetz muß angesehen werden; so ist dasselbe
ein objectives Gesetz, und muß daher der categorische Imperativ heißen. Dieser kann nun auf analytischem Wege nicht eingesehen werden: denn, da
hier keine den Willen bestimmende Absicht voraus gesetzt wird, so ist kein Begriff da, aus welchem die
practische Vorsicht könnte entwickelt werden. Die synthetischen Urtheile a priori, auf welchen Erfahrung
beruhet, wurden eben aus dem Princip der Möglichkeit der Erfahrung hergeleitet. Aus welchem Princip
kann aber wohl die Möglichkeit des kategorischen Imperatives hergeleitet werden?

Um zu wissen, ob ein hypothetischer Imperativ
für ein Subject gelte, muß man die Stimmung des-
sel-

selben kennen, und wissen, daß ein gewisser Zweck der seinige sey. Was aber den kategorischen Imperativ betrifft, so weiß ich a priori, daß derselbe für eine jede Vernunft gelte. Mithin bleibt für ein dergleichen objectives Gesetz eben dieses Merkmahl, daß nämlich die Vernunft selbst als Gesetz es anerkenne, folglich das Merkmahl der Allgemeingültigkeit. Mithin ist der kategorische Imperativ kein anderer als folgender: **Handele nach der Maxime *), von der du willst, daß sie ein allgemeines Gesetz werde.**

Alle Imperative drucken ein **Sollen** aus, und zwar ist dieses Sollen des hypothetischen Imperatives selbst hypothetisch, nämlich so fern man eine gewisse Absicht erreichen will. Kategorisch, ohne Beziehung auf irgend eine Absicht, ist das Sollen des kategorischen Imperatives. Da aber dieses Sollen das Verhältniß eines objectiven Gesetzes zu einem Willen, der subjective Hindernisse zu überwinden hat, wenn er dieses Gesetz befolgen will, anzeigt; so ist der Ausdruck eines Imperatives, um das objective Gesetz zu bezeichnen, in Beziehung auf einen demselben schon von selbst gemäßen, (heiligen,) Willen nicht passend.

Die Frage, wie der kategorische Imperativ möglich sey, ist mit der einerley, wie die reine Vernunft practisch seyn könne. Sie verlangt nicht zu wissen, wie

---

*) Maxime ist das subjective Princip des Handelns. Der kategorische Imperativ sagt daher aus, daß ich das Gesetz, das die Vernunft als objectiv erkennt, auch zu meinem subjectiven Handlungs-Princip mache, das heißt: daß ich es befolgen müsse.

wie die reine Vernunft eine Nöthigung auf den Willen ausüben könne; sondern nur, wie sie eine Forderung enthalten könne, die doch nicht analytisch erkennbar ist, folglich, wie ein kategorischer Imperativ gedacht werden könne. Das Denken eines hypothetischen Imperatives ist eben daher, weil bey demselben eine Voraussetzung Statt findet, begreiflich. Denn wer einen Zweck will, muß auch das Mittel zu diesem Zwecke wollen, das ist: die Handlung, welche denselben erreichen läßt. Aber bey dem kategorischen Imperative ist kein Zweck da, den man will, und in Hinsicht auf denselben auch die Handlung ausüben muß, die zu demselben führt. Folglich kann seine Möglichkeit nicht auf dem nämlichen Wege begriffen werden. Aus der Erfahrung ihn herleiten, und also seine Möglichkeit aus der Wirklichkeit zeigen wollen, wäre aber ein ganz vergebliches Unternehmen, weil man von keiner einzigen Handlung gewiß seyn kann, ob sie eine Befolgung des kategorischen, oder nicht vielmehr eines hypothetischen Imperatives gewesen ist. Es muß daher die Möglichkeit des kategorischen Imperatives gänzlich a priori hergeleitet werden. Im hypothetischen Imperative wird der Wille mit der That verbunden, und zwar auf die Art, daß der Begriff der letztern schon als ein Bestandtheil des Begriffs des erstern muß angesehen werden; denn ein Object vollständig wollen, heißt auch die Handlung wollen, die dasselbe hervor bringt. Im kategorischen Imperative verknüpfe ich auch den Willen mit der Handlung, aber keinesweges vermittelst des vollständigen Willens des Objects der Handlung; denn sonst wäre der Imperativ sofort hypothepothetisch. Dagegen verknüpfe ich beyde für sich, und zwar als nothwendig. Mithin ist dieser Imperativ ein synthetisch = practischer Satz. Man kann sagen: jeder hypothetische Imperativ druckt die Nothwendig= keit einer Handlung aus in Beziehung auf einen Zweck, der verlangt wird; der categorische Imperativ druckt dagegen schlechthin Nothwendigkeit einer Handlung aus, ohne Beziehung auf solchen Zweck.

Nun sage ich: der Zweck der Handlung, welche ein hypothetischer Imperativ fordert, ist jederzeit bloß subjectiv. Ich will hier für mein Subject diesen oder jenen Zweck, mithin muß ich auch die Handlung thun, die dazu führt. In Ansehung dieses hypothe= tischen Imperatives enthält der Wille den Zweck und die Handlung. Die Forderung desselben läßt sich da= her auf analytischem Wege einsehen. Dagegen ist der Zweck der Handlung des categorischen Imperatives gar nicht subjectiv. Denn dieser verlangt: ich soll eine Handlung üben, ohne daß ihr Zweck der meinige ist. Folglich muß dieser Zweck objectiv seyn, das heißt: die reine Vernunft selbst muß ihn als Zweck anerken= nen. Nun kommt es nur darauf an, dasjenige auszu= mitteln, was jedes vernünftiges Wesen als Zweck an sich selbst anerkennen muß.

Jedes vernünftiges Wesen existirt als Zweck an sich selbst, und muß daher sich selbst und jedes anderes ver= nünftiges Wesen in allen seinen Handlungen als Zweck betrachten. Dieser Satz, den wir hier postuliren, weil er aller sittlichen Beurtheilung zum Grunde liegt, enthält den Begriff, der in dem synthetisch = practischen oder categorischen Imperative den Willen mit der That ver=

verbindet. In demselben enthält nicht der Wille die
That und den Zweck, wie in dem hypothetischen; sondern der objective Zweck enthält den Willen und die
Handlung. Dieser objective Zweck ist die Menschheit
selbst und überhaupt jedes vernünftiges Wesen. Sonach kann nun der kategorische Imperativ auf eine
andere und folgende Art gefaßt werden: Handele
so, daß du die Menschheit so wohl in deiner Person als in der Person eines jeden Andern jederzeit zugleich als Zweck,
niemahls bloß als Mittel brauchest. Auf
diese Art ist er in einen analytischen Satz verändert,
indem der objective Zweck, (die Menschheit in der
Person jedes Menschen,) in der That die Forderung
der Handlung in sich schließt. In den hypothetischen
Imperativen ist die Forderung der Handlung in dem
Willen des Objects enthalten; dagegen ist diese Forderung bey dem kategorischen Imperative in dem objectiven Zwecke enthalten.

Hierauf beruhet nun der Unterschied der Personen und Sachen. Jedes vernünftiges Wesen ist
Person, weil es als Zweck an sich selbst existirt; alle
vernunftlose Wesen sind dagegen Sachen, weil sie nur
zu subjectiven Zwecken taugen. Die letztern haben daher
jederzeit nur einen relativen Werth, so fern sie nämlich zu beliebigen Absichten dienen; dagegen der Werth
einer Person unbedingt ist.

Der Satz: der Mensch existirt als Zweck an sich
selbst, heißt aber nicht so viel, daß die Menschheit
als Zweck der Menschen angesehen werden könne, folglich als etwas, das man sich von selbst zum Zwecke machen

chen könne. Auf die Art wäre sie subjectiver Zweck:
dagegen ist sie objectiver Zweck, wodurch sie als ein
Gegenstand angesehen wird, der die oberste einschrän-
kende Bedingung aller subjectiven Zwecke ausmachen
muß.

Hieraus entspringt uns die Idee eines Reichs der
Zwecke, in welchem jedes vernünftiges Wesen als ein
Glied, das sich selbst und jedes anderes vernünftiges Wesen als einen objectiven Zweck betrachtet, muß angesehen werden. Ueber dies aber offenbart sich eine Seite
des kategorischen Imperatives, die wir hier bemerken
müssen. Der Wille giebt sich nämlich nach demselben
selbst das Gesetz, das er befolgt; denn der objective
Zweck ist nicht ein solcher, der durch die Vorstellung
des Gegenstandes und durch ihren Einfluß auf die zufällige Stimmung des Gemüths ein Zweck wird, auf
welchem Wege jeder subjectiver Zweck entsteht, sondern
der vor dieser Vorstellung a priori ein Zweck ist.
Der Wille, der nun nichts anders als die practische
Vernunft selbst ist, muß sich also selbst, (auch subjectiv,)
bestimmen, das Gesetz zu befolgen, das er selbst giebt.
Hierin besteht die eigentliche Würde der practischen
Vernunft so wohl als des Sittengesetzes. Der kategorische Imperativ ist also ein Princip der Autonomie.
Dagegen würde dasjenige ein Princip der Heteronomie seyn, wornach der Wille sich nicht selbst bestimmt,
sondern er von außen bestimmt wird. Durch bloße
Zergliederung der Begriffe der Sittlichkeit läßt sich
zeigen, daß ihr Princip nicht Heteronomie seyn kann,
in welchem Falle dasselbe ein hypothetischer Imperativ wäre: ich soll etwas thun, darum, weil ich et-

was

was anderes will. Der moralische Imperativ
sagt dagegen: ich soll so oder so handeln, ob ich gleich
etwas anderes wollte. Es läßt sich nämlich leicht zeigen, daß der moralische Imperativ und unser aufge-
führter kategorischer in der That einerley sey. Wir wollen zu diesem Ende die sittliche Beurtheilung an einigen Beyspielen zeigen.

Setzet einen, der von der Last des Unglücks so sehr
gedrückt wird, daß er, seines Lebens überdrüssig, dasselbe zu enden wünsche. Wenn er nun gleichwohl aus
ächter Moralität es unterläßt, Hand an sein eigenes
Leben zu legen, so kann es kein hypothetischer Imperativ seyn, der ihn davon abhält. Befolgt er in der Unterlassung dieser Handlung diesen, so ist dieselbe noch nicht
moralisch. Man beschneide ihm aber alle Hoffnung
zu einer Verbesserung seines Zustandes; man nehme
ihm Freunde, auf die er Rücksicht nehmen, und welche
er durch einen freywilligen Tod betrüben könnte; man
setze sein Uebel so groß, daß es die natürliche Furcht
vor dem Tode überwiegt; kurz, man benehme alle Möglichkeit eines hypothetischen Imperatives, indem man
alle äußere Bestimmungsgründe, selbst den des Glaubens an Unsterblichkeit, fortschafft: unterläßt er gleichwohl die Handlung, dann allererst wird jedermann den
Entschluß, lieber sein Leiden zu ertragen, als dasselbe
durch freywillige Abkürzung seines Lebens zu enden,
moralisch nennen. Da er nun keinen hypothetischen
Imperativ befolgen konnte, so war es lediglich der
kategorische, der schlechthin gebiethet, ohne Folge zu
seyn aus dem Willen des Objects der Handlung, den
er wirklich befolgte.

Wenn

Wenn jemand eine Lüge zu begehen durch die Vorstellung eines Vortheils, der dadurch ihm entstehen möchte, oder durch die Besorgniß eines großen Unglücks, das er dadurch von sich abhalten kann, gereizt wird, und gleichwohl die Wahrheit redet; so kann man noch vermuthen, daß er aus Furcht, daß die Lüge würde entdeckt werden, sie unterlassen habe. Unterläßt er sie aus Besorgniß, daß sie ihm Schande bringen würde, dann hat er doch nur einen hypothetischen Imperativ befolgt, und zwar dem Buchstaben nach, aber nicht dem Geiste nach das moralische Gesetz ausgeübt, weil, den Fall gesetzt, daß er jener Furcht gänzlich hätte überhoben seyn können, er sofort die Unwahrheit gesagt hätte. Aber, setzet: er rede auch in dem Falle die Wahrheit, da ihr ihm alle mögliche äußere Gründe zur Unterlassung der Lüge benehmet, dann erst leuchtet euch seine Wahrhaftigkeit ein, das ist: die moralische Gesinnung, die Wahrheit zu sagen, darum, weil es Pflicht ist, und nicht darum, weil die Lüge Schande bringen könnte.

Setzet in jemanden einen thätigen Eifer, sich Kenntnisse zu verschaffen; aber nehmt dabey an, daß er dazu angetrieben werde von der Vorstellung des Ruhms und des Nachruhms, den er damit erwerben könne, und ihr werdet finden, daß, ob ihr gleich seine Thätigkeit bewundern, ihr sie doch nicht loben werdet, und das daher, weil ihr sie nicht einer moralischen Denkungsart zuschreiben könnet. Setzet dagegen einen Menschen, den das Bewußtseyn seiner geringen Talente vor dem Glauben, ein berühmter Mann in der gelehrten Welt zu werden, bewahrt; ja, den die matten

ten Kräfte seines Geistes mehr die Schwerfälligkeit seines Verstandes empfinden, als das Vergnügen, das der Fortschritt in Kenntnissen gewährt, genießen lassen, und der gleichwohl unermüdet darin arbeitet. Unstreitig haben wir mehr Achtung für den letztern als für den erstern, und das daher, weil wir bey diesem Befolgung eines hypothetischen Imperatives, bey jenem aber Befolgung des kategorischen Imperatives: suche die Menschheit in deiner Person auszubilden, zu entdecken glauben. Selbst der Antheil an unsrer Achtung, den jener noch davon trägt, muß auf die Rechnung geschrieben werden, daß wir vermuthen, daß auch Moralität seinen Eifer belebe.

Wenn wir endlich einen Menschen setzen, der Wohlthätigkeit und Menschenliebe übt, wo er Gegenstände dafür trifft, so wird in moralischer Größe er uns dann erst erscheinen, wenn wir keine weiche Stimmung des Gemüths, welches leidet, wenn es Andere leiden sieht, und überhaupt, wenn wir keine äußern Bestimmungsgründe seiner Güte bey ihm wahrzunehmen glauben, da alsdann nichts uns übrig bleibt, als seine Handlungen für reine Ausübung des kategorischen Imperatives zu halten.

Wir sehen aus dieser sittlichen Beurtheilung, die auch die gemeinste Vernunft anzustellen pflegt, daß der moralische Imperativ kein hypothetischer sey, und daß niemahls eine Handlung könne moralisch-gut genannt werden, die, um einen subjectiven Zweck zu erreichen, geschehen ist. Der moralische Imperativ ist mithin eine practische Vorschrift der reinen Vernunft selbst, die folglich eine jede Vernunft anerkennen muß, und da-

her

her auch kein anderer ist, als der die Maxime, die zum allgemeinen Gesetze taugt, zur eigenen zu machen befiehlt.

Aber dieser kategorische Imperativ ist immer ein synthetisch-practischer Satz. Und ob wir gleich den Begriff angegeben haben, der die Möglichkeit der Synthesis des Willens und der That angiebt, den Begriff eines objectiven Zwecks, der nicht, wie jeder subjectiver Zweck, in dem Willen liegt, sondern demselben vorher geht, der mithin nicht andern Zwecken untergeordnet seyn kann, sondern im Gegentheile alle Zwecke einschränkt, der folglich einen absoluten Werth in sich enthält, dagegen jeder subjectiver Zweck in Beziehung auf ihn nur von bedingtem Werthe ist: so war dieser Begriff, ob er gleich durch Zergliederung der Begriffe der Sittlichkeit vollkommen gerechtfertigt werden kann, doch nur postulirt.

Wir haben den Begriff eines reinen Willens und des daraus fließenden kategorischen Imperatives, an welchem lediglich reine Vernunft sich practisch zeigen könne, aufgestellt, und haben dargethan, daß das Sittengesetz die Realität dieses kategorischen Imperatives jedermann vor Augen lege. Eine Critif der practischen Vernunft ist nun nothwendig, um den Grund dieses kategorischen Imperatives, der als ein Factum in eines jeden Bewußtseyn ist, aufzusuchen. Wir haben zwar eingesehen, daß, wenn der Zweck eines reinen Willens, folglich ein objectiver Zweck voraus gesetzt wird, das Sittengesetz analytisch daraus fließe. Allein die Frage ist nun: wie ist die reine Vernunft eines objectiven Zwecks fähig? welche nur durch eine

ne Critik der practischen Vernunft beantwortet werden kann.

Die Critik der practischen Vernunft wird, wie
die der reinen speculativen Vernunft, in die Elemen-
tar- und Methoden-Lehre zerfallen. Die erstere wird
auch aus einer Analytik und Dialectik bestehen; allein die Ordnung in der Unterabtheilung der Analytik
wird das Umgewandte von der in der reinen speculativen Vernunft seyn. Der Grund davon wird sich in
dem Verlaufe selbst ergeben.

Erstes Buch.
Die Analytik der reinen practischen Vernunft.

Erstes Hauptstück.
Von den Grundsätzen der reinen practischen Vernunft.

Erklärung.

Practische Grundsätze sind Sätze, welche
eine allgemeine Bestimmung des Willens enthalten, die mehrere practische Regeln unter sich
hat. Sie sind subjectiv, oder Maximen,
wenn die Bedingung nur als für den Willen
des Subjects gültig von ihm angesehen wird;
objectiv aber, oder practische Gesetze, wenn

jene

jene als objectiv, d. i.: für den Willen jedes ver=
nünftigen Wesens gültig erkannt wird.

Die Bestimmung des Willens ist die Forderung,
daß etwas geschehen soll. Ein practischer Satz ist nun
ein Grundsatz, wenn jene Forderung auf eine Gat=
tung Handlungen geht, die viele besondere Handlun=
gen unter sich begreift, von welcher Art der Satz ist:
mache dich glücklich. Ein Grundsatz ist aber demje=
nigen Subjecte Maxime, das ihm gemäß seinen Wil=
len bestimmt. Nun kann die Forderung desselben auch
bloß subjectiv seyn, wenn sie als Folge eines subjecti=
ven Zwecks angesehen wird. In diesem Falle ist der
Grundsatz bloß Maxime, nicht Gesetz. Druckt der
Grundsatz aber eine Forderung aus, die von keinem
subjectiven Zwecke kann abgeleitet werden, so ist er
objectiv, weil die reine Vernunft selbst ihn als Grund=
satz aufstellt, und er heißt dann ein practisches Gesetz.
Wird dasselbe im Verhältnisse zu einem Willen gedacht,
dem subjective Gründe entgegen streben, sich demsel=
ben zu unterwerfen, so ist dasselbe ein Imperativ,
eine Regel, die ein Sollen ausdruckt, und anzeigt, daß,
wenn diese subjectiven Gründe fehlten, die Vernunft
unausbleiblich den Willen nicht nur, (objectiv,) bestim=
men, das heißt: eine Forderung an ihn ausüben, son=
dern auch regieren, (das heißt: ihn auch subjectiv be=
stimmen würde.) Ueberhaupt ist ein jeder Grundsatz,
so fern man nur auf die Forderung desselben sieht, ein
Imperativ. Aber nicht ein jeder Imperativ ist ein
practisches Gesetz. Die hypothetischen Imperative,
die als Folgen eines subjectiven Zwecks erkannt werden,
sind zwar practische Vorschriften, aber keine practischen
Gesetze

Gesetze. Um das zu seyn, müssen sie ohne alle Hinsicht auf einen subjectiven Zweck den Willen bestimmen. Von dieser Art ist nun das Sittengesetz, das ohne Rücksicht auf das, was durch eine Handlung heraus kommen möchte, zu nehmen, dieselbe schlechthin gebiethet.

Erster Lehrsatz.

Alle practische Principien, die ein Object, (Materie,) des Begehrungsvermögens als Bestimmungsgrund des Willens voraus setzen, sind insgesammt empirisch, und können keine practischen Gesetze abgeben.

Denn ein practisches Gesetz ist ein Grundsatz, den die Vernunft sofort als Grundsatz anerkennt, ohne auf einen Zweck zu sehen, den man erreichen will. Setzt nun ein practischer Grundsatz ein Object voraus, so ist das eben so viel, als wenn gesagt wird, daß es einen subjectiven Zweck giebt, wovon der Grundsatz eine bloße Folge ist. Derselbe ist also in diesem Falle kein Gesetz. Ein solcher materialer practischer Grundsatz kann nur empirisch erkannt werden. Man muß das Verhältniß des Gefühls der Lust und Unlust eines Subjects zu einem Objecte wissen, um gewiß seyn zu können, daß dasselbe ihm Zweck seyn könne.

Zwenter Lehrsatz.

Alle materiale practische Principien sind, als solche, insgesammt von einer und derselben Art, und gehören unter das allgemeine Princip der Selbstliebe oder eigenen Glückseligkeit.

Ein

Ein materiales practisches Princip ist derjenige practische Grundsatz, der aus der Vorstellung eines subjectiven Zwecks erkannt werden kann. Da aber dieser subjective Zweck aus der Vorstellung des Objects, und also aus dem Einflusse desselben auf das Gefühl der Lust und Unlust, entspringt; die Empfindung der Lust aber, die dadurch bewirkt wird, zu der G l ü c k - s e l i g k e i t des Subjects gehört: so ist jedes materia- les practisches Princip der Grundsatz, seine eigene Glückseligkeit zu befördern, folglich einerley mit dem Princip der Selbstliebe.

Erste Anmerkung.

Hieraus entspringt eine der Sache angemessenere Unterscheidung des o b e r n und u n t e r n Begeh- r u n g s v e r m ö g e n s, als die, ist, welche gewöhn- lich gemacht wird. Wenn die Vorstellungen, welche Lust erwecken, in den Sinnen ihren Grund haben, so nennt man den Willen, der dadurch in Thätigkeit ge- setzt wird, das u n t e r e Begehrungsvermögen; man nennt ihn das o b e r e, wenn jene Vorstellungen im Ver- stande ihren Ursprung haben. So würde die Begier- de, an Kenntnissen, (weil sie vergnügen,) zu wachsen, zum obern Begehrungsvermögen gehören; hingegen diejenige des Wohllebens einen Theil des untern Be- gehrungsvermögens ausmachen. Das Begehrungs- vermögen ist aber in beyden Fällen gänzlich einerley, indem jene Unterscheidung nicht das Begehrungsver- mögen trifft, sondern nur die Vorstellungen, durch welche dasselbe belebt wird. Dagegen geht die Unter- scheidung das Begehrungsvermögen an, wenn sie auf
fol-

folgende Art gefaßt wird. Wir sagen: wenn der Wille einen subjectiven Zweck hat, folglich die Vorstellung
des Objects durch das Gefühl der Lust, das sie erweckt, den Willen bewegt; so ist derselbe jederzeit
das untere Begehrungsvermögen: er ist aber das
obere Begehrungsvermögen, wenn sein Zweck objectiv
ist, welcher, ohne durch Einfluß der Vorstellung des
Objects auf das Gefühl der Lust und Unlust entstanden zu seyn, folglich nothwendiger Zweck für jedes vernünftiges Wesen, (obgleich darum noch nicht subjectiver Zweck,) ist. Es mögen Verstandesvorstellungen
oder Vorstellungen der Sinne seyn, welche den Willen bewegen: so ist derselbe so fern von gleicher Art,
und nur dem Grade nach verschieden, welche Verschiedenheit sich nach der Beschaffenheit des Subjects richtet. Man kann z. B. für eine schöne Rede Sinn haben, und zugleich für ein gewisses sinnliches Vergnügen, das zu gleicher Zeit offen steht, und nachdem
man das erwartete Vergnügen von beyden gegen einander gehalten hat, eins dem andern vorziehen. Der
Wille richtet sich hier gänzlich nach der Größe des
Vergnügens, das man erwartet, und erlaubt daher
keine weitere Unterscheidung. Wenn aber nach unsrer
Art das obere Begehrungsvermögen von dem untern
unterschieden wird, so sieht man wohl, daß es gar
nicht einmahl darauf ankommt, ob in der That der
objective Zweck auch Zweck des Subjects sey, sondern
nur, daß er das seyn sollte. Wenn in jenem Beyspiele das Subject einen unterrichtenden Vortrag dem
sinnlichen Vergnügen vorzieht, aber gleichwohl nur
deßwegen, weil ein größeres Vergnügen daraus er-

wartet wird; so war es doch nur das untere Begehrungsvermögen, das in ihm in Thätigkeit gesetzt war.
Das wirkliche obere Begehrungsvermögen äußert sich,
wenn das Subject darum, weil es Pflicht ist, die
Menschheit in sich selbst auszubilden und keine Gelegenheit dazu zu versäumen, diese Wahl trifft; ja, es äußert sich schon an der Anerkennung dieser Pflicht, gesetzt auch, daß es das entgegen Gesetzte davon wählt.

Zweyte Anmerkung.

Das Verlangen, glücklich zu seyn, ist die nothwendige Folge des bedürftigen Zustandes eines vernünftigen Wesens. Aber dessen ungeachtet kann der practische Grundsatz: besorge deine Glückseligkeit, für kein
practisches Gesetz gehalten werden. Denn einmahl
sind die Subjecte, wie es die Erfahrung lehrt, in Ansehung der Beurtheilung, was sie glücklich mache, sehr
verschieden; und zweytens, gesetzt auch, daß sie ein-
hellig darüber dächten, so wäre doch selbst diese Ein-
helligkeit nur zufällig, und niemahls a priori erkennbar, mithin auch niemahls ein solcher Grundsatz objectiv.

Dritter Lehrsatz.

Wenn ein vernünftiges Wesen sich seine
Maximen als practische allgemeine Gesetze denken soll, so kann es sich dieselben nur als solche
Principien denken, die nicht der Materie, sondern bloß der Form nach, den Bestimmungsgrund des Willens enthalten.

Wenn

Wenn die Maxime eines vernünftigen Wesens auf einen subjectiven Zweck gegründet ist, so kann dieselbe als kein practisches Gesetz gedacht werden. Denn da derselbe durch den Einfluß des Objects, (der Materie,) des Willens auf das Gefühl der Lust und Unlust entsprungen ist; so kann er auch nicht a priori eingesehen werden. Mithin ist diese Maxime kein practisches Princip, das für jedes vernünftiges Wesen gültig ist. Wenn aber die Materie eines practischen Princips bey Seite gesetzt wird, so bleibt nichts als die bloße practische Form desselben übrig. Soll nun nicht aus der Materie desselben der Bestimmungsgrund des Willens, (die Forderung an den Willen,) hergeleitet werden; so kann nur die practische Form diesen Bestimmungsgrund enthalten: das heißt: um gewiß zu seyn, daß die Maxime eines Subjects als ein practisches Gesetz gedacht werden könne, muß das vernünftige Wesen, indem es von aller Materie des Princips abstrahirt, sich fragen, ob es dasselbe noch für sich gültig, mithin für die bloße Vernunft als gültig ansehen könne, welches wieder eben so viel ist, als: ob es sich zur allgemeinen Gesetzgebung schicke.

Anmerkung.

Fragen, ob die reine Vernunft ein practisches Princip anerkenne, oder, ob dasselbe sich zur allgemeinen Gesetzgebung qualificire, ist in der That einerley. Aber der Frage in der letztern Gestalt kann man über dies noch die Bedeutung geben, nach welcher sie auf eine Naturordnung Rücksicht nimmt, da sie alsdann den Sinn hat, ob wohl bey einem practischen Princip, wenn dasselbe allgemein befolgt wird, eine Naturordnung bestehen könne, oder ob nicht vielmehr dasselbe als allgemeines Gesetz sich selbst aufreiben würde. Wenn z. B. die Frage ist, ob die Maxime, ein Depositum abzuläugnen, wohl als ein practisches Gesetz gedacht werden könne; so darf ich nur die Materie derselben, (meinen Vortheil,) absondern. Die reine Vernunft zeigt sich dann sofort practisch, indem sie diese Maxime für verwerflich erklärt. Ueber dies aber sehe ich auch, daß diese Maxime, als ein allgemeines Gesetz gedacht, sich selbst zerstöre; denn wenn jedermann diese Maxime befolgt, so muß daraus auch folgen, daß es gar kein Depositum geben kann. Die letzte Betrachtung unterstützt die erste, dadurch, daß sie ihr einen Probirstein giebt, woran die Maxime, ob sie als practisches Gesetz gedacht werden könne, geprüft werden kann. Aber man muß dabey wohl bemerken, daß nicht die Gültigkeit einer Maxime als practisches Gesetz, oder der Grund der Denkbarkeit derselben als practisches Gesetz in der Tauglichkeit derselben zu einer allgemeinen Gesetzgebung, womit eine Naturordnung bestehe, liege. Derselbe liegt in der reinen Vernunft selbst, welche als reine Vernunft ein practisches Princip als allgemein = gültig für jedes vernünftiges Wesen, und dadurch als ein practisches Gesetz erklärt, und jene Tauglichkeit dient nur zu einem Merkmahle dieser Würde der Maxime.

Erste Aufgabe.

Voraus gesetzt, daß die bloße gesetzgebende Form der Maximen allein der zureichende Be-

stim=

stimmungsgrund eines Willens sey: die Beschaffenheit desjenigen Willens zu finden, der dadurch allein bestimmbar ist.

Wenn die Materie eines practischen Princips den Bestimmungsgrund des Willens enthält, so ist der Wille, dessen Maxime dieses Princip ist, dem Gesetze der Causalität unterworfen, und in so fern von jedem Gegenstande der Natur nicht unterschieden. Man setze aber einen Willen, der durch die bloße Form eines practischen Princips bestimmbar ist; so ist derselbe, so fern dieses Princip seine Maxime ist, nicht dem Naturgesetze der Causalität unterworfen. Denn in diesem Falle kann in der Sinnenwelt nichts angetroffen werden, welches die Ursache von der Causalität des Willens abgeben könnte. Mithin muß ein Wille, der durch die bloße Form seiner Maxime bestimmbar ist, als ein Vermögen angesehen werden, das den Grund seiner Causalität in sich selbst enthält. Da diese Eigenschaft aber die Freyheit ist, so muß ein solcher Wille ein freyer Wille seyn.

Zweyte Aufgabe.

Voraus gesetzt, daß ein Wille frey ist: das Gesetz zu finden, welches ihn allein nothwendig zu bestimmen tauglich ist.

Ein Wille, der frey gedacht wird, kann nicht als bestimmbar von der Materie eines practischen Princips angesehen werden. Diese gehört zur Sinnenwelt, und ein Wille, der durch dieselbe bestimmbar ist, ist dem Gesetze der Causalität unterworfen; folglich kein freyer Wille.

Wille. Wenn aber die Materie eines practischen Princips bey Seite gesetzt wird, so bleibt noch die gesetzgebende Form desselben übrig, wodurch die reine Vernunft allein den Willen bestimmt. Es ist also lediglich die gesetzgebende Form einer Maxime, die den Bestimmungsgrund eines freyen Willens enthalten kann.)

Anmerkung.

Die Maxime, welche bloß durch ihre Form den Willen bestimmt, weiset also auf Freyheit, so wie umgekehrt ein freyer Wille auf diejenige Maxime weiset, die lediglich durch ihre Form den Willen bestimmt, folglich auf ein practisches Gesetz. Fragen wir aber, ob in unsrer Erkenntniß der Begriff der Freyheit den Anfang mache, und ob dieselbe von da zum practischen Gesetze gehe: so ist leicht einzusehen, daß dieser Gang unmöglich ist. Denn woher wollen wir den Begriff der Freyheit haben, da sich die reine speculative Vernunft in Ansehung desselben auf einer Antinomie betrifft? Auch fruchtet derselbe nichts in Ansehung der Erklärung der Naturerscheinungen, indem bey der Ableitung derselben als Wirkungen von Ursachen die Vernunft den Absprung zu einer Ursache, deren Causalität nicht wieder Wirkung wäre und eine höhere Ursache nothwendig machte, keinesweges erlaubt. Es ist also das Sittengesetz, das als Thatsache sich dem Bewußtseyn empfiehlt, von welchem die Erkenntniß zum Begriffe, und zwar zum positiv bestimmten Begriffe, der Freyheit geht. Der ursprüngliche Begriff der Freyheit ist bloß negativ, als von derjenigen Ursache, deren Causalität nicht als Wirkung angesehen werden kann,

kann, der keinesweges zur Erklärung der Erscheinungen zugelassen werden kann. Das Sittengesetz giebt
diesem Begriffe durch sich selbst einen positiven Beysatz,
wiewohl er dadurch um nichts tauglicher zum Gebrauche für die speculative Vernunft wird.

Grundgesetz der reinen practischen Vernunft.

Handele so, daß die Maxime deines Willens jederzeit zugleich als Princip einer allgemeinen Gesetzgebung gelten könne.

Anmerkung.

Wird die Freyheit des Willens voraus gesetzt, so
folgt das Grundgesetz der practischen Vernunft analytisch aus demselben, weil ein freyer Wille ein Wille unter practischen Gesetzen ist. Dieses aber ist mit einem
practischen Princip, das die reine Vernunft, und folglich jedes vernünftiges Wesen, als für sich gültig erklärt, mithin mit dem Princip der allgemeinen Gesetzgebung einerley. Hierbey ist nun nur zu erinnern, daß
man dieses Princip nicht mißdeute, indem man etwa
es so verstehen möchte, daß es aus seiner Tauglichkeit
zum Bestehen einer Naturordnung entspringe. Es
ist dasselbe ein practisches Gesetz, wenn die Vernunft,
nachdem sie von allem Empirischen, als der Materie
des Willens, abstrahirt hat, sich bewußt wird, daß
dasselbe für ein vernünftiges Wesen schlechthin gültig
sey. Das Grundgesetz der practischen Vernunft, in
dessen Befolgung der Wille sich als ein freyer Wille
zeigt, lautet daher in andern Worten so: Mache das

practi-

practische Princip zu deiner Maxime, welches die Vernunft selbst als practisch-nothwendig erkennt. Denn
ein Princip, das die Vernunft für practisch-nothwendig erklärt, und dasjenige, das als Princip einer allgemeinen Gesetzgebung gelten kann, sind identische Begriffe. Die Anerkennung von der Vernunft eines practischen Princips als practisches Gesetz ist aber ein
Factum, das aus keinen weitern Datis hergeleitet werden kann, und besteht, wie wir in der Einleitung bemerkt haben, in einer synthetischen Verknüpfung des
Willens mit einer Handlung.

Factum der reinen Vernunft.

Reine Vernunft ist für sich allein practisch,
und giebt, (dem Menschen,) ein allgemeines Gesetz, welches wir das Sittengesetz nennen.

Anmerkung.

Das Grundgesetz der reinen practischen Vernunft
läßt das Daseyn eines objectiven practischen Princips
dahin gestellt, und schreibt nur vor, dasselbe zur eigenen Maxime zu machen, im Falle dasselbe wirklich
da ist. Nun stellt das Sittengesetz sich als ein solches
dem Bewußtseyn des vernünftigen Wesens dar. Mithin befiehlt jenes Grundgesetz, eben dieses Sittengesetz zur eigenen Maxime zu machen. Das Factum
selbst aber ist unläugbar. Man darf nur, (wie in der
Einleitung geschehen ist,) die sittliche Beurtheilung der
Handlungen, wie sie von jedermann geschieht, zerglie-
dern, um sich davon zu überzeugen, woraus sich ergiebt,
daß eine Handlung erst dann sittlich-gut genannt werden

den kann, wenn sie nach einer Maxime geschehen ist, bey der von aller Materie des Willens abstrahirt worden ist, welche also lediglich die reine Vernunft für practisch-nothwendig erklärt. Das Sittengesetz gilt daher für jedes vernünftiges Wesen, und schließt selbst die oberste Intelligenz mit ein. Für vernünftige Wesen aber, die unter Bedürfnissen, folglich unter subjectiven Gründen, welche dem Sittengesetze öfters entgegen sind, sich befinden, hat dasselbe die Form eines Imperatives. Ein Wille, der ohne alle diese subjectiven Gründe gedacht wird, der also dem moralischen Gesetze nothwendig gemäß gedacht wird, ist ein heiliger Wille. Das Verhältniß eines von Bedürfnissen afficirten Willens zum practischen Gesetze heißt Abhängigkeit, welche, als practisch-nothwendig gedacht, Verbindlichkeit heißt. Die Handlung selbst, welche vom practischen Gesetze als nothwendig bestimmt, gleichwohl nur durch Ueberwindung subjectiver Hindernisse ausgeübt, gedacht wird, heißt Pflicht. Man kann daher nicht das Verhältniß eines heiligen Willens zum moralischen Gesetze Verbindlichkeit, und seine Handlungen nicht Pflichten heißen. Die Heiligkeit des Willens, ob sie gleich endlichen Wesen niemahls zu Theile werden kann, muß ihnen jedoch zum Urbilde dienen, wornach sie, als nach einem Maximum, den sittlichen Werth ihrer Person jederzeit beurtheilen müssen.

Vierter Lehrsatz.

Die Autonomie des Willens ist das alleinige Princip aller moralischen Gesetze und der

der ihnen gemäßen Pflichten; alle Heterono=
mie der Willkühr gründet daher nicht allein
gar keine Verbindlichkeit, sondern ist vielmehr
dem Princip derselben und der Sittlichkeit des
Willens entgegen. In der Unabhängigkeit,
nämlich von aller Materie des Gesetzes, (nämlich
einem begehrten Objecte,) und zugleich doch Be=
stimmung der Willkühr durch die bloße allgemei=
ne gesetzgebende Form, deren eine Maxime fä=
hig seyn muß, besteht das alleinige Princip der
Sittlichkeit. Jene Unabhängigkeit aber ist
Freyheit im negativen; diese eigene Ge=
setzgebung aber der reinen, und als solche,
practischen, Vernunft ist Freyheit im positi=
ven Verstande. Also druckt das moralische
Gesetz nichts anders aus, als die Autonomie
der reinen practischen Vernunft, d. i. der Frey=
heit, und diese ist selbst die formale Bedingung
aller Maximen, unter der sie allein mit dem
obersten practischen Gesetze zusammen stimmen
können. Wenn daher die Materie des Wollens,
welche nichts anders als das Object einer Be=
gierde seyn kann, die mit dem Gesetze verbunden
wird, in das practische Gesetz als Bedin=
gung der Möglichkeit desselben hinein
kommt; so wird daraus Heteronomie der Will=
kühr, nämlich Abhängigkeit vom Naturgesetze,

irgend

irgend einem Antriebe oder Neigung zu folgen, und der Wille giebt sich nicht selbst das Gesetz, sondern nur die Vorschrift zur vernünftigen Befolgung pathologischer Gesetze; die Maxime aber, die auf solche Weise niemahls die allgemein = gesetzgebende Form in sich enthalten kann, stiftet auf diese Weise nicht allein keine Verbindlichkeit, sondern ist selbst dem Princip einer reinen practischen Vernunft, hiermit also auch der sittlichen Gesinnung entgegen, wenn gleich die Handlung, die daraus entspringt, gesetzmäßig seyn sollte.

Anmerkung.

Wir haben anfänglich die Beschaffenheit eines objectiv = practischen Princips, d. i.: eines practischen Gesetzes, gewiesen, daß nämlich dasselbe lediglich in seiner Form den Bestimmungsgrund des Willens enthalten könne, welches das sagen will, daß die reine Vernunft, nachdem alle Materie des Princips abgesondert worden ist, dasselbe gleichwohl für practisch = nothwendig erkenne, und also eine Forderung an den Willen ausübe, die keinesweges aus der Materie des Princips hergeleitet werden kann. Diese Darstellung aber läßt das Daseyn des practischen Gesetzes dahin gestellt. Da es nun aber Thatsache ist, daß das Sittengesetz sich dem Bewußtseyn als ein objectiv = practisches Princip aufdringt; so hat es dieser vierte Lehrsatz zur Absicht, das=jenige, was vom objectiv = practischen Princip gesagt worden ist, daß nämlich ein Wille in Ansehung desselben

als

als frey gedacht werden müsse, folglich derselbe das
Gesetz befolge, das er sich selbst giebt, auf dieses Sittengesetz anzuwenden. Allerdings hat jeder Wille einen Gegenstand, mithin eine Materie: wird diese
aber als Bestimmungsgrund, als der Grund der Forderung angesehen; so ist das Princip niemahls practisches Gesetz. Nach dem Sittengesetze muß die Glückseligkeit anderer vernünftiger Wesen der Gegenstand
des Willens eines jeden vernünftigen Wesens seyn. Ist
sie aber Bestimmungsgrund des Willens, so muß voraus gesetzt werden, daß wir ein Bedürfniß in dem
Wohlseyn anderer Wesen finden. Dann aber kann der
Wille nicht als frey gedacht werden. Er steht so wie
jede andere Erscheinung unter dem Gesetze der Ursachen und Wirkungen, und wir finden die Ursache seiner
Causalität in der Materie, dem Gegenstande seiner
Maxime. Dagegen heißt das Sittengesetz schlechthin
die Glückseligkeit anderer vernünftiger Wesen befördern, ich mag dazu schon eine natürliche Neigung haben, oder nicht, und ich bin mir dieses Princips eben
als eines Gesetzes bewußt, weil, wenn ich von der Materie desselben abstrahire, die bloße reine Vernunft
dennoch die Forderung desselben anerkennen muß.

Jedes practisches Princip, das im Verhältnisse
zu einem subjectiven Zwecke des Willens steht, kann
mit dem Sittengesetze nicht für einerley gehalten werden, wenn sie gleich in Ansehung der Materie überein stimmen. Der Bestimmungsgrund ist in jenem Falle
jederzeit material, indem die Forderung eines solchen
Princips lediglich aus der Materie des Willens abzuleiten ist. Dagegen ist der Bestimmungsgrund des

Sit-

Sittengesetzes formal. Die Forderung desselben ist
gar nicht aus der Materie des Princips zu erkennen,
sondern leuchtet allererst nach Absonderung der Materie dem Bewußtseyn ein. Alle materiale Bestimmungsgründe des Willens, und so auch alle practische Principien, die man fälschlich mit dem Sittengesetze für einerley hält, lassen sich in folgender Tafel darstellen.

Practische materiale Bestim-
mungsgründe im Princip der
Sittlichkeit sind:

Subjective:

äußere:		innere:	
der Erzie-	der bürgerli-	Des physi-	des morali-
hung, (nach	chen Verfas-	schen Ge-	schen Ge-
Montai-	sung, (nach	fühls, (nach	fühls, (nach
gne;)	Mandeville.)	Epicur;)	Hutcheson.)

Objective:

innere:	äußere:
der Vollkommenheit, (nach	Des Willens Gottes, (nach
Wolf und den Stoikern.)	Crusius und andern theolo-
	gischen Moralisten.)

Indem hier die subjectiven von den objectiven
Bestimmungsgründen, welche man beyde fälschlich
statt des formalen Bestimmungsgrundes dem Princip der Sittlichkeit unterlegt, unterschieden werden;
so muß dabey jedoch die Verwechselung der Begriffe,
eines Princips, dessen Bestimmungsgrund objectiv ist,
und desjenigen practischen Princips, das zu einem objectiven Zwecke im Verhältnisse steht, verhütet werden:

den. Das letztere ist mit dem Princip, dessen Bestimmungsgrund formal ist, ganz einerley, weil ein objectiver Zweck derjenige ist, den die reine practische Vernunft als Zweck anerkennt, der mithin nicht erst durch Einfluß eines Gegenstandes auf das Gefühl der Lust und Unlust, sondern vor demselben, ja ohne diesen Einfluß, Zweck jedes vernünftigen Wesens seyn soll, und weil ein formaler Bestimmungsgrund eines Princips den Grund der Forderung desselben bedeutet, der nicht von dem Gegenstande des Willens abgeleitet werden kann, sondern die reine Vernunft selbst ist. Dagegen sind die hier genannten objectiven Bestimmungsgründe material, indem sie nur unter Voraussetzung der Materie des Willens Bestimmungsgründe desselben sind. Sie sind aber objectiv, weil sie Vernunftbegriffe sind, da der Begriff der Vollkommenheit als Beschaffenheit der Dinge, und der der höchsten Vollkommenheit in Substanz vorgestellt, d. i. Gott, Begriffe sind, welche an keiner Erfahrung gezeigt werden können, sondern die Vernunft nur durch Wegschaffung aller empirischen Schranken denken kann. Nun ist aber der Zweck, in Beziehung auf welchen der Begriff der Vollkommenheit Bestimmungsgrund des Willens seyn soll, lediglich subjectiv. Es ist nämlich kein anderer als die eigene Glückseligkeit, welche durch die größtmöglichste Ausbildung der Naturanlagen erreicht werden kann. Mithin geht hier die Materie des Willens dem Bestimmungsgrunde desselben vorher, und der letzte ist daher material. Auf gleiche Art verhält es sich auch mit dem Willen Gottes. Denn Gott wird hier vorgestellt als das Wesen, das Belohnungen

gen und Strafen in seinen Händen hat, in Rücksicht
derselben sein Wille als Bestimmungsgrund des Willens des vernünftigen Wesens angesehen wird. Auf
den ersten Blick sind aber die gänzlich subjectiven Bestimmungsgründe, vorzüglich die von der ersten Art,
zu verwerfen. Dem ächten moralischen Bestimmungsgrunde des Willens nähert sich noch am meisten der
des moralischen Gefühls, indem er wenigstens demselben nicht wie die übrigen geradehin entgegen ist. Dieses moralische Gefühl äußert sich an der Zufriedenheit,
die mit dem Bewußtseyn einer ausgeübten guten
Handlung verknüpft ist, so wie an der Unzufriedenheit, die eine böse Handlung begleitet. Wir bemerken
nur die Täuschung, welche vorgeht, wenn man diesen
moralischen Sinn zum Bestimmungsgrunde des Willens in Ansehung des Sittengesetzes machen will. Man
muß nämlich den Bösewicht, der wegen seiner Uebel-
thaten unzufrieden mit sich selbst vorgestellt werden
soll, schon als moralisch-gut, wenigstens in einigem
Grade, denken, da gänzlich ohne gute Denkungsart er
keine Vorstellung von dieser Unzufriedenheit haben
kann; und eben so muß man den tugendhaften Mann,
den das Bewußtseyn seiner guten Handlungen ergötzt,
schon vorher als tugendhaft vorstellen, weil er nur in so
fern diese Zufriedenheit genießen wird, als er sich bewußt ist, tugendhaft gehandelt zu haben. Die Annahme des sich in Bösewichtern äußernden moralischen
Gefühls giebt also selbst eine Anleitung zu dem bloß
formalen Bestimmungsgrunde des Willens, weil man
noch vor dem Genusse des Vergnügens und vor der
Empfindung des Schmerzens den Menschen als die

Aucto-

Auctorität des moralischen Gesetzes anerkennend denken muß.

I.

Von der Deduction der Grundsätze der reinen practischen Vernunft.

Es ist gezeigt worden, daß die reine Vernunft
practisch sey, d. i.: unabhängig von allem Empirischen
eine Forderung an den Willen ausüben könne, und
dieses durch ein Factum, worin sich dieselbe in der That
practisch beweiset, nämlich die Autonomie in dem Gesetze der Sittlichkeit. Ob aber gleich dieses Factum selbst
unbezweifelt gewiß ist, so ist doch noch nicht die Frage
nach der Möglichkeit eines solchen Gesetzes beantwortet. Ein objectiv-practisches Princip ist jederzeit ein
synthetischer Satz, der nicht so lautet, wie die hypothetischen Imperative: ich soll etwas thun, weil ich
etwas anderes will; sondern der etwas zu thun gebiethet, ohne zum Wollen eines Objects schon von der
Materie bestimmt zu seyn. Hier giebt es eine Synthesis zwischen der That und dem Willen. Wie diese
möglich sey, das zu zeigen hat die Deduction der
Grundsätze der practischen Vernunft zur Absicht.

Wir gaben anfänglich nur einen Begriff von einer reinen practischen Vernunft, als von einem Vermögen, den Willen schlechthin ohne alle Materie zur
That zu bestimmen, und in dem kategorischen Imperative ward die Formel des Gesetzes angegeben, wodurch die reine Vernunft sich practisch zeigen müsse,
wenn ihr dieses Vermögen sonst zugestanden wird.
Daß dieser Begriff aber objective Realität habe, das
heißt:

heißt: daß die reine Vernunft in der That practisch
sey, ist mit der Thatsache des Sittengesetzes belegt
worden.

Vergleichen wir nun damit das Verfahren der Critik der speculativen Vernunft, so zeigt sich hier ein
merkwürdiger Contrast. Hier fragten wir nach den
Bedingungen der Erfahrung. Da diese aus den beyden Elementen: der Anschauung und der Beziehung
der Anschauung auf einen Gegenstand, besteht; so
wurden die Bedingungen von beyden aufgesucht. Ob
nun gleich die Kategorien diejenigen Begriffe sind, die
überhaupt Objectivität unsern Vorstellungen geben;
so kann doch nicht gesagt werden, daß wir sofort lediglich durch diese Begriffe Gegenstände erkennen. Denn
in denselben ist keine Anschauung enthalten, sondern
dieselbe muß woher anders uns erst gegeben seyn, ehe
jene Begriffe darauf angewandt werden können, und
so Erkenntniß zu Stande kommen kann. Es zeigt sich
daher, daß alle unsre Erkenntniß nur in der Erfahrung bestehe, und daß von Noumenis wir gar keine
haben, sondern der Begriff derselben nur als Grenzbegriff zugelassen werden kann.

Dagegen ist hier gezeigt worden, daß der Begriff
der Freyheit dem einer reinen practischen Vernunft
zum Grunde liege, und daß ein vernünftiges Wesen,
welches das practische Gesetz zu seiner Maxime macht,
sich nothwendig als frey denken, mithin sich in eine
andere Ordnung der Dinge als diejenige, welche der
Naturnothwendigkeit unterworfen ist, folglich sich als
Noumenon denken müsse. Es ist aber wohl zu merken, daß der Begriff der Freyheit von der Critik der

specu-

speculativen Vernunft, wenn gleich nicht positiv be=
stimmt, doch als ein negativer Begriff, der ein ens ra=
tionis bezeichne, folglich kein widersprechender Begriff
ist, ist gerettet worden. Das Sittengesetz giebt nun
gar eine positive Bestimmung desselben, da ohne das
er nur immerfort ein negativer Begriff bleiben müßte.
Ungeachtet nun des Gesetzes der Causalität, wornach
alles, was geschieht, eine Ursache hat, und jede Cau=
salität wieder als etwas Geschehenes angesehen werden
muß, wodurch wir uns als zur Sinnenwelt gehörend
erkennen, giebt uns das moralische Gesetz nicht nur
eine Befugniß, sondern nöthigt uns, so fern wir uns
demselben als unterworfen denken, uns als Glieder
einer Verstandeswelt anzusehen.   Natur, im allge=
meinsten Verstande, ist die Existenz der Dinge unter
Gesetzen.   Die sinnliche Natur vernünftiger We=
sen ist die Existenz derselben unter empirisch bedingten
Gesetzen, mithin für die Vernunft Heteronomie.
Denken wir uns nun die Existenz der vernünftigen
Wesen unter Gesetzen, die von aller empirischen Be=
dingung unabhängig sind; so erhalten wir den Begriff
einer übersinnlichen Natur: dieser Begriff ist so
fern aber bloß negativ bestimmt, das Sittengesetz al=
lein hilft uns zu einer positiven Bestimmung desselben,
denn diese erhält er, so fern ich die Existenz der ver=
nünftigen Wesen unter dem Sittengesetze, das zur Au=
tonomie der reinen Vernunft gehört, ansehe.   Man
kann die übersinnliche Natur die urbildliche (na=
tura archetypa) nennen, im Gegensatze einer sinnli=
chen nachgebildeten Natur (natura ectypa),
so fern die Idee der erstern der Bestimmungsgrund des

Willens ist, folglich die letztere als Wirkung der erstern
angesehen wird.

In der Critif der speculativen Vernunft wurde
gefragt, wie Erkenntnisse a priori von Gegenständen
möglich sind, und die Antwort lief dahin aus, daß,
wenn es Begriffe giebt, durch welche die Vorstellung
eines Gegenstandes allererst erzeugt wird, dieselben eben
darum a priori sich auf Gegenstände beziehen, und
daß, wenn es synthetische Urtheile giebt, vermittelst
deren Erfahrung aus Wahrnehmung wird, dieselben
a priori von der Erfahrung selbst gelten. Hier aber
wird gefragt, wie ein Erkenntniß Grund von der Existenz der Gegenstände selbst seyn kann, das heißt: wie
die Vernunft in vernünftigen Wesen Causalität haben
kann. Nun ist aber leicht einzusehen, daß es unmöglich ist, diese Frage zu beantworten, weil dazu nichts
minder als eine Erkenntniß, was ein vernünftiges
Wesen an sich selbst sey, und nicht wie es uns in der
Erfahrung gegeben ist, folglich Kenntniß der übersinnlichen Natur, die doch unmöglich ist, erforderlich wäre. Denn die Frage, wie Vernunft als ein unmittelbar den Willen bestimmendes Vermögen möglich
sey, ist in der enthalten, wie Freyheit möglich sey.
Eine Deduction des synthetisch-practischen Satzes,
nämlich des moralischen Princips, ist mithin gänzlich
unmöglich.

Ungeachtet nun die Erklärung, wie Freyheit möglich sey, unmöglich ist; so stellt sich doch das Sittengesetz als ein apodictisch gewisses Factum dem Bewußtseyn unmittelbar dar, und ein vernünftiges Wesen
muß sich nothwendig als frey denken, so fern es dieses
Ge-

Geſetz zu ſeiner Maxime macht. Wenn alſo gleich jene Deduction dieſes kategoriſchen Imperatives vergeblich würde geſucht werden, ſo dient doch eben das Sittengeſetz zum Princip der Deduction eines unerforſchlichen Vermögens, nämlich eben der Freyheit, wovon die ſpeculative Vernunft nur die Möglichkeit des Begriffs als von einem ens rationis rechtfertigen konnte. Durch dieſes Geſetz wird das beſtimmt, was die ſpeculative Vernunft unbeſtimmt laſſen mußte. Denn obgleich damit gar nicht erklärt wird, wie Freyheit möglich iſt, ſo giebt doch das moraliſche Geſetz demſelben einen poſitiven Gehalt, ohne welches dieſer Begriff nur negativ geblieben wäre. Die Critik der ſpeculativen Vernunft konnte nur die Anwendung des Begriffs der Freyheit auf ein Weſen in der Sinnenwelt vertheidigen, und zeigen, daß es gar nichts widerſprechendes ſey, ſich ein Weſen zu denken, deſſen Handlungen phyſiſch ‑ bedingt ſind, ſo fern daſſelbe Erſcheinung iſt, und dagegen, ſo fern das nämliche Weſen Verſtandesweſen iſt, ſeine Handlungen als phyſiſch ‑ unbedingt anzuſehen. Hierdurch gewann die ſpeculative Vernunft den Vortheil, ſich dieſes Begriffs als eines regulativen Princips zu bedienen, der ihr jedoch immer nur ein problematiſcher Begriff blieb. Durch das Sittengeſetz bekommt dieſer Begriff objective Realität, ungeachtet dadurch nicht im mindeſten unſre Einſicht wächſt, indem zwar ein Weſen, das dieſes Geſetz als für ſich verbindend anſieht, ſich nothwendig frey denken muß; aber dadurch nicht im geringſten es beſſer verſteht, wie cauſa noumenon möglich ſey. Wie cauſa phaenomenon möglich ſey, war dadurch be‑

greif‑

greiflich, daß dieser Begriff in der empirischen An-
schauung Anwendung fand, indem er die Erfahrung
der Veränderung möglich machte. Wird von dieser
Anschauung abstrahirt, so bleibt nichts als das logische
Verhältniß des Grundes zur Folge, wodurch zwar ein
Object bezeichnet, aber keines erkannt werden kann.

II.

Von dem Befugnisse der reinen Ver-nunft im practischen Gebrauche zu einer Erweiterung, die ihr im specu-lativen für sich nicht möglich ist.

Das Sittengesetz kündigt sich als ein objectiv-practisches Princip an, wodurch die Vernunft unmittelbar einen Bestimmungsgrund auf den Willen ausübt,
ohne daß derselbe von der Materie des Princips hergeleitet werden kann. Die practische Vernunft, oder,
welches einerley ist, der Wille, zeigt sich hier als Autonomie, folglich seine Causalität als eine solche, die
auf keine höhere Ursache weiset, mithin als Freyheit.
Da nun dieser Begriff keinesweges Anwendung in der
Sinnenwelt finden kann, die Critik der speculativen
Vernunft aber allen Vernunftgebrauch, der die Sinnenwelt verläßt, verwehrte, und jedem Begriffe, der
nicht an der Erfahrung, (er möchte nun dieselbe selbst
möglich machen, oder aus ihr entspringen,) gezeigt werden konnte, alle Bedeutung absprach: so fragt sich, mit
welchem Grunde die practische Vernunft die von der
Critik der speculativen Vernunft gesetzte Grenze aller
Erkenntniß überschreiten darf.

Wenn

Wenn der Inbegriff des empirischen Mannigfaltigen durch die Kategorien vorgestellt wird, so wird
ein Gegenstand vorgestellt, und der Begriff der Ursache und Wirkung macht, daß die Succession des empirischen Mannigfaltigen, die sonst nur jederzeit subjectiv ist, objectiv vorgestellt wird. Abstrahire ich von
dem empirischen Mannigfaltigen, und selbst von der
sinnlichen Bedingung, der Zeit; so bleibt mir zwar der
reine Begriff eines Objects, aber in der That habe
ich damit alle Anwendung dieses Begriffs aufgehoben.
Einen ganz falschen Weg, zur Einsicht zu gelangen,
wie die Kategorien, und ins besondere die der Causalität, auf Gegenstände angewandt werden können, würde ich einschlagen, wenn ich die empirischen Data schon
vor der Anwendung dieser Begriffe darauf als Objecte denken wollte. Dann kann nichts anderes heraus
kommen, als daß die als nothwendig behauptete Verknüpfung der Ursache und Wirkung in den Gegenständen
gänzlich ungegründet vorkomme. Wenn A und B schon
als Gegenstände gedacht werden, ohne daß eben die reinen Verstandesbegriffe das Objective hervor bringen;
so ist gar nicht abzusehen, woher, wenn A gesetzt wird,
das davon ganz verschiedene B auch gesetzt werden müsse. Wenn Hume, aller Anwendung des Begriffs der
Causalität auf das empirische Mannigfaltige vorher,
Erkenntniß der Gegenstände annahm; so verfuhr er
sehr consequent, wenn er die Nothwendigkeit in der
Verknüpfung der Wirkung und Ursache in den Objecten als usurpirt, die lediglich eine subjective ist, und
die er Gewohnheit nannte, ausgab. Die Critik
der speculativen Vernunft hat dagegen das Subjective

vom Objectiven in unsern Vorstellungen genau zu unterscheiden gesucht, und hat gezeigt, daß das, was
uns ein Gegenstand ist, allererst durch Anwendung der
Kategorien auf das empirische Mannigfaltige entspringe, auf welchem Wege allein die Nothwendigkeit
der Verknüpfung in dem Gesetze der Causalität, indem nämlich dadurch das Objective in die Succession
der Vorstellungen gebracht wird, begriffen werden
kann.

Wenn man also sich darein nicht zu finden weiß,
daß der Begriff der Causalität Objectivität in das
empirische Mannigfaltige hinein bringe, so daß die
Succession desselben allererst vermittelst dieses Begriffs, als in einem Gegenstande, gedacht werden kann, indem man immerfort, noch vor der
Anwendung desselben, Gegenstände im Sinne hat:
so geht dieser Begriff einmahl für die Erfahrung
verloren, und zweytens darf er noch mit weit minderem Grunde auf Dinge an sich angewandt werden. Dagegen sieht man wohl, daß, wenn die Kategorien das Objective dem empirischen Mannigfaltigen
verschaffen, eben diese Objectivität noch übrig bleibt,
nachdem man auch das empirische Mannigfaltige abgesondert hat. Nun muß man freylich gestehen, daß
sodann weder durch den Begriff der Causalität, noch
durch irgend eine andere Kategorie, ein Gegenstand
erkannt, sondern daß er nur dadurch bezeichnet wird.
Sondere ich das empirische Mannigfaltige ab, worauf
ich den Begriff der Ursache angewandt, und so einen
Gegenstand erkannt habe; so bleibt mir der Begriff
einer causa noumenon. Dieser Begriff, ob er gleich
immer

immer ein denkbarer Begriff ist, ist doch für den theoretischen Gebrauch der Vernunft ein leerer Begriff. Für den practischen Gebrauch der Vernunft wird aber auch nichts mehr verlangt, als den Begriff der Ursache mit dem eines reinen Willens zu vereinigen, und folglich den letztern als causa noumenon zu betrachten. Ob nun gleich, der theoretischen Seite nach, dieser Begriff ganz leer ist; so erhält er, in practischer Beziehung, durch das Sittengesetz eine positive Bedeutung, und, weil ein Wesen, welches das moralische Gesetz zu seiner Maxime macht, sich nothwendig als frey denken muß, sogar objective Realität.

Der
Analytik der practischen Vernunft
zweytes Hauptstück.

Von dem Begriffe eines Gegenstandes der reinen practischen Vernunft.

Der Begriff eines Gegenstandes der reinen practischen Vernunft ist die Vorstellung eines Objects als einer möglichen Wirkung durch Freyheit. Die Beurtheilung, ob etwas ein solcher Gegenstand sey, ist also die Unterscheidung, ob man etwas wollen kann, so daß lediglich die practische Vernunft den Willen bestimmt. Die physische Möglichkeit des Gegenstandes kommt daher bey dieser Untersuchung nicht in Betrachtung. Wenn das Object selbst den Willen bestimmt,

stimmt, so muß die physische Möglichkeit desselben derjenigen eines practischen Princips, das auf dieses Object gerichtet ist, voran gehen, weil, wenn die Existenz des Gegenstandes als unmöglich angesehen wird, derselbe auch nicht begehrt werden, folglich auch kein Princip gedacht werden kann, das eine Forderung an den Willen in sich enthalte. Wenn aber in dem Princip selbst der Bestimmungsgrund des Willens enthalten ist, und derselbe keineswegs von dem Objecte des Willens hergeleitet werden kann, dann hat die Untersuchung, ob etwas ein Gegenstand des Willens seyn kann, gar nichts mit der physischen Möglichkeit desselben zu thun. Denn weil der Wille in diesem Falle mit der practischen Vernunft einerley ist, so wird in jener Untersuchung nur nach der moralischen Möglichkeit des Gegenstandes gefragt, das heißt: man will damit wissen, ob ein gewisser Gegenstand begehrt werden kann, unter der Bedingung, daß allein die Vernunft den Willen bestimmt.

Dasjenige nun, was nach einem Princip der practischen Vernunft, folglich von jedem vernünftigen Wesen, begehrt oder verabscheuet werden muß, ist das Gute und das Böse, welche Begriffe alle Objecte der practischen Vernunft befassen.

Der Sprachgebrauch unterscheidet schon das Gute und Böse vom Angenehmen und Unangenehmen, indem nach demselben die letztern Begriffe nur auf die besondere Art des Begehrungsvermögens und dessen Empfänglichkeit einzelner Subjecte Beziehung haben. Was mir angenehm ist, kann einem Andern unangenehm, und das, was Andern angenehm ist, kann mir unan-

unangenehm seyn. Dagegen gehen die Begriffe des
Guten und Bösen nach dem Sprachgebrauche auf
Gegenstände, die von jedermann begehrt oder verabscheuet werden. Nun ist aber die Vernunft das Vermögen allgemeiner Erkenntnisse. Mithin müssen Gegenstände, die man unter die Begriffe des Guten und
Bösen faßt, durch die Vernunft dafür erkannt werden.
Wenn man sich nun Zwecke denkt, die lediglich subjectiv sind, und also einen Willen setzt, dessen Bestimmungsgrund material ist; so würde doch die Beurtheilung, ob gewisse Mittel zu diesen Zwecken führen,
für die Vernunft gehören, folglich auch diejenige Handlung gut genannt werden müssen, welche derselben
entspricht. Aber man sieht wohl, daß dieser Begriff
mit dem des irgend wozu Guten, also mit dem
Nützlichen, einerley sey, dagegen das Schlechthin-gute, das in aller Absicht gut ist, gar nicht in sich fasse.

Nun kann dem Leser die Richtigkeit des Verfahrens der Critik einleuchten, die nicht von der Erklärung und Entwickelung des Begriffs des Guten und
Bösen den Anfang macht, wie man dieses vielleicht erwarten möchte, sondern die zuerst den Begriff eines
reinen Willens, der durch keine empirischen Data,
vielmehr durch die Vernunft selbst bestimmt wird, fest
setzt, und nachmahls die objective Realität desselben
durch ein Factum, nämlich des Bewußtseyns des Sittengesetzes, das bloß durch seine Form den Willen bestimmt, wornach ein solcher Wille nothwendig als ein
reiner Wille muß gedacht werden, beweiset. Die Critik der speculativen Vernunft beobachtet ein gleiches
Verfahren in Ansehung des Begriffs eines Gegen-

stan-

standes. Ob es gleich ihr Zweck ist, (so fern sie Transcendental-Philosophie ist,) die Bedingungen der Erfahrung, folglich der Erkenntniß der Gegenstände, anzugeben; so wäre es doch sehr verkehrt gewesen, wenn
sie von der Zergliederung des Begriffs eines Gegenstandes hätte den Anfang machen wollen. Denn zu
geschweigen, daß sie diese nächste Absicht gar nicht erreicht haben würde, so hätte sie auch über dies sich den
Weg zu ihrer eigentlichen Untersuchung versperrt, weil
sie in dem Begriffe eines Gegenstandes alles Empirische würde gefunden haben, welches sie doch nicht finden wollte, da sie die reinen Bedingungen eines in der
Erfahrung gegebenen Gegenstandes aufzusuchen hatte.
Würden wir hier zuerst den Begriff des Guten entwickelt haben, so wären wir in der Gefahr gewesen, den
des Schlechthin-guten zu verlieren, indem uns
der Sprachgebrauch verleitet haben könnte, den des
Nützlichen, (der doch das Widerspiel des Schlechthin-
guten ist,) dafür zu halten. Auf diese Art würden wir
uns sogar die Möglichkeit, ein practisches Gesetz nur
problematisch zu denken, benommen haben, da wir doch
nunmehr im Gegentheile gefunden haben, daß nicht der
Begriff des Guten das moralische Gesetz, sondern umgekehrt, das moralische Gesetz den Begriff des Guten,
so fern es das Schlechthin-gute ist, bestimme und
möglich mache. Dieses verkehrte Verfahren ist als
der Grund der Verirrungen der Philosophen in Ansehung des obersten Princips der Moral anzusehen.
Denn sie suchten einen Gegenstand des Willens, in Ansehung dessen, so fern er Bestimmungsgrund des Willens ist, gewisse Handlungen, die sich zu ihm wie Mit-

tel

tel zu einem Zwecke verhalten, gut genannt werden
müssen, (weil freylich nur die Vernunft diese Zweckmäßigkeit einsehen kann,) und verschlossen dabey muth-
willig ihr Auge gegen die sich ihnen von selbst anbie-
thende Bemerkung, daß zwar auf diese Art jene Handlungen allenfalls dem Sittengesetze entsprechen, doch
niemahls sittlich- und schlechthin- gut seyn können.

Die Begriffe des Schlechthin- guten und Bösen
beziehen sich nicht so auf Gegenstände, wie die reinen
Verstandesbegriffe, daß sie die Objectivität der Vorstellungen hervor bringen, vielmehr setzen sie dieselbe
voraus, indem sie insgesammt modi einer einzigen Kategorie, nämlich der der Causalität, sind. Aber da die
Kategorien, abgesondert von aller Anschauung, kein
Erkenntniß abgeben, sondern nur Objecte unbestimmt
bezeichnen; so gewähren im Gegentheile jene Begriffe
Erkenntniß, indem sie ohne alle Anschauung Objecte
sofort bestimmen, und das daher, weil sie an der
durch das Sittengesetz bestimmten Willensgesinnung sich
als wirklich beweisen, und so ihren Gegenstand in der
That selbst hervor bringen. Wir nennen diese Begriffe Kategorien der Freyheit, zum Unterschiede von den
reinen Verstandesbegriffen, die eine Natur möglich
machen, und daher auch Kategorien der Natur genannt werden können. So wie die letztern das Mannigfaltige der Anschauung zur objectiven Einheit
des Bewußtseyns bringen, um daraus ein Erkenntniß
zu machen, so bringen die erstern das Mannigfaltige
der Begehrungen ebenfalls zur objectiven Einheit
des Bewußtseyns, aber, um dieselben einer im moralischen Gesetze gebiethenden practischen Vernunft zu uns

ter-

terwerfen, folglich dadurch ihren Gegenstand hervor
zu bringen.

Der Begriff der transcendentalen Freyheit ist der
Begriff von einer Causalität als einem bloß intelligi-
belen Gegenstande. Wenn nun gleich die practische
Freyheit auch bloß ein intelligibeles Object ist, so sind
doch die Wirkungen dieser Causalität Gegenstände in
der Sinnenwelt. Der Begriff der Freyheit, in Beziehung auf ihre Wirkungen in der Sinnenwelt, muß
demnach den Kategorien gemäß vorgestellt werden können, und dieses leistet folgende Tafel.

Tafel
der Kategorien der Freyheit in An-
sehung der Begriffe des Guten
und Bösen.

I.
Der Quantität:
Subjectiv, nach Maximen: (Willensmeinun-
gen des Individuum;)
Objectiv, nach Principien: (Vorschriften;)
A priori objective so wohl als subjective Principien
der Freyheit: (Gesetze.)

2.
Der Qualität:
practische Regeln des Begehrens, (praeceptivae,)
practische Regeln des Unterlassens, (prohibi-
tivae,)
practische Regeln der Ausnahmen, (exceptivae.)

3.

3.
Der Relation:
Auf die Persönlichkeit,
auf den Zustand der Person,
Wechselseitig einer Person auf den Zustand der
andern.

4.
Der Modalität:
Das Erlaubte und Unerlaubte,
die Pflicht und das Pflichtwidrige,
vollkommene und unvollkommene Pflicht.

Von der Typik der reinen practi-
schen Urtheilskraft.

Die Critik der speculativen Vernunft handelt
von der transcendentalen Urtheilskraft als dem Vermögen, Anschauungen unter die reinen Verstandesbegriffe zu subsumiren, und gab diejenigen Regeln an,
unter welchen die Urtheilskraft ihr Geschäfft ausführt.
Dieselben waren insgesammt synthetische Sätze a priori, deren nothwendige Synthesis, wie z. B. des Gesetzes der Causalität, in Ansehung der Gegenstände
nicht anders einzusehen war, als daß man zeigte,
daß nur vermittelst derselben Erfahrung zu Stande
komme, und dieses konnte dadurch vor Augen gelegt
werden, daß man zeigte, daß in der Erfahrung eine
Subsumtion des empirischen Mannigfaltigen eigentlich unter die Schemate der reinen Verstandesbegriffe
vorgehe, welche die Handlung der objectiven Beziehung an der Form des innern Sinnes vorstellen, folglich jene synthetischen Urtheile a priori das Mannig-

faltig

faltige der empirischen Anschauung den Schematen
unterwerfen, und dadurch Erfahrung hervor bringen.
So ließ sich der Satz, daß alles, was geschieht, eine Ursache habe, einsehen, indem vermittelst desselben das
Mannigfaltige, nicht wie es subjectiv in der Apprehension auf einander folgt, sondern wie es in der
Zeit bestimmt, und folglich objectiv, einander folgt,
in einem objectiven Inbegriffe vorgestellt wird.

Nun haben wir an dem Sittengesetze ebenfalls
einen synthetischen Satz a priori, und wir sehen hier
leicht eben dieselbe Frage wie bey den synthetischen
Sätzen der transcendentalen Urtheilskraft entstehen,
wie nämlich ein solcher Satz auf empirische Gegenstände gehen könne. Denn da er eine nothwendige Regel
ist, so ist es gar nicht sofort klar, wie gewisse Handlungen, die doch als Erscheinungen zur Sinnenwelt
gehören, ihr gemäß seyn können. In Ansehung jener
theoretischen Sätze wurde gefragt: wie können Gegenstände in der Erfahrung denselben unterworfen seyn,
und sich auf die Weise eine Natur nach Gesetzen des
Verstandes, die doch ganz etwas verschiedenes davon
zu seyn scheinen, richten? und hier fragen wir: wie
können Handlungen, die doch ebenfalls Gegenstände
der Erfahrung sind, und zur Natur gehören, als unterworfen einem synthetisch-practischen Satze, der kein
Naturgesetz ist, gedacht werden? mit andern Worten:
wie kann man wissen, welche Handlungen, die doch
als Erscheinungen zur Sinnenwelt gehören, wirklich
unter jener Regel a priori stehen?

Hier entgeht uns der Vortheil, den wir in der
Beleuchtung des Geschäfftes der transcendentalen Ur-
theils-

theilskraft hatten. Um nämlich einzusehen, daß ein
Gegenstand unter einer Regel a priori der transcendentalen Urtheilskraft stehe, bezogen wir die Schemate der reinen Verstandesbegriffe auf die Anschauung
desselben, wodurch sie Objectivität erhält, da dann die
Frage aufhört, wie der Gegenstand unter der Synthesis, die das Schema ausdruckt, stehe, indem er ja
nur dadurch ein Gegenstand ist. Wird z. B. gefragt,
mit welchem Rechte man die Gegenstände der Sinnenwelt dem Satze, daß allen Erscheinungen das Verhältniß der Substanz zum Accidenz zum Grunde liege,
an welchen nur die Accidenzen wechseln, unterworfen
halte: so subsumire man irgend eine empirische Anschauung dem Schema der Substantialität, und man
sieht sofort, daß eben durch diese Subsumtion derselben unter die synthetische Verknüpfung der Substanz und Accidenz, welche das Schema ausdruckt,
diese Anschauung das Objective erhalte.

Allein, obgleich dem Sittengesetze in der That
kein Schema von dieser Art correspondiren kann; so
bedarf es hier auch keines Schema, um eine empirische
Anschauung als Gegenstand, nämlich als Begebenheit
in der Sinnenwelt, denken zu dürfen. Als Handlung
in der Sinnenwelt steht dieselbe allerdings unter dem
Schema der Causalität; aber bey der Subsumtion
derselben unter das reine practische Gesetz ist es
gar nicht um die Möglichkeit der Handlung als einer
Begebenheit in der Sinnenwelt zu thun. So fern
die Handlung zur Sinnenwelt gehört, kann sie allerdings nur durch das Schema der Causalität als Gegenstand gedacht werden.

Also

Also nicht für einen einzelnen Fall, nämlich für eine Handlung, darf hier ein Schema aufgesucht werden; sondern für das practische Princip selbst, so fern es Gesetz, nämlich ein allgemeines practisches Princip ist, und an Gegenständen der Anschauung in concreto dargestellt werden kann, müssen wir ein Schema finden. Wir nennen dasselbe den Typus des Sittengesetzes.

Dieser Typus des Sittengesetzes ist nun folgender: Frage dich selbst, ob die Handlung, die du vorhast, wenn sie nach einem Gesetze der Natur, von der du selbst ein Theil wärest, geschehen sollte, du wohl als durch deinen Willen möglich ansehen könntest. Derselbe ist aber nicht mit dem Sittengesetze selbst einerley. Das letztere muß den Bestimmungsgrund des Willens in sich selbst enthalten, und der Typus desselben, der denselben nicht in sich enthält, darf nur zu einer Regel der practischen Urtheilskraft dienen. In der That beurtheilt auch der gemeine Verstand das Sittlich-gute und Böse nach diesem Typus. Wenn eine Handlung so beschaffen ist, daß ihre Maxime als Naturgesetz betrachtet nicht bestehen kann, dann hält er sie für sittlich-unmöglich. Das Sittengesetz selbst ist aber über jedes Naturgesetz weit erhaben, und die Vernunft verbindet a priori damit das Bewußtseyn der Nothwendigkeit und Allgemeinheit, ohne alle Rücksicht auf das Bestehen einer Naturordnung. So fern man aber dasselbe an die Natur der Sinnenwelt hält, wird es durch seinen Typus ausgedruckt, der folglich nicht das moralische Gesetz ist, aber doch zum Probirsteine der Handlungen, die zwar immer als physisch-bedingt

dingt und nur durch das Schema der Causalität als
Gegenstände gedacht werden können, aber doch dem
moralischen Gesetze gemäß sind, tauglich ist. Also ist
es bloß die Form der Gesetzmäßigkeit, die an
der sinnlich-bedingten Natur durch diesen Typus vorgestellt wird.

Wenn man denselben mißversteht und ihn für das
Sittengesetz selbst hält, so entsteht der Empirismus
der practischen Vernunft. Nach derjenigen Maxime
handeln, die, wenn sie allgemein beobachtet wird,
nothwendig allgemeine Glückseligkeit hervor bringen
muß, heißt: sich den Typus des Sittengesetzes zum Probirsteine sittlicher Handlungen, so fern sie zur Sinnenwelt gehören, dienen lassen. Aber diese Glückseligkeit als Bestimmungsgrund des Willens ansehen, und
folglich die Begriffe des Guten und Bösen nur in dem
finden, was glücklich macht, ist: den Typus des practischen Gesetzes für dasselbe selbst halten, und dem
Geiste dieses Gesetzes, das seinen Bestimmungsgrund
in sich selbst hat, gerade entgegen. Der Denkungsart
des Empirismus ist die des Mysticismus entgegen gesetzt. Dieser erträumt sich Anschauungen des Intelligibeln, und indem es nur erlaubt ist, sich ein Reich
der Zwecke, und jedes vernünftiges Wesen als Glied desselben zu denken, verliert sich dieser in selbst gemachten
Anschauungen eines Reichs Gottes, wozu doch die speculative Vernunft allen Zugang abschneidet. Die Grenze zwischen beyden beobachtet der Rationalismus,
der in der Gesinnung besteht, nur als Probirstein sittlicher Handlungen den Typus des Sittengesetzes zu
brauchen, und auf die Weise der ächten Moralität

keinen Abbruch thut, dessen der Empirismus mit Recht beschuldigt wird.

Der

Analytik der practischen Vernunft

drittes Hauptstück.

Von den Triebfedern der reinen practischen Vernunft.

Das Sittengesetz enthält eine Forderung, die jedes vernünftiges Wesen erkennen muß, und folglich einen objectiven Bestimmungsgrund des Willens. Subjectiv ist aber der Bestimmungsgrund eines Willens, wenn das Subject nicht bloß die Forderung des Gesetzes anerkennt, sondern sie auch Ursache derjenigen Handlungen werden läßt, die das Gesetz fordert. Ein subjectiver Bestimmungsgrund eines Willens, der nicht schon von selbst seiner Natur nach dem objectiven Gesetze gemäß ist, heißt eine Triebfeder desselben. Hieraus wird folgen, daß man nur vernünftigen Wesen von bedürftiger Natur Triebfedern beylegen müsse, daß aber bey diesen der subjective Bestimmungsgrund des Willens jederzeit auch der objective, mithin das moralische Gesetz jederzeit der hinreichende Bestimmungsgrund der Handlung seyn müsse, wenn dieselbe nicht bloß Legalität, sondern auch Moralität enthalten soll.

Dieses Hauptstück hat zur Absicht, zu zeigen, wie das moralische Gesetz Triebfeder des Willens seyn könne. Allein da die Möglichkeit der Freyheit gar nicht erklärt,

erklärt, mithin auch nicht gezeigt werden kann, wie eigentlich das Sittengesetz Causalität auf den Willen ausüben kann; so werden wir nur a priori zu zeigen haben, was, (nicht wie,) das moralische Gesetz im Gemüthe wirken muß, so fern es eine Triebfeder des Willens ist.

Wenn das moralische Gesetz als Triebfeder eines Willens gedacht wird, so wird damit nicht nur eine gänzliche Abwesenheit sinnlicher Bestimmungsgründe gesetzt, sondern auch voraus gesetzt, daß Neigungen da sind, die wohl öfters diesem objectiv-practischen Princip im Wege stehen, und die folglich durch dasselbe Abbruch leiden. Diese Abweisung aller Neigungen, so fern sie dem Sittengesetze entgegen sind, erregt ein Gefühl, welches Schmerz genannt werden muß, dessen Verhältniß zu Begriffen wir in diesem Falle a priori bestimmen können. Alle Neigungen zusammen machen die Selbstsucht (solipsismus) aus. Diese ist entweder die der Selbstliebe, eines über alles gehenden Wohlwollens gegen sich selbst, (philautia,) oder die des Wohlgefallens an sich selbst, (arrogantia.) Jene heißt besonders Eigenliebe, diese Eigendünkel. Der Eigenliebe thut das moralische Gesetz als subjectiver Bestimmungsgrund des Willens bloß Abbruch, indem es dieselbe zwar zuläßt, aber auf die Bedingung der Uebereinstimmung mit ihm selbst einschränkt. Den Eigendünkel aber, oder das Wohlgefallen an sich selbst, ohne alle Rücksicht auf die Uebereinstimmung der Gesinnung mit dem Sittengesetze, als nothwendige Bedingung dieses Wohlgefallens, schlägt sie gänzlich nieder. Dieses Gefühl, wel-

ches

ches die Vernichtung des Eigendünkels bewirkt, ist die
Demüthigung; so fern aber das moralische Gesetz
als die Ursache desselben angesehen wird, erweckt diese
Vorstellung das Gefühl der Achtung für das moralische Gesetz. Achtung also für dieses Gesetz ist ein
Gefühl, welches durch einen intellectuellen Grund gewirkt wird, und dessen Nothwendigkeit gänzlich a priori erkannt wird. Dieses Gefühl ist nun das moralische, welches durch das moralische Gesetz erst gewirkt, und daher nicht als demselben zum Grunde lie-
gend vorgestellt werden muß. Da in jedem vernünftigen Wesen, so fern es als abhängig in Ansehung seiner Zufriedenheit und von Neigungen afficirt gesetzt
wird, die Selbstliebe sich zum objectiven Bestimmungsgrunde zu machen bestrebt ist, und daher leicht in Eigendünkel ausschlägt, der sich selbst zum unbedingten
practischen Princip macht: so entspringt das Gefühl der
Demüthigung nothwendig, wenn das moralische Gesetz
subjectiver Bestimmungsgrund wird, das anfänglich
nur negativ ist, und so fern der subjectiven Willensbestimmung nicht als beförderlich vorgestellt wird; so fern
es aber in Achtung übergeht, einer wirklichen Beförderung dieser Willensbestimmung gleich zu achten ist,
und positives Gefühl genannt werden muß, indem es
nicht allein ein Hinderniß der Causalität des practischen Gesetzes wegräumt, welches die Demüthigung
bewirkt, sondern der Wille durch die Vorhaltung der
Würde des Gesetzes auch unmittelbar Stärke gewinnt,
dasselbe zu seinem subjectiven Bestimmungsgrunde zu
machen.

So

So wie nun das moralische Gesetz objectiver Bestimmungsgrund des Willens ist, nämlich eine Forderung enthält, die nicht von der Materie desselben abgeleitet werden kann, und gleichwohl von der reinen
Vernunft für verbindend erklärt werden muß; so ist
es auch subjectiver Bestimmungsgrund, d. i.: Triebfeder desselben, indem es ein Gefühl bewirkt, welches
dem Einflusse des Gesetzes auf den Willen beförderlich
ist. Dieses Gefühl muß daher practisch gewirkt
heißen. Jedes andere Gefühl entsteht pathologisch,
dadurch, daß der Gegenstand des Willens die Sinnlichkeit afficirt, und auf diese Weise den subjectiven
Bestimmungsgrund des Willens hervor bringt, dagegen das ächte moralische Gefühl diesem Bestimmungsgrunde nachfolgt, und nur als beförderlich demselben
angesehen werden kann. Setzt man dieses moralische
Gefühl in die Gattung der sinnlichen Gefühle, indem
man es als diejenige Rührung erklärt, die ein sanft
gestimmtes Gemüth bey dem Anblicke menschlichen Elendes erfährt; so verkennt man nicht allein dasselbe gänzlich, sondern man wirkt der ächten Moralität entgegen,
indem diese Verkennung des moralischen Gefühls auch
die des Sittengesetzes, als eines objectiv-practischen
Princips, nach sich zieht. Jedes Gefühl ist freylich seiner Natur nach sinnlich, indem es eine Sinnlichkeit voraus setzt, als ein Vermögen afficirt zu werden. Wenn
aber unter dem Nahmen eines sinnlichen Gefühls dasjenige ins besondere verstanden wird, das durch den
Einfluß der Materie des Willens auf die Sinnlichkeit
bewirkt worden ist; dann muß das moralische gänzlich
davon ausgenommen werden, da dieses lediglich durch

den

den Einfluß des moralischen Gesetzes als subjectiven Bestimmungsgrundes auf die Sinnlichkeit bewirkt wird. Und so ist die Achtung für das Gesetz nicht Triebfeder zur Sittlichkeit, in dem Verstande, daß es dieselbe hervor bringt; sondern diese Sittlichkeit muß schon da seyn, wenn jene Achtung erfolgen soll, und dieselbe kann nur als Beförderungsmittel, nicht als Ursache der Sittlichkeit angesehen werden.

Achtung geht niemahls auf Sachen, sondern nur auf Personen, und auf diese auch nur, so fern man ihre Denkungsart an das moralische Gesetz hält, und eine Uebereinstimmung beyder zu finden glaubt, die man an sich selbst nicht wahrnimmt. Große Talente können zwar Bewunderung erregen, aber dieses Gefühl, das ganz verschieden von Achtung ist, knüpft sich nur dann an das letztere, wenn man Fleiß und Anstrengung in der Ausbildung dieser Talente vermuthet. Fällt diese Vermuthung weg, oder glaubt man, bey näherer Kenntniß der Person, Ruhmsucht und andere bloß subjective Zwecke zu erblicken; so bleibt zwar jene Bewunderung, aber alle Achtung für dieselbe verschwindet. Setzt man dagegen einen von der Natur in aller Absicht verlassenen Menschen, bey dem man eine Rechtschaffenheit des Charakters findet, die man an sich selbst nicht zu finden glaubt; so fühlen wir für ihn Achtung, und wenn wir es auch nicht wollen. In der That ist dasselbe auch kein Gefühl der Lust; denn es gründet sich auf Demüthigung, die mit Schmerz verknüpft ist. Man überläßt sich daher demselben ungern. Man sucht etwas an der Person, deren Beyspiel uns Achtung abzuzwingen scheint, aus-

fündig

ausfündig zu machen, das einen Tadel auf sie bringt,
um diesem Gefühle zu entgehen.   Von der andern
Seite ist dieses Gefühl, für sich betrachtet, auch wiederum kein Gefühl der Unlust.   Man muß nur schon
den Eigendünkel abgelegt haben, und in Ansehung desselben durch das moralische Gesetz gedemüthigt worden
seyn, um Achtung für dasselbe ohne Unlust zu empfinden.
Diese Achtung für das moralische Gesetz, so fern sie
von aller Unlust frey ist, ist nun die einzig-mögliche
moralische Triebfeder des Willens, indem die Vorstellung der Erhabenheit des Sittengesetzes ein Interesse daran erweckt, auf welchem lediglich die Maxime des Willens beruhen muß, wenn sie moralisch-ächt
seyn soll.   Die Handlung, welche nach dem moralischen Gesetze nothwendig ist, deren Nothwendigkeit
also überhaupt die Vernunft anerkennt, und die mithin objectiv-practisch ist, heißt Pflicht.   Diese
enthält also in ihrem Begriffe den einer practischen Nöthigung, so ungern auch die Handlung geschehen möchte, folglich eine gänzliche Abweisung aller Neigungen,
so sehr dieselben auch sich aufdringen, Bestimmungsgründe des Willens zu seyn.   So fern nun das moralische Gesetz subjectiver Bestimmungsgrund des Willens ist, entsteht aus dieser Nöthigung das Gefühl der
Unlust.   So fern aber gleichwohl die Vernunft sich
als selbstgesetzgebend ansieht, entspringt auch wiederum
Erhebung und Selbstbilligung, die nun als positives
Gefühl jenem subjectiven Bestimmungsgrunde beförderlich und wirkliche Triebfeder des Willens ist.

    In dem Begriffe der Pflicht liegt also, objectiv
betrachtet, der Begriff der Nothwendigkeit einer Handlung,

lung, die dem moralischen Gesetze gemäß seyn soll;
subjectiv aber der einer Nöthigung, welcher Beziehung hat auf einen Willen, der nicht von selbst dem
moralischen Gesetze gemäß ist. Für einen heiligen
Willen kann es also keine Pflichten geben, weil keine
Neigungen ihn afficiren können, die dem moralischen
Gesetze als subjectivem Bestimmungsgrunde entgegen
sind. Jedem vernünftigen Wesen aber, das sich in
Ansehung dessen, was zur Zufriedenheit mit seinem
Daseyn gehört, als beschränkt und unter Bedürfnissen ansieht, müssen die Handlungen, welche das Gesetz fordert, jederzeit Pflichten seyn. Es ist bedenklich,
derjenigen Einbildung Raum zu verstatten, wornach
man sich überredet, daß man schon von selbst Neigung
zu den pflichtmäßigen Handlungen habe, und man auf
diese Art sich über den Gedanken von Pflicht wegsetzt.
Denn es ist nicht bloß zu besorgen, sondern gewiß,
daß die Handlung sodann zwar pflichtmäßig, aber
gleichwohl nicht moralisch seyn würde, weil, wenn der
subjective Bestimmungsgrund des Willens von der
Art ist, daß er der Forderung des Gesetzes vorher gehe, folglich ein anderer ist als die Achtung für das
Gesetz, wie dieses der Fall mit den Neigungen ist,
derselbe kein moralischer Bestimmungsgrund ist. Neigung, das zu thun, was das Sittengesetz gebiethet,
kann zwar als moralisch gedacht werden, aber dann
muß dieselbe nie dem Gesetze vorher gehen, sondern
auf dasselbe als Bestimmungsgrund des Willens folgen. Vernünftige Wesen von der angezeigten Art können und müssen einen Willen, dessen Neigungen gar
dem Gesetze gemäß sind, das heißt: einen heiligen
Wil-

Willen, ihrer Willensgesinnung als Ideal vorsetzen, das sie zu erreichen streben, das sie jedoch nie vollständig zu erreichen hoffen können, und niemahls wähnen müssen, es erreicht zu haben.

Critische Beleuchtung der Analytik der reinen practischen Vernunft.

Unter dieser critischen Beleuchtung wird die Rechtfertigung der systematischen Form, welche die Critik der practischen Vernunft erhalten hat, verstanden. Dieser Zweck wird am besten erreicht werden, wenn wir eine Vergleichung zwischen der systematischen Form der Critik der speculativen mit derjenigen der Critik der practischen Vernunft anstellen.

Die Critik der speculativen Vernunft untersuchte die Gültigkeit gewisser Erkenntnisse a priori von Gegenständen, welche die Vernunft entweder wirklich besitzt, oder zu besitzen vermeint. Sie suchte die Bedingungen der Erfahrung auf, welche, da sie dieselbe allererst möglich machen, nothwendig a priori auf Gegenstände derselben gehen müssen, in welchen Bedingungen sie aber auch die einzigen Erkenntnisse dieser Art antraf. Sie konnte zeigen, daß das Verfahren der Vernunft dialectisch werde, wenn sie in einer andern Gegend als in diesen Bedingungen der Erfahrung Erkenntnisse a priori zu finden glaubt. Da aber alle Erfahrung von der Anschauung anhebt, einer Vorstellung, die noch gar keine Objectivität enthält, mithin jederzeit sinnlich ist; so mußten zuvörderst die Bedingungen der Anschauung der Gegenstände gesucht werden, welche die Critik der speculativen Vernunft

nunft

nunft in reinen Anschauungen, nämlich in den Vorstellungen des Raums und der Zeit, fand: mithin mußte zuerst von der Sinnlichkeit gehandelt werden. Aber
eben weil man fand, daß mit der Anschauung eines
Gegenstandes noch keine objective Beziehung unmittelbar verknüpft sey, und ich dadurch, daß ich einen Gegenstand anschaue, denselben noch keinesweges
erkenne, sondern nur eine durchgängig bestimmte Vorstellung habe, in der lediglich Subjectivität angetroffen wird; so mußte man sich noch nach denjenigen Bedingungen der Erfahrung umsehen, die das Objective
unsern Vorstellungen geben. Die Kategorien sind die
Begriffe, welche diese Objectivität in sich enthalten,
und die Function des Verstandes in diesen Begriffen
ist keine andere als die objective Synthesis. So
mußte dann zweytens von Begriffen gehandelt werden. Da aber die empirische Anschauung nicht unmittelbar den Kategorien, sondern nur denselben, so fern
ihre Synthesis an der Form des innern Sinnes vorgestellt wird, folglich nur den Schematen derselben subsumirt werden kann, wenn Erfahrung, das heißt: Erkenntniß der Gegenstände, zu Stande kommen soll; so
war es nothwendig, daß die Erfahrung dieser synthetischen Verknüpfung unterworfen gedacht werde,
woraus sich dann die Priorität der Grundsätze der
transcendentalen Urtheilskraft einsehen ließ, die diese Synthesis der Schemate an der Erfahrung ausdrucken.

Gerade umgekehrt ist die Methode der Critik der
practischen Vernunft. Dasjenige, dessen sich die reine
practische Vernunft unmittelbar bewußt ist, sind nicht

An

Anschauungen, sondern ein practischer Grundsatz, nämlich das Sittengesetz. Sie mußte also zuerst von der eigenthümlichen Beschaffenheit objectiv-practischer Grundsätze und deren Möglichkeit handeln. Diese Möglichkeit beruhete auf dem Begriffe der Freyheit, und wich darin gänzlich von der Möglichkeit der Grundsätze der transcendentalen Urtheilskraft ab. Das, was die Critik noch vermochte, war, daß sie einen Typus des Sittengesetzes angeben konnte, als ein Gesetz in der Sinnenwelt, das dem reinen practischen Gesetze der Freyheit correspondirt, wobey man sich aber wohl vorzusehen hatte, den Typus nicht mit dem Sittengesetze für einerley zu halten, oder dasselbe aus ihm herzuleiten. Dann konnte sie zu den Begriffen der reinen practischen Vernunft, nämlich den Begriffen des Schlechthin-guten und Bösen übergehen, die von der Art waren, daß sie nicht dem practischen Gesetze vorher gehen, und dasselbe möglich machen, sondern die im Gegentheile durch dieses Gesetz, als die Gegenstände desselben, bestimmt werden. Die reinen Verstandesbegriffe waren auch in dieser Beziehung von ganz anderer Natur; denn sie waren ganz unabhängig von den synthetischen Grundsätzen a priori der transcendentalen Urtheilskraft. Im Gegentheile machte sie diese Grundsätze möglich, indem dieselben nichts mehr thun, als daß sie die Gegenstände der Erfahrung als unterworfen den Schematen der Kategorien vorstellen. Nach allem diesen konnte erst die Veränderung des Subjects, so fern das moralische Gesetz subjectiver Bestimmungsgrund des Willens ist, gezeigt, und so von dem Verhältnisse des Sittengesetzes zu der

Sinn-

Sinnlichkeit des Subjects, das heißt: vom moralischen Gefühle, gehandelt werden.

Was den Inhalt der reinen Erkenntnisse betrifft,
welche die Critik der speculativen Vernunft ausmittel-
te, so erhielten dieselben ihre Bestätigung aus Wissenschaften, und man wandte sich in dieser Absicht lieber
zu diesen, als zu dem gemeinen Verstandesgebrauche,
weil bey dem letztern man weniger vor geheimer Bey-
mischung empirischer Erkenntnißgründe sicher seyn kann,
als bey dem wissenschaftlichen. Daß aber reine Vernunft auch für sich, ohne alle empirische Bestimmungsgründe, einen Bestimmungsgrund des Willens enthalten und practisch seyn könne, davon konnte keineswegs
die Wissenschaft die Bestätigung hergeben, sondern vor
Errichtung derselben mußte das Urtheil der gemeinen
Vernunft ihr eigenes practisches Vermögen als ein
Factum angeben. Dem gemeinen Menschenverstande
ist jeder empirische Bestimmungsgrund des Willens sofort, ohne weitere Untersuchung, an der Vorstellung
des Vergnügens, mithin daran kenntlich, daß ein Gefühl der Willensbestimmung zum Grunde liegt, und er
unterscheidet sehr genau das Befolgen einer practischen Regel, um sich glücklich zu machen, von dem Ge-
horsam gegen das Sittengesetz, das keine Glückseligkeit verheißt. Freylich ist in dieser Unterscheidung das
moralische Gefühl behülflich, aber in der That auf die
Art, daß die Vernunft das Ansehen des Sittengesetzes schon vorher anerkennt, da sich dann dieses Gefühl
als Achtung für das Sittengesetz äußert, welche keine
andere practische Regel einzuflößen vermag. Mit der
Darstellung der reinen Sittlichkeit und der genauesten

Ab-

Absonderung derselben von allen empirischen Bestim=
mungsgründen verhält es sich hier so, wie mit der
Darstellung geometrischer Wahrheiten. Die Vortreff=
lichkeit von beyden leuchtet allererst in dieser sorgfälti=
gen Unterscheidung von allem Empirischen hervor. Aber
obgleich die Geometrie von keiner empirischen An=
schauung etwas weiß, die auch bloß zufällig gewisse
Wahrheit geben kann, so hat der Geometer doch im=
mer noch den Vortheil der reinen Anschauung, in der
er seine Sätze darstellt. Dem Philosophen entgeht
derselbe, und er gelangt in dieser Absonderung zum
Intelligibeln, dem keine Anschauung jemahls corre=
spondiren kann, nämlich zu einem Gesetze, das einen
objectiven Bestimmungsgrund des Willens bey sich
führt, und mithin ein Gesetz der Freyheit ist. Von
der andern Seite kommt ihm aber das wieder zu Gute,
daß er mit jeder gemeinen, von geraden Wegen noch
nicht durch Kunst abgeleiteten, Vernunft Versuche an=
stellen kann. In derselben wird er gewahr, daß die
Vernunft sich practische Regeln macht, wenn es um
etwas zu thun ist, das sie für Glückseligkeit hält.
Diese Regeln zu befolgen muß sie für nothwendig,
und Handlungen in dieser Beziehung, die zu dem vor=
gesteckten Ziele führen, für gut halten. Wählet aber
eine Glückseligkeit, die nicht mit der Sittlichkeit bey=
sammen bestehen kann, und leget diesen Fall der ge=
meinsten Vernunft zur Beurtheilung vor, und ihr
werdet finden, daß diese sofort das, was sittlich=und
schlechthin=gut ist, von dem, was doch nur in Be=
ziehung zu einem subjectiven Zwecke so genannt wird,
und dasjenige, was in aller Rücksicht zu thun noth=

wen=

wendig ist, von demjenigen, was doch nur relativ nothwendig ist, von selbst und ganz richtig unter-scheide.

Der Grundsatz der Sittlichkeit stehet als ein Fac-tum fest. Mit den Grundsätzen der transcendentalen Urtheilskraft verhält es sich zwar eben so, aber über dies konnte die Critik eine Deduction derselben geben, und in dieser die Rechtmäßigkeit ihres Gebrauchs in Ansehung der Gegenstände der Erfahrung beweisen. Die Critik der practischen Vernunft dagegen konnte nur statt dieser Deduction den Begriff der Freyheit aufstellen: wird diese voraus gesetzt, so ist das Sitten-gesetz als eine nothwendige Folge daraus erkennbar, so wie umgekehrt eben dieses Gesetz zu jener Voraus-setzung nothwendig führt. Aber da die Möglichkeit der Freyheit gar nicht erklärt werden kann, so mußte die Critik bey der Aufstellung dieses, alle Erfahrung übersteigenden, Vermögens der Freyheit es bewenden lassen; dasjenige jedoch, was selbst eine solche Voraus-setzung ihr schlechterdings verbiethen würde, wäre der Fall, wenn sie in derselben eine Ungereimtheit anträfe. Allein die Critik der speculativen Vernunft hat darge-than, daß die Idee der Freyheit von ganz anderer Art sey, als das Unbedingte der ersten und zweyten Anti-nomie; daß jene als ein ens rationis gar wohl ge-dacht, wenn gleich nicht erkannt, dagegen dieses als ein nihil negativum selbst nicht gedacht werden kann. Hieraus läßt sich schon übersehen, daß, wenn man nur sich hüthet, ein Wesen, so fern ihm Freyheit bey-gelegt wird, nicht mit einem Gegenstande der Erfah-rung zu verwechseln, man gegen Widersprüche, welche

zu

zu entstehen scheinen, wenn man ein Wesen einerseits
dem Gesetze der Causalität unterworfen, und ander-
seits als frey betrachtet, man wohl gesichert seyn könne. Wir wollen diese Schwierigkeiten noch besonders
beleuchten.

Wenn von einer sittlich-bösen Handlung die Rede
ist, so ist es zuvörderst nothwendig, dieselbe unter dem
Naturgesetze der Causalität, und als einen nothwendigen Erfolg, der von Bestimmungsgründen, die zur
vorher gehenden Zeit gehören, abhängt, anzusehen.
Aber wie kann denn der Mensch in dem Augenblicke,
da er sie ausübt, doch zugleich als frey betrachtet, und
von der Handlung gesagt werden, daß sie auch hätte
unterlassen werden können? Man muß sich hüthen, der
Frage durch keine falsche Antwort zu begegnen, und
auf die Art die Sache zu verderben. Suchte man
nämlich sich damit zu helfen, daß doch die Bestimmungsgründe zu der Handlung innerlich, in den Vorstellungen des Menschen gefunden, folglich die Handlung, so fern sie nicht von äußern Ursachen bewirkt
worden sey, müsse frey genannt werden: so zeigt man
damit, daß man den wahren Begriff der Freyheit
verfehle, und mithin auch die Eigenthümlichkeit des
Sittengesetzes, als eines Gesetzes der Freyheit, gänzlich
verkenne. Die Ursache einer gewissen Wirkung mag
zu den Gegenständen des äußern oder des innern
Sinnes gehören, so muß, so fern dieselbe doch zur
Natur gehört, die Causalität derselben von einer höhern Ursache nothwendiger Weise bestimmt seyn, folglich, wenn die Rede von Handlungen ist, jede derselben durch eine unsichtbare Reihe dieser Ursachen in
                                                    dem

dem Augenblicke, da sie geschieht, nothwendig bestimmt gedacht werden. Wie ist mit diesem Natur-Mecha, nismus der Begriff der Freyheit in Ansehung einer und eben derselben Handlung zu vereinigen?

Die Frage läßt sich, nach dem, was in Bezie, hung darauf in der Critik der speculativen Vernunst ausgeführt worden ist, auf folgende Art beantworten. So fern ein Subject sich selbst als Gegenstand der Er, fahrung betrachtet, muß es seine Handlungen noth, wendig als unter Zeitbedingungen stehend, und kann sich selbst in dieser Beziehung niemahls als frey anse, hen. Setzt es aber diese Bedingung der Erfahrung, wodurch es sich selbst ein Gegenstand derselben ist, bey Seite, und betrachtet seine Causalität als ein reines Object; so denkt es sie durch den freylich lediglich ne, gativen Begriff der Freyheit, nämlich als ein Ding, das nicht dem Naturgesetze der Causalität unterwor, fen ist, welcher Begriff sogar durch das Sittengesetz ei, ne positive Bedeutung erhält. Was nun die Handlun, gen eines in dieser doppelten Rücksicht betrachteten We, sens betrifft, so sind dieselben in dem Augenblicke, da sie geschehen, nothwendig bestimmt, und das Subject kann, so fern es sich Erscheinung ist, in Ansehung dersel, ben sich nicht frey denken. Aber so fern es sich als ein Noumenon, und daher einmahl durch den negativen Begriff der Freyheit, zweytens aber sogar als unter dem Sittengesetze, das die Vernunft als ein Factum ihm vorhält, stehend denkt, muß es eben dieselben Handlungen gegründet in seinem intelligibeln Cha, rakter, und sich selbst in Ansehung derselben als völlig frey denken. Hiermit stimmt auch in der That jedes

Men,

Menschen Beurtheilung seiner eigenen Handlungen und die Richteraussprüche seines Gewissens überein. Wie könnte wohl sonst die Reue über eine begangene Uebelthat möglich seyn, wenn der Mensch in Beziehung auf dieselbe sich selbst bloß als Erscheinung betrachten wollte? Denn in diesem Falle wäre alle eigene und fremde Zurechnung ungereimt, indem die Handlung, dem Naturgesetze der Causalität gemäß, nothwendiger Weise geschehen mußte. Aber ein jeder hat es wohl an sich selbst erfahren, daß, wenn er auch noch so gelinde in der Beurtheilung seiner selbst, unsittlicher Handlungen wegen, verfahren, und zu diesem Ende seine schlechte Erziehung, übeln Umgang und Temperament herbey gerufen habe, der Richter in ihm doch hinter jeden Vorwand gedrungen sey, und ungeachtet der Scheinbarkeit desselben gleichwohl ihm selbst Vorwürfe gemacht habe: wodurch es zur Genüge einleuchtet, daß jeder Mensch in dem Urtheile über seine Handlungen, wenn gleich nur auf eine dunkle Art, seinen zwiefachen Charakter vor Augen habe, und sich einmahl als Erscheinung, und in so fern dem Naturgesetze der Causalität unterworfen, und von der andern Seite als Noumenon, und in so fern für frey betrachte.

Auf eben demselben Wege wird eine andere Schwierigkeit gehoben, die ebenfalls der Freyheit, so fern dieselbe in Verbindung mit einem Sinnenwesen gedacht werden soll, im Wege zu stehen scheint. Wenn man nämlich annimmt, daß Gott als allgemeines Urwesen auch die Ursache der Existenz der Substanz sey; so scheint dieses mit dem Satze verknüpft zu seyn, daß die ganze Reihe der Handlungen eines Wesens von

dem Anfange seiner Existenz an ihre Bestimmung in
der Hand seines Schöpfers habe, mithin in Ansehung
keiner einzigen Handlung dasselbe frey gedacht werden
könne. Aber in der Critik der speculativen Vernunft
ist gezeigt worden, daß der Begriff der Schöpfung in
Beziehung auf Erscheinungen gar nicht zuzulassen ist,
daß man zwar den Begriff eines Weltschöpfers selbst
nicht aufgeben dürfe, aber das Urwesen sonach nicht
Schöpfer der Erscheinungen, sondern der Dinge an
sich genannt werden müsse, wodurch überhaupt nur
die Abhängigkeit aller Wesen von einem einzigen Urwesen angezeigt, aber die Art dieser Abhängigkeit keinesweges Bedeutung erhalten soll. Wollte man Gott
als den Urheber der Existenz der Erscheinung denken;
(so ungereimt auch dieser Gedanke jedem vorkommt,
der an dem Faden der Critik der Sache nachforscht;)
so geht der Begriff der Freyheit allerdings verloren,
indem der Mensch sodann in keinem Stücke von einer
Maschine, als darin verschieden ist, daß diese von
Triebfedern des äußern, er aber von übrigens ganz
gleichartigen des innern Sinnes, (von Vorstellungen,)
in Bewegung erhalten wird. Beyde wären in Ansehung ihres Natur-Mechanismus gänzlich von einerley
Art. Bezieht man dagegen den Begriff der Schöpfung auf Dinge an sich, und verbindet damit nichts
mehr als den Begriff der Abhängigkeit, ohne die Art
derselben weiter bestimmen zu wollen; so liegt schon in
der Vorstellung eines Noumenons der Begriff der Freyheit, aber nur im negativen Sinne, nämlich als einer
Unabhängigkeit von dem Naturgesetze der Causalität.
In Ansehung der positiven Bestimmung desselben bleibt
aber

aber die Sache wie vorhin. Auf diese Art wird zwar jene Schwierigkeit aus dem Wege geschafft, aber freylich für die Begreiflichkeit der Möglichkeit der Freyheit gar nicht gesorgt, welches auch alle Kräfte weit übersteigt.

Zum Schlusse dieser Analytik bemerken wir noch die genaue Uebereinstimmung der Resultate der Critik der speculativen mit denen der practischen Vernunft. In der Beleuchtung der Antinomien der reinen Vernunft ergab sich ein großer Unterschied zwischen dem Unbedingten der mathematischen Kategorien und dem der dynamischen, der daher kam, weil die erstern eine Synthesis eines Gleichartigen, (nämlich der Anschauung,) in sich enthalten, mithin in der That kein Theil desselben für unbedingt gehalten werden kann, so fern von der Erscheinung als Gegenstand, das heißt: als Inbegriff des empirischen Mannigfaltigen, der durch die Kategorien vorgestellt wird, die Rede ist. Da nun, wenn unter den Benennungen des Weltanfanges, der Weltgrenze, der einfachen Theile einer Erscheinung, das Unbedingte verstanden, und doch nur in Erscheinungen gesucht werden kann, so mußte dasselbe jederzeit ein nihil negativum seyn. Die dynamischen Kategorien dagegen, da sie eine Synthesis betreffen, die auf die Existenz der Gegenstände geht, erlauben, daß zwar bey der Frage nach dem Unbedingten die Art, wie der Gegenstand in der Anschauung gegeben ist, das heißt: die Erscheinung, bey Seite setzen kann, wodurch man dann die Vorstellung eines Gegenstandes erhält, (als eines dem Naturgesetze der Causalität nicht unterworfenen und schlechthin-nothwendig Existirenden,)

die

die zwar keine reale Bedeutung hat, aber doch auch keinen Widerspruch enthält, mithin die Vorstellung eines entis rationis ist. Ohne diese Sicherung des Begriffs der Freyheit vor Widerspruch hätte der reinen Vernunft kein practisches Vermögen zugestanden werden können, obgleich das Factum des Sittengesetzes, das im Gegentheile dieses practische Vermögen andeutet, im Falle die Critik der speculativen Vernunft den Begriff der Freyheit als widersprechend erklärt hätte, einen Fehler derselben hätte vermuthen lassen. Da aber dieselbe keine Beziehung auf practische Vernunft nahm, und gleichwohl den Begriff der Freyheit in negativer Bedeutung zu retten im Stande war, die Critik der practischen ihm aber sogar eine positive Bedeutung geben konnte; so ist diese gänzlich unbeabsichtigte Zusammenstimmung eine Bestätigung der gesammten Critik.

Zweytes Buch.
Dialectik der reinen practischen Vernunft.

Einleitung in dieselbe.
Von einer Dialectik der reinen practischen Vernunft überhaupt.

Wenn die reine speculative Vernunft zu allem Bedingten in der Reihe der Erscheinungen das Unbedingte sucht, und demjenigen, was doch nur zum regulativen Princip dienen kann, um systematische Einheit dersel- ben zu geben, objective Realität zuschreibt; so ist ihr Verfahren jederzeit dialectisch. Jedes Glied dieser Reihe setzt als Erscheinung eine höhere Bedingung vor- aus, und kann nicht für das Schlechthin-unbedingte aufgenommen werden; die ganze Reihe aber dafür auf- nehmen, ist ungereimt, weil, wenn jedes Glied der- selben bedingt ist, die Summe derselben, so weit man sie auch fortsetzen will, nicht anders als bedingt seyn, und über dies als vollendet niemahls angesehen wer- den kann.

Mit der reinen practischen Vernunft verhält es sich in diesem Puncte nicht anders. Das höchste Gut ist ein Begriff derselben, und zwar von der Art, daß die Vernunft sich nothwendig in einer Antinomie befin- den muß, wenn sie unter den Erscheinungen den Ge- genstand desselben zu finden meint.

Daß das moralische Gesetz bloß in seiner Form ei- ne Forderung an den Willen, mithin einen objectiven Bestimmungsgrund des Willens in sich enthalte, ist in der Critik vor Augen gelegt worden. Indem das- selbe jeden andern zum Princip der Glückseligkeit ge- hörenden Bestimmungsgrund ausschlägt, schränkt es zugleich das natürliche Bestreben nach Glückseligkeit auf die Bedingung der Zusammenstimmung mit sich ein. Ob nun gleich Sittlichkeit und Glückseligkeit zwey gänzlich von einander verschiedene Begriffe sind, so daß man den tugendhaften Mann im Elende, und einen Nichtswürdigen als glücklich ganz wohl denken kann; so ist doch die reine Vernunft in Ansehung der Verei-

nigung

nigung beyder Elemente, (als Stücke eines höhern
Begriffs,) in einem Subjecte keinesweges gleichgültig.
Sie äußert dieses an der Handlung der Billigung,
wenn sie den Tugendhaften glücklich findet, und an der
Mißbilligung des Glücks des Lasterhaften. In dem
Grade der Glückseligkeit theilhaftig seyn, als man ihrer
würdig ist, ist das letzte Object der practischen Vernunft, dessen Begriff freylich umfassender ist als der
Begriff des Guten, den die Critik entwickeln konnte,
nachdem sie das moralische Gesetz selbst erst als Factum
vorgestellt hatte.

Der die Begriffe der Tugend und der ihr proportionirten Glückseligkeit in sich schließende Begriff
ist nun der Begriff des höchsten Gutes. Daß die Vereinigung beyder Elemente desselben auf analytische Art
gedacht werden könne, nämlich so, daß, indem der eine
in dem andern enthalten ist, man nur den niedrigern
entwickeln dürfe, um den höhern zu finden, davon
hat die Critik das Gegentheil gelehrt. Sie sind coordi-
nirte Begriffe, keiner derselben ist in dem andern enthalten; sondern durch ihre Verbindung entsteht ein
dritter Begriff, der beyde in sich schließt. Aber diese
Synthesis ist keine zufällige, sondern sie wird durch
die Vernunft als nothwendig vorgestellt, indem sie,
wenn sie als Austheilerinn der Glückseligkeit gedacht
wird, nur dem sittlichen Verhalten der Vernünftigen
gemäß den Antheil eines jeden an derselben bestimmen könnte.

Die Alten, indem sie den Begriff des höchsten
Gutes zu bestimmen suchten, versahen es darin, daß
sie Tugend und Glückseligkeit für einander subordinir-

te

te Begriffe hielten. Nur in Ansehung der Meinung, welcher von beyden Begriffen dem andern subordinirt sey, unterschied sich der Stoiker vom Epicurder. Der erste hielt die Tugend für den niedrigern Begriff, der zweyte die Glückseligkeit. Nach dem Grundsatze des erstern machte man sich glücklich, wenn man nach der Tugend strebte, und Tugend war nach ihm das höchste Gut; nach dem Grundsatze des Epicurders war man tugendhaft, wenn man sich glücklich zu machen suchte, und Glückseligkeit war ihm mit dem höchsten Gute einerley. Beyde irrten, indem sie die Verbindung der gänzlich verschiedenen Elemente des höchsten Gutes auf analytische Art zu erkennen glaubten, und ihr Irrthum entsprang aus einer Verkennung eines Begriffs der reinen Vernunft. Die Critik der speculativen Vernunft hat an den Grundsätzen der transcendentalen Urtheilskraft uns schon Beyspiele von einer nothwendigen Synthesis verschiedenartiger Begriffe gegeben. So wie es in Ansehung derselben der Vernunft lange gegangen ist, welche, da sie der nothwendigen Verknüpfung dieser Begriffe sich bewußt war, und doch nicht auf die richtige Erklärung derselben fiel, den Satz der Identität für das Princip davon hielt, (von welchem Wahne sie durch einen Blick auf die geometrischen Wahrheiten, wo die Synthesis der Begriffe am deutlichsten erhellet, sich hätte befreyen können:) so ging es jenen Männern des Alterthums in Ansehung der Elemente des Begriffs des höchsten Gutes, deren gänzlichen Verschiedenheit, mithin der synthetischen Art ihrer Verknüpfung, sie sich hätten bewußt werden müssen, wenn vor aller Bestimmung des Begriffs des höchsten

Gutes

Gutes sie der objectiv-practischen Eigenschaft des Sittengesetzes nachgedacht hätten.

Daß aber der Begriff des höchsten Gutes der reinen practischen Vernunft eigenthümlich sey, zeigt sich in allen sittlichen Beurtheilungen. Das Sittengesetz selbst enthält allerdings weder Verheißung noch Drohung, aber indem die practische Vernunft nur befiehlt, und nichts verspricht, so hält sie doch denjenigen der Glückseligkeit würdig, der bloß aus Achtung für das Gesetz die Forderung desselben erfüllt. Das Bewußtseyn davon ist ein Factum, so wie es das Sittengesetz selbst ist. Die Möglichkeit aber dieser Thatsache zu erklären, ist aus dem schon öfter angezeigten Grunde unmöglich, weil es nämlich unmöglich ist, zu erklären, wie Freyheit möglich ist. Denn den Tugendhaften für würdig der Glückseligkeit halten, heißt: wollen, daß er glücklich seyn soll, welches ein reiner auf keinem materiellen Bestimmungsgrunde beruhender Wille ist, der seinen Bestimmungsgrund in dem Gesetze selbst hat. Das Sittengesetz befiehlt also, das höchste Gut hervor zu bringen. Da offenbart sich aber eine Antinomie der practischen Vernunft, die hier ihre Aufhebung finden muß.

I.

Antinomie der reinen practischen Vernunft.

Es ist gezeigt worden, daß die Verbindung der Glückseligkeit und der Tugend nicht analytisch sey, so daß schon eins derselben das höchste Gut selbst, und das andere als Theilbegriff in ihm enthalten sey. Da sie

also

also nicht analytisch ist, so muß sie synthetisch seyn, und
da die Synthesis derselben als nothwendig vorgestellt
wird, so muß das eine Element als Ursache das andere als Wirkung hervor bringen. Da nun die Glückseligkeit niemahls die Tugend hervor bringen kann,
weil eine Gesinnung, die auf einem materiellen Bestimmungsgrunde des Willens beruhet, niemahls moralisch ist; so muß umgekehrt die moralische Gesinnung
Glückseligkeit bewirken. Aber wegen der Ungleichartigkeit des Sittengesetzes als eines Gesetzes der Freyheit
und der Regel, wornach ein jeder Antheil an Glückseligkeit hat, die mit dem Naturgesetze der Causalität einerley ist, läßt sich keine andere als nur eine zufällige Zusammentreffung der Glückseligkeit und der Würdigkeit,
glücklich zu seyn, erwarten. Mithin ist die Synthesis
der beyden Elemente des höchsten Gutes gar nicht
nothwendig, und das Sittengesetz selbst, das diese Synthesis a priori als nothwendig vorstellt, muß daher
leer und erdichtet seyn.

Die Thesis und die Antithesis drehen sich um ein
Schlechthin-unbedingtes, nämlich um die Idee des
höchsten Gutes, das jede nach ihrer Art zu Stande zu
bringen sucht. Die erste behauptet, daß die Tugend
Glückseligkeit; die zweyte, daß die Glückseligkeit Tugend hervor bringe, und jeder Satz wird durch Widerlegung des zweyten bewiesen. Die Glückseligkeit
kann nicht Tugend bewirken, weil der Bestimmungsgrund der ächt-moralischen Gesinnung nicht materiell
seyn kann. Aber die Tugend kann auch nicht Glückseligkeit hervor bringen, weil beyde nach ganz verschiedenen Gesetzen sich richten.

II.

II.

Critische Aufhebung der Antinomie der practischen Vernunft.

Mit der Antinomie der practischen Vernunft verhält es sich so, wie mit dem Widerstreite der speculativen Vernunft in Ansehung der Ideen der Freyheit und eines schlechthin‐nothwendigen Wesens. Derselbe entstand, so fern man das Unbedingte in der Reihe der Erscheinungen suchte, und so entweder ein Glied derselben oder die ganze Reihe dafür aufnahm. Die Entgegensetzung der Thesis und Antithesis hatte den Schein einer logischen Entgegensetzung, wornach der eine zweyer widerstreitenden Sätze nothwendiger Weise wahr seyn muß. In der That waren hier beyde falsch. Der eine schien durch die Widerlegung des andern sich selbst zu befestigen. Aber die Widerlegung konnte von beyden Seiten zugleich richtig seyn, weil beyde das Unbedingte in den Erscheinungen suchten. Diese Naturbegriffe unterscheiden sich darin von den Weltbegriffen, daß ihnen eine objective Bedeutung zugestanden werden kann, wenn man nur von der Anschauung abstrahirt, in der ihr Gegenstand gar nicht gegeben werden kann. Es bleibt sodann nichts mehr, als die Kategorien bis zum Unbedingten erhöhet zu denken, übrig, wodurch überhaupt ein Object gedacht wird. Aber alle Erkenntniß desselben fällt weg, mithin alles, wodurch die objective Realität eines solchen Gedankendinges gesichert wird. Die Critik konnte nur die Möglichkeit eines Gedankens, (eines entis rationis,) der in der Handlung der objectiven Beziehung

hung

hung besteht, und der allerdings keiner Anschauungen
bedarf, rechtfertigen.

Das höchste Gut ist kein Gegenstand, der in der
Reihe der Erscheinungen gefunden werden kann, weil
hierzu keine zufällige Zusammentreffung der Tugend
und Glückseligkeit, sondern eine nothwendige Verur-
sachung der letztern, wenn die erstere gesetzt wird, gehört. Aber so wie bey jenen Antinomien der speculativen Vernunft, so giebt es hier noch einen Ausweg,
nämlich den Gegenstand dieser Idee ins Intelligibele
zu setzen. Es ist doch zum mindesten denkbar,
daß vermittelst eines intelligibeln Urhebers der Natur die moralische Gesinnung Glückseligkeit hervor
bringe.

Auf diese Art wird die objective Bedeutung der
Synthesis der Begriffe der Tugend und der Glückseligkeit, welche die Vernunft als nothwendig vorstellt,
als möglich gerettet. Es ist kein anderes Mittel, als
dasselbe ins Intelligibele zu setzen, da es in der Sinnenwelt unmöglich gefunden werden kann. Das Bewußtseyn der Bestimmung des Willens durch das moralische Gesetz ist freylich von einem gewissen Gefühle
begleitet, das mit dem schicklichsten Nahmen S e l b s t-
z u f r i e d e n h e i t genannt werden muß, und welches
die nothwendige Bedingung ist, unter welcher der schon
moralisch Gesinnte überhaupt einen Sinn für Glückseligkeit haben kann, das aber doch selbst nicht Glückseligkeit ist. Es besteht in einem negativen Wohlgefallen an seiner Existenz; aber man muß schon in einigem Grade tugendhaft seyn, um es zu kennen.
Mithin ist es die Wirkung der tugendhaften Gesinnung,

nung, und kann für die Ursache derselben nicht gehalten werden. Es ist von großer Wichtigkeit, dasselbe zu cultiviren, indem es der moralischen Gesinnung selbst beförderlich ist. Es aber für unabhängig von derselben halten, und unter demselben eine besondere Glückseligkeit erdichten, die man den vernünftigen Wesen vorhalten könnte, um sie zur Tugend zu locken, muß die Sittlichkeit selbst verfälschen, und kann zum höchsten Handlungen, die dem Sittengesetze gemäß sind, aber niemahls ächt-moralische Handlungen hervor bringen.

III.

Von dem Primate der reinen practischen Vernunft in ihrer Verbindung mit der speculativen.

Die Critik hat den speculativen Gebrauch der reinen Vernunft von ihrem practischen abgesondert. In der That aber ist es doch nur eine und eben dieselbe Vernunft, die in dem Vermögen der Principien besteht, dieselben mögen nun Principien aller Erkenntniß oder der Bestimmung des Willens seyn. Wenn nun die Vernunft in ihrem practischen Gebrauche eine nothwendige, und zwar synthetische, Verknüpfung gewisser Begriffe antrifft, deren Synthesis, ob sie gleich a priori gewiß, gleichwohl an sich selbst unbegreiflich ist, aber unter der Voraussetzung gewisser Sätze, auf welche jedoch die speculative Vernunft gar nicht kommen konnte, zu denen mithin alle Einsicht verschlossen ist, begriffen werden kann: so fragt es sich; ob diese Sätze in das Gebieth der Vernunft in ihrem speculativen Ge-

Gebrauche aufgenommen werden können, und folglich, ob die practische Vernunft das Primat über die
speculative habe, oder ob die speculative Vernunft jene
Sätze ausschlagen müsse, weil sie nicht in ihrem Gebiethe erwachsen sind, und so der speculativen Vernunft
das Primat über die practische zukomme. Diese Frage
läßt sich mit Ueberzeugung beantworten, ja, die Antwort liegt wirklich in der deutlichen Vorstellung der
Frage selbst. Es ist doch, wie eben erwähnt worden
ist, eine und dieselbe reine Vernunft, die nur in ihrem
zwiefachen Gebrauche besonders betrachtet, und von
einander abgesondert vorgestellt wird. Als speculative Vernunft mußte sie nothwendig alle die sonst ge-
rühmten Erkenntnisse des Intelligibeln von sich ableh-
nen, weil zu einem Erkenntnisse etwas mehr als die
bloßen Denkformen, wodurch zwar überhaupt ein Gegenstand gedacht, aber noch lange nicht erkannt wird,
nämlich die empirische Anschauung, gehört. Eben diese
Vernunft, aber im practischen Gebrauche, enthält
gewisse synthetische und doch a priori nothwendig vorgestellte Verknüpfungen, deren sie sich unmittelbar bewußt ist, aber die Möglichkeit davon nicht auf dem
leichten Wege begreifen kann, wie diejenige synthetische Verbindung, durch welche Erfahrung zu Stande kommt, deren Synthesis jedoch nicht minder gewiß
und nicht minder ein Factum der Vernunft ist. Die
Erfahrung ist oft dieser a priori behaupteten Synthesis entgegen, und ihr Zusammenhang folgt nach ganz
andern Gesetzen, als die sind, die in jener Verknüpfung bestehen, und deren Zusammentreffung in einzelnen Fällen nur immer zufällig ist. Wenn nun die

Ver-

Vernunft über ihren eigenen Besitz sich doch hinlänglich zu befriedigen hat; so kann sie nicht anders als
zum Intelligibeln ihre Zuflucht nehmen, da sie sonst
keinen Ausweg hat, Begreiflichkeit für ihre synthetisch-
practischen Sätze zu finden.

Es verhält sich hiermit ganz anders als mit den
theosophischen Träumen und den Zumuthungen des
Aberglaubens. Diese kann die speculative Vernunft
niemahls in ihr Gebieth aufnehmen, weil zu dieser
Aufnahme nothwendig gehört, daß die Vernunft durch
sich selbst dazu veranlaßt werde. Jene abergläubigen
Behauptungen sind dagegen Zumuthungen an die speculative Vernunft, die auf eine bloß zufällige Verbindung unter Begriffen und gewisse subjective Eigenschaften, wie die eines großen Glaubens an die
Aussprüche einer Person, oder einer besondern Stimmung der Einbildungskraft und des Hanges zum Wun-
derbaren, sich gründen.

Es hat also die reine practische Vernunft das Primat über die speculative, und diese Ordnung kann
nicht umgekehrt seyn, welches sie seyn würde, wenn
die speculative Vernunft ihre Grenzen enge verschließen und nichts in ihr Gebieth aufnehmen würde, was
nicht auch auf ihrem Boden erwachsen wäre. Sie ist
nur eine und dieselbe Vernunft, die, um sich einer nothwendigen und doch der Erfahrung öfters entgegen gerich-
teten Verbindung wegen zu befriedigen, ins Intelligibele einen Schritt thut, obgleich dadurch keinesweges sich ein neues Feld zu Einsichten, die alle Erfahrung übersteigen, eröffnet.

IV.

IV.

Die Unsterblichkeit der Seele als ein Postulat der reinen practischen Vernunft.

Die reine practische Vernunft fordert eine durchgängige Uebereinstimmung der Gesinnungen mit dem moralischen Gesetze. Ueber dies fordert sie, daß derjenige, welcher der Glückseligkeit würdig ist, auch ihrer soll theilhaftig werden, und enthält so eine nothwendige Verknüpfung der Begriffe der Tugend und eines ihr proportionirten Antheils an Glückseligkeit.

Die völlige Angemessenheit der Gesinnungen zum moralischen Gesetze heißt die Heiligkeit. Diese kann aber von keinem endlichen Wesen in keinem Zeitpuncte seiner Dauer gänzlich erreicht werden. Endliche und von Neigungen afficirte Wesen können ihr sittliches Verhalten jener Idee wohl näher bringen, aber niemahls derselben völlig gleich machen. Die Regel aber, wornach in diesem Leben ein jeder der Glückseligkeit theilhaftig wird, ist in Naturgesetzen gegründet, und hat keine Beziehung auf die würdige Beschaffenheit der Subjecte zu der Glückseligkeit.

Soll nun beydes, Heiligkeit so wohl als das höchste Gut, als erreichbar vorgestellt werden, so kann dieses nur vermittelst der Voraussetzung einer auch noch über dieses Leben sich erstreckenden Dauer der vernünftigen Wesen, welche die Unsterblichkeit der Seele heißt, geschehen. Mithin ist diese Voraussetzung ein nothwendiges Postulat der reinen practischen Vernunft; worunter ein Satz verstanden wird, zu dem die Vernunft

nunft in ihrem speculativen Gebrauche zwar nicht gelangen kann, den sie aber, um eine Synthesis, welche die practische Vernunft als nothwendig vorstellt,
zu begreifen, annehmen muß.

Dasjenige, was das moralische Gesetz fordert, nämlich Heiligkeit der Gesinnungen, kann nur in einer unendlichen Zeit erreichbar vorgestellt werden, weil man
sich derselben nur stufenweise nähern kann, ohne sie
völlig zu erreichen.   So wie nun die synthetische Verbindung des moralischen Gesetzes selbst zu dem Postulate der Freyheit führte; so führt auch dieses Gesetz, so
fern es Heiligkeit der vernünftigen und doch endlichen
Wesen fordert, zur Voraussetzung einer Existenz derselben, die nicht in der Sinnenwelt begrenzt ist, und
in der diese Forderung allein gegründet angesehen werden kann.

V.

Das Daseyn Gottes als ein Postu-
lat der reinen practischen
Vernunft.

Die synthetische Verknüpfung des sittlichen Ver-
haltens mit einer demselben angemessenen Glückseligkeit führte auf die Voraussetzung einer Existenz der
vernünftigen Wesen, die nicht auf die Existenz derselben als Erscheinungen begrenzt ist, kurz, auf das
Postulat der Unsterblichkeit der Seele.   Aber eben diese Synthesis a priori macht auch die Voraussetzung
einer, dieser Verknüpfung adäquaten, Ursache, das ist:
das Postulat des Daseyns Gottes, nothwendig.

Die

Die reine practische Vernunft stellt die dem Sittengesetze angemessene moralische Gesinnung als die
Würdigkeit zur Glückseligkeit vor, und enthält eine
Synthesis a priori der Tugend und der Glückseligkeit.
Dieser Verknüpfung kann die Erfahrung nicht entsprechen. Und gesetzt auch, daß die Erfahrung keinen Fall
der Ausnahme aufweise, und sittliche Gesinnung mit
Glückseligkeit in diesem Leben auf das genaueste überein stimmte; so wäre diese Zusammentreffung doch
nichts als bloßer Zufall. Die sittliche Denkungsart
des Menschen ist eine Wirkung der Causalität eines
freyen Wesens, und hat zu ihrer Beurtheilung ein ganz
anderes Gesetz, als die Regel der Natur ist, wornach
einem jeden Glückseligkeit zu Theile wird. Mithin läßt
sich diese Verknüpfung nicht anders einsehen, als unter der Voraussetzung eines Wesens, das in Beziehung auf eine Existenz der Vernünftigen, die nicht zur
Sinnenwelt gehört, Glückseligkeit dem Wohlverhalten gemäß austheilen werde, also nur unter der Voraussetzung einer höchsten Intelligenz, die durch Verstand und Willen Urheber der Natur ist.

Es ist also nothwendig, das Daseyn Gottes anzunehmen. Aber es ist leicht zu bemerken, daß diese
Nothwendigkeit doch nur subjectiv ist, weil es überhaupt niemahls objectiv-nothwendig oder Pflicht seyn
kann, etwas für wahr zu halten. Diese Nothwendigkeit beruhet lediglich auf dem subjectiven Grunde,
Begreiflichkeit der synthetischen Verknüpfung der Elemente des höchsten Gutes, welche die Vernunft a priori verknüpft, zu verschaffen. Denn dieselbe ist eine
practische Verknüpfung. Das höchste Gut soll her-

vor

vor gebracht werden, sagt das Sittengesetz, in Beziehung auf die Gegenstände der Natur, welche die intelligibele Causalität des Willens bewirken soll, (der Typus des Sittengesetzes.) Theoretisch aber würde diese Verknüpfung seyn, wenn eingesehen werden könnte, daß kein Object als Ausnahme von dieser Synthesis möglich sey. Diese sucht die Vernunft und eben damit auch die Begreiflichkeit dieser Synthesis. Das Daseyn Gottes und die Unsterblichkeit der Seele sind die Gegenstände, unter deren Voraussetzung die Verknüpfung der Elemente des höchsten Gutes auch theoretisch gedacht werden kann, und die im Sinnenleben vorkommenden scheinbaren Ausnahmen davon als keine Ausnahmen gedacht werden können. Noch weit mehr aber muß man sich hüthen, die Annahme des Daseyns Gottes mit der Annahme des Grundes aller Verbindlichkeit zu verwechseln. Der letztere kann nicht angenommen und darf nicht gesucht werden, denn er ist im moralischen Gesetze enthalten, das dem Bewußtseyn unmittelbar gegeben ist. Die Annahme so wohl des Daseyns Gottes als der Unsterblichkeit der Seele geschieht bloß in der Absicht, um einen Erklärungsgrund für eine nothwendige Synthesis der practischen Vernunft zu erhalten, in Ansehung welcher sie G l a u b e, und zwar reiner V e r n u n f t g l a u b e, heißen kann, weil bloß die reine practische Vernunft die Quelle ist, aus der sie entspringt.

Die Griechischen Schulen mußten ihren Zweck verfehlen, wenn sie die Möglichkeit, das höchste Gut zu erreichen, zeigen wollten, da sie das Daseyn Gottes dazu nicht zu bedürfen, sondern dasselbe bloß durch

den

den Gebrauch der Freyheit zu erhalten glaubten. Die
Epicuräer stimmten mit den Stoikern darin überein,
daß sie die Verknüpfung der Elemente des höchsten
Gutes für analytisch hielten; aber beyde gingen doch
weit von einander ab in der Erklärung, welches das
oberste Gut sey; das heißt hier: welcher von beyden Begriffen, der Glückseligkeit und der Tugend,
derjenige sey, durch dessen Entwickelung der andere
erhalten werde. Obgleich auf beyde Arten gefehlt
wird, man mag diesen oder den andern Begriff für
den höhern halten; so war doch für die sittliche Gesinnung selbst, der Fehler des Epicur der größte.
Denn da ihm zufolge die Glückseligkeit der niedrigere
Begriff war, so folgte, daß dieselbe auch der Bestimmungsgrund des Willens seyn, und daß derjenige,
der die besten Mittel wähle, sich glücklich zu machen,
sich dadurch auch sofort tugendhaft finden müsse, mithin die Tugend zur Klugheit herab gewürdigt werde.
Der Irrthum der Stoiker verdarb doch nicht die Sittlichkeit selbst. Der Weise derselben hatte nicht die
Glückseligkeit vor Augen, nach der er strebte, sondern
die Tugend. Aber er sollte sich überreden, sich zugleich
glücklich zu fühlen, so fern er sich seiner Tugend bewußt war. Sie verwechselten also die Glückseligkeit
mit der Selbstzufriedenheit, die freylich das Bewußtseyn der Tugend jederzeit begleitet, und hätten durch
die Stimme ihrer eigenen Natur widerlegt werden
können.

Die Lehre des Christenthums unterscheidet sich
sehr auszeichnend von der dieser philosophischen Schulen. Das Ideal derselben ist der Heilige und Heilig-

Gg 2   keit

keit oder gänzliche Oberhand der Vernunft über die
Neigungen; und Verstummung derselben das Urbild,
wornach alles sittliche Bestreben gerichtet seyn muß.
Diese kann nun wohl nie von endlichen Wesen erreicht
werden, aber zum Urbilde muß sie ihnen doch jederzeit dienen, wornach sie den sittlichen Werth ihrer Gesinnungen und ihren Antheil am Reiche Gottes
zu bestimmen haben. Durch diese Idee eines Reichs
Gottes, in welchem einem jeden nach seinem Wohlverhalten Glückseligkeit zu Theile werden soll, stellt
das Evangelium Natur und Sitten in einer Harmo-
nie vor, die ihnen für sich selbst fremd ist. Dessen
ungeachtet macht dasselbe nicht die Glückseligkeit zum
Bestimmungsgrunde des Willens, und stellt keinesweges das Sittengesetz als ein willkührliches Geboth eines Oberhaupts dar, gegen dessen Anordnungen sich
zu sträuben es nicht rathsam sey. Sie stellt dieses
Oberhaupt als den Heiligen selbst vor, mithin das
Sittengesetz als ein solches, das für sich selbst ein objectiv-practisches Princip, ein Gesetz der Freyheit ist,
und mit welchem die Gesinnungen dieser höchsten Intelligenz auf das genaueste überein stimmen. Aber so
fern dasselbe Oberhaupt aller Vernünftigen und der
allein unfehlbare Beurtheiler ihrer Sittlichkeit ist,
nennt das Christenthum die moralischen Vorschriften
Gebothe Gottes.

Auf diese Art muß Religion in den Gemüthern
gegründet werden. Derselben muß das moralische Gesetz zur Grundlage dienen, und keineswegs dieses aus
der Religion hergeleitet werden, da es sonst als eine
willkührliche Verordnung eines fremden Willens ange-

sehen wird. Religion lehrt die Pflichten als göttliche Gebothe ansehen, aber leitet nicht dieselben aus dem Willen Gottes her. Allererst dann, wenn die sittliche Gesinnung bloß durch das Ansehen des Gesetzes selbst fest gegründet ist, darf der Schritt zur Religion geschehen, und so die Hoffnung zu einer Glückseligkeit, die der Reinheit der sittlichen Gesinnung angemessen ist, vermittelst des Glaubens an ein heiliges Oberhaupt der vernünftigen Wesen geöffnet werden.

VI.

Ueber die Postulate der reinen practischen Vernunft überhaupt.

Diese Postulate sind insgesammt Voraussetzungen, um eine nothwendige Synthesis der reinen practischen Vernunft zu begreifen, und sind die der Unsterblichkeit, der Freyheit, und des Daseyns Gottes. In Ansehung des ersten konnte die speculative Vernunft nichts als Paralogismen enthalten, denn um zu der Behauptung, die Seele sey unsterblich, zu gelangen, mußte sie die Substantialität derselben sichern, welches sie aber unmöglich konnte, indem diese Kategorie zwar Objectivität den Vorstellungen giebt, aber Anschauungen voraus setzt, wenn sie mehr als logische Function seyn, und mithin nicht bloß die Handlung, ein Object überhaupt zu denken, ausgedruckt, sondern durch sie ein Object erkannt werden soll. Statt der Anschauung aber gab es hier bloß die Handlung des Selbstbewußtseyns in dem Ich denke, wobey es ganz unausgemacht bleibt, ob die Seele selbst Substanz sey. Die practische

tische Vernunft dagegen enthält ein Gesetz, das kein
Postulat, sondern ein practischer Satz ist, dessen die
Vernunft sich unmittelbar bewußt ist. Er enthält in
sich den Begriff des Objectiv-practischen, und stellt
Handlungen als schlechthin-nothwendig vor; deren Bestimmungsgrund in nichts vom Gesetze selbst Verschiedenem gesucht werden muß.   Es giebt hier also eine
synthetische und doch a priori nothwendige Verknüpfung des Willens mit der That: da diese durchgängige
Uebereinstimmung aber eines durch das Gesetz bestimmten, aufgeforderten Willens mit der Gesinnung selbst
von keinem endlichen Wesen in keinem Zeitpuncte seiner
Existenz völlig erreicht, sondern nur derselben in unendlich vielen Graden sich genähert werden kann, so
darf man eine Existenz dieser Wesen annehmen, die
nicht auf ihre gegenwärtige in der Sinnenwelt begrenzt ist, keinesweges um jene Verknüpfung allererst
nothwendig zu finden, (denn das Bewußtseyn dieser
Nothwendigkeit ist eine Thatsache der practischen Vernunft,) sondern um das Object für dieselbe zu finden,
und folglich um sie zu begreifen.   Würde man nämlich die Möglichkeit der Unsterblichkeit der Seele einsehen, so würde man eben dadurch auch die Möglichkeit der von endlichen Wesen zu erreichenden Heiligkeit
begreifen.   In Ansehung der Idee der Freyheit konnte die speculative Vernunft diesen Begriff höchstens
nur in negativer Bedeutung rechtfertigen, und das
dadurch, daß sie sein Object ins Intelligibele versetzte,
übrigens aber sich aller Bestimmung desselben enthielt.
Suchte sie im Gegentheile dasselbe in der Reihe der Erscheinungen, so mußte sie sich unvermeidlich auf einer

Au-

Antinomie betreffen. Das Sittengesetz ist ein synthetisch-practischer Satz. Die synthetische Verknüpfung ist hier dieselbe, nämlich des Willens und der That. Das Postulat der Unsterblichkeit erklärte aber nur, wie eine solche Uebereinstimmung, (voraus gesetzt, daß sie an sich möglich ist,) vollständig erreicht werden kann. Wenn wir aber für diese an sich selbst unbezweifelt nothwendige, durch das moralische Gesetz ausgedruckte, Synthesis einen Erklärungsgrund suchen, so können wir denselben nur in dem Postulate der Freyheit finden, wornach dieser Begriff jene beyden in sich enthält, und mithin vermittelst des Begriffs der Freyheit diese Verbindung eingesehen wird, über dies aber der von der speculativen Vernunft positiv unbestimmt gelassener Begriff eine positive Bedeutung erhält. Endlich führt die practische Vernunft zu einem in practischer Beziehung bestimmten Begriffe eines höchsten Wesens, welches die speculative Vernunft nur als transcendentales Ideal vorstellen, aber auf keine Weise positiv bestimmen konnte. Die Synthesis, welche zu der Voraussetzung desselben nöthigt, ist die der Elemente des höchsten Gutes, welche die Vernunft nothwendig verknüpft, deren Object aber nur unter Voraussetzung eines Reichs Gottes, nämlich einer intelligibeln Welt, in welcher das höchste Wesen Glückseligkeit an Sittlichkeit knüpfen werde, denkbar ist.

VII.

VII.

Wie eine Erweiterung der reinen
practischen Vernunft in practischer
Absicht, ohne damit ihr Erkenntniß,
als speculativ, zugleich zu erweitern, zu denken möglich sey.

Um die Möglichkeit des Objects des höchsten Gutes,
dessen Elemente die Vernunft nothwendig mit einander
verknüpft, obgleich die Erfahrung dieser Verknüpfung
niemahls entsprechen kann, einzusehen, mußten drey theoretische Begriffe voraus gesetzt werden, nämlich Freyheit,
Unsterblichkeit und Gott. Auf diese Art erhalten diese
Begriffe, welche die speculative Vernunft nur als denkbar aufstellen konnte, objective Realität, weil zu jenem Behufe es nicht genug ist, bloß problematisch dieselben zu denken, sondern sie in der That wirklich auf
Objecte bezogen werden müssen. Dahin konnte die
speculative Vernunft nie gelangen, weil keine Anschauung diesen Begriffen zum Grunde liegt, mithin
wohl in diesen Gedanken die objective Beziehung der
Kategorie gedacht, aber kein Object eigentlich erkannt,
und nichts vom Verstande Verschiedenes gesetzt wird.
Die speculative Vernunft bildete sich den Begriff von
einer Ursache, die keinen höhern voraus setzt, und deren
Causalität gänzlich in ihr selbst gegründet ist. Aber
in der Reihe der Erscheinungen konnte sie keinen diesem Begriffe entsprechenden Gegenstand finden, und
er war folglich in der Erfahrung ohne alle objective
Realität. Alles, was noch geschehen konnte, war, das

Ob-

Object dieses Begriffes ins Intelligibele zu versetzen, wodurch er aber gar nicht objective Realität erhielt. Die speculative Vernunft durfte zwar problematisch dasselbe denken, aber sie war nicht befugt, es assertorisch zu setzen. Das Sittengesetz, das kein willkührlich gedachter practischer Satz, sondern ein kategorischer Imperativ und ein Factum der practischen Vernunft ist, giebt zuerst die Befugniß, dem Begriffe der Freyheit ein correspondirendes Object zu setzen, weil die a priori nothwendige Synthesis des practischen Gesetzes nur unter Voraussetzung dieses Objects begriffen werden kann. Mithin erhält in practischer Rücksicht der Begriff der Freyheit objective Realität, und so verhält es sich auch mit dem Begriffe der Unsterblichkeit der Seele und des Daseyns Gottes.

Aber obgleich die Vernunft auf diese Art eine Erweiterung erhält, so erhält sie dieselbe doch keineswegs, um einen theoretischen Gebrauch davon machen zu können. Denn in der positiven Bestimmung dieser Objecte kann sie um keinen Schritt weiter kommen, als es ihr in practischer Rücksicht vermittelst Voraussetzungen verstattet wird. Da ihr alle Anschauung für diese Gegenstände fehlt, so kann es auch keinen synthetischen Satz geben, der das Erkenntniß derselben erweiterte. Mithin kann nichts mehr geschehen, als daß bloß die Handlung der objectiven Beziehung vermittelst der Kategorien ausgeübt, und ein Object assertorisch gesetzt werde, welches, wie in der Deduction der Kategorien gezeigt worden ist, auch ganz wohl angeht, da dieselben auch ohne alle Anschauung die Handlung ausdrucken, durch die ein Object überhaupt ge=

gedacht wird. Die Kategorien werden in diesem Falle auf Ideen und nicht auf Anschauungen angewandt. Daß sie aber nicht leer seyen, und nicht bloß ein Object bezeichnen, sondern daß ihnen wirkliche Gegenstände correspondiren, dies voraus zu setzen, ist in practischer Rücksicht nothwendig, um für einen nicht erfonnenen, sondern für einen Begriff der practischen Vernunft selbst ein Object zu finden. Was die speculative Vernunft dabey zu thun hat, ist, daß sie mit diesen Ideen negativ, d. i.: erläuternd, nicht erweiternd, zu verfahren hat, um einerseits den Anthropomorphismus als die Quelle der Superstition oder scheinbaren Erkenntniß dieser Objecte durch vermeinte Erfahrung, und änderseits den Fanaticismus, der sie durch übersinnliche Anschauung und Gefühle zu erkennen glaubt, abzuhalten. Suchen wir sie aber in bloß speculativer Absicht zu bestimmen, so gelangen wir zu Eigenschaften dieser Objecte, von denen wir uns auch nicht den mindesten Begriff machen können. Abstrahiren wir z. B. von allem Anthropomorphistischen, in Ansehung der Bestimmung des Verstandes und Willens des höchsten Wesens; so erhalten wir einen Verstand, der nicht denkt, sondern anschauet, und dessen Vorstellungen nicht auf einander folgen; einen Willen, der auf Gegenstände geht, ohne daß deren Existenz auf seine Zufriedenheit Einfluß hat, wobey uns dann in der That nichts zu denken übrig bleibt. Unternehmen wir aber diese Bestimmung in practischer Beziehung, in welcher zugleich die objective Realität derselben gesichert ist; so erhalten wir Prädicate dieser Objecte, die auch lediglich in dieser Hinsicht verständ-

ständlich sind. Um nämlich das höchste Gut als ein
mögliches Object zu denken, muß ein Urheber der Natur voraus gesetzt werden. Dieser muß allwissend
seyn, um das Innerste meiner Gesinnungen genau zu
kennen; er muß allmächtig seyn, um in jedem Falle
Glückseligkeit mit Moralität verknüpfen zu können;
allgegenwärtig, ewig u. s. w.: Eigenschaften, von denen für sich selbst zwar kein Begriff möglich ist, die
aber im Verhältnisse zum höchsten Gute ganz wohl verständlich sind.

VIII.

Von dem Fürwahrhalten aus einem Bedürfnisse der reinen Vernunft.

Was ist das Unterscheidende eines Postulats der
reinen practischen Vernunft von Hypothesen überhaupt? Beyde sind synthetische Sätze, unter deren Annahme die Synthesis gewisser andern von ihnen verschiedenen Sätze erklärbar wird. Diese Sätze beziehen sich aber in dem erstern Falle auf wirklich gegebene
Objecte, deren Möglichkeit vermittelst der Hypothese
eingesehen wird. Der Satz aber der practischen Vernunft ist das Sittengesetz, und desselben Object, (das
höchste Gut,) ist nicht, wie im vorigen Falle, schon wirklich da, sondern das Sittengesetz gebiethet, es hervor
zu bringen. Mithin sind die Postulate Voraussetzungen gewisser Objecte, um das Object, welches das
practische Gesetz zu Stande zu bringen befiehlt, als
möglich anzusehen. Was nun ins besondere die Hypothesen der reinen speculativen Vernunft betrifft, so
sind sie ebenfalls Erklärungsgründe des Daseyns wirklicher

licher Objecte. Sie ſtellen das Unbedingte vor, um
an demſelben den letzten Grund alles Bedingten zu haben. Da aber die Vernunft zur Erklärung eines bedingten Objects, wohl der Bedingung deſſelben, aber
nicht des Schlechthin-unbedingten bedarf, ſo iſt das
Bedürfniß der Hypotheſen im ſpeculativen Gebrauche
nur beliebig zu befriedigen, um nämlich die forſchende
Vernunft, die in der Reihe der Bedingungen zur letzten Bedingung zu gelangen ſtrebt, vollſtändig in Ruhe
zu ſetzen. Dagegen iſt das Bedürfniß der practiſchen
Vernunft in Anſehung der Poſtulate jederzeit auf
Pflicht gegründet. Das höchſte Gut ſoll hervor gebracht werden. Folglich muß daſſelbe auch als möglich angeſehen werden.

Gleichwohl iſt es nicht Pflicht, dieſe Poſtulate als
wahre Sätze anzunehmen, weil es nie eine Pflicht
ſeyn kann, etwas für wahr zu halten. Aber ein Geboth
dazu wäre auch ganz überflüſſig, weil die ſpeculative
Vernunft ſelbſt nichts gegen eine ſolche Annahme ein-
wenden, und mithin in practiſcher Rückſicht ein mora-
liſches Intereſſe den Ausſchlag geben kann. Wäre der
Begriff des höchſten Gutes ein leerer Begriff, ſo würde
das Sittengeſetz, welches gebiethet, daſſelbe hervor zu
bringen, ſelbſt auf eine Chimäre hinaus laufen. Mithin iſt die Annahme derjenigen Objecte, unter deren
Vorausſetzung das höchſte Gut ſelbſt als ein mögliches Object gedacht werden kann, auf ein Intereſſe für Moralität ſelbſt gegründet und derſelben
beförderlich.

IX.

IX.

Von der der practischen Bestimmung des Menschen weislich angemessenen Proportion seiner Erkenntniß= vermögen.

Die Natur hat uns alle Einsichten ins Reich des Uebersinnlichen versagt, ungeachtet der größte Wunsch eines jeden der ist, davon etwas zu wissen. Laßt uns auf einen Augenblick denken, daß wir dieselben hätten; daß diejenigen Sätze, deren Annahme jetzt ein reiner practischer Vernunftglaube ist, der sich auf ein morali= sches Interesse gründet, mit Gewißheit eingesehen werden könnten; und daß wir a priori es beweisen könnten, daß die Seele unsterblich, und daß ein Gott sey, und also dieses Fürwahrhalten demjenigen gleich zu achten sey, wovon uns der Augenschein überführt.

Es ist wohl sofort klar, daß mit diesen Einsichten ächte Moralität schlecht bestehen würde. Denn wenn jedermann mit vollständiger Einsicht es wüßte, daß der Welturheber in jenem Leben genau nach seinem Verhalten mit ihm verfahren werde; so dürfte über= all keine böse Handlung angetroffen werden, aber sitt= liche Denkungsart würde wohl nicht minder nirgends anzutreffen seyn. Sodann würde ein jeder aus Furcht vor Strafe sich hüthen, ein Bösewicht zu seyn, aber eben darum würde er auch niemahls ein guter Mensch seyn. Bey jeder übeln Neigung würde derjenige ihm vorschweben, der bis in den Abgrund ihn verderben kann, und öfters würde er wähnen, sich der Belohnun=

gen

gen des höchsten Wesens würdig gemacht zu haben,
wenn er nur zum mindesten sich der Bestrafung nicht
werth gemacht hätte, indem sein ganzes Dichten und
Trachten nur bloße Gunstbewerbung wäre.

Aber nun, da sich die Sache anders verhält, da
uns alle diese Einsichten gänzlich versagt sind, und uns
nur Aussichten in die Zukunft, und diese nur mit schwa-
chen Blicken erlaubt sind; so ist diese Unwissenheit in
Ansehung der wichtigsten Fragen, der Moralität außerordentlich ersprießlich. Denn bey diesem Zustande
muß die sittliche Gesinnung schon da seyn, wenn diese
Aussichten gefaßt werden, und das Interesse für dieselben gründet sich gänzlich auf die moralische Denkungsart, dagegen im vorigen Falle die Einsichten voran
gingen, und keine sittliche Denkungsart, sondern nur
nicht strafbare Handlungen bewirken konnten. Diese
Einsichten wären also ein fast unwiderstehbares Hinderniß der Moralität, bey deren Ermangelung folglich
dem moralischen Gesetze ein leichterer Einfluß auf den
Willen verstattet ist. Also möchte es auch hier wohl
damit seine Richtigkeit haben, was uns das Studium
der Natur und des Menschen sonst hinreichend lehrt,
daß die unerforschliche Weisheit, durch die wir existiren, nicht minder verehrungswürdig ist in dem, was
sie uns versagte, als in dem, was sie uns zu Theile
werden ließ.

Mes

Methoden-Lehre
der
reinen practischen Vernunft.

Unter der Methoden-Lehre der reinen practischen Vernunft wird nicht die Ueberlegung verstanden, wie man zu verfahren habe, um reine practische Grundsätze in einem wissenschaftlichen Ganzen darzustellen, Vielmehr wird darunter die Untersuchung verstanden, auf welche Art man wohl den Gesetzen der reinen practischen Vernunft Eingang in das menschliche Gemüth, d. i. wie man die objectiv-practische Vernunft auch subjectiv-practisch machen könne.

Es ist gewiß, daß Handlungen nur in so fern moralisch genannt werden können, als sie lediglich aus Achtung für das Gesetz geschehen sind, folglich nur so fern das Gesetz, das einen objectiven Bestimmungsgrund in sich enthält, auch subjectiver Bestimmungsgrund des Willens gewesen ist. Aber ob es gleich nicht so zu seyn scheint, so ist es doch ebenfalls gewiß, daß die bloße Vorstellung des Sittengesetzes weit leichter das Gemüth zu gesetzmäßigen Handlungen bewegen könne, als alle Vorspiegelung von Vortheilen, die auch nur, gesetzmäßige, aber niemahls moralische Handlungen bewirken kann. Denn da jede dieser Vorspiegelungen, nichts als Gleißnerey ist, und ein jeder, der von den Eingebungen der Schule sich los gemacht hat und aufrichtig seyn will, sie für falsch erkennen muß; so ist klar, daß entweder überall keine feste Maxime, dem Sittengesetze zu gehorchen, unter den Menschen angetroffen werde,

werde, oder daß, wenn dieselbe wirklich gefunden wird,
das Sittengesetz darauf Einfluß habe, und folglich
dieselbe, wenigstens zum Theile, moralisch sey. Um
sich davon zu überzeugen, setze man einen Mann, der
mit Behuthsamkeit seine Handlungen dem Sittengesetze
gemäß einzurichten sucht, so wie die Erfahrung zwar
selten, aber doch zuweilen davon Beyspiele giebt, dessen
Handlungs-Princip aber, seinem Geständnisse nach, Heteronomie ist, und etwa der Wille Gottes wäre. Wenn
man seinen Worten trauen soll, so übt er das Gute,
weil es Gott befohlen hat, und man sollte glauben, daß
auch in diesem Falle mit der Aufhebung der Ursache
auch die Wirkung wegfallen müßte. Aber man lasse
ihn einmahl denken, (welches problematisch denken zu
können, er doch einräumen muß,) es sey kein Gott,
oder eine eben so wohl beglaubigte Offenbarung als
die ist, in welcher er den Willen Gottes zu finden
meint, lehre in Ansehung der Pflichten das gerade
Gegentheil von dem, was das Sittengesetz gebiethet:
so wird eben dieser theologische Moralist gestehen, daß
in diesem Falle er dem Willen des höchsten Wesens zu
widerstreben gesonnen sey, und wenigstens es wünsche,
dieses über sich zu vermögen; woraus sich aber ergiebt,
daß ungeachtet seines heteronomischen Moral-Princips
seine Gesinnung in der That ächt-moralisch sey, indem
sie zwar seinen Worten nach lediglich vom Willen Gottes abhinge, im Grunde doch auf das Sittengesetz
selbst sich stütze.

Ein solcher Versuch kann einen jeden überzeugen,
daß das moralische Gesetz ohne alle heteronomische Zu-
that für sich allein auch subjectiver Bestimmungsgrund
des

des Willens seyn könne. Noch mehr kann uns davon
überführen Aufmerksamkeit auf Gespräche in gemisch-
ten Gesellschaften, wenn dieselben sich zur Beurtheilung des sittlichen Werths gewisser Handlungen wenden, in welchem Falle sie gewöhnlich interessant werden.
Auch derjenige, der sonst keine Proben von einem großen
Unterscheidungsvermögen giebt, und dem in theoretischen
Fragen alles Subtile und Grüblerische lästig ist, nimmt
gern an Gesprächen, die das Räsonniren über gepriesene
Handlungen zum Stoffe haben, Antheil, und zeigt
sich außerordentlich scharfsichtig, Spuren von Unlauterkeit der Gesinnung aufzufinden, um den sittlichen
Werth der Handlung herab zu setzen. Indem andere
die Handlung in Schutz nehmen, setzen beyde streitende
Parteyen voraus, daß dieselbe bloß aus Achtung für
das Gesetz hätte geschehen können, und sind in dem,
was ächte Sittlichkeit sey, gänzlich einverstanden.
Wenn sie es auch zu deutlichen Begriffen darin nicht
gebracht haben, so beweisen sie doch, daß Unterschei-
dungen, ob eine Handlung wirklich moralisch sey, ihnen
so leicht seyen, als die Unterscheidung der rechten von
der linken Hand. Erzieher der Jugend hätten längst
von diesem Hange der Vernunft, den sittlichen Werth
der Handlungen zu beurtheilen, Gebrauch machen sollen.
Kinder selbst von früher Jugend sind schon zu diesen
Uebungen fähig. Man lege ihrer eigenen Beurtheilung Beyspiele aus den Biographien alter und neuer
Zeit vor, mache sie aufmerksam auf die moralische Richtigkeit oder Unrichtigkeit der Handlung, ob sie nämlich
auch wirklich gesetzmäßig sey, und lasse ins besondere sie
selbst über die eigentliche Sittlichkeit derselben ent-

Erster Band.   H h   scheischreiben; so wird man sie öfters sehr scharfsichtig und um so mehr dabey interessirt finden, je mehr sie die Thätigkeit ihrer eigenen Urtheilskraft fühlen. Außer der Cultur derselben wird diese Uebung den Nutzen haben, daß sie das Interesse für Moralität in den Kindern unterhalten, und den Einfluß des moralischen Gesetzes auf ihr Gemüth erleichtern wird. Was aber dabey zu rathen ist, ist das: daß man die Jugend mit Beyspielen von so genannten edeln Handlungen verschone. Durch Vorhaltung derselben wird man keine moralische Denkungsart in ihnen gründen, und indem man nur ihre Einbildungskraft damit erhitzt, sie zur Schätzung des moralischen Werths der Handlung untauglich machen.

Die Methode muß daher folgenden Gang nehmen. Zuerst muß man die Beurtheilung auf die Gesetzmäßigkeit der Handlungen aufmerksam machen, und sie zu schärfen suchen, indem man nur überhaupt frage, ob die Handlung dem moralischen Gesetze gemäß sey, und ob das Gesetz im gegebenen Falle streng verbindend sey, das heißt: das Recht der Menschen angehe, folglich die Handlung gefordert werden könne, oder ob sie nur erwartet werden könne, und nur das Bedürfniß der Menschen betreffe. Die zweyte Frage, worauf die Aufmerksamkeit gerichtet werden muß, ist die, ob die Handlung außer ihrer sittlichen Richtigkeit auch sittlichen Werth habe, das heißt: ob sie auch um des Gesetzes willen geschehen sey. Diese Beschäfftigung, da sie die Urtheilskraft des Lehrlings selbst in Thätigkeit setzt, muß ihm nothwendig ein Interesse abnöthigen, und er wird das lieb

gewin-

gewinnen, woran er selbst seine Urtheilskraft gestärkt fühlt. Aber freylich ist dies noch nicht genug, um ihm selbst moralische Gesinnungen einzuflößen. Er wird so lange nur noch die Tugend bewundern. Um das Ziel der moralischen Bildung zu erreichen, muß man ihm die Thunlichkeit, bloß aus Achtung für das Gesetz zu handeln, zeigen, und hierzu müssen Beyspiele dienen. Diese zeigen, daß es doch möglich sey, sich, unabhängig von allen Neigungen, zu Handlungen zu bestimmen, und machen den Wunsch, ja das Bestreben rege, so schwer es auch fällt, es dahin zu bringen.